NORODOM SIHANOUK,
LE ROI INSUBMERSIBLE

Jean-Marie Cambacérès

NORODOM SIHANOUK, LE ROI INSUBMERSIBLE

Pour Éric, ce livre
lui rappellera de bons
souvenirs du Cambodge.
Amicalement le 14 déc 2021
JMC

COLLECTION **DOCUMENTS**

cherche
midi

Vous aimez les documents ? Inscrivez-vous à notre newsletter pour suivre en avant-première toutes nos actualités :
www.cherche-midi.com

Direction éditoriale : Laurent Lemire

23, rue du Cherche-Midi
75006 Paris

Introduction

Le 15 novembre 1991, Norodom Sihanouk retournait triomphalement dans son pays, le Cambodge.

Les médias du monde entier montrèrent l'ancien monarque souriant parcourir quelques kilomètres entre l'aéroport de Pochentong et le centre de la capitale de Phnom Penh dans une Chevrolet décapotable blanche, acclamé par une foule enthousiaste et des milliers de collégiens et lycéens en uniforme, brandissant son portrait.

Beaucoup de téléspectateurs ne connaissaient le Cambodge que par les Khmers rouges et découvraient Sihanouk pour la première fois, d'autres le croyaient mort depuis longtemps. D'autres encore s'étonnaient de le voir resurgir tel un « phénix ».

Beaucoup de commentateurs, mi-étonnés, mi-sceptiques, parlèrent du « retour » de Norodom Sihanouk. Lui-même s'était proclamé « insubmersible ».

Pour moi, tout cela paraissait évident, tant je « suivais » Sihanouk depuis longtemps. Ce retour était l'aboutissement d'un long processus interne et international favorisé par l'évolution du monde. Mais Sihanouk avait toujours été là. Ce personnage historique, exceptionnel, bien connu des Français sous la IVe République et sous le général de Gaulle, mais ignoré des nouvelles générations, avait toujours joué un rôle primordial dans l'histoire de son pays et allait continuer.

Roi du Cambodge en 1941 pendant la Seconde Guerre mondiale, à l'âge de 19 ans, s'inscrivant dans la lignée mythique des rois khmers bâtisseurs d'Angkor, chef temporel du Sangha bouddhique, il obtint la fin du protectorat français et l'indépendance de son pays en 1953 et le développa beaucoup entre 1954 et 1969. Il traversa les deux guerres d'Indochine et du Viêt Nam, le coup d'État de Lon Nol (1970), le régime khmer rouge (1975-1979), l'occupation vietnamienne (1979-1989), vécut plus de vingt ans en exil, puis revint pour la reconstruction de son pays à partir de 1991 et redevint roi en 1993. Seul roi au monde à avoir abdiqué deux fois : la première fois en faveur de son père, le prince Suramarit en 1956, et la deuxième fois en faveur de son avant-dernier fils, le prince Sihamoni en 2004.

Bien qu'il fût toujours au sommet de l'État ou de la résistance, il eut aussi le temps, artiste accompli, de composer de nombreuses chansons (paroles et musiques), de les interpréter et surtout de réaliser de nombreux films, dont les plus anciens sont des témoignages inestimables d'un Cambodge d'avant 1970 en partie disparu. Il écrivit aussi plusieurs livres et fut toujours passionné de sport et notamment de football.

Il eut sept épouses et favorites officielles dont il eut 14 enfants : 8 sont décédés. Cinq d'entre eux ont été tués par les Khmers rouges. Ses enfants lui ont donné 29 petits-enfants.

Bien que leader d'un petit pays, il côtoya les grands de ce monde, de De Gaulle à Mao Zedong.

Il communiquait avec le monde entier *via* son site Internet dans lequel il donnait son avis sur tout, encore quelques mois avant sa mort, le 15 octobre 2012.

Bref, sur ce monarque hors du commun, j'ai eu envie d'écrire un livre pour dire comment je l'ai compris dans son action passée et comment je l'ai perçu à l'époque actuelle. Un livre nécessaire pour que son histoire et sa vie soient mieux connues.

Commençant à bien connaître le Cambodge et son histoire, je fus parfois choqué de lire certaines critiques sur Norodom Sihanouk relevant souvent de l'ignorance, parfois de la mauvaise foi, et j'eus envie de dire aussi sur lui ma part de vérité. Car mon histoire personnelle a été très liée à la sienne.

Quand avais-je entendu parler pour la première fois de celui qu'on appelait à l'époque le prince Sihanouk ? Je n'arrive pas à m'en souvenir précisément. J'ai pensé à un moment que c'était lors de mes responsabilités nationales aux affaires asiatiques du Parti socialiste (1979-1981), à l'époque où François Mitterrand était premier secrétaire et où Lionel Jospin était numéro 2, chargé des questions internationales.

En fait, en réfléchissant bien, c'était beaucoup plus tôt. Plus jeune, passionné par la révolution chinoise et la lutte des peuples indochinois contre l'impérialisme américain, c'est dès 1970 que j'avais entendu parler de l'action du prince Sihanouk pour la première fois.

En effet, cette année-là, étudiant à Bordeaux, à l'École nationale d'ingénieurs des travaux agricoles (ENITA), je me souviens avoir manifesté contre le coup d'État au Cambodge de Lon Nol et Sirik Matak qui, avec le soutien américain, avaient renversé Norodom Sihanouk. Sans trop savoir toutes les implications que cela avait, j'avais aussi défilé en lançant le fameux slogan : « Viêt Nam, Laos, Cambodge : Indochine vaincra. » À cette époque, après ce coup d'État, le prince Sihanouk avait été accueilli à Pékin par Mao Zedong, le leader chinois, et était devenu président du FUNK (Front uni national du Kampuchéa) et du GRUNK (Gouvernement royal d'union nationale du Kampuchéa). J'étais au courant de cela et j'avais lu plusieurs articles sur son action, mais je ne connaissais pas alors vraiment l'histoire du personnage et je n'avais pas mesuré son importance.

Plus tard, en 1979, alors que j'étais à l'École nationale d'administration (ENA, promotion Voltaire), Lionel Jospin me confia la responsabilité des affaires asiatiques au Parti socialiste. Lui-même avait été nommé numéro 2 chargé des questions internationales par François Mitterrand, qui venait de prendre la tête du PS au congrès de Metz (en avril). Je commençais alors à constituer un dossier sur chaque pays asiatique, à analyser la situation politique de chacun, pour proposer aux dirigeants du parti une grille de lecture si cela les intéressait ou l'adoption d'un communiqué quand l'actualité le nécessitait.

C'est dans ce cadre-là que je commençais à m'intéresser en détail à l'imbroglio cambodgien.

Ce pays, le Cambodge, sorti exsangue de la période des Khmers rouges (1975-1979), était alors occupé par l'armée vietnamienne. C'est à ce moment-là que la figure du prince Sihanouk émergea de mes analyses, bien qu'il fût à l'époque en exil à Pékin et à Pyongyang, et qu'il fût considéré comme « foutu » par la plupart des hommes politiques français. Je considérais, au contraire, qu'il était le personnage clé de tout règlement futur de la question cambodgienne, à la fois sur le plan local et sur le plan international. En effet, au-delà des stéréotypes le présentant comme fantasque ou imprévisible, je découvris que, depuis son accession au trône en 1941, à l'âge de 19 ans, il n'avait cessé d'occuper les premières places dans son pays et de jouer un rôle dans les bouleversements asiatiques et mondiaux qui allaient suivre. Je le découvris avec les grands de ce monde : Tito, Nasser, Sukarno ou encore le général de Gaulle, puis avec Mao Zedong et Kim Il Sung. Il fut parmi les pères fondateurs du Mouvement des non alignés, puis de la Francophonie.

Je formais même une théorie implicite, stipulant que « là où était Sihanouk était le Cambodge ». Je pensais que les faits et gestes de Sihanouk à l'étranger, les personnes qu'il rencontrait, étaient plus importants pour l'avenir de son pays que ce qui s'y passait à l'intérieur.

J'étais convaincu qu'il fallait « jouer la carte Sihanouk » et le soutenir pour lui permettre de durer, car lui seul, quand les factions en auraient assez de combattre ou n'en auraient plus les moyens, serait accepté par chacune d'entre elles. Lui seul, bien qu'en froid avec les États-Unis, pouvait être écouté à la fois par les puissances occidentales, le Viêt Nam, la Chine et l'ONU.

Je me donnais comme objectif, par des articles, des notes internes, des exposés, de convaincre de cela les principaux dirigeants socialistes intéressés par le sujet (il y en avait peu), notamment Lionel Jospin et, à travers lui, François Mitterrand.

Les résultats furent positifs : Lionel Jospin accepta de signer un article, dont j'avais rédigé le projet, sur la situation cambodgienne, les moyens d'en sortir et le rôle éminent que devrait jouer le prince Sihanouk dans ce processus. Cet article, évoquant pour la première fois une « solution Sihanouk » du problème cambodgien, parut dans le quotidien *Le Monde* du 11 août 1979. François Mitterrand accepta le principe d'une rencontre avec le prince Sihanouk. Celle-ci, à laquelle je participais, eut lieu en novembre 1979 à Paris, au siège du PS, alors au 7 bis, place du Palais-Bourbon.

Ma conviction fut confortée par un voyage à la frontière khméro-thaïe effectué à la fin décembre 1979, où, au milieu des populations déplacées dans les camps de réfugiés ou sur le terrain, à l'abri dans des trous d'obus pour se protéger des tirs d'arme légère entre les différentes factions, partout j'entendais ce pauvre peuple meurtri me parler avec amour et déférence de ce « prince Papa », de l'époque bénie où il dirigeait le Cambodge avant 1970, et me dire son espoir de le voir revenir mettre fin à ces années de massacres, de misère et de guerre.

Les dés étaient jetés. Ces premiers contacts furent le début de ma relation particulière avec le prince Sihanouk, qui a duré plus de trente ans, et qui allait me conduire (sans que je puisse l'imaginer à l'époque) à le rencontrer souvent (à Paris, à Pékin, à Pyongyang et à Phnom Penh), à épouser une de ses petites-filles, S.A. la princesse Nanda-Devi (fille de S.A.R. le prince Chakrapong), à être le père d'une de ses arrière-petites-filles, Jayadévi Julia Soreath-Methi, à obtenir la nationalité cambodgienne, à devenir commandeur de l'Ordre royal du Cambodge, à avoir beaucoup d'activités dans ce pays et à avoir envie d'écrire un livre sur ce personnage hors du commun qui a marqué l'évolution de son pays pendant plus de soixante-dix ans. Son histoire est digne des héros cornéliens ou shakespeariens : elle fut hors norme, parfois terrible, ensuite apaisée et maintenant achevée puisqu'il est décédé le 15 octobre 2012.

Pour comprendre l'importance des décisions et de l'action de Norodom Sihanouk tout au long de sa vie, il est nécessaire de les resituer dans leur contexte à la fois national et international, et non pas de les juger selon des critères actuels.

Il faut connaître ce qu'étaient la monarchie cambodgienne, le protectorat français, les puissants voisins, Thaïlande (ex-Siam) et Viêt Nam (ex : Annam, Cochinchine, Tonkin), le monde après la Seconde Guerre mondiale, les deux guerres d'Indochine et du Viêt Nam, le rôle des États-Unis, les Khmers rouges et le mouvement communiste (indochinois et mondial), puis la situation dans le monde et en Asie du Sud-Est à la fin du XXe siècle.

J'ai travaillé longtemps sur ce livre, rencontré beaucoup de personnes pour recueillir leurs témoignages et lu beaucoup de journaux, livres, documents et textes sur Internet. Beaucoup d'informations dispersées existent sur Norodom Sihanouk, mais très peu d'ouvrages synthétiques. Norodom Sihanouk a beaucoup écrit sur lui-même et sur le Cambodge. Les BMD (Bulletin mensuel de documentation) sont une source inestimable de renseignements. Le BMD est une institution créée par Sihanouk au lendemain du coup d'État de 1970, il y a environ quarante ans, pour faire connaître ses activités, ses positions sur tel ou tel sujet, et les personnalités qu'il rencontrait.

Il publia sans interruption au moins un BMD par mois (le plus souvent deux), sauf pendant la période où il était « prisonnier des Khmers rouges ». Dans le BMD, il a souvent publié les lettres d'un dénommé Ruom Ritt qui disait ce que personne n'osait dire. Sihanouk affirmait que c'était un de ses amis, âgé, vivant en France dans la région des Pyrénées, mais certains pensaient que Ruom Ritt était Sihanouk lui-même.

Je remercie tous ceux qui m'ont apporté leur soutien dans cette réalisation, en premier lieu desquels, bien sûr, feu Norodom Sihanouk lui-même, qui, en me donnant des informations orales ou écrites, m'a aidé pour ce livre sans jamais chercher à exercer un contrôle quelconque sur mes écrits.

Généalogie simplifiée

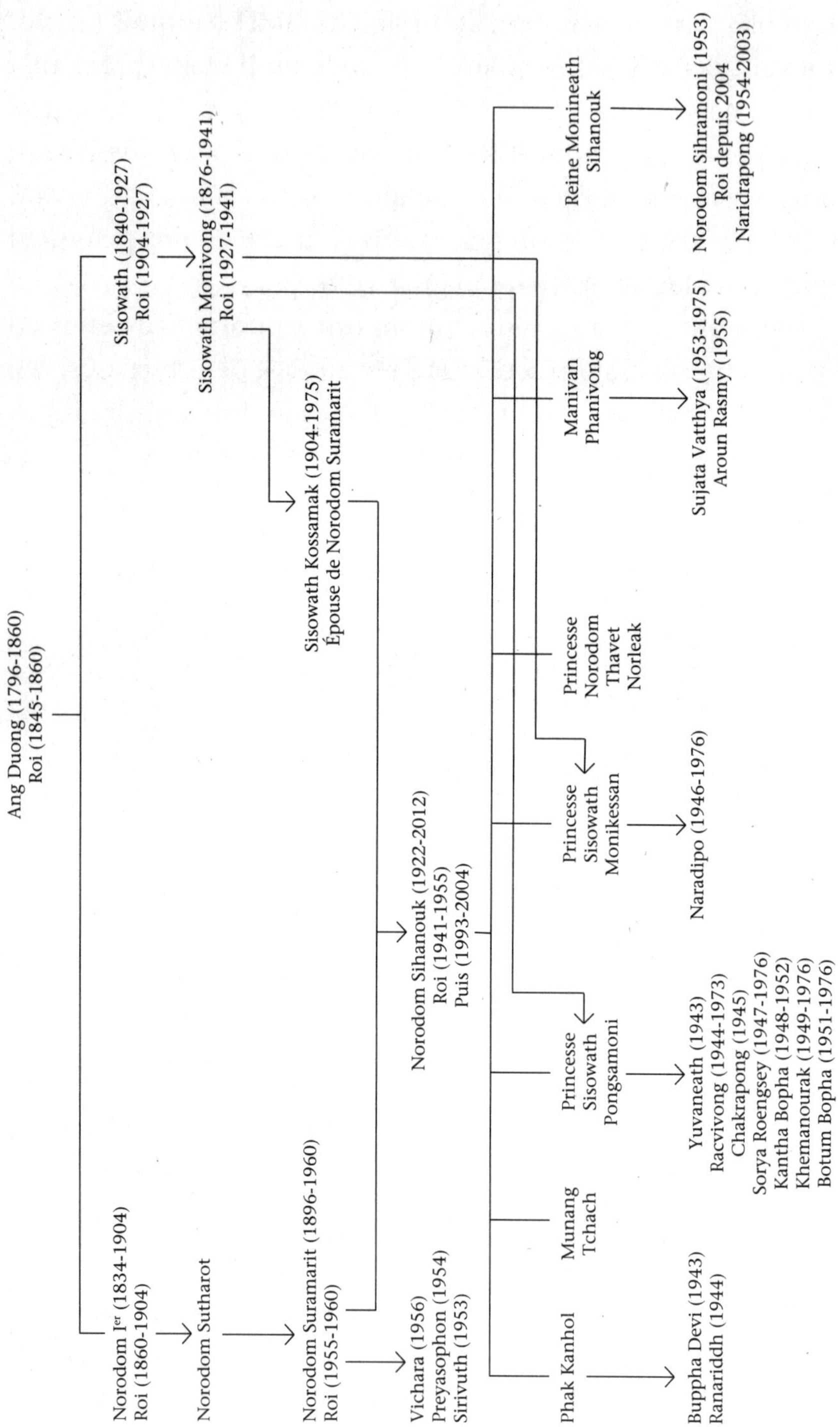

L'enfance et la jeunesse de Norodom Sihanouk

Norodom Sihanouk est né le 31 octobre 1922 à Phnom Penh, de l'union du prince Norodom Suramarit, petit-fils de Norodom Ier, et de la princesse Sisowath Kossamak, petite-fille du roi Sisowath et fille du roi Sisowath Monivong.

L'héritage du passé : la grandeur d'Angkor puis le protectorat français

Ses parents font partie de deux familles, les Sisowath et les Norodom, descendantes de deux fils du roi Ang Duong qui régna de 1845 à 1860. Ang Duong était le dernier roi d'un Cambodge affaibli à l'étendue réduite alors qu'il avait eu un passé glorieux du IXe siècle à la fin du XIIIe siècle, que les historiens appellent « la période angkorienne », qui commença avec Jayavarman II et connut son apogée sous Jayavarman VII. Sous le règne de ce roi converti au bouddhisme (ses prédécesseurs étaient hindouistes), l'empire khmer avait atteint son étendue maximale, incluant une partie de la Thaïlande, le sud du Laos et le centre du Viêt Nam actuels. C'est pendant la

« période angkorienne » que furent construits les grands temples aujourd'hui les plus visités par les touristes, comme le Baphuon, le Bayon, le Taprohm et bien sûr Angkor Vat.

À partir du XIVe siècle, le Cambodge s'engagea dans un long déclin de cinq siècles à la suite des divisions entre les princes et sous la pression de ses puissants voisins thaïs et vietnamiens. Pour ne pas voir son royaume partagé, Norodom Ier (1834-1904) fit appel à l'empereur Napoléon III pour le protéger. La France commençait à être très présente en Cochinchine, et le traité de protectorat fut signé le 11 août 1863. Mais, en 1887, le gouvernement français créa le gouvernement général de l'Indochine qui réunit sous son autorité les protectorats de l'Annam, du Tonkin, du Cambodge, de la colonie de Cochinchine puis, plus tard, le protectorat du Laos.

Le Cambodge est maintenant englobé dans une communauté supranationale dans laquelle il fait figure d'entité territoriale secondaire vis-à-vis de la France, alors qu'il avait espéré avoir des relations directes d'État à État lorsqu'il avait fait appel à la France.

À la mort de Norodom Ier, la France désigna son frère cadet Sisowath comme roi. En succédant à son frère aîné, celui-ci inaugurait l'accession au trône d'une nouvelle branche de la descendance d'Ang Duong. Ce passage de la couronne à la branche cadette donnera naissance à la controverse entre les Norodom et les Sisowath, que les historiens ont appelée « la querelle des deux branches ». Elle durera plus de quarante ans et plusieurs événements politiques récents au Cambodge s'expliquent encore en partie grâce à elle.

Le règne de Sisowath (1904-1927) fut celui d'une « entente cordiale » franco-khmère. En 1906, le roi se rendit en voyage officiel en France à l'occasion de l'exposition coloniale de Marseille. Il emmena avec lui les danseuses du Ballet royal khmer qui enflammèrent le sculpteur Auguste Rodin. En 1907, la France obtint du Siam la rétrocession des provinces du Battambang, Siem Reap, Mongkolborey et Sisophon, cédées depuis la fin du XVIIIe siècle. À la fin du règne de Sisowath, le Cambodge comptait 3 millions d'habitants contre seulement 1 million trente ans plus tôt. À sa mort, en 1927, les Français choisirent son fils aîné Monivong, poursuivant ainsi la lignée des Sisowath. Depuis la fin de Norodom Ier, le roi ne disposait que de peu de pouvoir, les affaires du Cambodge étant réglées par l'administration française. C'est dans ce contexte historique, familial et politique que se déroulèrent les premières années de Sihanouk.

Les premières années

On a l'habitude de dire qu'il est né à Phnom Penh, dans une petite maison en dur appartenant à sa famille (cette maison existe toujours près de l'actuel monument de l'Indépendance et abrite l'ambassade de Corée du Nord[1]).

En fait, Sihanouk tint à me préciser[2] qu'il n'était pas réellement né à cet endroit, mais dans une maison de style cambodgien en bois sur pilotis qui était juste à côté et qui appartenait à Mme Pat, son arrière-grand-mère, sa grand-mère maternelle étant décédée assez tôt.

Son père et sa mère « s'étaient amourachés comme Roméo et Juliette, alors qu'ils appartenaient à deux familles, les Norodom Sutharot et les Sisowath Monivong, pas vraiment opposées, mais très éloignées l'une de l'autre[3]. »

Il fut le fils unique de cette union. C'est son grand-père paternel, le prince Norodom Sutharot, fils de Norodom Ier, qui lui a donné son prénom. Expert en langue pali, il a voulu

1. Selon le souhait de Norodom Sihanouk, cette maison devra faire l'objet d'un don à l'État en 2013 et redeviendra un musée, comme elle l'a déjà été à une époque.

2. Audience du 20 novembre 2008 (pendant trois heures), à la résidence royale à Pékin.

3. Même audience du 20 novembre 2008.

donner au nouveau-né des ingrédients de puissance : Siha ou Singha veut dire « lion » en pali.

À sa naissance, l'astrologue en chef du palais royal dit à sa mère : « Votre fils s'élèvera dans sa carrière jusqu'au sommet de l'État mais, toute sa vie durant, il y aura toujours de terribles ennemis attachés passionnément à sa perte, mais aucun de ces ennemis n'arrivera à l'abattre. » Les astres avaient aussi indiqué que le jeune bébé Sihanouk devait être séparé sans tarder de ses parents, sinon, il mourrait jeune. Ses parents le confièrent donc à Mme Pat, surnommée « grand-mère Pat », qui était en fait son arrière-grand-mère maternelle. C'est elle qui avait élevé et éduqué la princesse Kossamak, car la mère de celle-ci était morte jeune. Mme Pat, âgée de 73 ans mais très alerte, allait donc s'occuper de l'éducation du petit Sihanouk.

C'était une bouddhiste très pieuse qui, lorsqu'elle se rendait à la pagode avec les bonzes, l'emmenait toujours avec elle. Ainsi, dès son plus jeune âge, il fut baigné dans le bouddhisme et les odeurs d'encens. Norodom Sihanouk raconte avec humour ses débuts dans la religion bouddhique : « Dès l'âge de 5 ans, le gamin que j'étais dut observer les cinq principes du bouddhisme. J'y parvins d'autant plus aisément qu'un seul pouvait à la rigueur m'être applicable : ne pas mentir ou médire. Les autres, ne pas tuer, ne pas voler, ne pas commettre d'adultère, ne pas boire d'alcool, passaient vraiment par-dessus ma jeune tête. Je me bornais à réciter ces préceptes, dictés par un moine à l'occasion des jours saints sans bien comprendre de quoi il s'agissait[1]. »

Mme Pat mourut à plus de 80 ans. À l'occasion de ses funérailles, l'enfant Sihanouk devint « samane », moinillon, pour vingt-quatre heures. Après l'incinération de son arrière-grand-mère, ses parents le confièrent alors à ses grands-parents paternels. Son grand-père paternel, le prince Norodom Sutharot,

1. Norodom Sihanouk, *Souvenirs doux et amers*, Hachette, Paris, 1981, p. 28.

était un lettré qui essaya de l'intéresser à la littérature khmère, mais le jeune Sihanouk était plus passionné par le football qu'il pratiquait avec les enfants des villages voisins.

Dans le Cambodge des années 1920, Norodom Sihanouk n'était que l'un des nombreux princes des deux branches des familles royales Norodom et Sisowath. *A priori*, rien ne le prédestinait à devenir roi, car son grand-père paternel, son père, son oncle et bien d'autres princes de sang auraient pu l'être à sa place. D'ailleurs, enfant, il n'avait jamais pensé à régner sur le Cambodge.

Jeune garçon, il fréquenta une école primaire publique, le centre pédagogique François Baudoin de Phnom Penh. C'est tout juste si on lui a affecté un instituteur, Nhek Nou, comme répétiteur pour ses leçons et devoirs. Comme louveteau puis scout, il suivit strictement les règles de ces organisations. Chez les scouts, il était responsable de la section « théâtre et feux de camp » de sa troupe. Il vécut ainsi la majeure partie de son temps au milieu de ses jeunes camarades non princes de sang, dont il partageait les jeux et les études.

Il fut aussi initié à la musique et aux autres arts. Son père était musicien – flûte, saxophone – et compositeur, et sa mère également : flûte khmère, accordéon...

Ses parents étaient des cinéphiles passionnés et l'emmenaient au cinéma « en matinée », le jeudi ou le dimanche. C'est de cette époque-là, racontera-t-il plus tard, que, grâce aux films américains de « cow-boys », les westerns, lui viendra l'amour du cheval et de l'équitation.

Après l'école primaire Baudoin, il entra en sixième au lycée Sisowath de Phnom Penh. Bien des années plus tard, Norodom Sihanouk se souvenait très bien de ses professeurs de français : M. Doli, un Corse, à l'école Baudoin, et M. Wasner, un Alsacien surnommé « le Boche », en sixième au lycée Sisowath[1]. L'année

1. Audience du 20 novembre 2008.

d'après, il partit comme pensionnaire au lycée Chasseloup-Laubat[1] à Saigon, dans lequel son père avait aussi fait ses études.

Il n'était pas très enthousiaste à l'idée de quitter ses amis et son environnement quotidien familier, mais sa mère lui fit entendre la voix de la sagesse: «Vois-tu, mon fils, notre pays est sous protectorat français et seuls les Khmers très forts en français pourront se faire une place au soleil dans l'administration. Il faut donc, de toute façon, que tu entres dans la meilleure école secondaire française possédant les meilleurs professeurs français, et c'est le lycée Chasseloup-Laubat[2].» La limousine Talbot de son père l'emmena donc de Phnom Penh à Saigon.

Son père avait appris le vietnamien dans ce lycée, mais il inscrivit son fils en cinquième A (latin-grec). Les dortoirs, réfectoires et salles d'eau étaient propres mais sombres et tristes, et les élèves n'avaient qu'une minuscule cour de récréation. Pourtant, malgré son appréhension au début, Norodom Sihanouk dira, beaucoup plus tard, que les années qu'il avait vécues là avaient été les plus belles et les plus enrichissantes de sa vie.

Son père avait à Saigon des amis riches qui auraient pu lui servir de correspondants, mais il avait préféré le confier à un petit fonctionnaire des douanes de l'Indochine pour l'habituer à une vie modeste.

Ses professeurs de français-latin-grec, Mme Gaudry[3] en seconde, puis MM. François et Cazenave, lui laissèrent d'excellents souvenirs. Il révélera ainsi que son admiration pour M. François l'avait amené à vouloir être professeur de français au lycée Sisowath de Phnom Penh.

Il passa le certificat d'études primaires français, dont il a gardé le document original. Il fut très fier de me le montrer

1. Du nom du marquis Prosper de Chasseloup-Laubat (1815-1873), ministre de la Marine et des Colonies, actuellement lycée Le Quy Don de Hô Chi Minh-Ville.

2. Norodom Sihanouk, *op. cit.*, p. 36.

3. Mme Gaudry est revenue voir Norodom Sihanouk à Phnom Penh au début des années 2000.

personnellement, lorsqu'il inaugura, le 19 janvier 2005, le musée qu'il fit construire à l'intérieur du palais royal pour y exposer les principaux cadeaux officiels qu'il avait reçus et quelques souvenirs personnels, comme ce fameux diplôme.

Avec des amis de son âge, de toutes nationalités, car les enfants de diplomates allaient au lycée Chasseloup-Laubat, il travaillait pour son avenir professionnel, sans négliger le sport et la musique, mais sans se soucier du trône cambodgien, laissant à son père ou à ses oncles le soin d'y penser. Il revenait à Phnom Penh pour les vacances. À cette époque, il aimait beaucoup monter à cheval « à la cow-boy US » avec des chevaux khmers achetés pour lui et ses compagnons de jeux par son père qui le choyait beaucoup. Il vivait l'adolescence lycéenne studieuse mais insouciante de la future élite indochinoise, avec trois de ses cousins germains, dont le prince Kantol, qui sera plusieurs fois son Premier ministre.

L'amiral Decoux, qui était alors gouverneur général de l'Indochine, précise que Norodom Sihanouk était « généreusement comblé de toutes les grâces physiques[1] ». Nhiek Tioulong, qui sera plusieurs fois ministre, chef d'état-major des armées et Premier ministre, rapporte que l'épouse de l'amiral Decoux le trouvait « mignon[2] ».

Tout cela pourrait laisser croire qu'il eut beaucoup de conquêtes féminines dans son adolescence, entre 16 et 18 ans à Saigon. Norodom Sihanouk affirme pourtant qu'il n'en fut rien et que, jusqu'à son accession au trône, il en était resté au stade des amours platoniques. Une de ses premières amours

1. Jean Decoux, *À la barre de l'Indochine*, Plon, Paris, 1950, p. 286.

2. « Chroniques khmères », par Nhiek Tioulong. Ce texte dactylographié inédit de 416 pages ne fut jamais publié. L'épouse de Nhiek Tioulong m'en a donné une copie et m'a autorisé à le citer. Nhiek Tioulong, décédé en juin 1996, était le grand-père maternel de la princesse Nanda-Devi Norodom, qui fut mon épouse de 1992 à 1999, elle-même fille du prince Norodom Chakrapong (fils de Norodom Sihanouk) et de Ketty Tioulong (fille de Nhiek Tioulong).

platoniques fut son professeur de français en seconde A, Mme Gaudry, ravissante blonde, avec des taches de rousseur et d'irrésistibles fossettes apparaissant sur ses joues quand elle souriait. Une autre fut une de ses camarades de classe, Hélène Gambier, qu'il se contentait d'admirer en silence. En revanche, il ne tomba jamais amoureux d'une Vietnamienne, bien qu'il en connût bon nombre à Chasseloup-Laubat.

Outre ses études, Norodom Sihanouk poursuivit son initiation aux arts. Il aimait le cinéma, il était fasciné par les westerns et autres films américains, comme par les acteurs tels que Greta Garbo, Gary Cooper ou Clark Gable. Il aimait aussi les films français avec Jean Gabin et Pierre Fresnay. Mais ce n'est qu'après son accession au trône qu'il commença à tourner des films, ayant eu à ce moment-là, raconta-t-il lui-même, les moyens de s'acheter une caméra, de la pellicule et un écran. Après le cinéma, quand il lui restait un peu d'argent, il se précipitait à la Pagode, le « glacier » chic de la rue Catinat[1], pour y déguster ses délicieux gâteaux à la crème Chantilly ou ses irrésistibles glaces pralinées. Il aimait aussi les hors-d'œuvre[2] très variés du Continental Palace[3], situé dans la même rue. La seule chose que Norodom Sihanouk ait détestée au Viêt Nam, c'est le nuoc-mâm, cette saumure de poisson qui accompagne la plupart des mets de ce pays. Il y était allergique. Le goût et l'odeur de ce condiment le rendaient littéralement malade.

Le samedi, il se rendait souvent à la Bibliothèque nationale lire des œuvres de son auteur préféré Pierre Benoit, membre de l'Académie française. À cette époque-là, Norodom Sihanouk était un jeune homme studieux, sportif, ouvert aux arts, agréable et sympathique, qui n'avait que des amis. Les autorités

1. Actuellement rue Dong Khoi à Hô Chi Minh-Ville.

2. Il en restait souvent aux hors-d'œuvre, car ses fins de mois, souvent pénibles, ne lui permettaient pas de prendre un repas complet dans ce palace.

3. Le Continental Palace rénové est toujours au même endroit à l'angle de la rue Dong Khoi (ex-Catinat) et porte toujours le même nom. J'y ai séjourné plusieurs fois.

françaises locales, qui avaient déjà, à son insu, des vues sur lui, l'observaient de près et se réjouissaient de ces débuts prometteurs dans la vie. Norodom Sihanouk se souvient très bien de cette période : « À l'époque, l'amiral Decoux vivait dans deux capitales : Hanoi et Saigon. Avec son épouse, il invitait souvent dans sa résidence à Saigon le jeune prince Sihanouk, lycéen au lycée Chasseloup-Laubat[1] », me dit-il en parlant de lui-même.

À Chasseloup-Laubat, garçons et filles de toutes nationalités s'occupaient uniquement de leurs études. La politique s'arrêtait en apparence à la porte du lycée.

L'actualité, pourtant, à savoir la guerre franco-thaïlandaise au début 1941, vint assombrir les derniers mois qu'il allait passer à Saigon et allait avoir indirectement une incidence décisive sur son destin. Sihanouk suit cette guerre à travers le prisme de la mobilisation qui s'empare de Saigon et pénètre jusque dans l'enceinte paisible de son lycée. La plupart des professeurs sont rappelés sous les drapeaux. La ville est envahie par des hommes en uniforme venus du Tonkin et de l'Annam, qui y transitent avant d'être dirigés sur le front cambodgien. L'homme le plus illustre de Saigon est le capitaine de vaisseau Bérenger, du fait de la victoire navale de Koh Chang. Cette victoire, le 17 janvier, suscite une joie indescriptible à Saigon et, bien sûr, au lycée Chasseloup-Laubat. En revanche, l'acceptation par la France à Tokyo, le 11 mars, du plan japonais prévoyant de « rétrocéder » des provinces cambodgiennes à la Thaïlande fut durement ressentie par tous les Khmers, mais encore plus par les jeunes Cambodgiens instruits du lycée Chasseloup-Laubat. Un « deuil national » y est observé par les élèves khmers. Ce fut la première prise de conscience politique du jeune Sihanouk à travers le sentiment du patriotisme.

En 1941, affaiblie par sa défaite contre l'Allemagne hitlérienne, la France, puissance protectrice du Cambodge, se voit

1. Audience du 29 mai 2008 au palais royal à Phnom Penh.

agressée par la Thaïlande, avec les encouragements du Japon, bien que l'État français, dirigé par le maréchal Pétain, soit théoriquement allié de l'axe Berlin-Tokyo. Début janvier, les Thaïs se lancent à l'assaut du pays dont ils convoitent une partie du territoire depuis des siècles. Les forces franco-indochinoises supportent le choc et résistent. Sur mer, le 17 janvier, le croiseur *La Motte-Picquet* (dernier croiseur à vapeur) du capitaine de vaisseau Bérenger coulera à lui seul et au canon la plupart des navires thaïlandais, après les avoir attirés dans la baie de Koh Chang dans le golfe du Siam. Le 24 janvier, l'aviation thaïlandaise bombarde l'aéroport français d'Angkor, mais les Français résistent bien sur le terrain. Devant les difficultés de ses protégés thaïs, le Japon, alors tout-puissant, et déjà présent militairement en Indochine, intervient pour imposer l'armistice et sa « médiation ». Sous la menace d'une flotte nippone croisant au large de la Cochinchine devant le cap Saint-Jacques, le gouvernement français est contraint d'accepter.

L'armistice sera finalement signé le 31 janvier à bord du cuirassé *Natori*, ancré dans le port de Saigon, sous l'arbitrage des représentants officiels japonais.

Les négociations de paix s'engagent à Tokyo, le 7 février. Les représentants thaïlandais présentent des demandes exorbitantes portant pratiquement sur tout le Laos et tout le Cambodge. Jouant le grand seigneur entre ses deux alliés, le Japon modère les demandes thaïes et contraint les Français à « rétrocéder » environ un tiers du territoire national cambodgien, notamment toute la province de Battambang, avec la région de Pailin, riche en rubis, et une partie des provinces de Siem Reap et de Kampong Thom, où se trouve le temple frontalier de Preah Vihear.

Le 11 mars, à Tokyo, la France est contrainte d'accepter ce plan japonais[1].

1. La convention de paix finale sera signée à Tokyo le 9 mai 1941.

À Phnom Penh, le roi Monivong lance une proclamation par laquelle il refuse, au nom de son pays, de reconnaître la validité des clauses de ce plan, relatives à la cession par la France à la Thaïlande de territoires khmers.

Le roi est profondément affecté par ces événements. Il est plongé dans un grand désespoir à la pensée qu'une grande partie du territoire de son pays va être à jamais perdue. Il part loin de la capitale et va se cloîtrer dans sa petite résidence au bord de la falaise, sur le plateau du Bokor, à 1 000 mètres d'altitude, dans la province maritime de Kampot, limitrophe de la Cochinchine. Il ne veut plus voir personne. Sa porte est fermée à tous, même aux autorités françaises et à ses favorites les plus chères. Il se nourrit à peine et, bientôt, il tombe gravement malade.

En avril 1941, Norodom Sihanouk quitte son lycée de Saigon et part pour Phnom Penh afin d'y passer les vacances de Pâques avec ses parents. En fait, il ne reviendra jamais.

Il trouve ses parents consternés, comme tous les Khmers, par l'importante amputation territoriale que va subir le Cambodge, et très inquiets de l'état de santé de plus en plus alarmant du roi, son grand-père. Dès son arrivée, ses parents partent avec lui à son chevet sur le plateau du Bokor. Là, sur ce plateau pas très fertile où poussaient seulement de hautes fougères, par beau temps, on pouvait voir la côte, la mer parsemée d'îles et la frontière du Viêt Nam.

Après quelques heures de route par la plaine, la Talbot du père de Sihanouk attaque la route de terre battue zigzagante pour monter au Bokor. En chemin, la voiture frôle parfois des précipices impressionnants et se retrouve toute petite au milieu des grands arbres tropicaux qui couvraient les pentes du plateau. Elle s'enfonce progressivement dans le brouillard qui, souvent, enveloppait le Bokor. Sur le plateau, on ne voyait pas à 10 mètres, ce qui, à chaque tournant, donnait aux fougères géantes des allures fantomatiques. Tout cela était de mauvais augure. Le jeune Sihanouk se tassait sur la banquette arrière de la Talbo qui s'arrêta enfin près de la villa royale, dont on ne distinguait que la silhouette dans le brouillard. À l'intérieur, ils trouvèrent une atmosphère de désolation. Dans la chambre, seuls les plus proches parents du souverain étaient admis auprès de lui : le jeune Sihanouk ému, ses parents et les deux frères de sa mère, dont le prince Sisowath Monireth qui faisait figure d'héritier officieux. Aucune jeune maîtresse du roi, contrairement à ce que la rumeur dira plus tard.

Quelques heures après l'arrivée de sa famille, ce 23 avril 1941, le roi Monivong décède, emporté par une crise cardiaque à l'âge de 65 ans. De nombreuses années plus tard, Norodom Sihanouk tiendra à me préciser : « Mon grand-père est bien mort d'un arrêt cardiaque, miné par le désespoir d'avoir vu le territoire cambodgien amputé au profit de la Thaïlande. Il ne se nourrissait plus et était devenu très faible. C'est vrai que mon grand-père était un "play-boy", beaucoup plus que moi, mais, contrairement à certaines rumeurs, il n'est pas mort dans les bras d'une jeune et jolie maîtresse, comme votre président de la République, Félix Faure[1]. »

La coutume voulant que le roi meure dans son appartement au palais royal, il faut faire « comme si ». Sa dépouille mortelle est donc habillée, installée et « fixée » à l'arrière de sa Citroën noire. Le prince Monireth s'installe devant à côté du chauffeur et les voitures partent du Bokor vers Phnom Penh. Vers 1 heure du matin, le cortège, traversant la capitale endormie, arrive au palais royal[2].

Le lendemain, la dépouille du souverain, embaumée et revêtue de la grande tenue de cérémonie, est exposée sur un lit de parade pour que lui soient rendus les derniers hommages.

1. Audience du 20 novembre 2008.
2. Norodom Sihanouk, *op. cit.*, p. 52.

Pour succéder au roi Monivong, la France décida de choisir Norodom Sihanouk pour trois raisons :

– il était personnellement soutenu par l'amiral Decoux, gouverneur général de l'Indochine ;

– le protectorat français comptait pouvoir reconduire avec le nouveau jeune souverain, a *priori* plus malléable au regard de son âge, l'ère d'entente cordiale inaugurée depuis près d'un demi-siècle avec les Sisowath ;

– enfin, sa nomination apparaissait comme une réponse au problème de la « querelle des deux branches » de la famille royale khmère. Sihanouk était en effet arrière-petit-fils par son père du roi Norodom Ier et petit-fils par sa mère du roi Sisowath Monivong.

Pour entériner ce choix, immédiatement après le décès du roi, le Grand Conseil du royaume fut réuni sous la présidence du résident supérieur Thibeaudeau. Il fit connaître au Conseil la décision de la France en faveur du prince Norodom Sihanouk : ce dernier fut désigné roi à l'unanimité. Ce Conseil était composé du Premier ministre, des chefs suprêmes des deux ordres bouddhistes Mohanikay et Thomayut, et du chef suprême des bakous ou brahmanes du palais.

Après la décision du Conseil, en apprenant la nouvelle, Norodom Sihanouk se mit à pleurer. Il pressentait qu'on l'embarquait dans une galère dont il ne pouvait, à cette époque, prévoir la destination. Il se sentait épouvanté et son corps était glacé. Il affirma à ses parents : « Il n'est pas question que j'assume une si lourde charge. Je suis trop jeune et je ne m'en sens pas digne. » Son père, interloqué, lui dit : « Tu es l'ultime espoir des Norodom. Après les décennies d'humiliation dues à deux règnes successifs des Sisowath, les Norodom voient luire une éclatante revanche et voilà que mon fils, élu à l'unanimité par le Conseil de la Couronne, parle de refuser le trône qui nous échappe depuis la mort de notre grand ancêtre Norodom Ier. Si tu persistes dans cette incompréhensible attitude, il ne me reste plus qu'à mettre fin à mes jours. » Puis, furieux, son père ira s'enfermer dans sa chambre en claquant violemment la porte.

Sa mère aussi s'efforce de le faire revenir à de meilleurs sentiments. En plus des mêmes arguments en faveur des Norodom, elle ajoute : « *Kaun* (mon fils), réfléchis bien. La France considérera ton refus comme une grande offense à son égard. Or, tu sais ce qui est arrivé aux princes royaux qui ont bravé la puissance protectrice. Tes parents, tes grands-parents seront tenus pour responsables de ton attitude. Ils seront déportés je ne sais où. Toi-même, malgré ton jeune âge, tu seras sûrement puni. Aie pitié de nous tous. Dis "oui", je t'en conjure[1]. »

Sihanouk acquiesce sans enthousiasme à cette supplique. Le sort en est jeté, il sera roi pour le meilleur et pour le pire. Il quitte donc la paisible maison familiale pour aller habiter la résidence royale : le palais Khemarin[2].

1. Norodom Sihanouk, *op. cit.*, p. 57.
2. La construction du palais Khemarin et l'aménagement des jardins avaient commencé sous le règne du roi Sisowath Monivong en 1931.

De l'accession au trône à l'indépendance

Sihanouk : roi

Ce 28 octobre 1941, du haut de son trône surélevé, en regardant les dignitaires du royaume khmer en costume traditionnel prosternés à ses pieds, le jeune Norodom Sihanouk, qui n'avait pas encore 19 ans, sent confusément que, en devenant roi du Cambodge, il renonce à avoir une vie normale, mais il est fier aussi de s'inscrire dans cette lignée des rois mythiques d'Angkor. Pas très grand, un visage fin (qui deviendra vite poupin) aux yeux malicieux, Sihanouk détonne par sa jeunesse, face aux hiérarques qui s'inclinent. La tiare d'or à longue pointe qui couronne sa tête ne change rien à cette impression. Acceptant cette charge, il sait qu'il prend la tête d'un royaume qui fut puissant du IXe au XIVe siècle, mais qui, après une très longue période de déclin, s'est vu grignoté par ses deux puissants voisins thaï et vietnamien et a dû accepter le protectorat français pour ne pas disparaître. Et maintenant, la Seconde Guerre mondiale fait rage depuis 1939 autour de son petit pays.

Pour le 28 octobre, jour du couronnement[1], l'amiral Decoux, gouverneur général d'Indochine, avait souhaité poser lui-même la couronne sur la tête du jeune roi pour bien montrer que c'était la France qui décidait, malgré sa défaite face à l'Allemagne. C'était une pratique courante depuis l'établissement du protectorat. Ce matin-là, les dignitaires du royaume commencèrent à affluer pour la cérémonie dans la salle du trône du palais royal. Quand l'amiral Decoux pénétra dans la salle du trône vers 10h30, une nombreuse assistance s'y trouvait déjà rassemblée, attendant en silence. Dans cette immense pièce étaient réunis tous les dignitaires du gouvernement et de toutes les provinces, arborant leur costume traditionnel: vareuse blanche rehaussée de broderies d'or, *kben*[2] et bas noirs. Au fond de la salle, sur la partie surélevée réservée au trône royal, avait été dressée, au milieu des bustes des précédents monarques recouverts d'or, une haute estrade où attendait le jeune souverain. À ses pieds se tenaient les altesses royales et les grands dignitaires de la Cour.

L'amiral gravit les quelques marches donnant accès à la plate-forme où était assis le roi, puis ayant reçu d'un haut dignitaire la tiare d'or à longue pointe constituant un des symboles royaux de la monarchie khmère, il la plaça, au nom de la France, sur la tête du jeune souverain.

Puis le roi traversa la capitale dans une procession magnifique composée de fanfares, éléphants blancs et gris, baldaquin, et en présence de la cavalerie et de nombreux princes et ministres... avant de revenir dans la salle du trône pour une cérémonie religieuse.

Quelques jours après, le 3 novembre, les funérailles proprement dites de feu le roi Monivong se déroulèrent à Oudong, l'antique capitale. C'est là, en pleine campagne, au sommet

1. Une cérémonie d'investiture avait eu lieu auparavant le 3 mai.
2. Longue pièce de soie savamment ceinte autour de la taille et des jambes.

d'une colline escarpée, dans plusieurs stupas royaux, que sont gardées les cendres des anciens monarques. Le roi Monivong y avait fait construire un nouveau stupa pour les siennes.

L'amiral Decoux et le jeune roi Norodom Sihanouk commencèrent l'ascension sous un soleil de plomb, suivis d'un important cortège, au milieu des chants et de la musique. Avant le sommet, le cortège s'arrêta dans un local où se trouvait l'urne funéraire contenant les restes du dernier souverain. Les bonzes remirent au jeune roi le vase d'or où étaient enfermées les cendres de son grand-père. Puis le cortège redémarra, grimpa les derniers escaliers assez raides, pour déposer sur la dernière plate-forme les reliques sacrées à l'abri du dais rituel.

Ses premiers pas pendant la guerre (1941-1945)

Le nouveau règne de Norodom Sihanouk commença par un événement douloureux, celui de la remise à la Thaïlande des territoires de la province de Battambang et d'une partie de celles de Siem Reap, de Kompong Thom, de Stung Treng et de Pursat au titre de l'application de la convention de paix de Tokyo, imposée au gouvernement de Vichy par les Japonais. La « médiation » japonaise s'était imposée à la France, alors que cette dernière avait détruit la flotte thaïe lors de la victoire de Koh Chang, le 17 janvier 1941.

Pour le peuple cambodgien, cette grande opération chirurgicale fut d'autant plus douloureuse qu'il n'en était nullement responsable et subissait passivement les répercussions de la guerre mondiale et de la politique du gouvernement de Vichy. Cette amputation ne pouvait non plus être mise au passif du nouveau règne, car cette décision était le résultat d'événements et d'accords intervenus à la fin du règne du roi Monivong. Norodom Sihanouk en éprouva cependant un profond ressentiment. Son règne s'ouvrait sur une humiliation. Il se souvenait de son indignation et de celle de ses camarades khmers au lycée Chasseloup-Laubat, quand ils avaient appris la nouvelle. Et c'était lui maintenant, alors qu'il était roi, qui subissait cela sans rien pouvoir faire. Il en nourrit une appréhension permanente et une grande méfiance vis-à-vis des Thaïs.

Les premières actions

Le premier geste de l'amiral pour le nouveau souverain fut de lui offrir un crédit de 50 000 piastres au budget de la liste civile pour la construction d'une nouvelle résidence de repos à la station d'altitude Bokor. Celle du roi Monivong était jugée trop modeste face au chalet du résident supérieur construit du temps de François Baudoin.

Pour le début de son règne, le nouveau roi prit alors une décision importante. Il décida de ne pas utiliser ce crédit dans ce but personnel, mais de l'offrir à son tour pour la fondation d'un nouveau collège à Kompong Cham, en remplacement de celui de Battambang, perdu lors de la récente cession de la province à la Thaïlande. Il viendra lui-même poser la première pierre de cet établissement qui portera le nom de collège, puis de lycée Norodom Sihanouk. Par ce geste doublement symbolique, il montrait que l'éducation était fondamentale pour son pays. De plus, il manifestait son patriotisme face à cette injustice que représentait la cession de la province de Battambang (où se trouvait l'ancien lycée) et des autres aux Thaïlandais.

Puis il se consacra à sa nouvelle tâche et décida de parcourir toutes les provinces à la rencontre du « petit peuple », comme il disait lui-même. Il y avait des années que le peuple des provinces n'avait pas vu et pu approcher son roi. À l'époque, plus des deux tiers du territoire du royaume étaient pratiquement inconnus des autorités centrales et laissés presque à l'abandon.

Le roi se lança dans une vaste tournée à partir des grands lacs jusqu'au golfe du Siam, traversant à dos d'éléphant, du nord-est au sud-ouest, le massif des Cardamones. Puis, à partir de Koh Kong, poursuivant par la mer jusqu'à Ream, il prit contact avec la population de pêcheurs de la côte et des îles khmères. Ainsi, avait-il rétabli le courant de familiarité coutumière avec son peuple, d'autant plus que le jeune souverain avait cherché à alléger ou à supprimer tout ce qui pouvait constituer un écran entre ce dernier et lui. La population se sentit plus proche de son jeune roi « nouveau style », et naquit une véritable affection du peuple khmer pour lui qui ne se démentira jamais. Après ce périple dans les provinces, il visita aussi le Viêt Nam et le Laos.

Les retombées du conflit mondial

La Seconde Guerre mondiale avait de plus en plus de répercussions en Indochine. Après l'accord de Tokyo du 9 mai 1941, celui du 29 juillet suivant, entre les autorités japonaises et françaises, avait autorisé les Japonais à s'implanter encore plus militairement en Cochinchine et au Cambodge. En effet, les Japonais n'avaient qu'à moitié confiance dans les autorités françaises en Indochine, surtout après le conflit avec la Thaïlande, et ils voulaient être plus présents militairement dans cette zone, face aux engagements militaires qu'ils prévoyaient de plus en plus intenses en Asie et dans le Pacifique.

Le bombardement de Pearl Harbor, le 7 décembre 1941, par l'aviation japonaise déclencha la guerre du Pacifique. L'Indochine, jusque-là à peu près préservée des combats, sera emportée dans le tourbillon de ce conflit. Elle fut traversée sans arrêt du nord au sud et *vice versa* par les convois militaires japonais, tandis que, des bases du Cambodge, partaient les raids de l'aviation nippone contre la Malaisie, la Birmanie, Singapour et l'Indonésie.

Les autorités du gouvernement général faisaient ce qu'elles pouvaient pour préserver l'autorité de la France et protéger les populations locales, mais, bon gré mal gré, l'Indochine fut comprise dans la « sphère de coprospérité » de la grande Asie orientale, sous influence japonaise. De ce fait, elle eut à subir le blocus des forces navales alliées et à souffrir des bombardements par les forces aériennes américaines. L'économie cambodgienne se réorganisa peu à peu pour s'intégrer dans la politique autarcique de l'Indochine, nécessitée par ce blocus.

Le Cambodge avait deux maîtres, le Japonais et le Français. La coexistence entre les deux n'était pas toujours facile, mais les Japonais étaient en position de force. Pour satisfaire aux besoins des deux, de plus en plus de sacrifices étaient demandés au peuple khmer et les doléances remontaient vers le palais.

Le protectorat, compte tenu de cette situation – guerre mondiale, présence de l'armée japonaise en Indochine, contestation du gouvernement de Vichy par le général de Gaulle en France –, aurait pu vivre au jour le jour, en protégeant au mieux les populations. Au contraire, il se lança à tort dans des réformes locales impopulaires, comme la romanisation de l'écriture khmère et le remplacement du calendrier lunaire par le calendrier grégorien : mesures qui rencontrèrent l'hostilité irréductible des moines bouddhistes.

Dans ce contexte, un groupe de nationalistes khmers anti-français, s'exprimant dans leur journal *Nagara Vatta*, décida de passer à l'action contre le protectorat. Ce groupe, présidé par un dénommé Tan Mau, septuagénaire d'opinion réactionnaire, comptait dans ses rangs des gens comme Son Ngoc Thanh, Sim Var, Pach Chhoeun et le bonze Chieu. Tous sont anti-Sihanouk. Ils lui reprochent son inactivité dans la lutte nécessaire, à leurs yeux, contre les Français, et sont sensibles aux sirènes des Japonais qui se présentent comme les libérateurs des peuples d'Asie contre les colonialistes occidentaux. Parmi eux, Son Ngoc Thanh, jeune magistrat, avait un orgueil et une ambition sans bornes. C'est un Khmer krom, originaire des anciennes provinces cambodgiennes situées en Cochinchine à cette époque. Petit, râblé, la peau foncée, il porte des lunettes à verre épais. Le bonze Chieu est un moine très instruit, professeur à l'École supérieure de pali de Phnom Penh, qui a une grande influence sur ses élèves. La direction de la sécurité française signala maintes fois au roi des échanges assez insolites de visites entre ce groupe et des officiers japonais.

Une grande manifestation s'organisa avec le soutien discret des occupants japonais. Elle eut lieu le 20 juillet 1942, avec une forte participation des bonzes, mais rassemblant aussi des étudiants et des professeurs, devant les bureaux de la résidence supérieure, proche du Vat Phnom, pagode sur une colline au centre de Phnom Penh. Une violente échauffourée éclata entre manifestants khmers et policiers français. Un bonze frappa à coups de parapluie le directeur de cabinet du résident supérieur, qui eut le nez cassé ; plusieurs manifestants et policiers furent contusionnés. Les autorités françaises réagirent vigoureusement à cette « révolte des ombrelles », surnom donné par les historiens à ce mouvement de protestation. Le tribunal militaire français de Saigon condamna le bonze Chieu et Pach Chhoeun aux travaux forcés à perpétuité au bagne de Poulo Condor. *Idem* pour Son Ngoc Thanh, mais ce dernier fut caché par ses amis japonais. Le crâne rasé, déguisé en officier nippon, il fut exfiltré du Cambodge vers Tokyo où il restera jusqu'au coup de force des Japonais en mars 1945. À la suite de cette manifestation, le prince Monireth, oncle du roi, qui avait soutenu les manifestants, fut envoyé en exil chez les légionnaires, à Tong dans le moyen Tonkin, puis mis en résidence surveillée près de Kampot.

Le roi Norodom Sihanouk regardait avec circonspection tous ces événements. Il ne pouvait pas, bien sûr, cautionner les mesures prises contre son oncle et il le fera revenir plus tard à Phnom Penh après le coup de force des Japonais. Il faisait plus que des réserves sur la romanisation de l'écriture comme sur le projet de changement du calendrier cambodgien, qui, en fait, ne furent jamais vraiment mis en place, puis qu'il annula après mars 1945.

Dans un de ses livres, le roi Norodom Sihanouk révéla que, à force d'entendre tous les jours ses jeunes compatriotes chanter «Maréchal, nous voilà...», il finit par connaître par cœur la chanson patriotique de Vichy. En effet, les anciens «scouts khmers», dont le mouvement avait pris naissance durant le règne précédent sous l'impulsion du prince Monireth, furent transformés, à ce moment-là, en un mouvement de jeunesse «Yuvan», qui était la section cambodgienne de la «Jeunesse de France» du régime de Pétain. Constitué à partir des anciens scouts khmers et dirigé par des cadres cambodgiens, il eut beaucoup de succès au début. Mais les autorités françaises eurent peur que cette masse disciplinée tourne au «nationalisme khmer» et mirent des cadres français à sa tête. À partir de là, le mouvement tomba dans l'oubli, jusqu'au 9 mars 1945. Quant au jeune roi, qui avait lui-même été louveteau et scout, il était devenu statutairement le chef suprême du mouvement Yuvan. S'étant vite aperçu que ce mouvement n'était pas le sien mais était dédié au maréchal Pétain, il ne marqua plus à son endroit qu'un intérêt très limité et se borna à y jouer le rôle statutaire de premier figurant.

Ce point comme d'autres, telles la réquisition abusive des produits cambodgiens pour les autres pays de l'Indochine, la mobilisation de la main-d'œuvre pour les troupes d'occupation japonaises, ajoutés aux volontés du protectorat de modifier le calendrier et de romaniser l'écriture, provoquaient doléances, réclamations et oppositions de la part des Cambodgiens. Celles-ci remontaient vers le roi, qui les transmettait au protectorat en faisant part de ses extrêmes réserves sur toutes ces actions. Mais Norodom Sihanouk, qui commençait à avoir un sens aigu de la réalité des rapports de force, savait qu'il ne pouvait pas faire plus.

Tout cela, venant en plus de la révolte des bonzes, de l'exil du prince Monireth, de la condamnation des «activistes» cambodgiens et après la perte des provinces cédées à la

Thaïlande par le gouvernement de Vichy, produisit un certain refroidissement dans les relations entre la cour royale et la résidence supérieure. L'atmosphère était donc tendue dans cette «ville de province» qu'était Phnom Penh, dans laquelle tout le monde se connaissait.

Malgré les tensions administratives et politiques entre le palais et les autorités françaises en Indochine, Norodom Sihanouk avait gardé des relations cordiales avec l'amiral Decoux et son épouse, aussi fut-il très peiné lors du décès de celle-ci au tout début de l'année 1944.

Il m'a raconté[1] cet épisode très peu connu et sur lequel rien n'a été écrit, même pas dans les mémoires de l'amiral Decoux. «Mme Decoux, me dit-il, est morte dans un accident de voiture à Dalat au Viêt Nam, en allant consoler l'impératrice Nam Phuong[2] du Viêt Nam et lui dire de revenir vivre à Saigon avec son mari, l'empereur Bao Dai. En effet, on dit que j'étais un play-boy, mais Bao Dai l'était encore plus que moi. Un jour où il était avec l'impératrice à Dalat, station de villégiature à la mode située en altitude, cette dernière avait découvert l'existence d'une nouvelle maîtresse de son mari et s'était fâchée très vivement[3]. L'empereur était rentré à Saigon, mais l'impératrice n'avait pas voulu le suivre et était restée à Dalat où ses filles étudiaient au couvent des Oiseaux[4]. Comme sa "bouderie" durait très longtemps, cela commençait à poser des problèmes politiques, aussi l'amiral Decoux demanda à son épouse d'aller consoler l'impératrice et surtout de la persuader de revenir avec

1. Audience du 29 mai 2007.

2. De son vrai nom Marie-Thérèse Huu-Hao. Très catholique, elle avait passé sa jeunesse au pensionnat (couvent) des Oiseaux, tenu par la congrégation Notre-Dame, rue de Ponthieu, à Paris.

3. On raconte même que l'impératrice s'était lancée à la poursuite de Bao Dai et lui aurait tiré dessus. Xuan Phuong et Danièle Mazingarbe, *Ao Dai*, Plon, Paris, 2001, p. 40.

4. L'impératrice avait favorisé la création de cet établissement à Dalat en 1935, en souvenir de son pensionnat à Paris. L'établissement s'appelait Notre-Dame du Lang Bian, mais tout le monde l'appelait le couvent des Oiseaux. En 1937, un deuxième couvent des Oiseaux ouvrait à Hanoi et un troisième à Saigon en 1950.

son époux. C'est en allant accomplir cette délicate mission qu'elle se tua en voiture en tombant dans un ravin bordant la route en lacets qui monte vers Dalat. Je suis allé à son enterrement en 1944. Sa tombe est toujours à Dalat.»

En avril 2009, je suis allé moi-même à Dalat pour essayer de retrouver cette tombe. Après une enquête sur place, je l'ai trouvée au domaine de Marie, une institution religieuse dépendant des sœurs de Saint-Vincent-de-Paul. La sœur supérieure vietnamienne parlait très bien le français. Elle fut étonnée que je connaisse l'histoire de Mme Decoux. Ayant fait une partie de mes études chez les lazaristes, je lui ai parlé de Saint-Vincent-de-Paul et des anciennes cornettes des sœurs de cet ordre. Cela l'a mise en confiance. Elle m'a dit qu'après l'accident, le 6 janvier 1944, le corps de Mme Decoux était resté exposé dans la chapelle du domaine de Marie, puis elle m'a montré la tombe qui est à l'intérieur du cloître. L'épitaphe était la suivante: «Ici repose Mme Jean Decoux, née Suzanne Humbert, bienfaitrice de cette chapelle et des filles de la charité. Rappelée à Dieu le 6 janvier 1944.»

La société khmère

Il est difficile pour les Cambodgiens d'aujourd'hui et pour les touristes étrangers, qui voient un pays de 12 millions d'habitants et une capitale de plus de 1 million d'habitants, d'imaginer ce qu'était le Cambodge d'alors, qui avait moins de 4 millions d'habitants au début des années 1940 et Phnom Penh à peine 200000. Phnom Penh n'était capitale définitive que depuis son transfert de Oudong en 1866 par Norodom Ier, après l'établissement du protectorat français. Les noms patronymiques n'avaient été institués qu'à partir de la création de l'état civil sous le roi Sisowath.

En simplifiant, on peut dire que, à l'époque, la société cambodgienne était constituée des bonzes, des membres de la famille royale, des fonctionnaires et du peuple. Il fallait ajouter à tout cela : les Chinois, les Annamites (Vietnamiens) et les « minorités ». Nhiek Tioulong a décrit longuement cette société[1].

Le nombre des membres du clergé bouddhique – le Sangha – était relativement important, par rapport à la population totale du pays : environ 50 000 bhikkhus (bonzes) et samanes (moinillons). Il existait et il existe encore deux ordres bouddhiques : le Mohanikay, plus ancien, plus grand et plus populaire, et le Thomayut, plus récent, plus strict, moins répandu et qui puisait ses fidèles parmi les membres de la famille royale et l'élite khmère. Le roi étant le chef temporel du Sangha, il nommait les chefs des deux ordres.

Les membres de la famille royale étaient constitués des descendants des souverains khmers depuis le roi Ang Duong. Cela devait représenter autour de 200 personnes. Les fonctionnaires constituaient une classe privilégiée, à part, instruits et héritant du prestige des mandarins de l'ancien temps. Par ailleurs, il n'existait pas d'autre classe du secteur privé, cadres de commerce ou d'industries khmères, car l'économie était entièrement tenue par des étrangers, surtout chinois. Parmi les fonctionnaires, on trouvait les administrateurs, les cadres judiciaires, les enseignants, les interprètes, les secrétaires, le personnel de service, aussi bien à Phnom Penh que dans les chefs-lieux de province.

Le peuple, essentiellement composé d'agriculteurs, vivait à l'intérieur des terres ou sur les berges du Mékong avec les pêcheurs, les artisans et les commerçants. On le trouvait surtout en zone rurale dans des villages autour d'une pagode. Les maisons en bois, en général sur pilotis pour éviter les inondations lors de la montée des eaux, rassemblaient des familles nombreuses. Ce peuple, profondément bouddhique, avait

1. Nhiek Tioulong, *op. cit.*, p. 153 à 173.

une dévotion et un respect importants pour le roi qui était, à ses yeux, d'essence divine, le grand régulateur de l'ordre des saisons, et le père bienveillant pour tous.

À tout cela, il faut ajouter les Cham d'origine malaise et de religion musulmane, les peuplades aborigènes des hauts plateaux et deux autres minorités ethniques, à savoir les Chinois et les Annamites, qui jouaient un grand rôle de part leur nombre important et leur influence. Les Chinois, eux, s'adonnaient surtout au commerce.

Les métis sino-cambodgiens, de nationalité cambodgienne, étaient aussi particulièrement actifs dans le commerce et étaient en vedette partout, notamment dans les écoles franco-khmères.

Les Annamites – appelés « Yuons » et plus tard Vietnamiens – étaient très nombreux à la faveur du régime de la liberté de circulation et d'établissement sur tous les territoires de l'Union indochinoise. Ils étaient fonctionnaires ou s'adonnaient à la pêche sur le Mékong et les grands lacs, comme les Cham. Cette importante minorité ne se mélangeait pratiquement pas avec la société khmère. La jeunesse annamite, cependant, fréquentait assidûment les écoles françaises. Pendant longtemps, elle a même été majoritaire au collège Sisowath de Phnom Penh.

En ce début des années 1940, la société cambodgienne était parcourue d'une manière souterraine par des forces, invisibles aux non-initiés, résultant du protectorat français, de l'inclusion du pays dans l'Union indochinoise et de l'occupation militaire japonaise. Depuis toujours, le Cambodge avait été l'objectif principal de l'hégémonie de l'Annam, même après l'établissement du protectorat français sur ce pays et la conquête de la Cochinchine. Cela se manifestait par l'idée du « grand Viêt » (Dai Viêt), véhiculée à la fois par des groupes nationalistes, communistes (Viêt-minh) ou religieux (secte Cao Dai).

Les Vietnamiens, inféodés à ces organisations, s'infiltrèrent dans les organismes militaires, la Kempeitai (la gendarmerie japonaise) et les services de renseignements japonais, à des postes d'interprètes ou d'agents de renseignements, comme ils l'avaient fait avec les Français. Les services spéciaux japonais étaient présents depuis longtemps au Cambodge, sous forme d'une maison de commerce, la Dainan Koosi Khaisha Limited, qui disposait à Phnom Penh d'une discrète boutique de porcelaine.

La société française était scindée en deux clans : pétainistes et gaullistes encore clandestins, qui se suspectaient mutuellement. Le général Mordant, qui commandait les forces terrestres en Indochine sous les ordres de l'amiral Decoux, avait été nommé secrètement chef de la Résistance en Indochine par le comité d'Alger.

Face à cet enchevêtrement d'activités souterraines aux buts différents, le jeune roi dut déployer une grande intelligence pour simplement survivre et ne pas être emporté par la tourmente.

Le coup de force japonais

C'est dans cette atmosphère que se déclencha brusquement le coup de force japonais sur toute l'Indochine. Le 9 mars 1945 vers 19 heures, la voiture de l'ambassadeur du Japon en Indochine franchit le portail de fer de la résidence du gouverneur général français de l'Indochine à Saigon. Cette superbe bâtisse avait été construite sous le Second Empire. La voiture, fanion déployé indiquant la présence de l'ambassadeur à l'intérieur, roule lentement devant le grand banian centenaire du parc et s'immobilise devant les escaliers de l'entrée de la résidence[1]. Un serviteur indochinois se précipite pour ouvrir la portière. L'ambassadeur Matsumoto descend et entre dans

1. Cette résidence est actuellement celle du consul général de France à Saigon. Elle a servi de décor au film *Indochine* de Régis Wargnier avec Catherine Deneuve, sorti en 1992. J'ai séjourné plusieurs fois dans cette résidence.

le hall où l'attend déjà l'amiral Decoux. L'ambassadeur vient soumettre au gouverneur général un « aide-mémoire » du gouvernement japonais.

C'est en fait un ultimatum qui intime au gouverneur général l'ordre de placer sous l'autorité unique de l'armée japonaise toutes les forces militaires et de police françaises « pour défendre jusqu'au bout l'Indochine contre les forces anglo-américaines », selon la phraséologie du texte. L'amiral Decoux demande un délai de réflexion. À 21 heures, il fait porter sa réponse écrite à l'ambassadeur Matsumoto. Celui-ci déclare aussitôt qu'elle constitue un refus pur et simple de sa proposition. Immédiatement, des troupes nippones font irruption dans le parc de la résidence pour s'emparer du gouverneur général[1]. Déjà retentissent dans toute la ville des explosions de grenades et des tirs de fusil ou de mitrailleuse. Le sang français a déjà coulé abondamment[2]. Les Japonais viennent de se rendre complètement maîtres de l'Indochine.

À Phnom Penh, ce coup de force de l'armée japonaise fut une surprise totale pour les Cambodgiens, même dans les milieux officiels, tenus depuis toujours par le protectorat dans l'ignorance la plus totale des relations franco-japonaises.

Les Japonais, depuis longtemps, avaient minutieusement préparé leur affaire. Ils avaient recueilli des renseignements précis sur les principales personnalités françaises et sur les membres de la Résistance (FFI). Tout cela grâce à des agents et interprètes vietnamiens et sino-khmers ; on s'aperçut plus tard que les agents de la Kempeitai parlaient tous couramment vietnamien. On apprit aussi que, après le déclenchement de l'attaque, les personnes visées avaient été cueillies à leur

1. L'amiral Decoux va rester captif deux mois dans les locaux du gouvernement général, puis sera transféré dans la plantation d'hévéas de Loc Ninh, à 135 kilomètres de Saigon, près de la frontière cambodgienne.

2. Jean Decoux, *op. cit.*

domicile avec une grande précision. À Phnom Penh, tout avait été minutieusement et secrètement organisé.

Coïncidence, la capitale venait d'être durement bombardée par un raid d'une escadrille américaine de B29 lâchant un chapelet de bombes de gros calibre à partir des quatre bras du Mékong à la hauteur de la pagode Unalom, dans l'axe de la gare centrale des chemins de fer, construite par les Français, cisaillant ainsi la ville en diagonale sud-est, nord-est, et occasionnant de nombreuses pertes humaines et de gros dégâts à la batellerie des paysans légumiers, aux immeubles et aux infrastructures, notamment au chemin de fer.

La population, traumatisée par ce bombardement et finissant tout juste de brûler ses morts, dut de nouveau affronter une nouvelle attaque, cette fois du côté japonais, le soir du 9 mars. Tout le monde, y compris les Français, se précipita dans les abris ou les tranchées.

Les militaires japonais n'eurent aucune difficulté à aller arrêter tous ceux qui figuraient sur leurs listes. Ils occupèrent simultanément tous les points stratégiques. Leurs patrouilles, qui surveillaient les points importants de la capitale, n'hésitaient pas à tirer sur ceux qui n'obéissaient pas aux sommations. Il en résulta de nombreux morts et blessés.

Le résident supérieur Berjoan, qui venait de remplacer Gautier, fut arrêté aussitôt à sa résidence officielle au bord du Tonle Sap, et son secrétaire particulier, Halmagrand, fut abattu dans l'enclos de la résidence, alors qu'il courait pour rejoindre son chef. Les militaires, fonctionnaires civils, résistants, furent arrêtés, gardés par l'armée japonaise ou enfermés à la prison centrale occupée par la Kempeitai.

On saura plus tard que beaucoup furent torturés. Georges Groslier, conservateur du musée Albert-Sarrault, mourut des sévices de l'interrogatoire et fut incinéré. Sa fille, Nicole Groslier, épouse Delac, l'apprit d'une manière horrible : elle fut convoquée par le consul japonais pour prendre livraison des cendres de son père à la mairie de la capitale. Le colonel Bellon, commandant militaire français, fut arrêté et torturé pendant longtemps à la prison centrale. Il put en revanche sortir vivant après Hiroshima.

Quelques jours auparavant, le résident supérieur Berjoan avait confié au roi Norodom Sihanouk qu'il s'attendait à ce que les Japonais veuillent en finir avec le protectorat français. Il lui avait demandé de le rejoindre, avec ses parents, dans sa résidence le jour où ils entendraient la sirène.

Ce soir-là, le 9 mars, le soleil va bientôt se coucher sur la capitale. La sirène hurle. Sans perdre un instant, Sihanouk appelle son chauffeur, lui fait jeter sa casquette, prend une voiture de service pour passer inaperçu et file vers la résidence supérieure où devaient le rejoindre ses parents. Parvenu derrière l'immeuble, il ne voit personne. Un tir nourri d'armes automatiques se déclenche. Il donne l'ordre à son chauffeur de regagner le palais. À mi-chemin, il voit, jonchant le boulevard, des corps de Français, civils et militaires mêlés, et croise une patrouille de soldats japonais armés jusqu'aux dents.

En arrivant à l'enceinte est du palais, il s'aperçoit que des soldats japonais sont déjà là, interrogeant les sentinelles. Il donne alors l'ordre à son chauffeur de rouler jusqu'à la pagode Botum Vaddey voisine du palais. À la nuit tombante, il pénètre dans la cour intérieure du monastère. Les moines se sont retirés dans leurs petites cellules. Aucun Japonais n'est en vue. La voiture se dirige vers le *kod*, maison monastique du vénérable Keo Ouch, que Sihanouk connaissait bien. Il cachera le roi toute la nuit et l'invitera à réciter avec lui des prières bouddhiques. Le 10 mars au matin, Sihanouk était toujours dans le petit *kod* du monastère. Survint alors un de ses oncles, Buor Horng, membre du groupe antifrançais de Son Ngoc

Thanh, et un Japonais distingué et souriant. Celui-ci, depuis des années, jouait au modeste épicier dans un magasin près du palais du résident supérieur, mais était en fait un officier du service de renseignements de l'armée impériale[1]. Avec eux, Sihanouk retourna au palais, y retrouva ses parents et apprit que les Japonais le maintenaient sur le trône. Son nouvel officier de sécurité serait le lieutenant japonais Tadakuma[2]. Le palais royal n'avait pas été investi par l'armée japonaise et les ministres cambodgiens n'avaient pas été inquiétés et purent rester sains et saufs chez eux.

Quelques semaines plus tard, le résident supérieur Berjoan fut transféré en Cochinchine, où il rejoindra les autres hauts représentants français et l'amiral Decoux, détenus dans une plantation d'hévéas à Loc Ninh, à 135 kilomètres de Saigon, non loin de la frontière du Cambodge.

Dans les provinces, les attaques japonaises n'intervinrent que le lendemain. À Kompong Cham, de véritables batailles eurent lieu, faisant beaucoup de morts et de blessés dans chaque camp. Tous les Européens furent arrêtés ou tués. Dans l'ensemble, les autorités provinciales cambodgiennes ne furent pas inquiétées.

Cette attaque contre les intérêts français dans toute l'Indochine montrait bien que les Japonais n'étaient pas satisfaits de la collaboration des autorités locales de la France à leur égard, alors que le régime de Vichy se trouvait du côté des forces de l'axe Allemagne-Italie-Japon. *A contrario*, cela indiquait que les autorités locales jouaient au maximum la défense des intérêts de la France, autant que la présence militaire japonaise le leur permettait.

1. Norodom Sihanouk, *op. cit.*, p. 100 à 102.

2. Ce dernier, après la capitulation japonaise, « disparaîtra » dans la forêt cambodgienne. Il se fera moine « khmer » dans la vallée d'une montagne lointaine et deviendra un érudit en langues sanscrite et pali.

Quoi qu'il en soit, en attaquant les intérêts français en Indochine, les Japonais passaient outre l'alliance signée avec la France de Vichy dans cette guerre mondiale, et privilégiaient le fait d'être totalement libres de leurs mouvements militaires et de leurs actions. Accessoirement, au plan de la propagande, ils voulaient prouver qu'ils aidaient, par leurs actions, les peuples colonisés « jaunes » à se libérer de leurs colonisateurs « blancs ». En n'arrêtant ni le roi ni les ministres cambodgiens, ils laissaient libre cours au développement de cette thèse. Sihanouk n'était pas dupe, mais les Français du gouvernement de Vichy étaient défaits, les Japonais tout-puissants, et le Cambodge n'avait aucune force. Il décida de « surfer » sur les événements.

Le 10 mars au soir, le commandement militaire japonais signifia à Norodom Sihanouk que le Cambodge était désormais un pays indépendant, libéré du protectorat français.

Une première « indépendance » du Cambodge

Le roi s'enferma dans son palais pour réfléchir à la situation. Il ne pouvait rien faire contre la soldatesque japonaise qui occupait toute l'Asie du Sud-Est. Il n'avait pas à se sacrifier pour la France de Vichy qui avait « rendu » aux Thaïlandais beaucoup de provinces cambodgiennes, mis en résidence surveillée son oncle Monireth et, dans la continuité de la politique du protectorat, lui avait enlevé tout pouvoir réel, de même qu'au gouvernement cambodgien, et enfin avait voulu faire des réformes qui portaient atteinte à l'âme khmère elle-même en supprimant son jour de l'an et en romanisant son écriture.

La brusque arrestation par l'armée japonaise des représentants de l'autorité française et de ses fonctionnaires de tous les services de l'administration avait eu pour résultat immédiat, sur un plan pratique, l'arrêt total de l'exercice par la France de son protectorat sur le Cambodge. Il en avait résulté l'arrêt total et simultané du fonctionnement du gouvernement et de l'administration du pays.

Le roi s'engouffra donc dans cette brèche en s'appuyant sur la situation et promulgua rapidement plusieurs textes, les ordonnances de mars 1945, quelques jours après le coup de force japonais. Il s'attribuait la présidence du Conseil des ministres, abolissait les conventions et traités précédents sur le protectorat français, et déclarait État indépendant le royaume du Kampuchéa.

Il nomma aussi un nouveau gouvernement avec, comme Premier ministre, Ung Hy, et les directeurs français des administrations furent remplacés par leurs adjoints khmers. Les administrations des bureaux de la résidence supérieure furent réparties entre plusieurs ministères. Dans les provinces, les gouverneurs cambodgiens prirent la place des résidents français.

À Phnom Penh, suite à l'arrestation du résident français qui faisait office de maire, le roi désigna comme gouverneur de la ville Nhiek Tioulong, qui était auparavant gouverneur de Kompong Cham.

Seule l'agence cambodgienne de la Banque d'Indochine, qui détenait le privilège d'émission des billets de la piastre indochinoise, était dirigée par des experts japonais.

Ainsi, quelques semaines après le coup de force japonais, la totalité des pouvoirs du royaume était tenue par le roi et le gouvernement khmer, alors que, dans le reste de l'Indochine, les services du gouvernement général français étaient occupés par des militaires et civils japonais.

Ce fut en quelque sorte une première « indépendance », et les nationalistes pro-japonais organisèrent une manifestation pour célébrer l'événement. Mais Sihanouk savait qu'elle n'était qu'un fruit creux. Ayant conscience de la fragilité juridique de la situation, il fit des démarches auprès de l'ambassadeur Kubota, conseiller suprême du gouvernement royal, et auprès du général Manaki, commandant militaire japonais au Cambodge, pour que ces derniers obtiennent la reconnaissance *de jure* de l'indépendance du Cambodge par le gouvernement impérial japonais. Il n'eut jamais de réponse. Il n'y eut même pas d'échange d'ambassades entre les deux pays. Ainsi, tout en subissant une pression de tous les jours de l'occupant japonais, Norodom Sihanouk avait tout de même récupéré tous les pouvoirs administratifs et fait un coup de génie, coupant l'herbe sous le pied aux activistes qui s'agitaient souterrainement pour demander l'indépendance vis-à-vis de la France, certains étant prêts à collaborer avec les Japonais. Il avait pris une longueur d'avance sur tous les autres responsables actuels ou à venir des pays d'Indochine en faisant acte face à la France de la volonté d'indépendance du Cambodge. Certains milieux lui reprochèrent ce manque de fidélité à la France, d'autres l'accusèrent de collaboration avec les Japonais.

En fait, sans que personne soit capable de prévoir la suite des événements, Norodom Sihanouk, même si ce n'était que pour un temps, avait fait d'une pierre « quatre coups » : il venait de s'affirmer comme un véritable chef face à son peuple, aux élites khmères, à la France et aux Japonais auxquels il avait enlevé tout argument pour administrer directement le Cambodge.

Il devait maintenant survivre en attendant que les événements internationaux décident de l'issue du conflit mondial, et par là même de son sort et de celui de son petit royaume d'Asie du Sud-Est.

Pour l'heure, les Japonais faisaient sentir leur force. Le gouvernement cambodgien rencontrait beaucoup de problèmes avec les autorités militaires japonaises, de plus en plus exigeantes pour les réquisitions militaires sur la population. L'ambassadeur japonais Kubota était conseiller suprême du gouvernement royal. Fin mai, les Japonais firent revenir Son Ngoc Thanh dans un de leurs bombardiers. Il fut reçu à Phnom

Penh en triomphateur par ses amis. Le crâne rasé comme un militaire nippon, il parlait couramment japonais après plusieurs années passées au Japon ; c'était maintenant l'homme des occupants. Ces derniers obtinrent du roi qu'il fût nommé ministre des Affaires étrangères, poste qui se résumait en fait aux relations avec le Japon.

Norodom Sihanouk donnait le change. Il invitait souvent à dîner au palais royal le conseiller suprême Kubota[1], le général Manaki, commandant militaire japonais au Cambodge, le capitaine Hara, chef de la Kempeitai, et leurs collaborateurs. Il les gratifiait toujours de son sourire énigmatique, leur racontait des histoires afin de les faire rire, tandis que des événements graves se préparant sur la scène mondiale, il attendait son heure. C'est cette technique qui lui a permis souvent de surfer sur les événements les plus dramatiques rencontrés au cours de sa vie fantastique, et de toujours être là comme un bouchon surnageant malgré les vagues les plus terribles. Son sourire désarmait ses interlocuteurs, qui le croyaient fantasque et inoffensif, alors qu'il allait devenir grand diplomate et manœuvrier expert.

Cela dit, il faisait quand même figure d'empêcheur de tourner en rond en présidant le Conseil des ministres, et son gouvernement n'était pas assez « pro-japonais ». Aussi, Son Ngoc Thanh et ses amis, avec le concours de l'armée japonaise, préparèrent-ils un coup de force qu'ils mirent à exécution dans la nuit du 9 au 10 août.

Le 9 août à minuit, des groupes de « thanhistes », partisans de Son Ngoc Thanh, armés, font irruption chez les ministres et les arrêtent, à commencer par le premier d'entre eux, Ung Hy. À minuit également, un groupe armé pénètre dans l'enceinte du palais, fait réveiller le roi Sihanouk et ses parents. Leur chef

1. Parlant parfaitement français.

explique qu'ils sont là pour faire signer immédiatement au roi un *kret* (décret royal), stipulant les points suivants :

– le cabinet ministériel existant avant le 9 août à minuit est dissous ;

– le roi renonce à présider le Conseil des ministres et laisse ce soin à son Premier ministre ;

– Son Ngoc Thanh est nommé Premier ministre. Il est habilité à choisir librement les ministres et vice-ministres devant constituer le nouveau gouvernement royal.

Devant cet ultimatum, la princesse Kossamak, mère de Sihanouk, essaie de discuter, mais le groupe thanhiste s'impatiente. Sihanouk décide donc, sous la contrainte, de signer : « Messieurs, dit-il, le pouvoir gouvernemental ne m'est pas indispensable. Depuis le 10 mars 1945, je ne l'ai exercé que par acquit de conscience. Mais puisque vous êtes d'avis que S.E. Son Ngoc Thanh saura beaucoup mieux que moi mener la barque cambodgienne à bon port, c'est bien volontiers que je lui confie le soin de former le nouveau gouvernement royal et de le diriger à ma place. »

Sihanouk signe, et le sourire réapparaît sur les lèvres des putschistes. Sortant avec eux dans le parc du palais Khemarin, il aperçoit un lieutenant japonais faisant les cent pas, et il constate que le palais est cerné par des automitrailleuses japonaises dont il entend les moteurs ronfler[1].

Mauvaise pioche pour Son Ngoc Thanh car, dès le 16 août 1945, la nouvelle de la capitulation du Japon parcourt Phnom Penh comme une traînée de poudre et filtre très vite dans les provinces. Le conseiller suprême Kubota et ses collaborateurs partent alors directement à Saigon. C'est que, les 6 et 9 août, les bombes atomiques américaines avaient été larguées sur

1. Norodom Sihanouk, *op. cit.*, p. 107 à 109.

Hiroshima puis Nagasaki, et le *rescrit* (décret) impérial prescrivant la capitulation du Japon et le dépôt général des armes à l'armée japonaise avait été signé le 12 août.

Confronté à la défaite de ses mentors japonais, Son Ngoc Thanh ne perd rien de sa superbe et affirme que les Français, s'ils osent revenir au Cambodge, seront étrillés par l'armée cambodgienne. Pour impressionner le colonialiste français en instance de retour, il organise une farce de référendum en sa faveur, et obtiendra 99,99 % de « pour », car chaque citoyen devait voter en public et signer son bulletin de vote qui devait comporter très lisiblement inscrits, son nom, son prénom et son adresse.

Les Français sont de retour

Peu à peu, les Alliés revenaient dans la péninsule indochinoise. Les Anglais arrivèrent à Phnom Penh pour recevoir la reddition des troupes japonaises et pour maintenir l'ordre avec leur détachement de gurkhas[1], et avec les troupes japonaises placées sous leur autorité.

De Gaulle parachutait ses premiers émissaires dans chaque pays de l'Indochine. Peu à peu, les Français, militaires et civils, qui s'étaient cachés dans la forêt pour fuir les Japonais, réapparurent à Phnom Penh. Le chef de ces émissaires au Cambodge, le commandant Gallois, écrivit au roi pour lui demander d'envoyer une délégation khmère auprès de l'amiral Thierry d'Argenlieu, haut-commissaire de France, pour entamer des pourparlers sur le statut du Cambodge.

Le 28 septembre, le roi lui répondit : « Nous demandons à l'amiral de nous faire savoir si les délégués que nous désignerons éventuellement seront considérés comme délégués d'un pays indépendant. Le Cambodge a retrouvé son indépendance après

1. Guerriers du Népal.

les événements du 9 mars 1945, indépendance sanctionnée par Kram n° 3, promulgué le 13 mars 1945. Nous sommes disposés à traiter avec la France et à accepter d'avoir avec elle des relations amicales... qui toutefois ne doivent pas être de nature à porter atteinte à l'indépendance de notre patrie[1]. » Le commandant ne répondit jamais à cette lettre.

Sihanouk prenait date, mais il savait bien que ce serait un coup d'épée dans l'eau, car l'indépendance du Cambodge ne reposait sur aucune base juridique sérieuse : elle avait été octroyée par les militaires nippons. Le gouvernement japonais ne l'avait jamais reconnue ; de plus, le Japon avait été vaincu par les Alliés, et son gouvernement et les hauts chefs militaires proclamés « criminels de guerre ».

Fin septembre, Son Ngoc Thanh nomma comme directeur de la police nationale un dénommé Lon Nol, qui fera reparler de lui vingt-cinq ans plus tard.

Le général Leclerc arriva le 5 octobre à Saigon et la 2e DB commença à réoccuper les régions alentour. Le 8 octobre, les Britanniques transférèrent aux Français les responsabilités politiques et administratives du sud de l'Indochine. Le 15 octobre, avec la complicité des Anglais, un commando français, arrivé par l'aéroport de Pochentong, arrêta le Premier ministre Son Ngoc Thanh « pour agissements contraires à la sécurité des Alliés et du Cambodge » et l'amena à Saigon pour l'emprisonner.

Cette arrestation eut lieu alors que le roi Norodom Sihanouk était absent de Phnom Penh. Il était parti la veille en pèlerinage avec ses parents, le prince et la princesse Suramarit, à la pagode Vihear Suor, située de l'autre côté du fleuve à quelques heures de bateau de la capitale. Il fut prévenu. Quand il revint, dans l'après-midi du 17, et débarqua avec ses parents, le gouvernement l'attendait, ainsi que le colonel Murray et le

1. BMD du 4 au 19 juillet 2007.

lieutenant-colonel Huard avec un détachement de légionnaires français qui lui rendirent les honneurs.

C'était la première fois que l'on revoyait le déploiement officiel des troupes françaises depuis le 9 mars 1945. Le soir même, le roi nomma un nouveau gouvernement ayant à sa tête le prince Monireth et dont les ministres pro-japonais avaient disparu. Le lieutenant-colonel Huard, nommé commissaire de la République par intérim par le général Leclerc, commença ses activités officielles et obtint sa première audience royale le soir même du 17 octobre.

Le roi rappela encore sa position au représentant de la France, à savoir que le Cambodge était maintenant un pays indépendant et qu'il souhaitait des relations d'un type nouveau avec la France. Le lieutenant-colonel Huard dut lui répondre que le général de Gaulle était prêt à accorder une large autonomie au Cambodge et que la France s'engageait à récupérer, au profit de celui-ci, les provinces que le régime de Pétain, en 1941, avait données à la Thaïlande sous « l'aimable » pression des Japonais. Il précisa cependant que les relations juridiques du Cambodge avec son pays avaient toujours comme base le traité de 1863 et la convention de 1884. Il transmit immédiatement un compte rendu de l'audience à l'amiral Thierry d'Argenlieu. Ainsi, les relations franco-khmères étaient renouées et le dialogue allait s'amorcer, même si les points de vue de départ étaient éloignés.

Le roi avait certes affirmé sa position officielle mais, dans sa grande intelligence des situations dont il avait fait preuve au cours des récentes épreuves passées, il voyait bien, au fond de lui-même, que les Alliés et les Français reprenaient position dans toute l'Indochine, que des activistes vietnamiens s'affairaient dans tout le pays avec l'idéologie du « grand Viêt Nam ». Il savait bien aussi que, à la sortie de la Seconde Guerre mondiale, il n'allait pas déclencher une nouvelle guerre contre la France puis contre la Thaïlande pour récupérer ses provinces.

Il n'y avait d'ailleurs pas à l'époque de véritable armée nationale khmère. L'essentiel était la stabilité du pays, la survie de la monarchie et la relance économique dans la paix. Sur cette base-là, c'est par la négociation et la diplomatie que Norodom Sihanouk entendait obtenir le maximum de la France.

Vers la fin octobre, une délégation khmère, conduite par le prince Monireth, chef du gouvernement, fut envoyée à Saigon pour un premier contact avec l'amiral Thierry d'Argenlieu. Après plusieurs échanges de lettres – les positions des uns et des autres étant éloignées et le sujet complexe –, le haut-commissaire décida de faire étudier un statut provisoire de transition pour le Cambodge par le général Alessandri, nouveau commissaire de la République au Cambodge.

La colonie française avait été libérée du camp d'internement de Phnom Penh, les militaires japonais avaient été envoyés à Cap Saint-Jacques, près de Saigon, aux fins de désarmement et de rapatriement et, pendant ce temps, les Britanniques quittaient peu à peu le pays.

Sur le conseil des autorités françaises, le roi accepta de doter le royaume d'une Constitution moderne afin de transformer la monarchie absolue en monarchie constitutionnelle. Dans ce but, une commission franco-khmère fut constituée et tint sa première séance le 23 novembre 1945.

Enfin, par ordonnance royale du 4 décembre 1945, le roi rapporta les ordonnances de mars 1945. Ce texte consacrait ainsi provisoirement le retour des Français et de leur administration au Cambodge.

Vers la vraie indépendance (1946-1953)

Le 7 janvier 1946 était signé le *modus vivendi* provisoire consacrant le statut transitoire du Cambodge. Il se place dans le cadre des textes de 1863 et 1884. Il dispose que le commissaire de la République représente l'Union française et la Fédération indochinoise, ce dernier rendant exécutoire tous les actes royaux par son « vu pour attache ». Par là, le pouvoir colonial reprend ses droits ainsi que par la subvention du budget fédéral indochinois au budget national.

Les améliorations pour le Cambodge par rapport à la situation d'avant mars 1945 étaient que « l'administration par intermédiaires khmers » remplaçait « l'administration directe française », que les autorités françaises reconnaissaient l'existence d'une armée nationale khmère, et surtout que le *modus vivendi* admettait juridiquement le principe de révision du traité du 11 août 1863 et de la convention du 17 juin 1884. Le prince Monireth créa alors le premier bataillon de l'armée nationale en rassemblant les éléments épars des anciens militaires khmers de l'armée française et une école militaire d'élèves officiers fut créée. Malgré ces améliorations, l'opinion publique allait très rapidement être montée contre le *modus vivendi*.

Au début de l'année 1946, d'anciens étudiants khmers rentrèrent de France, où ils avaient été bloqués par l'Occupation et la guerre, certains étant pro-Son Ngoc Thanh. Ils considéraient que c'était un héros, le combattant par excellence pour l'indépendance, parce qu'il avait été arrêté en octobre 1945 par les Français. En fait, les Français l'avaient arrêté plus à cause de ses amitiés et activités pro-japonaises que pour autre chose.

Les mêmes commençaient à critiquer Sihanouk d'avoir signé ce *modus vivendi* ; pourtant, c'est lui qui avait raison. Les Alliés, de retour en Indochine, venaient d'écraser le Japon et l'Allemagne. Une lutte armée aurait été vouée à l'échec, d'autant plus que de nombreux Cambodgiens étaient heureux du retour des Français. Sihanouk, en revanche, avait compris qu'il fallait passer par une phase de négociation avec ces derniers pour poursuivre à sa façon, plus tard, la lutte pour l'indépendance qu'il obtint en 1953.

Il a réalisé pour le Cambodge ce que voulait au même moment Hô Chi Minh pour le Viêt Nam. À Hanoi en effet, le 6 mars 1946, avec l'accord du Comité central du Viêt-minh, celui-ci signe avec les Français de retour en Indochine un « accord », qui est même contresigné par Vu Hong Khanh, leader du parti ultranationaliste VNQDD, très hostile à la France. La base renâcle. Le lendemain, le Parti communiste convoque les « masses » pour s'expliquer devant elles. Sur la vaste place du Théâtre, une foule énorme, fiévreuse, attend. Le général Giap apparaît au balcon du théâtre. Portée par les micros, la voix du chef de guerre roule comme le tonnerre : « Nous avons choisi de négocier pour créer les conditions favorables à la lutte pour l'indépendance complète... » Puis apparaît « l'oncle Hô », fragile, dérisoire, auprès du gigantesque drapeau rouge à l'étoile d'or, la houppe de cheveux gris flottant au vent, un peu courbé dans sa minable vareuse. La veille, il était critiqué dans les rues, et là, une ovation immense monte vers lui. Il tend ses deux mains vers la foule comme pour se protéger de cette vague d'enthousiasme et parle de sa voix aigrelette : « C'est faire preuve d'intelligence que de négocier plutôt que de se battre. Pourquoi sacrifier 50 000 ou 100 000 hommes alors que nous pouvons parvenir par la négociation à l'indépendance, peut-être dans cinq ans ? » Et il conclut : « Moi, Hô Chi Minh, je vous ai toujours menés sur le chemin de la liberté, j'ai toute ma vie combattu pour l'indépendance de notre patrie, vous savez que je préférerais mourir que de vendre le pays. Je vous jure que je ne vous ai pas vendus[1] ! »

Sihanouk aurait pu dire cela dans un meeting face à ses détracteurs. C'est ce qu'il pensait et c'est ce qu'il a fait. Il a réalisé par étapes l'indépendance totale de son pays en 1953 sans trop de casse avec les Français. En revanche, Hô Chi Minh dut replonger dans deux guerres terribles avec les Français puis les

1. Jean Lacouture, *Hô Chi Minh*, Seuil, Paris, 1965, p. 113.

Américains ; il mourut en 1969 sans avoir vu l'indépendance et la réunification de l'ensemble de son pays.

Le premier voyage du roi en France

Alors que le Cambodge commençait à s'installer dans le nouveau régime du *modus vivendi* provisoire et était en mutation constitutionnelle, une visite du roi en France fut décidée et programmée pour avril 1946. Son urgence n'apparaissait pas a *priori* au commun des mortels, d'autant plus que le général de Gaulle, opposé au « régime des partis », venait d'abandonner le pouvoir en janvier. Ce voyage avait été décidé à l'initiative de l'amiral Thierry d'Argenlieu, investi des pleins pouvoirs dès la fin de la guerre par le général de Gaulle. L'amiral savait qu'un pareil voyage d'Hô Chi Minh était envisagé et il voulait absolument que la France accueille en priorité le souverain khmer pour ne pas avoir l'air de donner la préséance à Hô Chi Minh, un leader qui avait acquis sa renommée par les armes, et qui risquait de devenir un adversaire de la France. Hô Chi Minh en effet arrivera trois semaines après Norodom Sihanouk et sera installé à Fontainebleau durant toute la visite officielle du souverain cambodgien.

Ce voyage avait donc lieu quarante ans après celui du roi Sisowath en 1906. Il fut prévu que l'absence de Norodom Sihanouk dans son pays devait durer environ trois mois, et que le Premier ministre, le prince Monireth, l'accompagnerait. Pendant cette absence, un Conseil de régence fut nommé sous la présidence du père du roi, le prince Suramarit, et le prince Sisowath Monipong fut chargé de l'intérim de la présidence du Conseil. Outre le Premier ministre et la suite royale, le roi amènera avec lui, non pas les danseuses du Ballet royal comme l'avait fait autrefois son arrière-grand-père maternel, mais une dizaine de bacheliers khmers qui projetaient de continuer leurs études supérieures en France.

Vers la mi-avril, Norodom Sihanouk embarqua à Saigon sur le *Gloire*, bâtiment de la marine nationale française. Saigon 1946 : on peut imaginer que l'ambiance du port était la même que celle décrite par Marguerite Duras dans *L'Amant*: «Lorsque l'heure du départ approchait, le bateau lançait trois coups de sirène, très longs; d'une force terrible, ils s'étendaient dans toute la ville... Les remorqueurs s'approchaient alors du bateau et le tiraient vers la travée centrale de la rivière. Lorsque c'était fait, les remorqueurs larguaient leurs amarres et revenaient vers le port... Le bateau, ensuite, très lentement, avec ses propres forces, s'engageait dans la rivière. Longtemps on voyait sa forme haute avancer vers la mer... Et puis, à la fin, la terre emportait la forme du bateau dans sa courbure[1].»

Après deux semaines de voyage en mer, le *Gloire* arriva au port militaire de Toulon vers la fin avril. Norodom Sihanouk y fut accueilli au nom du gouvernement français par Gaston Defferre[2], secrétaire d'État à l'Information. Un train spécial l'amena la nuit même à Paris; il s'installa avec sa suite à l'hôtel Ritz, place Vendôme, où il restera pendant tout son séjour en France.

Dans la matinée même de son arrivée à Paris, le roi fut reçu par le président du gouvernement provisoire, Félix Gouin. Il expliqua de nouveau la position des autorités cambodgiennes depuis le coup de force des Japonais, la première «indépendance», le retour des Français et la signature du *modus vivendi* en attendant le règlement global de la situation en Indochine. Il rappela aussi son souhait de récupérer les provinces cambodgiennes arrachées par le Siam en 1941.

1. Marguerite Duras, *L'Amant*, Les Éditions de Minuit, Paris, 1984 (réédité en 1997), prix Goncourt 1984, pp. 134 et 135.

2. Gaston Defferre devint ministre de la Marine marchande en 1950, ministre de la France d'outre-mer en 1956, ministre d'État-ministre de l'Intérieur et de la Décentralisation en 1981, puis ministre d'État-ministre du Plan et de l'Aménagement du territoire en 1983. Il fut aussi maire de Marseille de 1953 à sa mort en 1986. Sa troisième épouse, Edmonde Charles-Roux, produisit une photo de S.M. Norodom Sihanouk accueilli par Gaston Defferre à Toulon en 1946 dans son livre *L'Homme de Marseille*, édité en avril 2001 chez Grasset. Je fus à son cabinet de 1981 à 1986.

Après ce séjour officiel, Norodom Sihanouk resta en France pour découvrir différents aspects de la vie française. Il fit un séjour à l'École de l'armée blindée de Saumur dont il sortit avec le grade de lieutenant. Il put aussi satisfaire son goût pour le sport équestre en faisant deux stages : l'un à l'École de cavalerie, sous la direction du général Durosoy, qui deviendra général pendant le temps de son commandement à Saumur, et l'autre, au Centre des sports équestres de Fontainebleau, sous la direction du colonel Cavaillé, un héros des concours hippiques internationaux. À Saumur, il partagea la vie des élèves : randonnées à travers le pays, parcours à Verrie[1], conduite de chars et travaux d'atelier. Le roi recevra sur le Chardonnet[2] ses galons de lieutenant de l'armée blindée. Le général Durosoy, commandant de l'École en 1946, écrira plus tard : « Le petit roi, par sa gentillesse, sa bonne grâce et son allant cavalier, va conquérir la sympathie et l'admiration de tous. » Il poursuit : « L'héritier des dynasties khmères reviendra en 1948 pour le cours des lieutenants d'instruction[3]. »

Tout en suivant la vie des élèves, il avait aussi un programme spécial dû à son rang : cérémonies aux monuments aux morts, remise de médailles, démonstration aérienne (avec une femme pilote) de l'escadrille de l'ALAT sur le terrain d'aviation de Terrefort, à 3 kilomètres de Saumur, assistance en tenue traditionnelle khmère dans la tribune officielle au carrousel pour la grande démonstration de l'École avec le « Cadre noir » sur le Chardonnet vers la mi-juillet, etc.[4]

---

1. Verrie est un terrain militaire au sud de Saumur où se déroulent des parcours équestres.

2. Place devant les bâtiments de l'École de Saumur.

3. Général Durosoy, *Saumur, historique de l'École d'application de l'armée blindée et de la cavalerie*, Édition Lavauzelles, Paris, 1978, p. 140.

4. Pour mieux comprendre tout cela, je suis allé consulter les archives photographiques de Saumur en mai 2009 et ai assisté à la répétition générale du carrousel en juillet 2009, à l'invitation et en présence du général Le Bot, commandant de l'École, que j'avais connu à Kaboul lorsqu'il était en poste en Afghanistan.

Sihanouk tint à me préciser que ces études, qu'il avait effectuées dans un cadre militaire français, s'inscrivaient en fait dans une tradition de la famille royale cambodgienne: « Moi-même, j'ai fait Saumur, mais, avant moi, le roi Monivong avait fait Saint-Maixent et le prince Moniveah, Saint-Cyr[1]. »

De sa propre initiative, le roi se rendit à Colombey-les-Deux-Églises, pour saluer le général de Gaulle. Ce dernier ne recevait en sa propriété de La Boisserie que les membres de sa famille et de très rares compagnons de lutte. Il y invita pourtant Norodom Sihanouk à y prendre le thé en toute intimité, seul et sans escorte. Le général aussi était seul avec son épouse Yvonne. Cette entrevue est à l'origine d'une longue relation amicale entre les deux hommes.

Le roi alla aussi rendre une visite de courtoisie à l'amiral Decoux, alors en disgrâce. Il tint aussi à apporter devant les hautes autorités métropolitaines son témoignage sur la conduite patriotique des Français d'Indochine pendant l'occupation japonaise. Par voie de conséquence, le souverain khmer sauva aussi beaucoup de hauts fonctionnaires français d'Indochine de l'épuration.

Le soir, le roi goûtait à la vie parisienne, allait aux spectacles et dans les grands restaurants, fréquentait les actrices, chanteuses et autres jeunes femmes de la bonne société, avec lesquelles son « complice » Nhiek Tioulong, alors ministre des Finances, qui l'accompagnait, essayait d'arranger des rendez-vous galants. Pendant ce voyage, Norodom Sihanouk eut trois « aventures », deux avec deux belles comédiennes et une avec une « sculpturale » habituée d'un célèbre night-club dans lequel il s'était laissé griser par les violons tziganes[2].

---

1. Audience du 29 mai 2007.
2. Norodom Sihanouk, *op. cit.*, p. 82.

Après une absence de près de trois mois, le roi rentra au Cambodge début juillet. Ce voyage avait dissipé tous les nuages avec les autorités françaises, auxquelles il avait facilement expliqué sa position, montré son amitié pour la France et son attachement à la culture française. Il lui avait permis de découvrir le monde extérieur : Paris et la France, bien sûr, mais aussi, à l'aller en bateau, Singapour, Ceylan, l'Arabie et l'Égypte, et, au retour en avion, Karachi, Calcutta et Rangoon. Cela fut très important pour lui qui, jusque-là, n'avait connu que le Vietnam et le Laos. Ce séjour en France fut un succès personnel pour Norodom Sihanouk et, en conséquence, pour le peuple cambodgien.

Les premiers partis, la première Constitution

Pendant le voyage du roi en France, les premiers éléments de la démocratisation du régime monarchique se mettaient en place. La commission mixte franco-khmère, chargée de rédiger la nouvelle Constitution, continua son travail. Elle aboutit à un projet garantissant les droits fondamentaux de l'homme, des assemblées élues au suffrage universel, un gouvernement responsable devant l'Assemblée nationale et le roi, et consacrant la séparation des pouvoirs : législatif, exécutif et judiciaire. Il était prévu aussi une Constituante élue également au suffrage universel et la liberté de former des partis politiques. Ces travaux seront présentés au roi à son retour.

Une loi électorale pour la Constituante fut promulguée par le Conseil de régence le 31 mai 1946 fixant au 1er septembre suivant les premières élections au suffrage universel.

Parallèlement, plusieurs étudiants diplômés « retour de France », souvent de la famille royale, profitent de la démocratisation du pays et créent des partis politiques. Le prince Sisowath Youtevong, associé à Chhean Vam, fonde le Parti démocrate (le Prachatipadey), le prince Norodom Norindeth, le

Parti libéral (Sereipheap) et le prince Montana, le Parti démocrate progressiste. Pour la première fois de son histoire, le Cambodge se retrouve avec des partis politiques, mais il faut remarquer que les trois premiers partis sont créés et présidés par des princes qui, en fait, rassemblent leurs affidés et se battent pour le pouvoir, et souvent contre le roi.

Ces formations s'activent pour recruter des partisans et installer leurs réseaux en province. Le Parti démocrate est composé surtout de jeunes fonctionnaires et n'a pas de peine à s'étendre dans le pays, d'autant plus que le prince Sisowath Youtevong laisse dire qu'il aurait des soutiens à Paris, rue Oudinot, pour un remplacement éventuel du roi Sihanouk présenté comme « trop compromis avec les Japonais ». Dans son état-major : Son Sann, Chhean Vam, Sim Var...

Le prince Norodom Norindeth se démène, lui, à coups de piastre de sa mère multimillionnaire et, profitant de ses fonctions de membre du Conseil de la régence, fait des tournées avec les autorités françaises locales pour montrer qu'il a leur soutien ; il laisse dire, lui aussi par ses partisans, qu'il serait le futur souverain en cas de départ de Sihanouk. Ce à quoi les démocrates de Youtevong ripostent en taxant Norindeth de profrançais et de partisan de l'ancien système du protectorat, dont la nouvelle formule du *modus vivendi* est déjà repoussée par l'opinion khmère.

Les décors sont déjà plantés, les débats plus ou moins pollués dérapent par des manœuvres souterraines contre le roi, et la présence française est déjà l'enjeu des premières joutes électorales.

Mais un élément nouveau inconnu encore des Cambodgiens et des Français de Phnom Penh est la réussite politique du voyage du roi, qui revient renforcé de Paris, avec le soutien de toutes les autorités de la métropole. Les intrigues dès lors diminuent, les partis se concentrent sur les élections à la Constituante.

Les élections eurent lieu comme prévu le 1er septembre 1946 : sur les 67 membres élus, 50 étaient du Parti démocrate, 12 indépendants et aucun des démocrates progressistes. Les travaux pour l'adoption de la Constitution vont durer huit mois et faire l'objet de nombreuses navettes avec le palais royal.

Début décembre, le commissaire de la République suggère au roi de faire entrer au gouvernement le prince Youtevong, vainqueur des élections, bien que rien ne l'y oblige s'agissant des élections pour une Constituante. Le roi s'en remet au prince Monireth, alors Premier ministre.

Celui-ci refuse de céder aux pressions du commissaire de la République et démissionne. Par dépit, le roi nomme Youtevong Premier ministre. Youtevong a tous les pouvoirs. Il mène une vie de grand seigneur. Son épouse française se voit déjà reine. Les courtisans de tous poils se pressent chez eux. Youtevong demande à Sihanouk de mettre à sa disposition sa villa de Kep et son chalet de Tonle Bati, jusque-là réservés aux souverains khmers. Mais Youtevong, malade – il avait attrapé la tuberculose en France –, se laissa déborder par les cadres du Parti démocrate. Tout cela, s'ajoutant aux exigences d'une jeune et vigoureuse épouse française, allait lui être fatal. Les travaux de la Constituante montraient une tendance franchement antimonarchique et républicaine. Par ailleurs, les représentants des autorités françaises se comportaient tout à fait à leur aise avec l'équipe gouvernementale khmère, ce qui ne manquait pas de provoquer de la part des Cambodgiens des réactions antifrançaises. Il en résulta beaucoup de malentendus et de suspicions réciproques pendant la durée du gouvernement Youtevong.

À la fin du mois d'avril 1947, après environ huit mois de travaux, la Constituante a voté le texte définitif pratiquement à l'unanimité. Le roi, approuvant tel quel le texte ainsi adopté, a promulgué par Kram du 6 mai 1947 la première Constitution de toute l'histoire du royaume.

Le prince Youtevong, épuisé par une vie gouvernementale intense et de plus en plus malsaine, voit sa maladie empirer gravement. Il meurt en juillet 1947, laissant une veuve française et deux filles à la charge de la couronne khmère.

Le roi, qui inaugure son rôle de souverain constitutionnel, charge le prince Sisowath Watchayavong de former un gouvernement de transition, en attendant les résultats des élections d'un véritable parlement – Assemblée nationale et Conseil du royaume – prévues pour le 31 décembre suivant.

Le prince Watchayavong est un petit-fils du roi Sisowath et fils du prince Watanavong, frère aîné décédé du roi Monivong. Ancien élève de l'École libre des sciences politiques de Paris, il était conseiller à la Cour de cassation quand il avait été appelé par Youtevong pour être ministre de la Justice.

À la mort de Youtevong, le Parti démocrate voit naître en son sein de graves dissensions provenant de rivalités de clans et de personnes. Plusieurs membres, dont Lon Nol et le prince Sirik Matak, décident de former un nouveau parti : la « Rénovation nationale » qui est née de cette scission. Et un groupe de fonctionnaires retraités en forma un autre, « L'Union nationale ».

À la fin de l'année, pendant la campagne électorale, de peur que l'audience de la rénovation nationale ne soit trop grande, le Parti démocrate, avec la complicité d'un conseiller du roi, fait répandre peu avant les élections, par un avion de l'aéro-club, un message royal en khmer dans lequel il jouait sur les mots « démocratie » et « Parti démocrate » pour faire croire que le souverain était favorable au Parti démocrate. Les autres partis n'ont ni les moyens ni le temps de réagir, et les électeurs, croyant que le roi a recommandé ce vote démocrate, donnent massivement leurs voix à ce parti.

Les résultats du scrutin du 31 décembre 1947 sont éloquents. Sur 782 000 électeurs inscrits et 464 000 votants (59 %) dans un scrutin uninominal majoritaire à un tour, les démocrates ont obtenu 65 % des voix et 53 sièges, et les libéraux 32 % et 20 sièges. Les autres partis se sont partagé le reste des voix et n'ont obtenu aucun siège. Le Parti démocrate rafle la mise. Les libéraux résistent bien, Rénovation nationale rate son coup.

On aurait pu croire que les démocrates, avec plus de deux tiers des représentants, allaient pouvoir gouverner confortablement pendant les quatre années de la législature et assurer ainsi une bonne stabilité gouvernementale. Il n'en fut rien. Par suite de querelles de personnes et de clans, aucun gouvernement ne tint plus de sept mois.

En septembre 1949, après trois gouvernements, le roi avait dissous l'Assemblée nationale et nommé un quatrième gouvernement. Désormais, pendant les deux ans qui suivent, le Cambodge n'aura plus d'Assemblée nationale, car l'insécurité empêche d'organiser de nouvelles élections, et n'aura que le Conseil du royaume (Sénat), qui n'a pas capacité de décision.

L'instabilité politique ne permet pas de lutter contre l'insécurité grandissante due aux Khmers issaraks et au Viêt-minh, et contre l'appauvrissement de la population dû à la baisse de la production agricole mais aussi à toutes sortes de réquisitions imposées par les rebelles aux paysans.

Le gouvernement est contraint d'ouvrir un casino pour se procurer des ressources nouvelles. Cela entraîne toutes sortes de corruptions dans lesquelles sont impliqués de nombreuses personnalités et des fonctionnaires. De leur côté, les partis politiques, privés de l'Assemblée dissoute, accusent le gouvernement de dictature et provoquent des grèves dans l'Éducation nationale. Le gouvernement ferme les établissements scolaires et fait arrêter plusieurs personnalités politiques de l'opposition.

Les relations du gouvernement deviennent également tendues avec le commissariat de la République française. La première difficulté sérieuse entre Norodom Sihanouk et la France eut lieu le jour de son 25e anniversaire, le 31 octobre 1947.

À cette occasion, le commissaire de la République Loubet devait venir dans la salle du trône présenter ses vœux et prononcer une allocution « diplomatique ». Mais, cette année-là, le texte de M. Loubet, transmis avant au roi, fait comprendre que le progrès serait compromis au Cambodge et que l'anarchie y fleurirait si la France lui accordait l'indépendance avant qu'il ne dispose en nombre suffisant de cadres civils et militaires compétents et des techniciens qualifiés.

Norodom Sihanouk ne peut laisser passer cela. Il décide de s'exprimer franchement et rédige lui-même sa réponse. Il fait remarquer au représentant de la France qu'il existe dans le monde bien des pays indépendants dont la civilisation ne saurait être comparée à celle du Cambodge et dont l'administration présente bien plus d'incompétence, de désordre et de gabegie que n'en fera jamais preuve celle d'un Cambodge devenu indépendant. Ce propos audacieux, pour l'époque, fait l'effet d'une bombe. Sihanouk dira plus tard que, ce jour-là, il avait senti s'opérer en lui une sorte de mutation, et que ce fut un tournant dans sa conception de son devoir de chef d'État[1].

En mai 1950, le roi nomme un nouveau gouvernement avec ordre de fermer le casino pour éviter la corruption et éviter aussi que le peuple n'aille perdre son argent. Ce nouveau gouvernement démissionne à son tour en mars 1951. Le roi en désigne un nouveau, avec mission de procéder à de nouvelles élections.

Ainsi a commencé l'expérience de la démocratisation de la monarchie khmère. Les partis, sans différences fondamentales idéologiques, étaient formés de personnalités et de clans plus ou moins rivaux se battant pour des portefeuilles ministériels ou des postes lucratifs : douanes, régies des eaux et des forêts, police, etc., l'ossature de l'État étant maintenue par la présence française.

1. Norodom Sihanouk, *op. cit.*, p. 148.

Le roi, quant à lui, a joué le jeu, se cantonnant dans son rôle de chef d'État constitutionnel, se déchargeant entièrement sur le gouvernement pour l'administration interne du pays. Dans un domaine qui était le sien, il décréta officiellement que, « désormais », aucune princesse ne cesserait d'être princesse, membre à part entière de la famille royale, si elle décidait de prendre pour époux un non-prince, et leurs enfants seraient des « Kèv » (enfants de princesse ayant pour époux un non-prince). Sous les règnes précédents, les princesses qui épousaient des non-princes devenaient *ipso facto* des « roturières » et cessaient d'être des membres de la famille royale, et leurs enfants n'avaient bien sûr droit à aucun titre. Norodom Sihanouk fit évoluer cette situation, montrant ainsi son souci de renforcer le statut de la femme et de s'adapter au monde moderne. Cette mesure était très novatrice pour l'époque. En Thaïlande, les femmes de la famille royale perdaient leurs titres si elles se mariaient avec un non-prince et ce, encore à une époque très récente.

Il se réservait aussi d'intervenir dans les discussions avec la France avec l'idée d'aboutir à de nouveaux accords d'indépendance.

La rétrocession des territoires khmers

Le roi a été en même temps saisi de deux négociations : la deuxième conférence de Dalat en août 1946 (pour régler des questions techniques relatives au partage de l'Indochine), et la rétrocession des territoires de Battambang.

Pour Dalat, il envoie le ministre des Finances, Nhiek Tioulong, le prince Youtevong et Penn Nouth, pilier du Parti démocrate. Une première conférence avait eu lieu dans la même ville en 1946, entre le haut-commissariat en Indochine et le Nord Viêt Nam. Elle avait abouti à un échec. La nouvelle conférence de Dalat avait pour but de régler des questions techniques, mais aucune solution concrète valable pour tous les pays d'Indochine n'en ressortira.

En revanche, les négociations à Washington sur la rétrocession des territoires khmers donnés à la Thaïlande en 1941 se passaient bien. Ces négociations étaient menées par l'ambassadeur de France, Georges Picot, et les représentants de la Thaïlande, et avaient commencé dès le mois d'octobre 1946 avec la médiation du général américain Marshall, secrétaire au Département d'État. Elles aboutirent aux accords de Washington du 17 novembre 1946, par lesquels la Thaïlande devait rétrocéder au Cambodge et au Laos tous les territoires qu'elle avait occupés depuis 1941.

À ces négociations, le Cambodge était représenté notamment par Son Sann (et le Laos par le prince Sisavang).

Pour le Cambodge, le transfert des pouvoirs devait avoir lieu officiellement à Battambang le 9 décembre 1946, avec un calendrier de retrait progressif des forces militaires et de police thaïlandaises, en différents points des provinces de Battambang, Siem Reap, Kompong Thom et Stung Treng.

Pour la passation des pouvoirs, le roi nomma Nhiek Tioulong comme délégué royal muni d'une délégation générale des pouvoirs des différents ministères khmers. Du côté français, le général de Jonquière fut désigné comme délégué du haut-commissaire de France en Indochine.

Un corps expéditionnaire fut mis sur pied sous le commandement du colonel Simon de l'armée blindée et composé d'unités françaises, nord-africaines et cambodgiennes.

Le délégué royal avait à sa disposition une compagnie de force de la milice et un détachement de sécurité de la garde royale.

Les autorités françaises et cambodgiennes prévoyaient en effet que cette rétrocession ne serait pas de tout repos. L'attaque de Siem Reap, au mois de septembre 1946, par des bandes rebelles, laissait pressentir toute la portée de la propagande antiautorités khmères et antifrançaise dans la population des territoires qui allaient être rétrocédés. Cette propagande était principalement axée sur la théorie que, le Cambodge étant un pays colonisé par les Français, mieux valait rester et faire partie d'un pays indépendant, en l'espèce la Thaïlande.

Le 9 décembre 1946, jour J, la première colonne, avec le délégué français et le délégué royal, franchit le pont de Sway Daun Keo, alors frontière avec la Thaïlande, à environ 40 kilomètres au nord-ouest de Pursat. Le convoi avait une soixantaine de kilomètres à parcourir avant d'arriver à Battambang où devait avoir lieu le jour même la passation des pouvoirs. Mais, de toute la journée, la colonne ne put avancer que de 20 kilomètres : les ponts en bois avaient été brûlés la nuit précédente et le génie militaire français dut alors intervenir pour les remettre en état au fur et à mesure.

Le convoi subit encore d'autres attaques et ce n'est que le lendemain qu'il arriva à Battambang et prit contact avec le gouverneur thaïlandais, avec qui le rapport fut bref, dans une atmosphère froide. Ce dernier prit congé des autorités franco-khmères et fut accompagné à la gare.

Sur un mât qui venait d'être planté, les couleurs françaises et khmères furent hissées côte à côte[1].

La réinstallation de l'administration khmère et la reprise en main, tant de Battambang que des autres provinces, ne furent pas une tâche de tout repos. Il fallut plusieurs mois pour réinstaller les postes militaires à la frontière et réimplanter l'administration. D'autant plus que les actions des insurgés continuèrent quelque temps et furent parfois très violentes, avec massacres de villageois et maisons brûlées.

Les choses se calmèrent peu à peu et, enfin, dans les premiers jours de janvier 1947, le roi Norodom Sihanouk arriva en

1. Nhiek Tioulong, *op. cit.*

compagnie de l'amiral d'Argenlieu. Au cours d'une cérémonie solennelle, le haut-commissaire de France remit officiellement les territoires recouvrés au souverain khmer. Le roi avait gardé un souvenir ému de ce moment historique : « Avec l'amiral d'Argenlieu, je me suis rendu à Battambang. Battambang, c'est un peu le Strasbourg de mon Alsace-Lorraine. L'amiral d'Argenlieu fit cette chose merveilleuse, il me remit lui-même un plateau d'or façonné par un orfèvre de Phnom Penh, sur lequel avaient été déposées quelques poignées de terre de Battambang et des autres territoires. En me remettant le plateau devant le peuple, il me dit : "Sire, je vous remets, au nom de la France, les terres perdues en 1941." Ce fut pour moi un moment inoubliable. Ces territoires étaient désormais de retour dans la nation. »[1].

Le roi savoura particulièrement cet instant, lui qui avait commencé en 1941 son règne en étant obligé de céder ces provinces à la Thaïlande. Quelle revanche sur son grand voisin, quelle revanche sur ses détracteurs khmers de l'époque et plus récents, qui lui reprochaient d'avoir repris langue avec la France. Ainsi, moins de six ans après, il reconstituait l'intégrité territoriale du Cambodge. Ce fut le renouvellement d'un événement identique qui avait eu lieu quarante ans plus tôt, sous le règne du roi Sisowath en 1907 quand avait eu lieu la première rétrocession du même territoire. À cette époque, Battambang, Siem Reap et Stung Treng avaient été rattachés au Siam par le roi Chakri depuis 1794, c'est-à-dire depuis plus d'un siècle.

À partir de ce moment-là, la mission du délégué royal était terminée. Un gouverneur fut nommé par le roi à Battambang, qui redevint une province khmère comme auparavant. Un conseiller régional français fut également nommé, comme il était prévu dans le *modus vivendi* du 7 janvier 1946.

1. Audience du 29 mai 2008.

Mais Battambang, comme la plupart des autres provinces du royaume, allait avoir à souffrir pendant encore de longues années, d'une part des actions des Khmers essaraks (Khmers libres) du côté de la frontière thaïlandaise et, d'autre part, des infiltrations du Viêt-minh venu progressivement du Sud Viêt Nam.

Le roi bonze

C'est à cette période-là, pendant l'été 1947, que Sihanouk choisit de devenir bonze pendant trois mois. C'était la tradition dans la société cambodgienne, et dans la famille royale en particulier, que tout garçon passe une période de sa vie dans une pagode comme bonze.

De plus, pendant le coup de force japonais les 9 et 10 mars 1941, Sihanouk s'était réfugié dans le Vat Botum Vaddey; il avait promis au vénérable Keo Ouch qu'il se ferait bonze[1] s'il en ressortait vivant. Ce dernier fut tout heureux quand Sihanouk vint lui annoncer qu'il prendrait le froc ou habit monastique, pendant le vossa de 1947.

Le vossa est une période de trois mois située en saison des pluies pendant laquelle les moines bouddhistes – bhikkhus et samanes – doivent se consacrer à la méditation et rester autant que possible dans l'enceinte de leur pagode. Cette tradition remonte à l'époque de Bouddha en Inde (500 av. J.-C.) où les routes n'existaient pas et où, à la saison des pluies, l'eau montant partout, les insectes et autres petits animaux venaient en nombre sur les chemins, et les moines restaient dans leur pagode pour éviter de les écraser. Chaque vie sur terre devant être épargnée, un insecte pouvait être la réincarnation d'un lointain ascendant de sa propre famille.

1. Les bonzes ou bhikkhus sont les moines bouddhistes theravadins, bhikkhus en pali, bhiksu en sanscrit.

Sihanouk se fit donc raser le crâne, les sourcils, et porta la robe safran. Il marchait pieds nus et allait faire la quête quotidienne de sa nourriture avec les autres moines. Cela provoqua une sensation considérable à l'intérieur et à l'extérieur du pays. En effet, le peuple cambodgien est profondément bouddhique et était très heureux de voir le roi lui-même devenir bonze pendant trois mois comme le voulait la tradition.

Les journaux étrangers publièrent photos et commentaires sur ce roi bonze, et les bouddhistes d'Asie du Sud-Est se réjouirent.

Sihanouk entra à la pagode d'argent fin juin 1947 et en sortit début septembre. Il fut contraint, suite aux recommandations des vénérables bonzes qui lui enseignaient le dharma[1] et le vinaya, de se séparer de son chien Castor.

Au bout de deux mois, le palais royal lui apporta de très mauvaises nouvelles de la santé de Castor, qui, éloigné de son maître et ne sachant pas ce qu'il était devenu, refusait de manger, était devenu très maigre et était tombé malade.

Le chef des vénérables bonzes qui s'occupaient du roi à la pagode, le vénérable Keo Ouch (un Khmer du Kampuchéa Krom-Cochinchine), mis au courant de l'état de santé de Castor, dit au roi : « Le vinaya du seigneur Bouddha n'a jamais été contre la présence d'un chien ou d'un autre animal mâle auprès de son maître devenu bonze. Castor peut parfaitement vivre à vos côtés en cette royale pagode. »

Le roi fit donc venir Castor, qui, tout à la joie de le retrouver, lui avait léché le visage et les mains. Le roi n'avait aussi cessé de l'embrasser. Mais cela ne suffit pas à sauver Castor, qui, en dépit des soins prodigués par des vétérinaires français et khmers de

1. Le dharma (en sanscrit) ou dhamma (en pali) est l'enseignement du Bouddha, et le vinaya, les règles de discipline.

Phnom Penh, mourut peu de temps après ces retrouvailles et fut enterré dans les jardins du palais royal[1].

Pendant sa retraite, il apprit beaucoup sur la doctrine – le dhamma – de Bouddha grâce aux enseignements de Keo Ouch, mais aussi d'autres bonzes érudits. Il en profita aussi pour lire les études sur le bouddhisme des professeurs Coedès et Goloubev de l'École française d'Extrême-Orient (EFEO).

Au bout d'un mois, Keo Ouch lui permit de composer quelques textes convenables pour les *tesna*, sermons hebdomadaires qu'il lira pendant les jours saints – quatre par mois – devant des auditoires attentifs et de plus en plus nombreux.

Quand il faisait la quête tous les matins avec ses condisciples, les familles riches et pauvres se disputaient l'honneur de mettre des plats excellents, des gâteaux ou simplement du riz dans son *batr*, gros bol que portent les moines pour mendier leur nourriture. Finalement, ce que les fidèles préparaient chaque jour à son intention était si important, que des camionnettes du palais apportèrent, de la part du roi bonze, des quantités énormes de nourriture aux bonzes des pagodes moins favorisées[2].

À peine sorti de la pagode, Sihanouk fut confronté à de nouveaux problèmes politiques : tant en ce qui concernait l'insécurité, les négociations avec la France que la préparation des élections législatives.

Les ombres de l'insécurité

En cette fin des années 1940, l'insécurité régnait au Cambodge, elle était le fait à la fois du Viêt-minh, venant du Sud Viêt Nam, et de bandes de rebelles ou de hors-la-loi qui se donnaient le nom de « Khmers issaraks » ou plus exactement « essaraks », libres.

1. Certains autres vénérables interdisent aux bhikkhus d'amener leurs animaux domestiques au vat.
2. Norodom Sihanouk, *op. cit.*, p. 145.

Ce mouvement essarak est né en 1940 au Siam, créé de toutes pièces par le maréchal Pibul Songgram, Premier ministre, qui a transformé le nom de Siam en Thaïlande, « Pays des Thaïs », montrant ainsi que le royaume prétendait englober tous les peuples « thaïs » jusqu'au sud de la Chine.

Pour la Thaïlande, il s'agit de rentrer en possession des territoires rétrocédés au Cambodge par les traités franco-siamois de 1904 et 1907. C'est ainsi que, au moment de la guerre déclenchée en 1940 par le Siam contre la France et le Cambodge, le mouvement essarak déverse à la radio de Bangkok des appels à la révolte contre la France et le roi du Cambodge, celui-ci étant traité de « pantin à la solde des Français ». En mai 1941, la Thaïlande, grâce à l'appui politique du Japon, est arrivée à reprendre ces fameux territoires, et appelait les Khmers y habitant à lutter pour « libérer » tout le Cambodge de la domination française.

Au début, plusieurs nationalistes khmers se sont laissé prendre à cette propagande thaïe. D'autres, déserteurs ou simples voleurs, rejoignent ces mouvements et deviennent plus contrebandiers qu'autre chose. Un prince, le prince Chantarangsey, prend même le maquis en 1945 avec quelques partisans des Japonais. D'autres, enfin, sont simplement des repris de justice. Tous ces groupes vivent en fait de contrebande, de razzias et d'assassinats. Certains s'allient un temps au Viêt-minh. Ils n'ont pas d'organisation cohérente, ni d'idéologie précise, seule la « répression » organisée par les forces françaises sert de vague argument à leurs actions.

De l'autre côté, le Viêt-minh était d'origine vietnamienne. Pour faire simple, disons que le mouvement khmer viêt-minh est né au Sud Viêt Nam et qu'il est lié aux communistes vietnamiens. Les Khmers viêt-minh appellent à lutter contre le colonialisme français et essaient, sans grand succès, de s'allier aux Khmers essaraks. À la fin de l'année 1950, le Parti communiste indochinois se divise en trois sections : le Viêt-minh (vietnamien), le Pracheachon (Parti communiste khmer) et le Pathet Lao (Parti communiste laotien).

Les Khmers viêt-minh, en 1951, vont rallier la fraction très à gauche des étudiants khmers de France, grâce aux bons offices du Parti communiste français, surtout à Paris. Dès 1948, encadrés par des Vietnamiens, ils attaquent des trains, sabotent des ouvrages d'art, attaquent des postes de police isolés, réquisitionnent des récoltes dans les villages, arrêtent et exécutent des notables et villageois coupables, à leurs yeux, de collaboration avec les Français, etc.

Face à cette situation, la sécurité est très mal assurée par les Français, dont les troupes sont plus occupées dans le reste de l'Indochine. De plus, les soldats cambodgiens qui combattent sous commandement français sont plus ou moins touchés par les propagandes adverses. Aussi, les issaraks continuent leurs brigandages et le Viêt-minh progresse.

De ce fait, dès 1948, le roi réclame le partage des responsabilités militaires. Avec beaucoup de réticences, les autorités françaises finissent par accepter, en juillet 1949, la création d'un secteur militaire khmer autonome dans les provinces de Siem Reap et Kompong Thom, placées directement sous le commandement du souverain. Cette création eut pour effet de provoquer la soumission de plusieurs groupes issaraks. Pour le Viêt-minh, ce sera une autre histoire.

Pour les groupes issaraks, qui ne menaient pas un combat idéologique comme le Viêt-minh, le fait que le roi devienne commandant en chef d'une armée cambodgienne remplaçant l'armée française dans les provinces enlevait l'argument des forces étrangères colonialistes d'occupation. Plusieurs chefs issaraks, dont l'un des plus importants, Dap Chhuon, saisirent l'occasion de se rallier à Sihanouk et d'intégrer l'armée royale khmère (ARK).

Dap Chhuon était un chef issarak qui opérait dans la région d'Angkor. Il fit sa reddition au roi Norodom Sihanouk en octobre 1949 à Siem Reap. C'était un bonze qui avait fait l'intermédiaire entre le chef rebelle et l'administration royale, et ce dernier avait accompagné Dap Chhuon jusqu'au pied de la petite estrade de bois où allait se tenir la cérémonie.

Le roi, en grand uniforme blanc de commandant en chef de l'armée, avec un képi créé pour la circonstance, se tenait debout sur l'estrade. Derrière lui, un serviteur en tenue traditionnelle portait le parasol royal, protégeant ainsi le roi du soleil. De chaque côté et autour de cette estrade se tenaient quelques administrateurs civils, quelques officiers de l'ARK, dont les tenues étaient encore semblables à celles de l'armée française, et d'autres officiels.

Face au roi, en bas de l'estrade sur une natte posée à même le sol, Dap Chhuon attendait à genoux, les mains jointes, selon le salut khmer traditionnel.

Le roi s'avança, descendit de la tribune et prit les mains de Dap Chhuon. Ce dernier, toujours à genoux, embrassa celles du roi en signe d'allégeance. Un officier de l'ARK s'approcha derrière lui, mit un genou à terre et, dans cette position, lui fixa, sur les épaulettes de sa chemise, les galons de chef de bataillon, prix de son ralliement, ainsi que gouverneur de Siem Reap.

Ces partisans ralliés allaient en effet constituer un bataillon nouveau pour augmenter le corps franc khmer.

Ce cérémonial allait se reproduire à peu près à l'identique au cours des mois suivants, pour recevoir les allégeances des chefs issaraks des zones concernées par le nouveau secteur militaire autonome khmer.

Les négociations franco-khmères

Pendant toute la période où s'installe le nouveau régime démocratique khmer, le Cambodge reste, vis-à-vis de la France, sous l'empire du *modus vivendi* du 7 janvier 1946.

Depuis son voyage en France et son retour au Cambodge, le roi a récupéré les territoires de Battambang et mis en place la Constitution khmère. Celle-ci déclare, dans son préambule, que « le royaume du Cambodge est un État souverain associé à l'Union française », ce qui rejoint les dispositions de la Constitution française d'octobre 1946 qui prévoit la présence d'États associés au sein de cette union.

Mais le point de départ de la position cambodgienne vis-à-vis de la France est celui que le roi a présenté dans le mémorandum joint à sa lettre du 9 novembre 1945 à l'amiral d'Argenlieu, et qui écartait toute participation à une nouvelle Fédération indochinoise.

Le Cambodge voulait négocier rapidement et pacifiquement son indépendance avec la France, alors que celle-ci préconisait une solution valable pour tous les pays d'Indochine, et donc pour le Viêt Nam, avec lequel les choses se passaient mal, suite à la rupture avec Hô Chi Minh. Le général Leclerc aurait voulu éviter celle-ci, mais l'intransigeance de l'amiral d'Argenlieu envers les communistes l'y avait conduit. Les conflits armés commençaient. Hô Chi Minh exigeait la réunification des trois « Ky » – Cochinchine, Tonkin, Annam –, comme préalable à toute négociation, ainsi que l'indépendance du Viêt Nam ainsi unifié. La France voulait tenter une solution « Bao Dai », pas clairement définie.

Le problème franco-cambodgien était un problème purement politique et diplomatique. Le Cambodge n'avait pas de question de « réunification » à résoudre, en dehors de celle des anciennes provinces à population khmère de Cochinchine et il n'existait aucune hostilité armée entre Français et Cambodgiens.

Sans attendre le déroulement des discussions franco-vietnamiennes, Norodom Sihanouk relance régulièrement les autorités françaises dans le but d'entamer ses propres négociations. Le 27 novembre 1947, après l'arrivée d'Émile Bollaert, nouveau haut-commissaire en Indochine, et avant l'entrevue de celui-ci avec l'empereur Bao Dai, il écrit dans ce sens au président Vincent Auriol. Il faudra un an, presque jour pour jour, pour que le président de la République lui réponde par lettre du 28 novembre 1948, dans laquelle il reproduit la formule vietnamienne : « Le gouvernement français reconnaît l'indépendance du Cambodge et cette indépendance n'a d'autres limites que celles découlant de son appartenance à l'Union française. »

Plus tard, compte tenu de l'évolution du statut de la Cochinchine devenue République de Cochinchine, le roi intervient auprès des autorités françaises pour réserver ses droits sur les provinces cambodgiennes de cette nouvelle République. Dans ce but, il écrit, le 20 janvier 1948, au haut-commissaire Bollaert en s'appuyant sur la lettre de Ang Duong de 1856 et la promesse de rétrocession des provinces de Vinh Long, Chau Doc et Ha Tien, faite par l'amiral de La Grandière à Norodom Ier en visite à Saigon en octobre 1864. De nombreuses années plus tard, Norodom Sihanouk tiendra à me préciser : « À l'époque où le Kampuchéa Krom faisait partie de la Cochinchine, les habitants de cette province ex-cambodgienne, maintenant vietnamienne, avaient un député les représentant à l'Assemblée nationale du Cambodge[1]. »

La position du roi du Cambodge met le gouvernement français dans un très grand embarras dans ses négociations avec le Viêt Nam.

En ce qui concerne les pourparlers faisant suite à la lettre du président Auriol du 28 novembre 1948, une commission franco-khmère commence à se réunir au début de l'année 1949, mais les autorités françaises cherchent visiblement à gagner du temps pour attendre les résultats de ceux menés par ailleurs avec les Vietnamiens.

1. Audience du 29 mai 2009.

Après la signature par Bao Dai du traité franco-vietnamien, le 8 mai 1949, il est à prévoir que toute négociation entre le Cambodge et la France ne pourra déboucher sur un meilleur sort que celui d'État associé ayant été défini avec le Viêt Nam. Dans un ultime effort, le roi se rend en personne en France avec ses parents, le prince et la princesse Suramarit. Les négociations qui suivent au printemps ne portent que sur des questions subsidiaires, les autorités françaises s'en tenant au cahier des charges franco-vietnamien déjà accepté par Bao Dai, mais pas encore par Hô Chi Minh et le Viêt-minh. Le souverain khmer obtient cependant la réserve des droits cambodgiens sur les anciennes provinces khmères de Cochinchine que le gouvernement français accepte sous forme de déclaration jointe au projet de texte du traité. Paraphé à Phnom Penh en juillet 1949, le traité franco-khmer est signé par le prince Monipong, désigné comme plénipotentiaire par le roi, et le président de la République française, Vincent Auriol, le 8 novembre 1949 à Paris.

Ce texte, qui donne plus d'autonomie au Cambodge, met fin au *modus vivendi* du 7 janvier 1946, abroge le traité du 11 août 1863 et la Convention du 17 juin 1884, dans leurs dispositions qui sont contraires à celles du nouveau traité.

Après cette signature, plusieurs grands pays reconnurent *de jure* l'indépendance du Cambodge et établirent des relations diplomatiques *via* des ambassades, notamment les États-Unis, la Grande-Bretagne, la Turquie, l'Italie et le Canada. Avant même l'indépendance totale en 1953, 35 États avaient déjà établi des relations diplomatiques avec le Cambodge.

Celui-ci n'ayant pourtant pu éviter son inclusion dans la Fédération indochinoise est aussi membre de l'Union française et, de ce fait, voit sa souveraineté interne et externe soumise à de nombreuses restrictions. Par exemple, tant que dure la guerre d'Indochine, les autorités françaises continuent d'exercer leur pouvoir en matière de police, de justice et de commandement militaire. Les douanes, le Trésor, dépendent des autorités de la Fédération indochinoise. Les accords diplomatiques, les nominations des diplomates, les représentations diplomatiques doivent être décidés conjointement, etc.

En revanche, sur le plan éducatif et culturel, le roi peut décider lui-même. Sihanouk montre son intérêt pour l'École française d'Extrême-Orient (EFEO), lui donnant la personnalité civile de droit cambodgien par *kret* royal n° 45 en date du 8 novembre 1951. Ce statut octroyé à cette époque ne fut jamais remis en cause après l'indépendance en 1953[1].

Ce traité était peut-être une étape nécessaire compte tenu de la situation, mais il ne pouvait satisfaire ni le roi Norodom Sihanouk, ni les élites cambodgiennes, ni même l'opinion publique cambodgienne.

Le traité franco-khmer fut ratifié en février 1950 par le Parlement français, en même temps que les traités similaires avec le Viêt Nam et le Laos. Mais il ne sera pas ratifié par le Parlement khmer issu des élections de septembre 1951.

Avant la signature de ce traité, le roi avait obtenu l'accord des autorités françaises pour la création, dès le 27 juillet 1949, d'un secteur militaire autonome khmer pour les provinces de Kompong Thom et de Siem Reap. Ce secteur sera étendu par la suite à la province de Battambang en 1951. Autre changement, le Cambodge a pu ouvrir son ambassade à Washington et signer seul avec le Japon le traité de paix de San Francisco, en septembre 1951.

Cependant, l'application des dispositions du nouveau traité rencontre toutes sortes de difficultés du fait du développement de la situation de guerre au Tonkin et dans le sud de l'Indochine.

1. Norodom Sihanouk eut toujours des relations très denses avec l'EFEO et ses représentants successifs au Cambodge, notamment Bernard-Philippe Groslier (fils de Georges Groslier, qui était à l'origine de la création du musée de Phnom Penh), Jean Filliozat et, beaucoup plus tard, Olivier de Bernon.

Nouvelle législature. Les pleins pouvoirs contre le désordre

Malgré l'insécurité, une consultation populaire est organisée en septembre 1951. Le Parti démocrate obtient encore une très large majorité avec 53 sièges, alors que 18 reviennent aux libéraux et 6 à des petites formations. Huy Kanthoul, secrétaire général des démocrates, est alors chargé par le roi de former le gouvernement. Pour la petite histoire, signalons que deux ministres ont la nationalité française, le Dr Sonn Mem, ministre des Affaires étrangères et de la Santé, et son fils Sonn Voeunsaï, ministre de l'Intérieur et de la Défense.

À cette époque, Son Ngoc Thanh, nationaliste projaponais, arrêté à la Libération, est autorisé à rentrer au Cambodge après la médiation du roi auprès des autorités françaises. Déjà, sur des interventions répétées de Norodom Sihanouk, il avait été libéré de sa prison au Viêt Nam et exilé en France, assigné à résidence surveillée à Valence puis libéré. À son arrivée à Phnom Penh en automne 1951, il est accueilli par les responsables du Parti démocrate et par une foule que ce parti avait mobilisée.

La veille de ce retour, le commissaire de la République de Raymond est assassiné dans son lit à la maison de France. L'affaire a un grand retentissement en Indochine et même dans le monde. Heureusement pour le gouvernement cambodgien, c'est la police française, dite fédérale, qui est responsable de la sécurité du commissariat et des services français. Le général de Lattre de Tassigny, haut-commissaire en Indochine à ce moment-là, se déplace à Phnom Penh pour les funérailles.

Le lendemain de son arrivée, Son Ngoc Thanh se rendit au palais Khemarin afin de remercier Sihanouk pour ses interventions mais, au fond de lui-même, il détestait le roi et enrageait de lui être redevable de son retour au Cambodge. D'ailleurs, par la suite, il deviendra un de ses plus farouches opposants.

Dans la voiture qui venait de pénétrer par la grande porte dans l'enceinte du palais royal, il ressassait ses idées noires et pensait déjà à ses actions pour assurer sa promotion politique et déstabiliser la monarchie. Derrière ses lunettes noires, son regard froid lui donnait un air très sombre, accentué par sa peau très mate comme tous les Khmers kroms. Pendant sa captivité en France, ses cheveux avaient repoussé, et il ne ressemblait plus à un officier japonais.

À l'instant où il entra dans la première salle du palais Khemarin où le roi l'attendait, il changea immédiatement d'attitude, se prosterna devant le souverain, lui prit les mains, arbora un sourire des plus hypocrites et, pendant toute l'audience, se répandit en remerciements, en déclarations de modestie et assura au roi qu'il ne voulait en aucune manière avoir de visées politiques.

Le roi, qui n'en croyait pas un mot, souriait encore plus que lui, lui demandant des nouvelles de sa santé, lui souhaitant un bon retour au pays et l'assurant que, s'il avait besoin de quelque chose, il se ferait un plaisir de l'aider.

Dans les lettres qu'il avait adressées au souverain pendant son exil en France, il lui avait promis de ne plus s'occuper de politique. Le roi lui proposa néanmoins de favoriser son entrée au gouvernement. Mais Son Ngoc Thanh ne voulait plus se contenter d'un simple poste de ministre. Il créa un journal, *Khmer Kraok* (*Khmers debout*), dans lequel il déclencha une virulente campagne contre les autorités françaises, et il posa ouvertement sa candidature pour remplacer Huy Kanthoul à la tête du gouvernement.

Ce dernier et ses proches ne l'entendirent pas de cette oreille. Ils s'inquiétèrent de ce concurrent incontrôlable dans le Parti démocrate et des problèmes que cela pourrait créer dans leurs relations avec les autorités françaises. Aussi le Premier ministre décida-t-il de suspendre la parution du *Khmer Kraok* en février 1952.

Son Ngoc Thanh disparut alors de la capitale en mars avec quelques amis et un technicien de Radio Phnom Penh qui emporta avec lui son poste émetteur. Il s'installa près de la frontière thaïe et essaya de fédérer des groupes issaraks et Viêt-minh, mais sans succès. Il n'en continua pas moins d'abreuver la population d'une fracassante propagande radiodiffusée et par tracts, surtout contre Norodom Sihanouk, accusé de complicité avec les « colonialistes français ». Ces arguments n'avaient que peu d'emprise sur la population, mais Son Ngoc Thanh avait adopté cette attitude pour tenter de faire oublier qu'il avait été Premier ministre d'un gouvernement projaponais pendant l'occupation militaire japonaise du Cambodge, et pour se venger de la France qui l'avait fait arrêter et emprisonner en 1946. Il épargnait en revanche le gouvernement, car il avait besoin de certains amis du Parti démocrate qui le soutenaient souterrainement dans la capitale.

Dans le pays, la confusion est à son comble. Le roi s'en émeut. Dans son discours d'ouverture du Parlement, le 4 juin 1952, il dénonce brutalement la gravité de la situation et l'attitude ambiguë du gouvernement et du Parti démocrate.

« Dans les bureaux, dans les écoles, partout on discute politique, on se soupçonne, on complote, on favorise certaines personnes, on coule certaines autres, aux dépens de tout travail constructif, cependant que, dans le pays, on tue, on pille, on assassine. Tout est en désordre, la hiérarchie n'existe plus, et il n'y a plus aucune utilisation rationnelle des compétences.

Que le gouvernement définisse une politique claire et s'y tienne. Si le bon côté est la dissidence, que tous les bons patriotes gagnent la forêt. »

Après avoir démontré la vanité du passage au maquis et le danger de l'alliance avec le Viêt-minh, le roi Sihanouk rappelle que sa propre politique est celle de la négociation loyale pour l'indépendance nationale que la France finira par accepter. Au cours de ce message, il dit également que « si la nation me demande de prendre en main la responsabilité du gouvernement et de l'orienter selon mes vues, afin d'essayer de rétablir une situation plus que compromise, je l'accepterai».

L'opposition profite alors de la situation pour déstabiliser le gouvernement et lancer des tracts appelant le roi à prendre le pouvoir. Le gouvernement dénonce des complots contre la sûreté de l'État, interdit les réunions publiques et fait arrêter les chefs des partis d'opposition. La situation s'aggrave, le pays risque d'évoluer vers une guerre civile généralisée, dont ne manquera pas de profiter le Viêt-minh.

Le roi voit le danger et se décide à agir: renvoyer le cabinet Huy Kanthoul et prendre en main le gouvernement avec les pleins pouvoirs. Le soir du 14 juin 1952, il réunit secrètement son cabinet particulier et rédige lui-même ces trois messages: un au gouvernement, un à l'Assemblée nationale et le dernier à la nation. Rien ne transpire du cabinet royal où l'on travaille toute la nuit. On met au point les textes des messages et de l'ordonnance royale mettant fin au gouvernement qui sera «déclaré démissionnaire». Le deuxième message demande à l'Assemblée nationale les pleins pouvoirs pour le roi et elle est menacée de dissolution en cas de refus. Le message à la nation annonce que le roi va prendre directement le pouvoir pour trois ans: il s'engage à pacifier le pays, à faire des réformes sociales, à assainir l'administration et les finances publiques, et à réaliser l'indépendance complète du pays.

Le 15 au matin, la première émission cambodgienne de Radio Phnom Penh diffuse en langue khmère le texte de cette ordonnance. Le même jour, le roi nomme un nouveau gouvernement d'union nationale qu'il préside et qui comprend deux membres du Parti démocrate.

Le 16, l'Assemblée dit que, selon la Constitution, tous les pouvoirs émanent du roi et qu'il peut donc exercer ceux qu'il juge utiles. Le 19, elle décide de rester en fonction et, en décembre, refuse de voter le budget.

En ville, l'agitation se poursuit : le Parti démocrate provoque des grèves ici et là, collégiens et lycéens boycottent les examens de fin d'année. En décembre, les grèves reprennent. Début janvier 1953, une grenade explose au lycée Sisowath, blessant de nombreux élèves. Le gouvernement présente un projet de loi déclarant la nation en danger, l'Assemblée le rejette.

Le roi dissout le Parlement et, par ordonnance 15NS du 15 janvier 1953, promulgue la loi déclarant la nation en danger. Le 21, il crée un conseil consultatif ayant pour attributions l'examen du projet de budget et des projets de loi présentés par le gouvernement.

Jusqu'à maintenant, depuis le vote de la Constitution, le souverain s'était cantonné dans son rôle strict de chef d'État constitutionnel. Et ce n'est pas de gaieté de cœur qu'il s'est vu contraint d'intervenir contre le gouvernement et l'Assemblée. Mais cette première expérience de vie parlementaire prenait une mauvaise tournure et ne permettait pas de relever les défis du pays face aux troubles et à la guerre de fait en Indochine.

Si le désordre avait empiré, le Viêt-minh en aurait profité, et cela aurait amené les autorités françaises à intervenir plus fortement dans les affaires intérieures cambodgiennes, ce qui serait allé à l'encontre de l'objectif visé d'indépendance. Or, pour cette indépendance, le roi a choisi la voie pacifique des négociations, tenant compte de la vie du pays et de la population, plutôt que la voie meurtrière de la violence et de la jungle. Mais, en suspendant la Constitution, en déclarant la nation en danger, il se prête encore aux dures insultes du Parti démocrate, des Viêt-minh et des issaraks.

Les autorités françaises, tout obsédées à la volonté de trouver une solution globale à tous les pays d'Indochine et empêtrées dans ce qui est en train de devenir la guerre d'Indochine, restent dans le *statu quo* pour le Cambodge. Or, demeurer dans l'immobilisme accrédite toutes les propagandes, notamment du Viêt-minh et de Son Ngoc Thanh. Le roi va donc se lancer dans ce qu'on appellera la « croisade pour l'indépendance », en France d'abord, à l'étranger puis au Cambodge.

« Croisade pour l'indépendance »

Norodom Sihanouk veut passer à la vitesse supérieure. Fin janvier 1953, après avoir remanié son gouvernement et nommé Penn Nouth Premier ministre délégué à la présidence du Conseil et confié la charge du trône à un Conseil de régence présidé par son père, le prince Suramarit, le roi s'envole vers la Côte d'Azur, officiellement pour se reposer, mais il y installe son quartier général dans un hôtel de La Napoule pour faire avancer les discussions avec la France.

Là, le roi met au point un long mémorandum qu'il adresse le 5 mars 1953 au président français Vincent Auriol. Il y décrit en détail la situation au Cambodge et conclut en affirmant que seule l'indépendance complète du pays pourra redresser l'extrême gravité de la situation. Il y révèle aussi que trois cinquièmes du royaume sont entre les mains des rebelles issaraks et viêt-minh, et que le peuple khmer est de plus en plus perméable à ces différentes propagandes. Il souligne ainsi que la présence des troupes françaises de répression fournit à elle seule un redoutable argument de propagande.

Il profite de la désertion du lieutenant Chan Sorath de l'armée royale khmère, qui s'est rallié à Son Ngoc Thanh avec une section de 40 soldats et leurs armes, pour relancer le président de la République par une lettre du 18 mars dans laquelle il réclame le commandement militaire immédiat de l'armée royale, alors sous commandement français.

Le président Auriol invite le roi à déjeuner à l'Élysée le 25 mars et annonce la transmission du dossier au gouvernement pour étude et discussions. À ce déjeuner, le souverain lui remet personnellement des aide-mémoire sur les questions militaires, judiciaires, économiques, financières et sociales. Après quoi, il se retire à Fontainebleau et laisse au Premier ministre Penn Nouth, venu avec lui, le soin de poursuivre les pourparlers avec le gouvernement français.

Aucune avancée concrète ne ressortant des discussions, le roi revient à la charge dans une lettre du 5 avril envoyée à l'Élysée. Le gouvernement français répond en lui demandant de rentrer le plus rapidement possible au Cambodge. Norodom Sihanouk ne peut y retourner les mains vides mais, cela, le gouvernement français ne le comprend pas ; il s'installe dans l'immobilisme et pense que, de guerre lasse, les Cambodgiens partiront d'eux-mêmes pour Phnom Penh.

Le roi quittera en effet la France mais, au lieu de rentrer directement, il prend le chemin des écoliers en se rendant au Canada, aux États-Unis et au Japon. Letourneau, alors ministre des États associés, convoque le prince Monireth, oncle du roi, pour lui demander des explications sur le but de ce voyage insolite, et ne cache pas son irritation contre le souverain. En fait, Sihanouk était excédé de l'attitude du gouvernement français, qui ne comprenait pas l'évolution irrémédiable de tous les peuples vers l'indépendance et la chance que constituait sa main tendue pour négocier celle-ci sans conflit armé. Il décida donc d'alerter l'opinion internationale. Par ailleurs, le roi pensait pouvoir lutter plus facilement contre les communistes, qui s'appuyaient sur la volonté d'indépendance des peuples d'Indochine, si celle-ci était signée rapidement. Les Occidentaux, au contraire, voulaient d'abord vaincre les communistes et donner l'indépendance après.

Sihanouk commence donc à faire des déclarations fracassantes à la presse au Canada et aux États-Unis. À Radio Canada, il déclare que le peuple khmer, bien que non communiste, est épris de paix et de désir d'indépendance, et qu'il devient de plus en plus perméable à la propagande des rebelles issaraks et du Viêt-minh. Et il précise que si le Cambodge devenait indépendant, il pourrait plus facilement démontrer le faux alibi de la libération par le communisme, en réalité instrument de l'asservissement des peuples.

Au *New York Times*, le roi laisse planer la menace du ralliement de l'Indochine au mouvement communiste si la France persiste à rejeter la demande des peuples indochinois et notamment du Cambodge. Il note aussi que, en cas d'envahissement du Cambodge par les communistes vietnamiens, comme au Laos, il n'est pas sûr de pouvoir décréter la mobilisation générale.

À Washington, il essaie de convaincre Foster Dulles, secrétaire au Département d'État de la légitimité de ses revendications. Mais, pour celui-ci, contrairement à la position de Norodom Sihanouk, l'indépendance du Cambodge et des autres pays d'Indochine doit intervenir après la défaite du Viêt-minh. Le roi renouvelle ses déclarations à chacune de ses étapes : San Francisco, Honolulu et Tokyo. L'histoire se chargera de montrer la justesse de sa position.

Le retentissement international de ces déclarations, notamment en Indochine, finit finalement par réveiller Paris de sa torpeur. Le ministère des États associés d'Indochine, basé rue de Lille, consent alors à négocier avec la délégation khmère. Le 9 mai, le ministère paraphe avec Penn Nouth un protocole sur les accords et les désaccords. Mais rien de concret n'en ressort. Penn Nouth rentre le 12 mai à Phnom Penh, suivi le surlendemain par Norodom Sihanouk, de retour du Japon.

Le roi rend compte aussitôt à l'immense foule accourue pour l'accueillir des détails de son action ; il est acclamé par le peuple. Cependant, au-delà des déclarations d'intention et des répercussions psychologiques, aucun progrès concret ne se manifeste concernant l'indépendance. Il se plonge alors dans de profondes réflexions et médite à la façon de jouer ses dernières cartes.

Au fond de lui-même, sans rien dire à personne, il décide de rompre toutes les relations avec les autorités françaises. Nhiek Tioulong a bien décrit cette période: «Au début du mois de juin 1953, sans rien laisser paraître, le roi entreprend une tournée des provinces du Nord-Ouest, en direction du secteur militaire autonome khmer. Après avoir visité Kompong Chhnang, Pursat et Battambang, il arrive à Siem Reap-Angkor où il installe son quartier général. Le 13 juin, le Premier ministre Penn Nouth l'y rejoint. Le lendemain, ils partent avec toute la suite vers Sisophon, comme pour un déplacement de travail ordinaire. Là, le roi scinde le convoi en deux, demande à Penn Nouth de rentrer à Phnom Penh, et se dirige, lui, vers Poipet pour se rendre à Bangkok où il fait des déclarations à la presse locale et internationale, puis revient à Battambang par Aranyaprathet.

Il s'y installe définitivement, en faisant des navettes avec Siem Reap. À partir de ce moment-là, toutes les relations directes entre le roi et les autorités françaises sont volontairement coupées, elles ne se feront plus que par l'intermédiaire du Premier ministre. À Paris, la chute du cabinet René Mayer et l'impossibilité de former un nouveau gouvernement entraînent une paralysie dans les affaires indochinoises.

Le 27 juin, le roi fait parvenir au gouvernement royal du Cambodge les instructions suivantes:

Le Premier ministre Penn Nouth demandera à la France la reconnaissance de l'indépendance khmère, comme l'Inde vis-à-vis de l'Angleterre. En cas de discussion, exiger une réponse par oui ou non.

En cas de réponse négative, notifier à Paris la lettre du roi préparée depuis Bangkok. Ce projet de lettre dénonce toute appartenance du Cambodge à l'Union française, avec toutes les conséquences découlant de la souveraineté totale du Cambodge.

Ce qui veut dire : non-reconnaissance des tribunaux et de tous les organismes français au Cambodge ; retrait du Cambodge du quadripartisme indochinois, donc plus d'union douanière ni monétaire ; cessation de collaboration militaire ; propositions de solution des problèmes en suspens après échange d'ambassadeurs. Cela constitue la résistance "froide" du plan.

En cas de réaction violente de la part des Français, application de la "résistance chaude".

En cas d'attaque violente par les autorités françaises, déclenchement de la guérilla : les commandants des zones de résistance, dont les nominations sont tenues secrètes, mobiliseront la population pour la résistance ; les gouverneurs de province seront invités à rejoindre la résistance dans la brousse. En cas de refus ou de collaboration avec les autorités françaises, les coupables seront éliminés.

Les Français et autres se trouvant dans les provinces seront pris en otage, en prévision d'arrestation ou de séquestration par les autorités françaises des parents du roi, des autres membres de la famille royale ou des personnalités politiques ou gouvernementales.

Les forces de résistance recevront, par des moyens appropriés, les ordres du roi à partir de Battambang ou de Siem Reap.

Les ministres, personnalités et fonctionnaires de Phnom Penh et d'ailleurs, rejoindront à ce moment-là par leurs propres moyens le secteur autonome de Siem Reap-Battambang.

En même temps, le roi déclenche le Mouvement des forces vives du Cambodge (MFVC).

Les volontaires des deux sexes formeront des commandos de 100 personnes depuis l'échelon villages, *khum* (commune), *srok* (sous-préfecture), et *khèt* (province), sous la responsabilité des chefs respectifs de chaque niveau : *néphum, mékhum, chauvaysrok* et *chavaykhèt.*

Ces commandos, encadrés par des cadres de police, de la milice et de l'armée, se livreront à des exercices de manœuvres et de combats suivant des horaires et périodes fixés en tenant compte des travaux des champs. Ces exercices se feront même avec des bâtons et des fusils de bois en attendant les armes, dont on commence les pourparlers d'achat à l'étranger.

L'enthousiasme est immense chez les jeunes comme chez les vieux des deux sexes, ce qui montre la capacité de la population à se défendre elle-même. Au bout de quelques semaines, l'effectif total des MFVC se montera à plusieurs centaines de milliers de membres.

De toutes les provinces, les gouverneurs affluent à Siem Reap, apportant la participation pécuniaire de la population. Plusieurs dizaines de millions de piastres sont ainsi versées, pour commencer, au trésor de la "croisade royale".

De tous les secteurs militaires également, des unités entières de l'armée royale, jusqu'alors sous commandement français, quittent leurs postes pour rejoindre le secteur autonome et se mettre sous le commandement de l'état-major du roi.

Pour l'information, un poste émetteur radio est installé à Battambang, un autre à Siem Reap, laissant à Radio Phnom Penh une action plus "diplomatique", et le quotidien de langue française *Cambodge*, dont l'éditorial est rédigé chaque jour de Siem Reap ou de Battambang, soutient l'action officielle du gouvernement royal de Phnom Penh. Tous les actes du gouvernement et tous les événements sont régulièrement portés à la connaissance de la population par la presse écrite et par la radio.

La population est invitée à garder tout son calme et son sang-froid, à continuer à vaquer à ses occupations quotidiennes et à se conformer à toutes les instructions à venir du roi.[1] »

1. Nhiek Tioulong, *op. cit.*, p. 315 à 319.

Le roi fait l'unanimité de la nation sur sa politique et son action pour l'indépendance nationale. Tous les partis politiques se taisent et les désordres et les grèves ont cessé. Tous les rebelles se soumettent, seul Son Ngoc Thanh, lâché par les siens, refuse alors sa soumission au gouvernement royal.

À Phnom Penh, malgré les instructions, la cohabitation entre la population française et les Khmers devient délicate et les relations commencent à se tendre.

Enfin l'Indépendance !

Depuis le 27 juin 1953, les instructions du roi au Premier ministre Penn Nouth ont été notifiées aux autorités françaises de Phnom Penh et de Saigon, mais la lettre du roi prévue par ces instructions n'a pu être encore remise en raison de la crise ministérielle à Paris. Début juillet, la constitution du gouvernement Laniel apporte une grande détente dans les relations franco-khmères. En effet, le 3 juillet 1953, le chef du gouvernement français communique aux trois hauts-commissaires du Viêt Nam, du Cambodge et du Laos une déclaration gouvernementale arrêtée dès la première réunion du Conseil des ministres, qui stipule notamment : « La France estime qu'il y a lieu de parfaire l'indépendance et la souveraineté des trois États d'Indochine en effectuant avec les trois gouvernements le transfert des compétences qu'elle a encore conservées... »

Il s'ensuit un échange de lettres entre les deux gouvernements, aboutissant à la décision d'organiser une réunion fixant la liste des transferts réalisables immédiatement, et admettant que ce serait une conférence quadripartite qui réglerait le bilan de la Fédération indochinoise.

Dans la capitale, l'atmosphère reste lourde, des incidents éclatant çà et là : un gendarme français est tué, un autre grièvement blessé, un greffier est abattu à la terrasse d'un café, une grenade explose dans le dancing Rex, faisant un mort et plusieurs blessés.

Le 25 août, les deux délégations françaises et cambodgiennes se rencontrent enfin pour la première fois. Le 17 octobre, après de nombreuses discussions sur la justice, la police et l'armée, a lieu la signature solennelle des différents accords d'une première vague de transfert de compétences dans ces domaines, entre le Premier ministre, Penn Nouth, et le haut-commissaire de France, Jean Risterucci.

De son côté, le roi réside toujours à Siem Reap et à Battambang. Il ne rentrera à Phnom Penh que le 8 novembre.

Le 9 novembre, se tient une grande parade où des dizaines de milliers de MFVC se déploient devant lui en face du palais royal après le défilé des troupes de l'Union française, puis des troupes cambodgiennes. Pour l'occasion, Sihanouk a revêtu son grand uniforme de commandant en chef de l'armée, dont il a coincé la cravate entre le troisième et le quatrième bouton de sa chemise, pour qu'elle ne virevolte pas au vent.

Le général de Langlade, commandant au Cambodge des forces de l'Union française, grand, imposant, portant des moustaches coloniales, visiblement ému, après avoir salué le roi, vient accrocher la Croix de guerre française sur le drapeau de l'armée royale khmère. C'est aussi l'adieu des troupes françaises qui quittent ce jour-là le Cambodge. On prête au général de Langlade la repartie suivante : à quelqu'un qui, devant lui, traitait Sihanouk de « roi fou », il répondit : « C'est peut-être un roi fou, mais c'est un fou génial. »

En novembre et en décembre, d'autres conversations se poursuivent pour le transfert des derniers domaines : marine marchande, navigation aérienne, télécommunications ainsi que la diplomatie. Un dernier accord de transfert des dernières compétences de la France vers le Cambodge est signé fin décembre.

Ainsi, fin 1953, le Cambodge devenait totalement indépendant, quatre-vingt-dix ans après la signature du premier acte diplomatique établissant le protectorat de la France de Napoléon III sur le Cambodge de Norodom Ier. Et cette indépendance, la première obtenue parmi les trois pays d'Indochine, avait été acquise grâce à l'opiniâtreté du jeune roi Norodom Sihanouk. Sa stratégie avait été validée par les faits. Elle a été obtenue avec le moins de violence possible, avec le moins de dégâts possible pour les infrastructures et les populations.

En douze ans de règne, Norodom Sihanouk était parvenu à retrouver l'intégrité territoriale du Cambodge, avait commencé la démocratisation et la modernisation de son pays et obtenu l'indépendance totale avant tous les autres pays d'Indochine, sans trop de frictions avec la France.

Il sortait donc de cette période renforcé, n'ayant plus beaucoup de concurrents politiques, et il allait maintenant pouvoir essayer de se consacrer au développement de son pays, malgré la guerre d'Indochine qui avait commencé.

« Play-boy » et cavalier

Durant cette période difficile que fut la guerre, Norodom Sihanouk ne laissa pas de côté sa vie d'homme. Ce jeune roi que, rappelons-le, l'épouse de l'amiral Decoux trouvait « mignon » bénéficiait aussi du pouvoir, auquel beaucoup de femmes étaient sensibles. De plus, vis-à-vis des Cambodgiennes, il était le descendant de cette grande lignée des souverains bâtisseurs d'Angkor. On imagine donc facilement l'attrait qu'il pouvait exercer auprès des jeunes femmes.

Bon sang ne saurait mentir. Lui-même qualifiait son père le prince Suramarit de « play-boy ». Son grand-père maternel, le roi Monivong, avait une dizaine de favorites officielles, sans compter une cinquantaine d'autres du Ballet royal ; quant à son arrière-grand-père maternel, le roi Sisowath, et son grand-père paternel, le roi Norodom Ier, ils avaient à leur disposition plus de 200 danseuses du Ballet royal, qui vivaient au palais. À cette époque, la tradition et le peuple permettaient cette polygamie à leurs souverains.

Au début de son règne, qui plus est pendant la Seconde Guerre mondiale, Norodom Sihanouk avait certes beaucoup d'autres choses à faire que de se livrer à ses plaisirs personnels, mais, entre les visites en province, les relations avec les autorités du protectorat, l'occupation japonaise puis les relations ambivalentes avec les Français à la fin de la guerre, il vivait sa vie.

Sa mère, la princesse Kossamak, lui avait présenté la princesse Sisowath Pongsanmoni, qui était d'ailleurs sa demi-tante.

Mais le jeune roi n'avait pas attendu le feu vert de sa mère pour séduire des jeunes filles. Deux d'entre elles, notamment, vivaient déjà au palais: Phat Kanhol et Munang Thach. L'une, Phat Kanhol, la *prima ballerina* du Ballet royal, de deux ans plus âgée que lui, reçut le titre de Neak Moneang, favorite officielle. L'autre, Munang Thach, avait été l'une des dernières jeunes favorites de son grand-père, et ses relations avec le jeune roi Sihanouk sont restées longtemps inconnues. Quant à la jeune princesse Pongsanmoni, c'était une Sisowath, fille du roi Monivong et d'une de ses favorites, Khun Nath[1]. Quand Sihanouk fit sa connaissance, elle n'avait que 13 ans, mais elle était grande pour son âge et le jeune souverain la trouvait très belle. Sa mère, Khun Nath, considérant son jeune âge, ne voulait pas qu'elle sorte seule avec Sihanouk, d'autant plus qu'elle était au courant de sa relation avec Phat Kanhol. Mais le roi fut assidu et se rendit tous les jours chez Khun Nath pour

1. Pongsanmoni était donc la demi-tante de Sihanouk, fille de son grand-père maternel, le roi Monivong, et la demi-sœur de sa mère, la princesse Kossamak. Il restera avec elle neuf ans (1942-1951) et aura sept enfants. Elle mourra de maladie à Phnom Penh peu de temps avant l'entrée des Khmers rouges dans la capitale.

rencontrer Pongsanmoni. Il l'épousa en 1942. Elle avait 13 ans et demi[1].

Enfin en 1944, il séduisit la princesse Sisowath Monikessan, demi-sœur de Pongsanmoni et donc aussi sa demi-tante.

Plus de soixante ans plus tard, Norodom Sihanouk révéla sa relation avec Munang Thach, pratiquement dès son arrivée au palais royal après son couronnement[2]. Munang Thach avait été « offerte » par ses parents au roi Sisowath Monivong, le grand-père maternel de Sihanouk. Thach, qui était très jeune, avait trois sœurs aînées qui, elles aussi, avaient été offertes au roi.

En 1941 au moment de l'évacuation du palais de toutes les favorites du roi Monivong par le résident supérieur français, Thach fit tout pour retarder son évacuation car, en voyant arriver le jeune roi Sihanouk, elle en était tombée amoureuse et avait décidé de tout faire pour rester. Chaque matin, elle se débrouillait pour se trouver, souriante et coquette, sur le parcours de la course à pied quotidienne du roi[3]. Celui-ci se laissa séduire et en fit aussi sa favorite. Au bout de moins de deux ans, il lui « rendit sa liberté », sans qu'il ait eu un enfant d'elle.

Le roi mena donc conjointement pendant quelques années des liaisons avec quatre femmes. Il n'eut pas d'enfant de Munang Thach, ni de Monikessan pendant cette période. En revanche, en 1943, il en eut des deux autres : la princesse Buppha Devi, fille de Phat Kanhol, et le prince Yuvaneath, fils de la princesse Pongsanmoni. En 1944, il réitéra le même exploit en ayant encore deux enfants, dont un de chacune d'elles : le prince Ranariddh, fils de Phat Kanhol, et le prince

1. Entretien avec Hun Soeun, ex-épouse du prince Chakrapong, le 2 avril 2010.
2. BMD du 8 au 21 décembre 2006.
3. En compagnie de son professeur de gymnastique, l'adjudant-chef Muller, un Français d'Alsace, détaché par l'amiral Decoux.

Racvivong[1], fils de la princesse Pongsanmoni. En 1945, Phat Kanhol quitta d'elle-même le roi[2]. Ce dernier eut un nouveau fils de la princesse Pongsanmoni, le prince Chakrapong, né le 21 octobre 1945. Celui-ci devait devenir mon beau-père de nombreuses années plus tard, en 2002.

Pendant cette période, Norodom Sihanouk s'adonna à une de ses passions : le cinéma, puisqu'il avait maintenant « les moyens d'acheter une caméra, des pellicules et un écran ». Il réalisa quelques petits films de fiction parlants en 16 mm, dont *L'Atlantide*, inspiré du roman de Pierre Benoit. Il était assisté pour ces tournages sans prétention de Poch Tek, le cameraman, et de Roeum Sophonn, un de ses amis d'enfance qui était l'homme à tout faire (éclairage, etc.). Mais, comme il me l'écrivit plus tard[3], tous ces petits films disparurent entre le coup d'État de Lon Nol du 18 mars 1970 et la fin du régime khmer rouge en 1979.

Le roi, très sportif, avait aussi favorisé le développement du football au Cambodge, mais son sport préféré était l'équitation et le saut d'obstacles. Après la mort de son cheval Serpolet peu après son couronnement, le protectorat français, qui pratiquait au Tonkin un excellent élevage de chevaux, lui en avait offert trois de race « anglo-arabe ». Parmi ceux-ci, il y eut Tartarin (un bai), qui se révéla être un grand sauteur, véritable champion de concours hippiques.

Avec son argent de jeune roi, Norodom Sihanouk acheta, toujours au Tonkin, un beau cheval anglo-arabe à robe gris clair du nom de Zodiaque, qui avait été dressé pour lui sur place par le capitaine français de Pindray d'Ambelle, ancien de Saumur.

1. Décédé en 1973 dans le maquis anti-Lon Nol. Il était devenu spécialiste d'archéologie.

2. Elle se remaria avec son ancien amant qui avait gagné au loto. Elle eut plusieurs enfants avec lui dont Chap Nahlyvoudht qui fut notamment gouverneur de Siem Reap au début des années 2000.

3. Lettre du 17 octobre 2006.

Quand il le montait dans les concours hippiques du palais royal, auxquels participaient des officiers français et des cavaliers khmers, Zodiaque lui assurait souvent la première place.

Pendant la période d'après-guerre, la vie personnelle de Norodom Sihanouk fut encore plus « riche » que la précédente. Véritable sybarite bouddhiste, il continua à avoir des enfants et à séduire des princesses, sans parler de ses autres maîtresses. Entre 1941 et 1945, le jeune roi avait eu quatre femmes et cinq enfants, entre 1946 et 1953, il eut cinq femmes – dont deux avec qui il était déjà – et sept enfants. Il était toujours avec la princesse Pongsanmoni et la princesse Monikessan, connues dans la première période de son règne, et il séduisit en plus la princesse Norodom Thaveth Norleak[1], puis Manivan Phanivong et, bien sûr, la jeune Monique Izzi qui allait l'accompagner toute sa vie[2]. Manivan Phanivong était laotienne, fille d'un dignitaire laotien. Sihanouk l'avait remarquée en se rendant en voyage officiel en 1949 au Laos, pays voisin du Cambodge. Elle avait environ 15 ans. Sihanouk en tomba amoureux et la ramena au palais royal à Phnom Penh comme favorite. Les autorités laotiennes lui firent savoir que cela ne se faisait pas et que, pour la dignité du Laos et les bonnes relations diplomatiques entre les deux pays, il devait la prendre pour épouse. Une cérémonie bouddhique de mariage fut donc organisée pour sceller cette relation en 1949. Mais certains Cambodgiens ne virent pas cette union d'un très bon œil. Le roi avait choisi une Laotienne comme épouse plutôt qu'une Cambodgienne. De très nombreuses années plus tard, en août 2009, Sihanouk écrivit le scénario d'un film, dont le titre était *Bérénice khmère loeu*. S'inspirant de *Bérénice*, tragédie écrite par Racine en 1670, Sihanouk présente dans ce film une scène où

1. Il n'eut pas d'enfant avec elle. Ils se séparèrent quelques années plus tard. Elle vit aujourd'hui dans une maison de retraite de la région parisienne.

2. Née le 18 juin 1936, cette dernière avait un père français de souche italienne et une mère cambodgienne. Elle devint S.M. la reine Norodom Monineath Sihanouk en 1993.

de grandes familles khmères kandal ou khmères cham viennent protester auprès du roi d'avoir choisi comme reine une Khmère loeu (peuplade Laotienne vivant au Cambodge). Les initiés pourront y déceler une discrète allusion à cet épisode de sa vie. Dans la vie réelle, Manivan Phanivong s'éloigna de Sihanouk à partir de 1955, du fait de la place de plus en plus importante que prenait Monique Izzi auprès de lui.

En ce qui concerne Monique Izzi, Sihanouk connaissait celle-ci depuis son enfance : sa mère, Pomme Peang, était une riche Cambodgienne proche de Khun Nath, une des épouses du roi Monivong et la mère de Pongsamoni. Elle avait donc ses entrées au palais royal et y amenait parfois sa fille. Mais Sihanouk ne la remarqua vraiment que quand elle fut en troisième au lycée Descartes et lors de l'élection de Miss Unesco.

Le père de Monique, Jean-François Izzi, Français né de père italien et de mère bretonne, était très ami avec le père de Sihanouk. Il était directeur au Crédit foncier de Saigon et apportait des livres au jeune Sihanouk quand celui-ci était au lycée Chasseloup Laubat. Après l'accession au trône de Sihanouk, et alors que sa fille Monique grandissait, il n'hésita pas à dire au roi : « Vous êtes un homme très volage, ne vous occupez pas de Monique. »

Pourtant, le destin en décida autrement. Au début de l'année 1952, l'Unesco organisa l'élection d'une Miss Unesco lors d'une fête organisée dans la cour du lycée Descartes. De nombreuses tables rassemblaient tous les invités devant un podium où devaient défiler toutes les candidates. Le roi Sihanouk présidait la table d'honneur, ainsi que la fête de l'Unesco. À cette table se trouvait aussi le haut-commissaire de la République, le général Louis Dio. En se retournant, le roi vit à la table derrière lui la famille Izzi, dont Monique. Il lui demanda si elle était candidate à l'élection, elle répondit : « Non, Votre Majesté », baissant timidement les yeux et joignant les mains. Elle n'avait que 15 ans. Elle ajouta : « Si je ne gagnais pas la coupe, je perdrais la face. » Sihanouk lui répliqua : « Si tu ne gagnes pas la coupe, je t'en donnerai une encore plus belle au palais. » La mère de Monique comprit le message, convainquit sa fille de se présenter à la dernière minute et lui mit un peu de fard et des chaussures à talons. Quand Monique Izzi défila devant le jury, le haut-commissaire s'écria : « C'est elle qui doit être la miss », et tout le jury le suivit[1].

Peu après, en avril 1952, Sihanouk la prenait avec lui au palais. La sœur de Monique était tout à fait contre cette liaison, elle disait : « Ce play-boy n'est pas une assurance vie[2]. »

La princesse Pongsanmoni lui donna quatre enfants dans cette période : la princesse Soriya Roeungsy, née en 1947[3], la princesse Kantha Bopha, née en 1948[4], le prince Khemanourak, né en 1949[5], et la princesse Botum Bopha, née en 1951[6]. De la princesse Monikessan, il eut le prince Naradipo, né en 1946[7]. Avec Manivan Phanivong, il eut la princesse Sujata Sucheat Vatthya, née en 1953[8]. Enfin, de Monique Izzi, il eut le prince Sihamoni, né en 1953[9].

Le roi Sihanouk connut les premiers malheurs familiaux dès son jeune âge, puisqu'une de ses épouses, la princesse Sisowath Monikessan, mourut en 1946 après avoir donné naissance au prince Naradipo, et que sa fille bien-aimée, la princesse Kantha Bopha, surnommée Mech (petite mignonne), mourut d'une leucémie en 1952 à l'âge de 4 ans. Il fit édifier près de la pagode d'argent un magnifique stupa destiné à abriter ses cendres qu'il avait pris soin de mettre dans une urne en or massif.

1. Audience à Pékin avec le roi père et la reine mère du 20 novembre 2008.
2. Audience à Pékin avec le roi père et la reine mère du 20 novembre 2008.
3. Tuée par les Khmers rouges vers 1976.
4. Morte de leucémie en 1952.
5. Tué par les Khmers rouges vers 1976.
6. Tuée par les Khmers rouges vers 1976.
7. Tué par les Khmers rouges vers 1976.
8. Cette dernière, qui était devenue danseuse, fut tuée par les Khmers rouges avec sa mère en 1975.
9. Ce dernier deviendra roi du Cambodge en octobre 2004.

L'âge d'or du Cambodge 1954-1969

L'indépendance acquise, le roi lança, fin 1953, un appel à l'unité nationale en direction des Khmers issaraks et du Viêt-minh. Le gouvernement décréta l'amnistie générale.

Les derniers rebelles issaraks se rallièrent facilement au début de l'année 1954, mais le roi ne se faisait pas trop d'illusions au sujet du Viêt-minh. Depuis quelques années, les Nord-Vietnamiens poussaient les pions de leur lutte au Cambodge sous prétexte de combattre le colonialisme français et de soutenir un mouvement khmer anticolonialiste. L'indépendance du Cambodge obtenue, cet argument tombait, mais la pression vietnamienne ne faiblissait pas pour autant. Sous prétexte d'aider leurs « frères communistes » en avril 1954 et pour créer un rapport de force au moment où allait débuter la conférence de Genève, le général nord-vietnamien Giap lança une offensive sur le Sud Laos et certaines provinces cambodgiennes, notamment celles frontalières du Sud Viêt Nam.

L'armée cambodgienne n'était pas très nombreuse et mal équipée, mais le moral des soldats khmers avait changé. Maintenant qu'ils se battaient, non plus sous commandement français mais sous celui de leur roi, ils firent preuve d'enthousiasme et de combativité pour défendre leur pays et leurs familles face aux Vietnamiens. Le roi se rendit souvent en personne sur le terrain pour suivre les opérations. Il nomma aussi Nhiek Tioulong ministre de la Défense, qui cumulait aussi les fonctions de commandant de l'armée de terre et de chef d'état-major général ; il fut promu à la dignité de général. Malgré ses faiblesses structurelles, l'armée khmère réussit, au prix de grands sacrifices, à contenir la poussée des Vietnamiens et même à leur asséner de rudes coups. Aucune zone du territoire cambodgien ne put ainsi être occupée de façon permanente par le Viêt-minh.

La conférence de Genève

La guerre d'Indochine s'intensifiait entre les forces nord-vietnamiennes et les Français. Dès 1953, les forces françaises avaient aussi subi la pression des forces du général Giap. Les Français avaient occupé Diên Biên Phu, une cuvette à l'ouest de Hanoi, et l'avaient érigée en place forte ravitaillée par un pont aérien. Depuis toujours, la France considérait l'affaire indochinoise comme une affaire interne qu'il lui appartenait de régler. En réalité, c'était depuis longtemps une vue de l'esprit, car l'URSS[1] et la Chine soutenaient le Viêt-minh, et les États-Unis, la France. Mais, en ce début de l'année 1954, le gouvernement français, voyant la mauvaise tournure que prenaient les événements militaires, décida de porter la question de l'Indochine sur l'arène internationale.

Le 18 février 1954, la conférence de Berlin – URSS, États-Unis, Grande-Bretagne, France –juge nécessaire la convocation en avril

1. Union des républiques socialistes soviétiques. Cette structure étatique, créée après la révolution de 1917 autour de la Russie, disparut en 1989.

d'une nouvelle rencontre, consacrée celle-ci à l'Asie. Elle s'ouvrira à Genève le 25 avril 1954 sous l'appellation « conférence sur la Corée et l'Indochine ». En plus des quatre pays, y participeront la Chine, le Viêt-minh, le Laos et le Cambodge.

Le 27 du même mois, la France reconnaît officiellement l'indépendance du Viêt Nam du Sud. Le 7 mai, Diên Biên Phu tombe aux mains des forces du général Giap et la conférence se hâte, après la Corée, d'amorcer les négociations sur l'Indochine.

La conférence de Genève est une véritable réunion au sommet : Eden pour la Grande-Bretagne, Molotov pour l'URSS, Georges Bidault puis Mendès France pour la France, Chou Enlai pour la Chine et le général Bedell Smith pour les États-Unis.

Sur le plan politique, les négociations piétinent durant les mois de mai et juin pendant le gouvernement Bidault. Celui-ci tombe à Paris. Mendès France, qui le remplace, promet au peuple français de conclure la paix au plus tard le 20 juillet 1954. Car, en Indochine, les combats continuent. Les forces du général Giap, délestées du siège de Diên Biên Phu, envahissent les provinces septentrionales du Laos pour occuper tout le fief du Pathet Lao et poussent vers le Sud Viêt Nam où le front se stabilise et vers le Cambodge.

Mais les forces khmères résistent et remportent même un succès éclatant en mettant en déroute les forces vietnamiennes lors de la bataille de Sre Chris, dans la jungle des hauts plateaux moïs, et ce, du 13 au 17 juillet, en pleine conférence de Genève. Ces dernières n'arrivent pas à s'implanter en permanence en un point quelconque du territoire khmer. Cela sera un point capital pour les débats à la conférence de Genève.

Dans les délégations politiques, aucun représentant d'une quelconque résistance khmère n'est présent[1]. C'est la délégation

1. Dans la délégation khmère se trouvaient notamment Penn Nouth, le général Nhiek Tioulong et Sam Sary.

nord-vietnamienne qui parle au nom de cette prétendue résistance dont elle fait état, alors que les anciens maquisards khmers se trouvent au sein de la délégation officielle du Cambodge. Le cas du Laos est totalement différent puisqu'il existe le Pathet Lao du prince Souphanouvong. Les Nord-Vietnamiens essaient cependant d'obtenir toute la rive gauche du Mékong en territoire khmer. Le Cambodge n'accepte aucun démembrement de son territoire.

Le 20 juillet à minuit, toutes les délégations ont terminé leurs travaux, sauf celles du Nord Viêt Nam et du Cambodge. Elles sont donc convoquées à la villa du coprésident, le Britannique Eden, devant tous les chefs de délégation pour les entendre. Après une heure de discussion et des pressions exercées par tous sur Pham Van Dong, celui-ci, qui avait fait ses preuves avec les Français au Tonkin et au Nord Annam, abandonne ses prétentions sur le Cambodge. L'intégrité territoriale khmère est ainsi sauvegardée.

L'accord entre le Cambodge et le Nord Viêt Nam ne pourra être signé que le 21 juillet à midi, mais toutes les pendules du Palais des nations de Genève avaient été fictivement arrêtées depuis la veille à minuit. Le 20 étant pour tous la date officielle des accords de Genève.

Au cours de la séance plénière de clôture, l'après-midi du 21 juillet 1954, les États participants, par une déclaration commune, constatent l'accord complet sur le cessez-le-feu en Indochine, sur les divisions territoriales et sur l'indépendance confirmée ou reconnue des différents États de l'Indochine.

La conférence de Paris qui se tiendra à l'automne 1954 et durera plus de trois mois répartira équitablement entre les États les éléments d'actif et de passif du patrimoine commun de la Fédération indochinoise.

Plus tard, pour dédommager le Cambodge de l'abandon du port de Saigon au Sud Viêt Nam, la France, par un accord bilatéral, acceptera de construire un port maritime en eaux profondes dans la baie de Kompong Som, qui sera baptisé par la suite Sihanoukville, ainsi qu'un aéroport international à Pochentong près de Phnom Penh, suite à l'abandon de celui de Tan Son Nhat, près de Saigon.

Le Cambodge commence à étendre le réseau de ses ambassades dans le monde. En plus de Paris et de Washington, s'ouvrent Bangkok, Tokyo, Moscou, Londres, Prague, Belgrade, etc.

La Banque nationale est créée et la nouvelle monnaie cambodgienne, le « riel », est en cours d'impression.

Sur le plan de politique interne, le roi Norodom Sihanouk s'était arrogé les pleins pouvoirs le 16 juin 1952 en promettant au peuple khmer de réaliser l'indépendance nationale complète dans un délai de trois ans. La promesse est réalisée fin 1953 et parachevée complètement fin 1954, donc six mois avant le terme promis. Il convient donc de lever cette hypothèque qui avait justifié les pleins pouvoirs au roi.

Le 17 février 1955, un référendum fut organisé, invitant le peuple à répondre par « oui » ou par « non » à la question suivante : « La mission royale a-t-elle été remplie à la satisfaction de notre peuple ? » La réponse obtenue est de 925 812 « oui », 99,8 % des voix, et 1 824 « non », représentant les partisans du Viêt-minh qui avaient perdu la bataille de la conférence de Genève.

Le roi nomma un nouveau gouvernement qui devait en principe procéder aux élections pour rétablir un régime démocratique normal. Mais l'expérience malheureuse des législatives précédentes et de l'instabilité gouvernementale endémique du fait des querelles de partis était encore dans toutes les têtes, et le roi commençait officiellement à réfléchir à une réforme constitutionnelle, mais il nourrissait aussi en son for intérieur d'autres projets secrets.

Indépendant, reconnu internationalement par la conférence de Genève, le Cambodge et son peuple aspiraient à la paix et au développement. Norodom Sihanouk s'y préparait à sa façon. Le développement économique et social fut effectivement très important pendant la période qui allait suivre, mais il sera perturbé par la montée de la guerre du Viêt Nam.

L'abdication du roi et le Sangkum Reastr Niyum (SRN)

Le 2 mars 1955, dès 6 heures du matin, Radio Phnom Penh, dans son émission cambodgienne, diffusait un message de Norodom Sihanouk annonçant solennellement son abdication en faveur de son père, le prince Norodom Suramarit. Suivant la tradition, dit-on, le monarque qui abdique a le droit de choisir son successeur. À midi, Radio Phnom Penh, dans son émission française, diffuse la nouvelle dans le monde entier.

Cette information surprend les milieux internationaux et fait l'effet d'une bombe dans l'opinion publique khmère. Personne n'avait rien soupçonné. Le message royal avait été enregistré la veille dans le plus grand secret et porté dès le lever du jour au studio de la radio.

Dans la Constitution cambodgienne de 1947, le pouvoir était passé officiellement au gouvernement et à l'Assemblée nationale, le roi restant chef d'État à vie, mais avec des pouvoirs limités, un peu comme les présidents de la République française, sous la IVe République. Norodom Sihanouk expliqua donc qu'il quittait le trône pour se lancer dans la vie politique et se consacrer à l'édification du pays. En agissant de cette manière, il réglait aussi peut-être un problème psychologique avec lui-même. Ses opposants lui reprochaient d'avoir été mis sur le trône par le protectorat français. De plus, sur le plan de la famille royale, son père ou son oncle auraient dû être rois avant lui.

Le couronnement du nouveau roi Suramarit eut lieu le 5 mars 1955. Pour montrer que ce n'était plus le protectorat français qui couronnait les rois, symboliquement, le roi Suramarit se coiffa lui-même de la grande tiare d'or à longue pointe. Puis un défilé grandiose traditionnel avec char royal et éléphants eut lieu dans la ville.

En obtenant l'indépendance du Cambodge en 1953, avant même le Laos et le Viêt Nam, Sihanouk estimait sûrement au fond de lui n'avoir pas démérité de son pays, bien qu'il ait été placé sur le trône par les Français. Il ne veut plus à présent qu'on puisse le lui reprocher et souhaite obtenir l'adhésion du peuple et le pouvoir par ses seules qualités.

Pour cela, après son abdication et le couronnement de son père, il annonce, le 16 mars 1955, la création d'un grand parti dont il prendra la tête, le Sangkum Reastr Niyum (SRN) ou Communauté socialiste populaire, avant de partir pour l'Inde rendre la visite que le président Nehru lui avait faite en octobre 1954. Le titre officiel de Norodom Sihanouk est maintenant Samdech Upayuvareach, nom traditionnel signifiant « ancien roi qui a abdiqué ».

Le SRN ou Sangkum était un rassemblement destiné à absorber les partis qui souhaitaient se rallier à Norodom Sihanouk. Ses statuts ont été déposés le 19 avril 1955. Les membres y seront soudés par la fidélité à la trinité « nation, religion, roi ». S'inspirant d'un « socialisme bouddhique », le SRN doit être le symbole des aspirations du petit peuple : il a pour but de lutter contre l'injustice, la corruption, les exactions, l'oppression et la trahison commises contre le peuple et le pays. Un règlement est édité, auquel doit s'astreindre tout membre, avec des règles de conduite très strictes : honnêteté, austérité, désintéressement, dévouement total au service du peuple et de la nation.

Le SRN dispose d'un comité central à Phnom Penh avec un secrétaire général et un président, le prince Sihanouk, des comités provinciaux et des comités locaux. Ces comités locaux choisissent démocratiquement les candidats députés dont ils soumettent les noms au Comité central, qui arrête la liste définitive pour chaque circonscription électorale.

La plupart des partis prononcent leur dissolution et leurs membres s'inscrivent en masse au Sangkum. Seuls, le Parti démocrate, le Pracheachon et le Parti libéral essaient de résister, mais plusieurs de leurs dirigeants rejoignent le Sangkum.

Après deux mois de campagne, les élections du 11 septembre 1955 donnent, avec 75 % de participation, le score suivant : Sangkum (83 %), Parti démocrate (12 %), Pracheachon (4 %), libéraux et autres moins de 1 %. Le Sangkum remporte ainsi la totalité des sièges de la nouvelle Assemblée nationale. La Commission internationale de contrôle, prévue par la conférence de Genève et composée de l'Inde, du Canada et de la Pologne, témoigne que ces élections se sont déroulées dans des conditions « correctes ». L'écrasante victoire du Sangkum est due au grand prestige personnel du prince Sihanouk.

Vie politique intérieure et « œuvre de développement »

Grâce à la victoire totale du Sangkum, le prince Sihanouk recueille entre ses mains la totalité des pouvoirs que la Constitution khmère de 1947 a transférés de la Couronne à l'Assemblée et au gouvernement. Devenu chef de gouvernement, il commence à concrétiser ses objectifs pour une démocratisation plus avancée du régime à tous les niveaux.

De nouvelles institutions plus ou moins réussies

Il institue d'abord le congrès du Sangkum, qui deviendra par la suite le Congrès national, et, comme tel, sera introduit dans la Constitution par une loi spéciale du 18 décembre 1957. Ce congrès, où le peuple est admis sans distinction de sexe ni de tendance politique, a pour but théorique de guider l'orientation de la politique de l'Assemblée et du gouvernement. Il se réunit tous les six mois sous la présidence du prince Sihanouk et vote des « recommandations ».

Le premier congrès, tenu fin septembre 1955, adopte l'obligation de l'emploi de la langue khmère pour toutes les correspondances officielles, l'institution du vote des femmes et la possibilité pour les électeurs de retirer le mandat à leur député en cours de législature. Les congrès suivants, par exemple, acceptent le principe de l'aide américaine, puis de l'URSS, réaffirment la neutralité politique du Cambodge ou encore ouvrent l'ère de la décentralisation.

Cette institution de pratique directe de la démocratie était intéressante comme initiative. Elle a effectivement permis, au début, une écoute directe du peuple et aidé le prince Sihanouk à faire passer ses idées plus rapidement à l'Assemblée. Mais elle s'est usée avec le temps : certains orateurs à la solde de milieux affairistes, par exemple, l'utilisaient pour venir critiquer les représentants honnêtes de l'administration qui s'opposaient à leurs trafics. Plus largement, la prise de parole libre, sans règle ni contrôle, rendit répétitives et confuses ces réunions, qui perdirent peu à peu leur intérêt du début.

Les différentes législatures

Le fonctionnement de l'Assemblée nationale issue des élections de septembre 1955 n'a pas donné toute satisfaction au prince Sihanouk. Les règles strictes du Sangkum n'ont pas suffi à conférer aux députés « sangkumiens » toutes les qualités politiques et morales voulues. La sélection des candidats, bien que se voulant sérieuse, se faisait toujours parmi les mêmes catégories de personnalités qui, une fois députés, se voyaient déjà ministres. Des clans, des réseaux d'influence liés aux milieux d'affaires notamment sino-cambodgiens, s'entremêlant avec la politique politicienne, expliquent le nombre élevé de remaniements et de crises ministérielles, neuf pour cette première législature, entraînant d'ailleurs la dissolution de la Chambre avant terme, le 8 janvier 1958. En fait, cette première Assemblée 100 % sangkumienne n'a pas différé de ses devancières de 1947 et de 1951.

Le prince Sihanouk commence à être déçu, mais il veut en avoir le cœur net. Pour les élections du 29 mars 1958, il décide de choisir directement lui-même les candidats députés du Sangkum. Parmi les 62 candidats à la députation, il choisit quelques jeunes universitaires revenant de France comme Khieu Samphan, Hou Yuon, Hu Nim, futurs dirigeants khmers rouges plus ou moins communistes, ralliés au Sangkum. Le prince connaît leurs idées, mais il n'a pas peur et accepte de jouer le jeu.

Le rassemblement emporte encore tous les sièges à la Chambre, mais le fonctionnement de l'Assemblée et du gouvernement n'accuse aucune amélioration, les clans se faisant à tour de rôle tombeurs de cabinets ministériels et candidats ministres. Cela en dépit de l'autorité du prince président du Sangkum qui, périodiquement ou au gré des circonstances, prend lui-même la direction du gouvernement pour dénouer les crises, puis la confie quelques mois après à des personnalités dirigeantes du Sangkum, quitte à la reprendre ensuite entre ses mains en cas d'insuccès. Il en sera ainsi jusqu'au renouvellement de la Chambre en juin 1962, où presque les mêmes personnes reviennent sur la scène politique, y compris Khieu Samphan. Le même scénario se répète encore pendant quatre ans.

La compétition à l'échelon ministériel est cependant limitée par la présence à la tête du Sangkum du prince Sihanouk qui impose, sans favoritisme, des critères de compétence et d'honnêteté. Ainsi, les ministères importants et techniques sont presque tous dévolus à des professionnels de carrière. Le nombre des ministres parlementaires était limité, mais Khieu Samphan, Hou Yuon et Hu Nim furent plusieurs fois parmi ceux-là.

En fait, le Sangkum fonctionnait comme une structure à l'intérieur de laquelle manœuvraient des clans. La compétition entre eux était spectaculaire, surtout au moment du renouvellement annuel du président de l'Assemblée nationale et de celui du Conseil du royaume. Le prince laissant à tous toute liberté de vote, c'étaient de véritables campagnes internes qui se déroulaient, ravivant les passions et aggravant l'adversité entre les partisans des candidats. Chacun se comportait à l'intérieur du Sangkum comme appartenant à un parti différent. Les Assemblées perdirent de plus en plus de leur considération aux yeux de l'opinion.

En septembre 1966, le prince, découragé de ne pouvoir améliorer la « qualité de vie » parlementaire et gouvernementale, décide, par dépit, de « libérer » le nombre des candidats, c'est-à-dire que plusieurs candidats du Sangkum peuvent se présenter librement dans une même circonscription électorale. Cette décision a pour effet d'attirer en masse dans l'arène électorale des hommes d'affaires, souvent sino-khmers, qui, par leur « largesse financière électorale », n'ont pas de peine à gagner de nombreux sièges à l'Assemblée. Beaucoup de jeunes intellectuels, moins fortunés, perdent le leur. Khieu Samphan, Hou Yuon et quelques autres restent mais voient, sans plaisir, l'intrusion de cette classe de « capitalistes » d'une moralité parfois discutable dans la vie politique.

Daniel Roy expliqua bien ce processus dans *Le Monde diplomatique*[1] : « Sihanouk voulant sans doute échapper aux accusations de pouvoir personnel et de trucage électoral permit à plusieurs candidats "sangkumiens" de s'affronter dans chaque circonscription... Ce fut une surenchère de promesses difficiles

1. Daniel Roy, *Le Monde diplomatique*, 12 avril 1970. Daniel Roy publia son article après le coup d'État de Lon Nol et Sirik Matak du 18 mars 1970, mais il y décrit le processus des élections législatives de septembre 1966 totalement libres et non contrôlées par Sihanouk.

à tenir, une débauche coûteuse de publications et de tracts, une distribution d'avantages de toutes natures : places, honneurs, argent. À ce jeu, ce furent, sans exceptions, les plus riches et les féodaux qui triomphèrent. Ces "bleus" forment une droite combative, disposant de gros moyens pécuniaires. La masse des paysans, petits propriétaires terriens, s'en tenait à la "voie du milieu" préconisée par Sihanouk tout en se déclarant hostile au communisme, car chaque paysan cambodgien, propriétaire de sa parcelle, est par nature ennemi de tout système collectiviste. Pour en revenir à la droite, elle fut surtout animée par ce qu'on pourrait appeler "le parti des propriétaires de villas". On comprend que le départ des Américains en 1965 ait contrarié les intérêts de certains commerçants, de certains hommes d'affaires, de beaucoup de proxénètes et d'une partie de la pègre : ainsi se constitua un parti, qui souhaitait, pour des motifs assez sordides, le retour des dollars... Les résultats ne furent donc pas ceux que Sihanouk avait escomptés. »

L'Assemblée élue le 11 septembre fut plus conservatrice que les précédentes. Un mois plus tard, le prince ménagea une nouvelle surprise. Au lieu de désigner personnellement le Premier ministre et le cabinet, comme il le faisait d'ordinaire, il invita l'Assemblée à procéder à ce choix. Là encore, le résultat ne fut pas à son goût. Le 18 octobre 1966, les députés choisirent Lon Nol, ancien ministre de la Défense pendant dix ans, qui, une semaine plus tard, forma un gouvernement où ne figuraient que des sympathisants de droite, dont aucun n'était proche de Sihanouk. Celui-ci, très en colère, annonça le 25 octobre dans un message à la nation la formation d'un « contre-gouvernement », qui publia des communiqués de presse tous les jours critiquant l'action du gouvernement de Lon Nol.

Ce dernier parlement sangkumien largement anti-Sihanouk votera, quelques mois avant la fin de la législature, la déchéance de Norodom Sihanouk, devenu entre-temps chef de l'État. Cela, le lendemain du coup d'État de Lon Nol et de Sirik Matak du 18 mars 1970, appuyé par les chars et les parachutistes de l'armée, sans que cela soit prévu par la Constitution.

Nouvelles péripéties pour la succession du trône

Ayant accédé au trône le 2 mars 1955, suite à l'abdication de son fils Norodom Sihanouk, le roi Norodom Suramarit fit rapidement l'unanimité dans toutes les couches de la population, aidé en cela par la présence à ses côtés de son épouse, la reine Kossamak. Sa tâche de chef d'État était facilitée par le fait que le prince Sihanouk, à la tête du Sangkum et du gouvernement, endossait entièrement la responsabilité des affaires du royaume.

Sans l'avoir dit officiellement à son épouse, le roi Suramarit avait une liaison parallèle avec une autre femme dont il eut trois enfants : les princes Sirivudh (né en 1953) et Preyasophon (1954), puis la princesse Vichara (1956). N'étant pas informée officiellement et feignant de ne pas être au courant, la reine Kossamak leur interdit l'accès du palais, sauf quelques semaines avant la mort de leur père. Bien qu'ayant une trentaine d'années d'écart avec Sihanouk, ils étaient ses demi-frères et sœur.

La faible santé physique du roi Suramarit ne lui permit pas d'aller souvent en province, ni d'entreprendre des voyages à l'étranger. Les histoires des complots de Dap Chhuon à Siem Reap[1] et de la bombe piégée au palais royal en mai 1959[2] l'affectèrent beaucoup. De santé fragile, il mourra le 3 avril 1960.

Sa mort pose de nouveau le problème de la succession. D'après la Constitution, la succession du trône khmer est ouverte à tous les descendants mâles du roi Ang Duong. Ceux-ci

1. Voir p. 135.
2. *Idem.*

sont, à l'époque, environ 200. Face au prince Sihanouk si prestigieux et si puissant à la tête du Sangkum et du gouvernement, aucun prétendant ne se manifeste. Il y avait bien un consensus entre les membres du Conseil de la couronne[1], mais sur le seul nom de Sihanouk.

Devant l'impasse, on n'ose pas réunir le Grand Conseil de la couronne, car Sihanouk, en abdiquant en 1955, avait juré devant le peuple de ne pas redevenir roi et il refuse absolument de remonter sur le trône volontairement abandonné cinq ans auparavant. On pense à toutes sortes d'autres solutions, comme la création d'un Conseil de régence, certains penseront même à investir la reine mère des fonctions de chef de l'État, quitte à faire amender la Constitution. Certains raconteront qu'elle aurait refusé cette proposition, d'autres certifieront qu'on ne lui aurait pas proposé. Sihanouk, lui seul, dut en fait évoquer l'idée avec elle. Il me dira[2]: « Elle n'aurait pas refusé, si le Conseil du trône le lui avait proposé officiellement, mais cette idée (sous-entendu de voir une femme sur le trône royal) n'était pas encore mûre, comme les mangues vertes. Les gens du peuple auraient été choqués. »

Une solution hybride est alors adoptée, celle de doter la monarchie d'un chef d'État qui ne serait pas le roi. La Constitution est modifiée dans ce sens après un vote unanime des deux Assemblées. En cas d'impossibilité de désigner un nouveau souverain, l'Assemblée nationale et le Conseil du royaume réunis pourraient nommer un chef de l'État sur désignation préalable du suffrage populaire. Celui-ci serait

1. Le Conseil de la couronne était composé constitutionnellement du président du Conseil de la famille royale, de droit président du Conseil de la couronne – à l'époque, c'était le prince Sisowath Monireth, fils aîné du roi Monivong, frère de la mère de Sihanouk, donc son oncle –, les chefs des deux ordres religieux bouddhiques, le chef des brahmanes du palais, le président du Conseil du royaume (Sénat), le président de l'Assemblée nationale et le Premier ministre.

2. Entretien du 20 novembre 2008.

investi des mêmes pouvoirs, prérogatives et privilèges que le souverain.

Un référendum est organisé le 5 juin 1960 qui plébiscite le prince Sihanouk pour la magistrature suprême. Le 17 juin 1960, les deux Assemblées se prononcent à l'unanimité pour sa désignation comme chef de l'État du Cambodge. La monarchie est conservée. Elle sera symbolisée par la reine mère Kossamak, « suprême gardienne du trône », qui présidera toutes les cérémonies monarchiques officielles à la salle du trône, mais ne recevra pas les lettres de créance des chefs de missions diplomatiques étrangères. Ce régime bizarre de monarchie avec un chef d'État non-roi durera dix ans, jusqu'au coup d'État de Lon Nol et de Sirik Matak en mars 1970.

Durant cette décennie, le développement économique et social du Cambodge fut indéniable. L'indépendance acquise fin 1953 ne régla pas tout : ce n'est qu'après les accords de Genève de juillet 1954 que le roi et le gouvernement purent, dans une certaine quiétude, s'atteler à l'œuvre de développement du pays. La politique de neutralité et de non-alignement du prince Sihanouk allait tant bien que mal, pendant une quinzaine d'années, protéger son pays des conflits voisins.

Essor économique et progrès sociaux

Après les accords de Paris de décembre 1954 qui consacraient l'éclatement de la Fédération indochinoise, la suppression de l'Union monétaire indochinoise et la fin de la piastre, le Cambodge se dota, par ordonnance royale du 23 décembre 1954, d'une Banque nationale du Cambodge investie de la qualité d'institut d'émission de la monnaie khmère, le riel.

Un port maritime fut érigé à Sihanoukville avec l'aide de la France et une route le reliant à Phnom Penh fut construite avec l'aide américaine et, par la suite, cette liaison sera doublée par une ligne de chemin de fer construite avec les ressources nationales. Le Cambodge fut doté d'un aéroport international à Pochentong, près de la capitale de Phnom Penh.

On entreprit des efforts dans l'agriculture – travaux d'irrigation, développement du coton et de l'hévéaculture –, l'élevage, la pêche et la forêt. De nombreuses coopératives rurales furent créées. Même des essais d'acclimatation de la vigne donnèrent de bons résultats, surtout pour les variétés des muscats d'Alexandrie et de Hambourg. Le lancement de la production légumière sur le plateau du Bokor fut aussi un succès.

L'électrification du royaume commença avec la création d'EDC (Électricité du Cambodge), puis la construction de centrales thermiques et du barrage hydroélectrique de Kirirom avec l'aide de la Yougoslavie, ainsi qu'une raffinerie de pétrole à Sihanoukville avec la société pétrolière française Erap.

Une série d'usines d'industrie légère pour la transformation de produits locaux fut construite avec l'aide de la France, de la Chine, de l'URSS et d'investisseurs privés : exploitation des phosphates, raffineries de sucre, usines textiles, papeteries, fabriques de contreplaqué, cimenteries, tissage de sacs de jute, distilleries, brasseries, verreries, usines de pneumatiques et même une unité de montage de 2 CV Citroën (utilitaires) à Phnom Penh et une autre de poids lourds Renault et Berliet.

De nouvelles routes furent ouvertes, un nouvel aéroport international fut construit à Siem Reap-Angkor avec l'aide de la Chine et plusieurs terrains d'aviation furent créés dans les régions non encore desservies ; un central téléphonique automatique fut construit à Phnom Penh.

Le tourisme fut encouragé avec la création d'une société de tourisme d'économie mixte, dénommée Les Auberges royales, et un grand hôtel international moderne fut construit à Sihanoukville.

Les efforts portèrent aussi sur le domaine de la santé publique. L'ancienne École des officiers de santé, créée en

1946, fut transformée en 1953 en faculté royale de médecine et put s'installer dans de nouveaux bâtiments modernes dès 1956. Dotée par la suite d'un internat, cette faculté deviendra une véritable faculté mixte de médecine, de pharmacie et de stomatologie sous le contrôle scientifique de la faculté de médecine de Paris. Les réalisations les plus spectaculaires furent la construction à Phnom Penh de l'hôpital Calmette avec une aide française, et le complexe hospitalier de 500 lits, dit « hôpital soviétique », avec l'appui de l'URSS.

Pour le statut de la femme cambodgienne, Norodom Sihanouk fit voter par la nouvelle Assemblée une loi rendant à tous égards les femmes égales des hommes : notamment, les Cambodgiennes devenaient électrices et éligibles dès l'âge de 18 ans. Ce fut une réforme considérable au regard des droits politiques plus limités qu'avaient auparavant les femmes au Cambodge comme dans d'autres pays d'Asie. Peu de gens à l'époque actuelle, y compris les associations féministes khmères, savent que les Cambodgiennes doivent l'égalité hommes-femmes dans le domaine politique à Norodom Sihanouk. Cela devrait être rappelé au Cambodge à l'occasion du 8 mars, Journée de la femme.

L'éducation nationale, la culture et le sport

C'est dans le domaine de l'enseignement que les progrès les plus spectaculaires ont été enregistrés sous le « règne » de Sihanouk.

Pendant toute la période du protectorat français, un enseignement de base avait été donné seulement dans les pagodes bouddhiques et c'est pour cette raison que le taux d'analphabétisme était important chez les filles, car elles ne pouvaient être « samane[1] » dans les pagodes.

1. Apprentis moinillons.

Les résultats de ce système «colonial» n'ont pas été très flatteurs. En 1923, après soixante ans de protectorat, on n'enregistrait que 88 diplômés du certificat d'études primaires pour une population totale à l'époque d'un peu plus de 3,5 millions d'habitants. À l'avènement du roi Norodom Sihanouk, on comptait encore sur les doigts le nombre de Khmers bacheliers, diplômés de l'université de Hanoi ou des facultés et grandes écoles françaises.

Une véritable impulsion fut donnée par le nouveau souverain qui, dès son intronisation, affecta le don de 50000 piastres que lui avait fait l'amiral Decoux à la fondation du nouveau collège de Kompong Cham, qui portera son nom et qui deviendra par la suite un grand lycée. Il développa considérablement les écoles primaires dans lesquelles étaient accueillis filles et garçons.

En avril 1946, le jeune roi amena avec lui une dizaine d'excellents bacheliers dans son premier voyage en France, ceux-ci deviendront tous des universitaires et diplômés de grandes écoles. Pour renforcer le contingent d'étudiants à l'étranger et surtout en France, il fonda un office des étudiants à l'étranger pour l'octroi des bourses spéciales aux étudiants nécessiteux. Leur nombre, qui était presque nul au début, passa à une centaine en 1955 et à plus de 150 en 1960.

Pour se rendre compte de l'évolution rapide de l'enseignement et de l'œuvre de Norodom Sihanouk en ce domaine, il suffit d'examiner quelques chiffres relevés dans les statistiques officielles. Dans l'enseignement primaire, il y avait, en 1955, 2772 écoles, 336270 élèves et 5340 instituteurs. En 1969, 5700 écoles, 989464 élèves et 22607 instituteurs. Il fallait ajouter à cela les écoles chinoises et les écoles catholiques, surtout pour les Vietnamiens.

Pour l'enseignement secondaire, en 1955, on trouvait 95 classes, 3300 élèves et 64 professeurs khmers, et, en 1969, 2783 classes, 111809 élèves et 7653 professeurs khmers.

Pour l'enseignement technique et professionnel, on comptait, en 1955, 2 établissements et 247 élèves et, en 1968, 95 établissements et 7 400 élèves.

Enfin, dans l'enseignement supérieur, on dénombrait, en 1955, 347 étudiants dans 2 facultés et, en 1968, 10 800 étudiants dans 48 facultés.

Dans les années 1950, plusieurs facultés et écoles d'enseignement supérieur ont été fondées. En janvier 1960, les quatre facultés, de droit, de médecine, de sciences et de lettres furent réunies en une université royale du Cambodge, gérée par un conseil d'administration autonome sous la tutelle du ministère de l'Éducation nationale. Les autres grandes écoles techniques spécialisées – d'agriculture, de sylviculture, d'élevage, l'École nationale de commerce, des travaux publics, des bâtiments et des mines, ainsi que l'École royale d'administration – restaient sous la tutelle des universités intéressées.

Sur le plan de la culture, des musées furent créés en province comme le « Sangkum Reastr Niyum » de Battambang ou celui de Kratié. Le théâtre national Preah Suramarit fut inauguré le 12 novembre 1968, et le cinéma d'État le 14 novembre 1969.

Norodom Sihanouk, avec l'action constante de la reine Kossamak, a aussi organisé la résurrection du Ballet royal khmer. Il avait triomphé en France en 1906 et en 1931. Ses danseuses, représentant les mythiques Apsaras, avaient enflammé Auguste Rodin qui les avait suivies de Paris à Marseille pour en peindre de nombreuses aquarelles. Mais le gouvernement de Vichy l'avait fait dissoudre. Seule, après la guerre, l'ancienne danseuse Khum Meak, avec persévérance, continua plusieurs années à transmettre toutes ses connaissances à une vingtaine de danseuses. C'est ce travail qui, dans l'ombre, a pu préparer le réveil de la troupe. Norodom Sihanouk ouvrit le Ballet à d'autres couches de la société en transformant l'École des arts fondée par Groslier père en université royale des Beaux-Arts en 1964, et en y intégrant le Ballet royal. Il le présenta aussi comme symbole de la nation cambodgienne dans ses nombreux voyages officiels à l'étranger, en se faisant accompagner de musiciens et de danseuses. Sa fille, la princesse Buppha Devi, danseuse étoile du Ballet, devint la meilleure ambassadrice de la culture khmère.

À cette période, la presse s'est aussi développée: il y avait plus de 30 journaux et revues, dont une dizaine en langue française.

Il faut aussi citer les gros efforts faits par Sihanouk pour le sport cambodgien, la construction du stade et du complexe sportif national, mais aussi des équipements en province, comme le cercle sportif de Battambang et le stade de Kompong Cham. Le spectacle pour l'ouverture solennelle des jeux GANEFO, premiers jeux Olympiques des nouvelles forces d'Asie, le 26 novembre 1966, fut extraordinaire et grandiose, avec des milliers de figurants composant des tableaux avec des panneaux le jour[1] et des feux d'artifice le soir. Au cours de ces jeux qui durèrent jusqu'au 6 décembre 1966, les Cambodgiens obtinrent 13 médailles d'or, dans le lancer du javelot, en natation (le 200 mètres dos dames, le 200 mètres dos hommes, le 100 mètres dos hommes), en cyclisme... Les sportifs cambodgiens gagnèrent aussi de nombreuses médailles lors des jeux du Sud-Est asiatique.

L'ouverture, le développement et la décontraction du Cambodge étaient tels à l'époque que, le 18 février 1961, fut organisé pour la première fois dans le pays un concours national de beauté. Chaque province avait été invitée au cours des derniers mois à élire «sa jeune beauté», pour figurer aux épreuves finales de «Miss Cambodge 1961[2]».

Les générations actuelles ont beaucoup de peine à imaginer que le Cambodge des années 1950 et 1960 était capable de telles réalisations, aussi Norodom Sihanouk, dans chaque

1. Seule la Corée du Nord sait encore aujourd'hui organiser ces tableaux avec des milliers de figurants.
2. BMD du 23 juin au 7 juillet 2008.

BMD, a-t-il consacré systématiquement, depuis le début des années 2000 jusqu'à sa mort en octobre 2012, plusieurs pages aux réalisations effectuées au Cambodge entre 1953 et 1970. *A posteriori*, beaucoup qualifieront cette période de l'histoire du Cambodge d'« âge d'or » du Cambodge.

Émergence sur le plan international

Avant l'indépendance, peu de personnes dans le monde connaissaient le Cambodge : seuls quelques érudits savaient que c'était un royaume antique dans lequel se trouvaient les temples d'Angkor. Même les Français avaient du mal à le situer, le discours politique évoquant surtout l'Indochine.

Dès la conférence de Genève en 1954, les diplomates virent s'affirmer une ligne cambodgienne et apprirent à décrypter les communiqués de la délégation cambodgienne. Mais c'est surtout dès 1955 que les voyages marquants du prince Sihanouk à l'étranger provoquèrent l'émergence rapide du Cambodge sur la scène internationale.

On peut donc dire que le terme « d'âge d'or » du Cambodge de 1953 à 1970 pouvait s'appliquer aussi au domaine international. Le monde entier découvrait le Cambodge et son meilleur ambassadeur, son plus haut dirigeant, le prince Sihanouk. Les années 1955 et 1956 furent particulièrement importantes à cet égard.

De grands voyages

Dès mars 1955, quelques jours après son abdication, Sihanouk s'envola pour New Delhi où, sous l'influence du pandit Nehru, il s'initia aux principes du Pancha Sila et de la coexistence pacifique entre les peuples.

Le 16 avril 1955, il se rendit à Bandung en Indonésie pour le premier sommet des États afro-asiatiques, plus connu sous le nom de conférence de Bandung. Celle-ci constitua les prémices du Mouvement des non alignés. C'est là que Sihanouk se lia avec Sukarno, Nasser et Chou Enlai[1].

En décembre 1955, il partit pour le Japon et confirma aux autorités japonaises l'abandon des dommages de guerre. En contrepartie, le Japon accorda une importante aide économique au Cambodge. Ce voyage fut par ailleurs marquant pour trois raisons: Sihanouk rencontra l'empereur Hirohito, ce qui marqua le début de relations spéciales entre la famille impériale japonaise et la famille royale cambodgienne. Le deuxième événement fut, pendant ce séjour, l'annonce du vote par son Assemblée générale de l'admission du Cambodge à l'ONU, deux ans à peine après son accession à l'indépendance. Et le troisième événement important de ce voyage fut la naissance du prince Sihamoni[2], premier enfant du prince Sihanouk et de celle qu'on appelait alors la princesse Monique. Celle-ci, sur le point d'accoucher, n'avait pas suivi Sihanouk, elle était restée à Phnom Penh et accoucha pendant la visite officielle du roi au Japon. Le nom du prince est formé de Siha (Sihanouk) et de Moni (Monique). En pali, *siha* (ou *singha*) veut dire «lion», et *moni*, «savant». Sihamoni est donc «lion savant». En revanche, ce que peu de personnes savent, c'est le surnom donné au prince, «Tokyo», du fait de sa naissance intervenue lors du voyage de son père au Japon.

Après le Japon, ce fut la Chine où Sihanouk se rendit dès février 1956 à l'invitation de Chou Enlai. Il y rencontra Mao Zedong pour la première fois. À cette occasion, les relations personnelles entre eux se développèrent et un traité de coopération amicale fut signé entre les deux pays, ce qui vaudra au

1. Ni le maréchal Tito (Yougoslavie), ni Fidel Castro (Cuba), ni même Kim Il Sung (Corée du Nord), n'étaient présents à Bandung en 1955.

2. Le prince Sihamoni devait devenir roi du Cambodge après la deuxième abdication de son père en 2004.

Cambodge la construction de plusieurs usines clés en main et de l'aéroport international de Siem Reap.

En juin et juillet 1956, Sihanouk fit un long voyage en Europe de l'Ouest, dont Paris, Madrid et Vienne, en URSS et en Europe de l'Est : Tchécoslovaquie, Pologne et Yougoslavie, où il se lia d'une longue amitié avec le maréchal Tito. Au cours de ce voyage, il fit connaître la notion de neutralité active qu'il souhaitait pour le Cambodge.

En octobre 1956, il se rendit pour la première fois à l'Assemblée générale de l'ONU, accompagné d'une délégation comprenant les deux premiers ambassadeurs, Nong Kimny à Washington et Nhiek Tioulong à Tokyo.

C'est que, en parallèle avec ces voyages officiels à l'étranger, le Cambodge ouvrait petit à petit de nombreux postes diplomatiques en prenant bien soin de le faire de manière équilibrée entre le bloc occidental, le bloc communiste et les pays non alignés. Ainsi étaient respectés les engagements de neutralité pris à la conférence de Genève. Le même équilibre était d'ailleurs respecté pour les voyages du prince Sihanouk à l'étranger.

Après ces deux années riches en voyages, il les poursuivit d'une manière moins soutenue, au gré de l'actualité internationale et parfois avec un côté spectaculaire qu'il maîtrisait bien et dont il se servait sur le plan interne. Par exemple, en août 1958, il se rendit à New Delhi et à Pékin, et, en novembre 1959, à Paris, Belgrade, Le Caire, New Delhi et Rangoon.

En septembre 1961, il assista à Belgrade à la conférence des pays non alignés organisée par le maréchal Tito. À cette conférence assistaient également Nehru pour l'Inde, Nasser pour l'Égypte et Fidel Castro pour Cuba. Ils étaient tous arrivés quelques jours avant Sihanouk, à Brioni, la station balnéaire qu'affectionnait Tito, qui leur fit signer la « charte du non-alignement ». Quelques jours plus tard, Sihanouk la signait à son tour. Au cours de cette visite, il en profita pour reconnaître d'une manière spectaculaire le gouvernement d'Algérie. Le général de Gaulle ne lui en tint pas rigueur.

De Belgrade, il se rendit à l'ONU, où il plaida là aussi d'une manière spectaculaire pour que la Chine populaire de Pékin y soit admise.

En 1962, il participa, avec Léopold Sédar Senghor, Kateb Yacine, Vincent Monteil et d'autres, au numéro de la revue *Esprit* de novembre 1962, consacrée au « français, langue vivante », qui passe aujourd'hui pour le manifeste de la Francophonie moderne et le fit classer parmi les pères du mouvement francophone.

En juin 1964, la France l'accueillit en visite officielle. Un important accord d'aide militaire, économique et culturelle fut alors signé, largement dû à l'amitié personnelle que de Gaulle lui vouait. Preuve de cette amitié, en juin 1946, alors que le général de Gaulle venait de quitter la vie publique, Norodom Sihanouk, également en visite officielle en France, était allé discrètement à Colombey-les-Deux-Églises rencontrer le libérateur de la France. Par la suite, il n'a cessé de déclarer ouvertement qu'il était un gaulliste asiatique inconditionnel. Les deux hommes sont restés en contact par une correspondance suivie. Cette amitié particulière marquera toute l'histoire des relations cordiales entre la France et le Cambodge, à partir du retour du général de Gaulle au pouvoir en 1958 jusqu'à sa démission en 1969.

Dès la fin de l'année 1954, le gouvernement français, reconnaissant les préjudices subis par le Cambodge dans le système de l'ancienne Union indochinoise en cours de liquidation, lui avait offert spontanément des compensations et l'avait aussi aidé dans le domaine universitaire. Dans les années qui suivirent, l'assistance militaire, technique et culturelle est allée en se développant. À la suite de cette visite de 1964, une aide française en matériel militaire sera accordée à l'armée cambodgienne, venant s'ajouter à d'autres matériels, dont une dizaine de chars AMX fournis pour compenser le rejet par le Cambodge de l'aide américaine depuis novembre 1963[1]. Un accord est aussi conclu pour la construction, à Siem Reap-Angkor, d'un important complexe militaire comprenant une école et une académie militaires. À Phnom Penh, la France aidera à la mise sur pied d'une École normale supérieure et d'un complexe éducatif d'agriculture, d'élevage et de sylviculture.

La population française, à Phnom Penh et dans les provinces, représentait alors plusieurs milliers de personnes, dépassant, de très loin, en quantité et en qualité, l'effectif de la colonie du temps du protectorat.

Après sa visite officielle, Sihanouk resta en France une partie de l'été, en cure, habitude qu'il poursuivit les années suivantes.

À l'automne 1965, Norodom Sihanouk entreprit un voyage remarquable et remarqué en Chine du 22 septembre au 1er octobre. Il débuta son périple par Chongqing dans la province du Sichuan, où Chou Enlai était allé l'accueillir. Des dizaines de milliers de personnes l'acclamèrent. Il partit ensuite de Chongqing pour faire une croisière sur le Yangzi Jiang (le fleuve Bleu) jusqu'à Wuhan. De Wuhan, il se rendit à Pékin par avion spécial avec une escorte d'honneur de huit chasseurs à réaction. À l'aéroport de Pékin, le président de la République, Liu Shaoqi, l'attendait. Sur le parcours, des centaines de milliers d'habitants massés sur les artères lui firent un accueil grandiose, qui culmina sur la place Tian an men avec des milliers de chanteurs et de danseurs, tandis que des grappes innombrables de ballons multicolores s'élevaient dans le ciel. Sihanouk dira : « La réception à Pékin fut la plus impressionnante et la plus belle qui soit au monde[2]. »

Pendant ce séjour, Norodom Sihanouk rencontra plusieurs fois Mao Zedong avec qui il eut divers entretiens. Il présida en

1. Le Cambodge rompit plus tard ses relations diplomatiques avec les États-Unis en 1965.
2. BMD du 6 au 18 février 2010.

sa compagnie et celle de Liu Shaoqi, le 30 septembre au soir, un dîner de gala de 5 000 personnes et participa le lendemain aux grandes cérémonies du 15e anniversaire de la République populaire de Chine.

Après la Chine, Sihanouk se rendit directement de Pékin en Corée du Nord pour son premier voyage officiel dans ce pays.

Des visiteurs célèbres

Les voyages de Norodom Sihanouk à l'étranger entraînèrent par réciprocité des visites d'hôtes de marque au Cambodge, citons par exemple celles du Premier ministre de Tchécoslovaquie Viliam Siroky, du président de l'Union indienne le pandit Nehru ou du Premier ministre chinois Chou Enlai.

Les relations entre de Gaulle et Sihanouk étaient depuis longtemps étroites et confiantes. Dès son retour au pouvoir le 10 juin 1958, de Gaulle avait envoyé un message d'amitié au gouvernement royal. L'année suivante, le 21 mai 1959, il offrait au palais de l'Élysée un déjeuner en l'honneur de Sihanouk (qui faisait alors une cure en France). Depuis lors, il n'avait pas cessé de s'intéresser aux affaires d'Extrême-Orient avec une vision exacte de la situation[1]...

Cela conduisit Sihanouk à dire de lui qu'il était « le seul des dirigeants occidentaux qui eût compris les problèmes du Sud-Est asiatique, et suggéré des solutions concrètes[2] ».

La visite du général de Gaulle fut particulièrement remarquable. Celle-ci eut lieu du 30 août au 3 septembre 1966 et revêtit un caractère exceptionnel tant sur le plan des relations franco-khmères[3] que sur celui de la politique internationale, du fait du fameux discours que prononça le Général dans le

1. Achille Dauphin-Meunier, *Le Cambodge*, Nouvelles Éditions latines, Paris, 1965, p. 150.
2. *Le Monde* du 4 juin 1964.
3. Étienne Manac'h, qui deviendra ambassadeur de France en Chine, accompagnait le général de Gaulle à Phnom Penh en tant que directeur Asie au Quai d'Orsay.

stade de la ville, investi par plus de 200 000 personnes dont les représentants de la presse internationale. Il y expliquait la position française sur les événements du Viêt Nam, le début de la deuxième guerre d'Indochine, et stigmatisait sévèrement l'intervention politique et militaire des États-Unis dans le conflit du Viêt Nam. À l'époque, ce discours eut un grand retentissement sous l'appellation « discours de Phnom Penh ».

En novembre 1967, la visite de Jacqueline Kennedy fut aussi très médiatisée et très symbolique. Le Cambodge avait rompu ses relations diplomatiques avec les États-Unis dès 1965 après avoir renoncé à recevoir l'aide économique et militaire américaine en 1963, mais Norodom Sihanouk avait connu personnellement Jackie Kennedy aux États-Unis. Elle fut reçue magnifiquement à Phnom Penh et dans les ruines d'Angkor. Le prince se rendit ensuite avec elle à Sihanoukville – utilisant ainsi le récent aéroport qu'il avait fait construire – pour inaugurer une grande avenue de la ville portuaire, baptisée avenue du Président-Kennedy.

Trois mois après, début janvier 1968, l'ambassadeur Chester Bowles, envoyé spécialement par le président des États-Unis Johnson, débarque à Phnom Penh pour essayer d'arranger les « malentendus » avec le Cambodge et parler des « sanctuaires » viêt-congs à l'intérieur des frontières khmères.

Une semaine plus tard, c'est au tour du président Tito de Yougoslavie, fondateur du Mouvement des pays non alignés et grand ami personnel du prince Sihanouk, de recevoir les honneurs du Cambodge dont l'éclat s'inscrit immédiatement après celui réservé au général de Gaulle. Une importante place de Phnom Penh est baptisée place du Maréchal-Tito.

Dans les visites importantes, citons également celle du général Suharto, le 1er avril 1968, président d'un autre pays non aligné, l'Indonésie, qui a succédé au président Sukarno à la suite d'un coup d'État en 1966. Et, en 1969, celle de Hailé Sélassié, empereur d'Éthiopie.

Ainsi, en quelques années, le prince Sihanouk a ressuscité le Cambodge, mis fin au protectorat français, obtenu l'indépendance en 1953, gardé l'intégrité territoriale de son royaume à la conférence de Genève en 1954, puis doté son pays d'institutions modernes et lancé désormais ce dernier dans le développement économique et social. Sur le plan international, il s'est inscrit dans le Mouvement des non alignés, s'est donné une doctrine, « le neutralisme actif », et a très vite côtoyé les grands de ce monde.

Le Cambodge, en paix et en plein développement, est maintenant connu. Les conditions de vie du peuple s'améliorent même si, encore, trop de personnes dans les zones montagneuses reculées n'ont pas accès à ce progrès. Au milieu des pays asiatiques, pauvres ou en guerre, le Cambodge fait figure d'exception.

Les États-Unis et les débuts de la guerre du Viêt Nam

Mais cette neutralité est difficilement compatible avec le monde tel qu'il est à l'époque, divisé en deux par la guerre froide et par la situation en Indochine. Le Cambodge et le prince Sihanouk se retrouvent au centre d'une lutte à mort que se livrent tous les protagonistes, chacune des grandes puissances, États-Unis et URSS, cherchant à avoir le plus de partisans possible dans son camp. John Foster Dulles, ancien secrétaire d'État américain, avait dit, dès 1958, au prince Sihanouk : « Le Cambodge ne peut pas être la Suisse de l'Asie. Vous ne pouvez pas être neutres. Vous devez choisir entre le monde libre et le monde communiste. »

Dès la fin de l'année 1955, Allen Dulles, frère de John Foster Dulles, alors chef de la CIA, était venu rencontrer Sihanouk pour le persuader de faire adhérer le Cambodge à l'OTASE, l'Organisation du traité de l'Asie du Sud-Est. Cette organisation, créée en 1954, rassemblait les alliés des États-Unis en Asie un peu comme l'OTAN dans l'Atlantique Nord[1]. Sihanouk avait refusé car, pour lui, cette adhésion était contraire à la neutralité à laquelle le Cambodge était tenu depuis la conférence de Genève et dont il avait réaffirmé la nécessité lors de la conférence de Bandung. De plus, il voyait dans l'OTASE une alliance militaire agressive dirigée contre des États voisins dont il ne partageait pas l'idéologie, mais avec qui le Cambodge entretenait de bonnes relations.

Au lendemain de la conférence de Genève, le Sud Viêt Nam – qui a disparu aujourd'hui –, dirigé par Ngo Dinh Diem, s'était mis résolument dans l'orbite des États-Unis, déjà solidement implantés en Thaïlande depuis la fin de la Seconde Guerre mondiale. L'OTASE avait été constituée et la neutralité cambodgienne représentait pour les Américains une brèche dans ce qu'ils considérèrent être un rempart de défense du monde libre contre les États communistes de la région. Ils voulaient donc attirer le Cambodge dans l'OTASE et y remplacer les Français, comme ils l'avaient fait au Sud Viêt Nam. Mais la France maintenait au Cambodge ses missions d'instruction militaire ainsi que d'assistance technique.

Les États-Unis, ne réussissant pas à faire entrer le Cambodge dans l'OTASE, obtinrent cependant, le 16 mai 1955, la conclusion d'un accord d'aide militaire directe, qui n'était pas contraire aux stipulations des accords de Genève, autorisant le Cambodge à recevoir des aides militaires étrangères « pour la défense efficace de son territoire ». Le Département d'État installa à Phnom Penh une importante ambassade avec des services d'aide économique et d'information ainsi qu'un service culturel et social « privé », l'Asia Foundation, financé en fait par la CIA.

1. L'OTASE fut créée le 8 septembre 1954 à l'initiative des États-Unis et dissoute le 30 juin 1977 après la fin de la guerre du Viêt Nam. La Grande-Bretagne en faisait partie ainsi que la France, jusqu'en mai 1965. Son siège était à Bangkok.

Ils continuèrent à faire pression sur le Cambodge pour qu'il abandonne sa neutralité. Ils mobilisèrent pour cela la Thaïlande et le Sud Viêt Nam, et eurent recours à toutes sortes de moyens: incidents de frontière, mises en cause des limites territoriales, encouragements aux dissidents, création de complots, affaire du temple de Preah Vihear, actions de commandos. L'ambassadeur des États-Unis au Cambodge, Robert McClintock, dont l'arrogance choquait particulièrement Sihanouk, fit auprès de lui des interventions quasi quotidiennes.

À son retour des Philippines en janvier 1956, le prince avait, une fois de plus, refusé d'entrer dans l'OTASE. La Thaïlande et le Sud Viêt Nam établirent alors le blocus économique du Cambodge et les frontières furent fermées.

L'argument évoqué par ces deux pays était que, après son voyage aux Philippines, le prince Sihanouk s'était rendu en Chine, du 13 au 21 février. Il y avait rencontré Chou Enlai et Mao Zedong et avait terminé son séjour par une déclaration d'amitié qui réaffirmait la neutralité du Cambodge et fondait d'un commun accord les relations entre la Chine et le Cambodge sur les cinq principes de coexistence pacifique adoptés par la conférence de Bandung. Cela avait été considéré comme une alliance avec la Chine communiste, et donc un danger pour la Thaïlande et le Sud Viêt Nam.

Face à cette situation, le prince Sihanouk démissionna en mars 1956 de son poste de Premier ministre et de ministre des Affaires étrangères et convoqua le troisième congrès national du Sangkum pour le 21 avril 1956. L'agenda du congrès comprenait, entre autres, « L'attitude du Cambodge à l'égard des puissances étrangères étudiée à la lumière de l'attitude de ces puissances vis-à-vis du Cambodge », et la question de « l'aide étrangère accordée ou proposée à notre pays ».

Bien avant sa démission, il avait rencontré deux journalistes de passage à Phnom Penh, l'un, Wilfred Burchett, d'Australie, et l'autre, Youri Grishanko, d'Union soviétique, journaliste de la *Pravda*. Il leur avait confié que le Cambodge serait heureux d'entretenir des relations diplomatiques avec l'Union soviétique et d'autres pays socialistes, surtout si les pressions militaires américaines devaient s'aggraver.

Il était prêt à réaffirmer sa neutralité et sa volonté de ne pas entrer dans l'OTASE, mais aussi à mettre un terme définitif au monopole de l'influence américaine au Cambodge. Il voulait que ce troisième congrès du Sangkum fasse œuvre historique et remodèle les relations du Cambodge avec le reste du monde. Washington comprit que le prince n'avait pas l'intention de plaisanter.

Durant les quelques semaines précédant le congrès, les pressions se firent de plus en plus vives. Les troupes thaïlandaises envahirent une portion de territoire cambodgien et s'emparèrent du temple angkorien de Preah Vihear. Quelques jours avant le congrès, alors que les pressions économiques et militaires s'étaient accentuées sans faire fléchir Sihanouk, l'ambassadeur américain McClintock fit savoir qu'il avait un important message du Département d'État. Sihanouk refusa de le rencontrer mais il fut reçu par ses parents, le roi et la reine. Le message indiquait que les Américains maintenaient leur aide économique, que la route Phnom Penh-Sihanoukville serait construite et que « l'aide américaine ne s'assortirait d'aucune condition préjudiciable à la neutralité et à l'indépendance du Cambodge ». Ils avaient donc décidé de reculer d'un pas.

Les deux satellites de Washington s'alignèrent sur cette volte-face. Deux jours avant l'ouverture du congrès, la Thaïlande et le Sud Viêt Nam rouvraient leurs frontières avec le Cambodge et mettaient ainsi fin au blocus économique. De plus, la Thaïlande déclarait qu'elle était prête à s'en remettre aux instances internationales pour régler la question du temple de Preah Vihear. Ces retournements arrivaient de toute façon trop tard pour changer l'état d'esprit des délégués du congrès. Le jour de l'ouverture fut d'ailleurs marqué par un incident révélateur[1].

Le congrès ouvrit ses portes dans la cour du palais royal. Les délégués et les spectateurs, gens de toutes origines venus là pour l'occasion, étaient regroupés dans un pavillon décoré aux couleurs nationales. Les diplomates, vêtus de blanc, se tenaient à la tribune. Le prince Sihanouk, en tant que président du Sangkum, établissait le rapport principal et répondait ensuite aux questions des délégués. Derrière lui, tous les ministres étaient là, prêts à répondre à n'importe quelle critique ou question concernant leur domaine.

Ce jour-là, 21 avril 1956, alors que le prince Sihanouk s'apprêtait à ouvrir la séance avec son rapport et se dirigeait vers le micro, l'ambassadeur McClintock se leva et quitta la tribune, après avoir fait un signe de tête au reste du corps diplomatique pour l'inviter à le suivre. En tant que doyen, il s'attendait sans doute à être suivi. Certains firent mine de se lever, mais Pierre Gorel, représentant la France, resta tranquillement assis et tout le monde en fit autant. Cette mauvaise manière devant le gouvernement et les délégués venus des quatre coins du pays eut exactement l'effet contraire à celui escompté par McClintock.

Le congrès décida à l'unanimité que le Cambodge resterait neutre, s'abstiendrait de rejoindre l'OTASE et établirait des relations diplomatiques avec l'Union soviétique et la Pologne. Les débats durèrent trois jours et trois nuits et prirent la forme d'un véritable forum d'éducation politique. Toutes ces séances étaient retransmises en direct sur les antennes de la radio nationale. L'attitude des États-Unis et de leurs satellites avait poussé le congrès à gauche.

1. Norodom Sihanouk, avec la collaboration de Wilfred Burchett, *La CIA contre le Cambodge*, Les Cahiers libres, Paris, 1973. (BMD du 22 mai au 4 juin 2007.)

McClintock fut muté peu après et les pressions américaines se relâchèrent un peu. Mais, en fait, la politique américaine resterait la même jusqu'au coup d'État du 18 mars 1970. Elle avait pris simplement des voix plus souterraines, comme la mise sur pied au Sud Viêt Nam de commandos de Khmers serei, prêts pour un coup d'État. Les États-Unis ne se considéraient pas comme liés par les conclusions de la conférence de Genève de 1954 concernant l'Indochine et auxquelles ils n'avaient pas souscrit. Rappelons en effet que, après avoir réglé l'affaire de Corée, ils se sont retirés de la conférence pour n'être plus qu'observateurs. Ils n'ont souscrit ni au partage du Viêt Nam et du Laos en deux zones, ni aux autres points, notamment concernant les élections prévues pour décider de la réunion ou non des deux Viêt Nam, Nord et Sud. Ainsi, Washington entendait-il agir à sa guise avec le gouvernement Ngo Dinh Diem au Sud Viêt Nam, qui fut transformé en néoprotectorat américain. Mais le refus du Sud Viêt Nam de procéder aux élections prévues suscita un mouvement d'opposition et de résistance fomenté et soutenu par le Nord Viêt Nam. C'est ainsi qu'est né le Front national de libération du Sud Viêt Nam (FNL) qui deviendra, quelques années plus tard, le Gouvernement révolutionnaire provisoire (GRP).

Tels furent les débuts de la guerre du Viêt Nam dans laquelle les États-Unis allaient s'enliser irrémédiablement. Le Cambodge allait terriblement souffrir, non seulement des manœuvres politiques et diplomatiques des États-Unis, mais aussi des soubresauts de cette nouvelle guerre qui allait perturber très sérieusement sa vie politique, économique et sociale.

Dès le début, Ngo Dinh Diem épousa la politique américaine de destruction de la neutralité cambodgienne et chercha tous les prétextes pour intimider le Cambodge. Il commença par ne pas appliquer les clauses des accords de Paris de décembre 1954, en particulier celles relatives aux ristournes des recettes de douanes perçues par Saigon avant le 1er janvier 1955, et surtout le régime de transit des marchandises importées et exportées par le port de Saigon, ainsi que le libre passage des cargos de haute mer sur le Mékong.

Par mesure de conciliation, le Cambodge accepta l'installation d'un consulat général du Sud Viêt Nam à Phnom Penh pour faciliter les pourparlers techniques sur les questions restées en suspens entre les deux pays. Ce fut alors l'occasion pour le représentant du Sud Viêt Nam d'entreprendre une vaste campagne d'influence et de subversion dans la minorité vietnamienne de Phnom Penh et de l'intérieur. Par ailleurs, le journal de langue française, *La Liberté*, sous contrôle du consulat général du Viêt Nam, lança une campagne contre la politique de neutralité khmère.

Pour contrecarrer la propagande nord-vietnamienne et l'action des opposants vietnamiens au régime de Saigon, Ngo Dinh Diem fit rapatrier au Sud Viêt Nam environ 3000 Vietnamiens du Cambodge, pour les inféoder au nouveau régime sud-vietnamien, tout en les excitant contre le Cambodge.

En même temps, de multiples incursions armées eurent lieu aux frontières khméro-vietnamiennes contre les villages cambodgiens. En particulier, un village khmer du nom de Bathu, dans la province de Svay Rieng, fut attaqué et complètement détruit par les troupes sud-vietnamiennes sous prétexte qu'il servait de refuge aux rebelles vietnamiens procommunistes.

Auparavant, dans le golfe, plusieurs tentatives de débarquement sur les îles khmères ont été repoussées par les gardes cambodgiens. En juin 1958, les troupes régulières vietnamiennes pénètrent de plusieurs kilomètres à la frontière nord-est du Cambodge, à Oya Dao, sur la route nationale 19, de Stung Treng à Pléku, et déplacent d'environ 3 kilomètres les bornes frontières vers l'intérieur du territoire khmer.

En février 1959, on découvre le « complot Dap Chhuon-Khmers serei » de Son Ngoc Thanh, préparé depuis de nombreux mois par Saigon et les services américains et dans lequel sont compromis le représentant du gouvernement de Saigon au Cambodge et plusieurs agents vietnamiens. Dap Chhuon, gouverneur de Siem Reap rallié en 1949, était retourné dans l'opposition en 1957. Lié à Sam Sary et Son Ngoc Thanh, il projetait de créer un « État libre » regroupant les provinces de Siem Reap, Kompong Thom et les régions méridionales du Laos contrôlées par la droite laotienne aux ordres du prince Bour Oum. Ce complot fut éventé le 22 février 1959 et Dap Chhuon fut capturé et tué le 3 mars.

Six mois plus tard, le 31 août, un cadeau, enveloppé dans une boîte de laque noire, parvient au palais royal, destiné au chef du protocole. Le prince Vakrivann se fait un devoir de l'ouvrir avec l'aide de deux serviteurs dans les appartements royaux. C'était une bombe ! Une très violente explosion les tue tous les trois. Le roi et la reine, pris par une audience, ne sont pas présents au moment de l'ouverture de la boîte piégée et échappent à cet attentat.

Le début d'un combat à mort s'engagea alors. Sihanouk fut saisi d'une colère folle. Il était persuadé que l'attentat avait été perpétré par Sam Sary[1] et, dans les heures qui suivirent, il fit arrêter des dizaines de personnes liées à sa famille, y compris son épouse, qui resta un an en prison[2]. Cet ancien vice-Premier ministre et ancien ambassadeur du Cambodge en Grande-Bretagne était devenu un opposant à Norodom Sihanouk pour des raisons à la fois de politique étrangère, de politique intérieure et personnelles. Il avait fondé un journal, *Rastrathipathey* (*Le Peuple souverain*), prélude à la création d'un nouveau parti

1. Père de Sam Rainsy, actuel président du PSR. Son épouse Neang In Em était la première cambodgienne bachelière.
2. Sam Rainsy, *Des racines dans la pierre : mon combat pour la renaissance du Cambodge*, Calmann Lévy, Paris, 2008, p. 55.

éphémère, le Rassemblement des Khmers démocrates[1]. Puis, au tout début de l'année 1959, il avait rejoint au Viêt Nam du Sud les Khmers serei dirigés par Son Ngoc Thanh, autre opposant farouche de Sihanouk. Sa famille ne le revit jamais et pensa toujours que c'était Sihanouk qui l'avait fait assassiner, avant de comprendre, des années plus tard, que c'était en fait Son Ngoc Thanh qui l'avait fait disparaître pour supprimer un concurrent à l'intérieur du mouvement khmer serei. L'assassinat de Sam Sary, sur les ordres de Son Ngoc Thanh, aurait eu lieu au Laos en 1963. Il se trouvait dans ce pays depuis 1960.

En avril 1960, le gouvernement de Saigon revendiqua officiellement la propriété de toutes les îles côtières khmères du golfe et envoya un ultimatum à Phnom Penh pour les faire évacuer. Le prince Sihanouk dut alors alerter les Nations unies, ce qui empêcha Ngo Dinh Diem de s'emparer de ces îles par la force. De son côté, Hanoi, très habilement, déclara que ces îles étaient la propriété souveraine du Cambodge.

Au début des années 1960, les attaques des forces terrestres et aériennes sud-vietnamiennes contre les postes et les villages frontaliers khmers augmentèrent d'intensité, malgré les multiples protestations cambodgiennes. Si bien que, excédé, le prince Sihanouk se résolut, le 27 août 1963, à couper toutes ses relations avec le gouvernement Ngo Dinh Diem. Deux mois après, le 1er novembre 1963, celui-ci est assassiné à l'occasion d'un coup d'État militaire plus ou moins favorisé par les autorités américaines qui ne le trouvaient pas encore assez proaméricain.

L'année 1964 fut encore très marquée par les manœuvres américaines et sud-vietnamiennes. En mars, le gouvernement de Washington, de connivence avec Saigon, mettait en cause le tracé des frontières cambodgiennes tant au nord qu'au sud

1. Sam Rainsy, *op. cit.*, p. 46.

du pays. En réaction, une manifestation populaire se déclencha à Phnom Penh contre les Américains et les Britanniques, qui tourna à la mise à sac des ambassades des États-Unis et du Royaume-Uni, ainsi que de l'USIS (service d'information US) et de la bibliothèque du British Council.

Aux frontières, les villages cambodgiens continuent à faire l'objet d'attaques de plus en plus meurtrières, soit par les troupes sud-vietnamiennes, soit par l'aviation américano-sud-vietnamienne. Les Américains ont toujours nié leur présence et leur soutien au gouvernement sud-vietnamien lors des attaques dans les zones frontalières cambodgiennes. Mais des photos prouvent qu'ils étaient bien là dès 1964. En 2008, le photo-journaliste allemand Horst Faas publie un livre de photos, *Horst Faas, 50 ans de photojournalisme*, aux Éditions du Chêne. Le quotidien *Le Monde* l'a invité à commenter certaines de ses images dans son numéro du dimanche 7-lundi 8 septembre 2008. Horst Faas est le photographe qui a « couvert » le plus longtemps la guerre du Viêt Nam. Il s'est installé à Saigon de 1962 à 1974. Il a tout vu et tout suivi. Quatre de ses photos sont reproduites dans ce numéro du journal.

De la première, il écrit : « Mars 1964, près de la frontière cambodgienne. Les Sud-Vietnamiens soutenus par les Américains ont fait une incursion au Cambodge à la poursuite des Viêt-congs. Quand j'ai vu ce père avec sa fille brûlée, j'ai sauté du camion pour les photographier. C'est une des premières images à montrer les effets de napalm. La douleur des enfants est telle qu'ils ne pleuraient pas. Leur peau ne repousse jamais. Ils meurent lentement. Les victimes n'étaient pas des Viêt-congs, elles ne parlaient même pas le vietnamien. »

Il commente la troisième photo en disant : « 1964, près de la frontière cambodgienne. Un ranger sud-vietnamien torture un homme trouvé dans un trou boueux, dans une zone contrôlée par les Viêt-congs. C'est une scène habituelle, quand ils trouvent un suspect, les Sud-Vietnamiens le battent jusqu'à ce qu'il révèle des caches d'armes. Quand il ment ou quand il se tait, ils le battent d'avantage. Et, à la fin, ils le tuent. Les Américains assistent à la scène : on les voit ici au fond, avec la radio[1]. »

Une plainte est déposée au Conseil de sécurité par le Cambodge, et le gouvernement et le parlement cambodgiens lancent, fin octobre 1964, un avertissement stipulant que, en cas de nouvelles agressions, le Cambodge se verrait dans l'obligation de rompre ses relations diplomatiques avec les États-Unis d'Amérique. Malgré cet avertissement, les agressions américano-sud-vietnamiennes continuent de plus belle, si bien que le prince Sihanouk, après beaucoup de patience, se décide le 3 mai 1965 à rompre les relations diplomatiques avec Washington. Certains au Cambodge comme à l'étranger furent très contrariés par la rupture diplomatique avec les États-Unis, comme ils avaient été mécontents des protestations de Sihanouk contre les attaques des forces sud-vietnamiennes et américaines à l'intérieur du territoire khmer. En effet, ces personnes pensaient que ces attaques étaient légitimes car elles relevaient du droit de poursuite contre les forces communistes nord-vietnamiennes qui traversaient constamment la frontière pour venir se mettre à l'abri en territoire khmer[2]. Cette rupture des relations diplomatiques avec les États-Unis vient compléter la renonciation par le Cambodge à l'aide économique et militaire américaine en novembre 1963 et elle s'ajoute à celle avec le Sud Viêt Nam depuis 1963. Les relations côté sud-est sont donc interrompues, comme celles au nord-ouest depuis de nombreuses années avec la Thaïlande, surtout après l'affaire de Preah Vihear.

1. *Le Monde*, dimanche 7-lundi 8 septembre 2008, p. 3.
2. Bernard Hamel, *Sihanouk et le drame Cambodgien*, L'Harmattan, Paris, 1993, p. 14 et 15.

L'affaire de Preah Vihear

Les relations entre la Thaïlande et le Cambodge sont historiquement complexes, mais dominées depuis la fin de la guerre par la rétrocession des territoires survenue en décembre 1947. La Thaïlande a tenté d'empêcher le retour de ces territoires au Cambodge en fomentant des troubles par l'intervention de bandes d'essaraks qu'elle avait formées et entretenues pour y créer l'insécurité. Après la soumission de la plupart de ces bandes et après le départ des troupes françaises et le retour du Cambodge à l'indépendance en octobre 1953, elle a noué des relations diplomatiques avec le Cambodge.

Mais, à partir de 1955, l'intervention américaine auprès d'elle afin de l'inciter à toutes les manœuvres contre le Cambodge pour forcer ce dernier à entrer dans l'OTASE a commencé à peser sur les relations khméro-thaïes. De plus, la création par les services spéciaux américains des forces khmères serei, avec à leur tête le rebelle Son Ngoc Thanh qui s'était réfugié en Thaïlande après avoir été chassé du Cambodge, contribue à augmenter la tension dans les relations. C'est dans cet environnement que survient l'occupation des temples de Preah Vihear par la police thaïe.

Conciliant, le prince Sihanouk fait un voyage à Bangkok en juillet 1958 et intervient auprès du roi de Thaïlande Bhumibol. Des discussions ont lieu par la suite entre les délégations thaïe et cambodgienne. Mais la rupture est inévitable, car les Thaïlandais ne veulent pas reconnaître l'appartenance khmère de ces temples et remettent en cause le tracé des frontières consacré par le traité franco-siamois de 1907.

Après plusieurs mois de violentes manifestations d'hostilités orchestrées par le gouvernement thaï contre le Cambodge et la famille royale khmère, les Thaïs concentrent des troupes à la frontière cambodgienne. Le Cambodge saisit alors le Conseil de sécurité de l'ONU. Malgré l'intervention du secrétaire général,

Dag Hammarskjöld, et la visite du ministre des Affaires étrangères thaï à Phnom Penh, en juin 1959, rien n'est réglé et les temples de Preah Vihear restent occupés par les Thaïlandais.

En octobre, le Cambodge décide alors de porter l'affaire devant la Cour internationale de justice de La Haye. Celle-ci rend son verdict le 15 juin 1962 et lui donne raison en déclarant que le temple se trouve en territoire khmer. Le prince Sihanouk prend la tête d'un grand pèlerinage vers Preah Vihear. Dans un discours prononcé à Choam Khsan au pied du temple, il souligne la signification que le Cambodge donne à « l'affaire » de Preah Vihear : « Il s'agit d'un principe sacré, celui de l'indivisibilité de l'unité territoriale d'un pays. Aucun pays au monde n'accepterait de renoncer à ce principe[1]. »

Ce verdict de la Cour internationale de justice exaspère les dirigeants de Bangkok, qui, continuant à contester le tracé des frontières avec le Cambodge, multiplient les attaques contre toutes les provinces frontalières khmères par troupes khmères serei de Son Ngoc Thanh interposées, soutenues par des agents des services spéciaux américains qui coordonnent leurs activités avec celles des unités opérant au sud, à la frontière sud-vietnamienne.

Malgré les propositions du prince Sihanouk, en 1964 et en 1966, d'un pacte de non-agression, d'une reprise des relations diplomatiques et d'une reconnaissance des frontières du Cambodge, les Thaïlandais ne répondent pas, continuent leurs harcèlements et les choses restèrent en l'état sans solution.

1. BMD du 8 au 23 juillet 2008.

La montée des périls

Les « Rouges » et l'équilibrisme de Sihanouk

Du fait de la Seconde Guerre mondiale, de l'influence des idées de la décolonisation et du communisme dans le monde ou simplement en raison des conditions locales, des groupuscules en province et des cercles intellectuels à Phnom Penh ou à Paris firent leur apparition. Certains contestaient au début la présence française et la monarchie khmère censée l'accepter puis, après l'indépendance, le « régime féodal corrompu », ils prônaient l'instauration d'une république idéale, ou même d'un régime communiste, et ce, à la fois sous l'influence de la Chine ou du Viêt Nam. Ces groupuscules pouvaient être de « droite » comme de « gauche », mais beaucoup ne savaient pas où se situer exactement et travaillaient parfois ensemble.

On peut citer le mouvement indépendantiste issarak fondé en 1940 à Bangkok et manipulé par le gouvernement thaïlandais : Nuon Chea, futur dirigeant khmer rouge, en faisait partie vers 1950 sous le nom de Long Rith. De même le groupe de jeunes qui, à partir de 1940, publiait *Nagara Vatta*, journal anticolonial et antivietnamien, dont le fondateur Son Ngoc Thanh était de droite, admirait les Japonais et avait collaboré avec eux. Hou Yuon, Keo Meas, Ieng Sary (de son vrai nom Kim Trang), autres futurs dirigeants khmers rouges, furent membres ou proches du Parti démocrate du prince Youtevong qui gagna les premières élections de septembre 1946. Par ailleurs, fin 1946, Hô Chi Minh, Le Duan, Le Duc Tho, Vo Nguyen Giap et d'autres qui avaient créé le Parti communiste indochinois en 1930, quittaient Hanoi pour combattre la France depuis la jungle. La première guerre d'Indochine commençait.

Le Viêt-minh voulut créer des structures au Cambodge susceptibles de les aider contre les Français. D'un côté, ils cherchèrent à s'appuyer sur les issaraks, de l'autre, ils recrutèrent dans la communauté des Vietnamiens expatriés au Cambodge qui rassemblait environ 300 000 personnes. Ils engagèrent un prédicateur bouddhique laïque, Son Ngoc Minh – de son vrai nom Pham Van Hua –, qui fut chargé de présider le Comité de libération du peuple cambodgien (CLPC), créé à Battambang et transformé en Parti révolutionnaire du peuple khmer (PRPK) en 1951 ; Tou Samouth en faisait également partie. L'Association des étudiants khmers de France (AEK), dans laquelle se retrouveront Thiounn Mumm, Thiounn Chum, Saloth Sâr (*alias* Pol Pot, le futur dirigeant n° 1 khmer rouge[1]), Keng Vannsak, Huot Sambath, Mey Mann, Ieng Sary, Hou Yuon et Khieu Samphan, publiait une revue du nom de *Khemara Nisut*.

Keng Vannsak[2] organisa un cercle d'étude politique discret pour discuter des problèmes politiques et de l'avenir du Cambodge. À cette époque, Saloth Sâr pensait que l'avenir du Cambodge était du côté de Son Ngoc Thanh, qui se trouvait encore à Poitiers. Ieng Sary le voyait plutôt du côté du Viêt-minh et avait pris contact avec Jacques Vergès, alors membre du bureau de l'Union internationale des étudiants (UIE), d'obédience communiste et dont le siège était à Prague. Il était frappant à cette époque qu'aucun des étudiants cambodgiens n'ait compris que l'indépendance de leur pays serait obtenue par Norodom Sihanouk et non pas par Son Ngoc Thanh ou le Viêt-minh.

Fin 1950, un cercle marxiste très cloisonné pour les étudiants de l'AEK fut créé à Paris par Ieng Sary et Thiounn Mumm. On y trouvait Saloth Sâr, admis durant l'hiver 1951, ainsi que Son Sen. Des ouvrages marxistes étaient étudiés et on organisait déjà

1. Saloth Sâr arriva à Paris le 1er octobre 1949. Il n'était pas encore très politisé et était inscrit à l'École française de radioélectricité (et non à la Sorbonne comme cela a souvent été écrit), comme le prince Sisowath Somonopong. La mère de Somonopong était une favorite du roi Monivong, tout comme Roeung, la sœur de Saloth Sâr.

2. Mentor de Pol Pot à Paris, républicain, il sera ambassadeur de Lon Nol en France au début des années 1960-1970. Il décédera en France en 2010.

des séances de «critique et autocritique». Peu après, Ieng Sary et Saloth Sâr auraient pris leur carte au PCF. Un des premiers livres qu'ils étudièrent fut *De la nouvelle démocratie*, de Mao Zedong. Saloth Sâr lut également *La Grande Révolution*, de l'anarchiste russe Kropotkine, et jugea que la révolution qui se rapprochait le plus de la situation du Cambodge n'était pas la chinoise ou la russe, mais la Révolution française de 1789, fruit d'une alliance d'intellectuels bourgeois et de paysans pour lutter contre le régime de Louis XVI. Tous ces jeunes étudiants furent ainsi plus ou moins influencés par la philosophie des Lumières, la Révolution française et par le marxisme.

Entre-temps, Son Ngoc Thanh avait été gracié par Sihanouk et accueilli triomphalement à Phnom Penh par le Parti démocrate. Il rassembla les membres survivants du groupe Nagara Vatta, fit des meetings en province, soutenu en sous-main par les services américains qui voyaient en lui une alternative à Sihanouk. Mais, ne trouvant pas sa place politique à Phnom Penh, il prit le maquis, créa une radio et, avec l'aide de certains Khmers issaraks, fonda les Khmers serei.

Plusieurs de ces étudiants rentrèrent au Cambodge, dont Saloth Sâr en janvier 1953, qui fut chargé de faire un rapport au groupe de Paris sur la situation dans ce pays. Il écrivit que, dans des maquis, trois groupes s'opposaient aux Français : les Khmers issaraks, les Khmers serei et les Khmers viêt-minh. Il jugea ces derniers plus sérieux que les autres et le groupe de Paris décida définitivement de les soutenir. En août 1953, sans rien dire à ses amis ni à sa famille, il quitta discrètement Phnom Penh et prit le chemin de la «zone libérée» et du PRPK. Il y rencontra Keo Meas qui avait rejoint le maquis quatre ans plus tôt.

Mais, dans les faits, le Viêt-minh n'avait pas réussi à établir un véritable «pays khmer libéré» et aucune zone ne lui fut attribuée à la conférence de Genève en 1954. Sihanouk y garda l'intégrité territoriale du Cambodge après avoir obtenu l'indépendance fin 1953. Les dernières unités khmères viêt-minh quittèrent le pays pour Hanoi en octobre 1954, sauf Saloth Sâr et Keo Mas qui retournèrent à Phnom Penh. Les Issaraks se rallièrent à Sihanouk et Son Ngoc Thanh lui-même lui fit allégeance à Siem Reap le 30 septembre 1954.

Saloth Sâr fut chargé de faire de l'entrisme dans le Parti démocrate. Il y retrouva Keng Vannsak, qui ne fut jamais marxiste, et Thiounn Mumm. Keo Mas s'occupa de créer un parti, le Pracheachon – que Sihanouk commença à surnommer les « Khmers rouges » –, pour participer en tant que tel aux futures élections et coordonner une organisation clandestine.

En 1956, Saloth Sâr épousa Khieu Ponnary, sœur aînée de la femme de Ieng Sary, Thirith, et de cinq ans plus âgée que lui. Il avait fait sa connaissance à Paris[1]. Saloth Sâr était devenu professeur d'histoire et de littérature française. Quand Ieng Sary et son épouse Khieu Thirith rentrèrent de Paris en janvier 1957, laissant le cercle marxiste aux mains de Khieu Samphan, ils pensèrent que le mouvement était moribond : il ne comptait guère que 250 membres à la fin des années 1950. Un nouveau parti, le Parti ouvrier du Kampuchéa (POK), fut créé fin septembre 1960 avec un nouveau secrétaire, Tou Samouth. C'était un moine respecté du Vat Unalom, qui menait une double vie.

Sihanouk n'était pas un enfant de chœur. Il savait manier le bâton par une répression dure contre ceux dont il pensait qu'ils représentaient un grave danger pour la monarchie ou pour le royaume. Les intimidations des membres du Pracheachon et des dirigeants de journaux, comme *L'Observateur*, étaient monnaie courante.

En juillet 1962, Tou Samouth, le secrétaire du parti, fut assassiné. Certains accusèrent Norodom Sihanouk d'avoir

1. Elle deviendra « sœur n° 1 » après 1975, ce qui, en langage khmer rouge, était l'équivalent de notre « première dame ». Pol Pot se faisait appeler « frère n° 1 ». Elle perdra peu à peu la raison, atteinte d'une schizophrénie chronique, et décédera en 2003.

commandité cet assassinat. Si un ordre avait été donné, il l'aurait plutôt été par Lon Nol, ministre de la Défense. Il est exact que Sihanouk vitupérait souvent contre les dirigeants communistes en menaçant de les faire exécuter. Au début de l'année 1962, il fit même arrêter et condamner à mort par un tribunal militaire Non Suon et une dizaine de responsables du POK, mais, un an plus tard, en février 1963, leurs condamnations à mort furent commuées en peine de détention à perpétuité.

En ce qui concerne Tou Samouth, ce dernier vivait déguisé en ouvrier agricole au sud de Phnom Penh et fut arrêté par la police. Elle l'aurait conduit, dit-on, dans une maison appartenant au ministre de la Défense, Lon Nol. Il fut torturé puis enterré dans un terrain vague. On suggéra même qu'il aurait été dénoncé à la police par des membres de son propre parti[1].

Mais Sihanouk savait aussi manier la carotte : on apprit que le chef du parti, Sieu Heng, était en fait à la solde du gouvernement et, à partir de 1958, Sihanouk pratiqua « l'ouverture » en choisissant comme députés du Sangkum et même comme secrétaires d'État des jeunes « de gauche » revenant de Paris, comme Hou Yuon ou Khieu Samphan.

Au début de l'année 1963, Saloth Sâr devint secrétaire du parti, en remplacement de Tou Sannouth, puis la direction, très affaiblie, décida de prendre le maquis en mars dans une base viêt-cong du côté vietnamien de la frontière, qui devint le « bureau 100 » dès 1964. Le mouvement révolutionnaire khmer basculait de « la ville » vers « la forêt ».

La vraie raison à la très faible émergence du mouvement communiste au Cambodge de la fin de la Seconde Guerre mondiale jusqu'à la fin des années 1960 vient, en grande partie, des politiques « progressistes » de Sihanouk : lutte pour

1. Philip Short, *Pol Pot: anatomie d'un cauchemar*, Denoël, Paris, 2007, p. 182.

l'indépendance nationale, neutralité selon les préceptes de Bandung, relations avec la Chine communiste, le Viêt Nam du Nord et l'URSS; sur le plan interne, politique du « socialisme bouddhique » : éducation, sport, coopératives, entreprises d'État, etc. C'est d'ailleurs bien toute cette politique que les États-Unis, leurs alliés et la droite locale contesteront violemment. Cela dit, Norodom Sihanouk exécuta avec brio pendant de longues années un exercice d'équilibre entre l'Est et l'Ouest qui maintint globalement le Cambodge à l'abri de la guerre qui ravageait le Viêt Nam.

Le cercle vicieux: violences, répression

Les choses commencèrent à changer à partir de 1966. Saloth Sâr convoqua un comité central, qui rebaptisa le parti en Parti communiste du Kampuchéa, PCK – cette décision restant secrète –, et décida de déplacer le quartier général du parti du « bureau 100 » dans la province de Ratanakiri au nord-est du pays, pour être encore moins dépendant des Viêt-congs.

La nouvelle Assemblée, plus conservatrice, élue le 11 septembre, choisit Lon Nol comme Premier ministre. La nomination de cet ancien ministre de la Défense, soupçonné d'être à l'origine de l'assassinat de Tou Samouth, servit de grain à moudre à la propagande communiste.

Les « Rouges » n'étaient pas la seule préoccupation de Sihanouk. Des commandos de Khmers serei, dirigés de Saigon par Son Ngoc Thanh, pénétraient de plus en plus dans le pays et commettaient des attentats sur les zones frontalières de la Thaïlande et du Viêt Nam du Sud. Quelques-uns furent arrêtés et condamnés à mort par un tribunal militaire pour atteinte à la sûreté de l'État et furent fusillés en décembre 1966, avec beaucoup de publicité[1]. Leur exécution filmée avait été projetée

1. Bernard Hamel, *op. cit.*

aux « actualités[1] », dans les salles de cinéma. Le message de ces châtiments impitoyables était autant destiné à impressionner les fauteurs de troubles en cause, les Khmers serei, que les fauteurs de troubles potentiels à venir, à savoir les « Khmers rouges », appellation que leur donna Sihanouk lors du congrès spécial du Sangkum le 12 mars 1967 et qui leur est restée. Cet épisode de l'histoire du Cambodge n'avait pas vraiment retenu mon attention plus que cela, face à toutes les violences et tous les massacres à grande échelle qui allaient suivre. Mais Frédéric Mitterrand[2], avec qui je déjeunais le 2 avril 2008 pour parler d'un autre projet de film sur Sihanouk[3], me dit : « Ce qui m'a le plus choqué dans la vie de Sihanouk, ce n'est pas forcément l'épisode de son alliance avec les Khmers rouges, qui peut se comprendre, mais c'est qu'il ait fait exécuter des opposants en les exhibant publiquement, et en filmant leurs exécutions. » À la date de cette discussion, je ne connaissais pas bien cet épisode, et je ne voyais pas très bien de quoi il s'agissait. Ayant retrouvé les faits et les dates, et bien que le sujet soit très sensible, je me suis promis de poser la question à Norodom Sihanouk lui-même.

Cela fut possible lors de l'audience qu'il m'accorda avec la reine mère, le 20 novembre 2008. Je me lançais. « Votre Majesté, vous avez été critiqué dans le passé, et encore maintenant, pour avoir fait fusiller des opposants à la fin de l'année 1966 et avoir fait diffuser le film de leur exécution aux "actualités" dans les salles de cinéma. Cette publicité a peut-être plus choqué certaines personnes que les exécutions elles-mêmes.

1. À cette époque, des « actualités » étaient diffusées avant la projection du film.

2. Frédéric Mitterrand : écrivain, homme de télévision et de cinéma. Réalisateur en 2001 du film documentaire, *Norodom Sihanouk, roi cinéaste*. Il deviendra ministre de la Culture de juin 2009 à mai 2012.

3. J'aurais aimé le tourner avec sa participation, mais sa nomination, en juin 2008, comme directeur de la Villa Médicis, ne m'a pas permis de poursuivre cette idée, qui fut abandonnée.

Pourquoi avoir ordonné ces exécutions d'opposants et les avoir filmées ? » Sur les exécutions elles-mêmes, le roi père ne renia rien et me précisa : « Ce n'étaient pas des opposants politiques au sens où on l'entend aujourd'hui, c'étaient des commandos khmers serei soutenus par des puissances étrangères, ne craignant pas de se livrer à des actes violents. Ils ont été arrêtés et jugés par un tribunal. Simplement, cette fois, je n'ai pas fait jouer mon droit de grâce, comme je l'avais fait dans des situations identiques quelques années avant. » La reine mère rajouta : « P'o Kona[1] n'a jamais fait exécuter d'opposants politiques, bien qu'il ait souvent été accusé de cela. On l'a même accusé d'avoir fait exécuter certains responsables communistes qui sont réapparus plus tard. »

Sur le fait qu'il ait fait filmer, puis diffuser le film de leur exécution, la réponse du roi père fut par contre étonnante. Je m'attendais à des arguments sur l'exemplarité de ces exécutions vis-à-vis d'autres membres de commandos, mais ce fut une réponse tout autre qu'il me fit. Il me dit : « J'avais vu un film américain sur Mata Hari[2] avec Greta Garbo[3]. Mata Hari avait aussi été condamnée à mort par la justice française pour espionnage et fusillée. Dans le film, on voit que les autorités françaises avaient fait photographier et filmer son exécution, et cela m'a donné l'idée de faire la même chose. » C'était une réponse « unique », désarmante, et qui ne pouvait s'inventer.

En avril 1967, pour diverses raisons, Battambang fut le théâtre de manifestations antigouvernementales au cours desquelles trois fonctionnaires furent massacrés à coups de hache. Dans la région de collines densément boisées entourant Samlaut, les dépôts d'armes des autorités locales furent dévalisés

1. Contraction de Preahkaruna qui veut dire « Majesté ».

2. Mata Hari a été jugée coupable d'espionnage au profit de l'Allemagne, pendant la Première Guerre mondiale, et condamnée à mort. Elle fut fusillée le 15 octobre 1917 dans les fossés de la forteresse de Vincennes.

3. *Mata Hari*, film de George Fitzmaurice avec Greta Garbo, tourné en 1931.

et une partie de la population gagna la jungle puis s'en prit à des soldats qui surveillaient les achats de riz et en tuèrent deux. Dans d'autres villages, des postes de l'armée furent attaqués dans la nuit et un chef de commune tué.

Lon Nol commença la répression avec des groupes de parachutistes. Sihanouk manifesta son indulgence vis-à-vis des 4000 à 5000 villageois rebelles qui finirent par rentrer chez eux, mais laissa carte blanche au Premier ministre et à l'armée pour réprimer les autres. Les bases communistes furent bombardées et les raids punitifs dans les villages firent 200 à 300 morts. Plusieurs journalistes écrivirent que les troupes gouvernementales coupaient les têtes des communistes pour toucher des primes.

Dans cette ambiance, fin avril, les députés Khieu Samphan et Hou Yuon disparurent. Hu Nim, autre responsable de gauche, disparut également. Les rumeurs parlèrent, là aussi, d'assassinat sur ordre du prince Sihanouk. On apprit beaucoup plus tard que, en fait, ils avaient décidé de prendre secrètement le maquis sans même en avertir leur famille comme ce fut le cas pour bon nombre d'intellectuels et de jeunes de Phnom Penh.

Le cercle vicieux des représailles et contre-représailles était enclenché. En 1968, des combats sporadiques éclatèrent dans les montagnes du Nord-Est, à la suite de spoliations de terre : ce fut le début du combat armé des Khmers rouges pour le pouvoir.

Vers la fin des années 1960, la mère de la princesse Monique, Mme Pomme Peang, fut la cible dans la presse de plusieurs attaques pour corruption.

J'abordais moi-même cette question avec la reine mère Monineath en 2008. Celle-ci me répondit : « Je ne peux bien sûr répondre à 100 % sur ce qu'ont fait ma mère et mes deux frères, mais je peux vous assurer qu'ils ne m'ont jamais rien demandé, ni au roi ni à d'autres personnes du palais. Ma mère était d'une grande famille bourgeoise très riche, proche des Norodom. Elle a perdu toute sa richesse et P'o Kona lui a donné une pension, et elle a vécu avec nous jusqu'à sa mort. Mes deux frères ont été arrêtés par Lon Nol et emprisonnés pendant deux ans. Et, en exil, l'un d'eux, sans fortune personnelle, est devenu veilleur de nuit en France[1]. » D'autres personnes pensent que les attaques contre Pomme Peang avaient pour but d'attaquer indirectement son mari, Jean-François Izzi, qui faisait trop de « business » et demeurait à Saigon, étant devenu *persona non grata* au Cambodge.

Les conséquences de la situation internationale

La révolution culturelle chinoise, sa violence et son extrémisme, coupent Sihanouk de ses relations privilégiées avec le Premier ministre, Chou Enlai. La propagande maoïste, avec son fer de lance Jiang Qing, la femme de Mao, et les violences qui s'emparaient de la société chinoise correspondent plus à l'idéologie des Khmers rouges qu'au neutralisme de Sihanouk.

De plus, celui-ci s'est aperçu du double jeu des Vietnamiens : soutien d'une part à sa politique de neutralité pour obtenir des ravitaillements et de l'aide, mais soutien également dans les « zones libérées » aux groupes communistes cambodgiens qui se livraient à des actes de sabotage et de rébellion dans les provinces nord du Cambodge.

Sihanouk commence à changer d'attitude et fait pencher le balancier de sa neutralité de l'autre côté. Il fait prendre des mesures pour limiter les achats financés par l'ambassade de Chine ainsi que les transits d'armes et d'équipements envoyés par ce pays au Viêt-cong. Les Nord-Vietnamiens et le FNL trouvent de plus en plus de difficultés à se procurer le ravitaillement en riz, nécessaire pour leurs troupes, par la voie

1. Entretien du 20 novembre 2008 à Pékin.

régulière de la Sonexim (Société nationale d'exportation et d'importation).

En novembre 1968, se produisit un incident de frontière à la limite des eaux fluviales khmères-sud-vietnamiennes. Un bateau de patrouille sud-vietnamien, rempli de soldats américains, s'était aventuré à l'intérieur de la zone frontalière khmère. Il fut arraisonné par la police fluviale cambodgienne.

En d'autres temps, Sihanouk aurait utilisé médiatiquement et politiquement cet incident contre les États-Unis. Là, au contraire, il ne veut pas envenimer les choses avec l'Amérique et il donne des instructions personnelles pour que les prisonniers américains soient bien traités.

Au début de l'année 1969, Sihanouk envisage de rétablir les relations diplomatiques avec les États-Unis, mais la décision secrète du président Nixon, le 18 mars, de bombarder les sanctuaires viêt-congs au Cambodge en retarde l'application. De plus, l'administration Nixon était divisée sur le sujet.

Dès le lendemain de la décision du président américain de bombarder le Cambodge, l'opération baptisée « Menu » fut mise en place. Pendant des semaines, des B52 effectuèrent 3 000 sorties au-dessus de la région est du pays. Sihanouk protesta mollement contre ces bombardements qui renforcèrent le flot des villageois vers les communistes d'une part, et vers Phnom Penh d'autre part. De plus, ils n'empêchèrent pas la pénétration des forces viêt-congs à l'intérieur du Cambodge.

Pour contenir les protestations du prince, le 16 avril, les États-Unis déclaraient reconnaître les « frontières actuelles » du Cambodge, conformément au vœu exprimé deux ans auparavant par Sihanouk.

Le 9 mai, le *New York Times* rapporta les bombardements secrets dans un de ses articles. Pour connaître l'origine de la fuite, le FBI mit sur écoute la ligne d'un collaborateur de Kissinger. Ce fut le début de l'affaire du Watergate.

Le 11 juin, le Cambodge et les États-Unis rétablirent leurs relations diplomatiques. Un chargé d'affaires américain fut aussitôt dépêché à Phnom Penh.

Mais cela inquiéta Hanoi et le FLN qui, dès fin juin, envoyèrent à Phnom Penh une délégation du GRP qui restera six jours dans la capitale khmère et aura plusieurs entretiens avec le prince Sihanouk.

Par compensation et pour le maintien des équilibres, ce dernier accepta l'installation de missions diplomatiques du Nord Viêt Nam et du GRP à Phnom Penh.

Certains dirent alors que Sihanouk ne menait pas une politique neutre, mais une politique antiaméricaine un jour, anticommuniste un autre jour, et réciproquement.

Effectivement, Sihanouk, après le rétablissement des relations diplomatiques avec les États-Unis, se rendit aux funérailles d'Hô Chi Minh, le 9 septembre, et alla même visiter la maison et le bureau du défunt, accompagné de Pham Van Dong, du général Giap et de la princesse Monique.

Sihanouk essayait encore de concilier l'inconciliable, mais les enchaînements de ce qui allait devenir la deuxième guerre d'Indochine, les affrontements des deux blocs, allaient entraîner le Cambodge dans la tourmente.

En effet, le retour des Américains au Cambodge renforça la droite. Le gouvernement prit une orientation résolument anticommuniste et proaméricaine. Lon Nol était à la fois Premier ministre, ministre de la Défense et chef d'état-major de l'armée. Le parallèle avec l'Indonésie, où Sukarno avait été renversé par un coup d'État militaire avec l'appui des Américains, n'avait pas échappé aux dirigeants chinois, ni à Sihanouk ni à Saloth Sâr. Celui-ci cibla les attaques de la propagande khmère rouge contre Lon Nol et la droite proaméricaine. Toute propagande hostile à Sihanouk devait donc cesser, afin de rallier toutes les forces nécessaires au sein d'un Front national uni.

Lon Nol choisit le prince Sirik Matak Sisowath comme adjoint, un cousin du prince Sihanouk mais très opposé à lui.

Celui-ci, à la fin de l'année 1969, voulut rencontrer Sihanouk, hospitalisé quelques jours pour divers examens. Afin de concrétiser ce projet, Sirik Matak fit appel à Khek Vandi, un proche de Sihanouk. Ils se rendirent tous les deux à l'hôpital Calmette, mais seul Kkeh Vandi fut autorisé à entrer dans la chambre du prince. Après quelques instants passés dans le couloir, Sirik Matak, qui fulminait d'avoir été traité ainsi, put enfin s'entretenir avec son cousin. Lui d'habitude si hautain finit par déclarer, le front contre les pieds de Sihanouk: «Je ne vous trahirai jamais. Je ne ferai rien contre vous et la princesse Monique[1].»

Le 6 janvier 1970, Sihanouk partit pour Grasse, en France, afin d'y suivre une cure. Il devait se rendre ensuite en Union soviétique. Le Cambodge était à la veille d'une nouvelle ère, mais personne ne pouvait le savoir.

Sihanouk pensait rester quelques semaines en France avec la princesse Monique. Il était loin de se douter que ce séjour allait durer beaucoup plus longtemps.

«Monogame» et cinéaste

La princesse Monique était devenue sa seule femme officielle et cela déjà depuis une quinzaine d'années. En effet, entre 1954 et 1970, Norodom Sihanouk n'eut pas de nouvelle femme ou de nouvelle favorite officielle. Il partageait sa vie avec la princesse Norleak, Manivan Phanivong et Monique Izzi, et cette dernière prit de plus en plus d'importance à ses côtés, si bien qu'on l'appelait désormais la princesse Monique. Derrière un doux sourire et une grande élégance, celle-ci cachait une

1. Entretien avec Khek Vandi le 13 mai 2010 à Phnom Penh.

farouche volonté de défendre son pré carré auprès de lui, tant sur le plan sentimental que sur celui des conseils politiques[1]. Certains ont raconté qu'elle aurait eu des relations tendues avec la reine mère.

Ce qui semble incroyable maintenant, c'est que Sihanouk légalisa officiellement sa relation avec Norleak le 4 mars 1955 et que, le lendemain 5 mars, il en fit de même avec Monique Izzi.

Durant cette période, il eut deux nouveaux enfants : le prince Narindrapong, né le 18 septembre 1954[2] de Monique Izzi, et la princesse Arun Rasmy, née le 2 octobre 1955 de Manivan Phanivong.

La princesse Monique dut être grandement affectée à la naissance d'Arun Rasmy, elle qui avait eu deux enfants avec le prince en 1953 et 1954. Des tensions ont du se produire à cette époque, car Manivan Phanivong quitta le palais, et Sihanouk ne vit pratiquement pas sa fille Arun Rasmy. Beaucoup plus tard, en 1993, cette dernière me dira : « C'est dur de vivre une grande partie de son enfance et de son adolescence sans avoir de relations avec son père. »

De nombreuses années plus tard, la princesse Monique, devenue S.M. la reine mère Monineath Sihanouk, me raconta[3] qu'elle n'avait pas eu la même vision des choses : « À l'époque, j'étais très jeune, je ne me serais pas permise d'être en conflit avec la reine mère. Je ne demandais rien et c'est P'o Kona lui-même qui, peu à peu, mit fin à ses relations avec les autres femmes. »

Lors du même entretien, Sihanouk reconnut que la princesse Arun était née après les princes Sihamoni et Narindrapong,

1. Parmi ces sept épouses ou Neak Moneang officielles, deux seules furent inscrites dans les registres de mariage du palais royal de Phnom Penh : Samdech Norodom Norleak et Samdech Norodom Monineath. Ces registres ont disparu pendant la période Lon Nol (BMD du 8 au 21 décembre 2006).

2. Ce dernier décéda à Paris le 8 octobre 2003.

3. Entretien avec la reine mère et le roi père à Pékin, le 20 novembre 2008.

mais m'indiqua que, à la naissance de cette dernière, il n'avait déjà plus de relations avec sa mère, Manivan Phanivong, depuis quelques mois. Il contesta formellement, en revanche, les dires de certains selon lesquels il n'aurait pas reconnu officiellement la princesse Arun, et m'affirma avoir reconnu tous ses enfants à leur naissance. Mais, de son point de vue, cette absence de relations pendant de nombreuses années avec sa dernière fille n'était pas de son fait, mais certainement de celui de Manivan Phanivong. En effet, c'était la princesse Kossamak, mère de Sihanouk, qui réglementait les accès au palais et qui s'était fâchée avec Manivan Phanivong. Peu à peu, elle lui avait limité l'entrée du palais avec sa fille. Manivan Phanivong ne se remaria pas et ne retourna pas au Laos. À la fin des années 1960, elle devint une intime du tandem Lon Nol-Sirik Matak et la princesse Arun Rasmy se maria avec l'un des fils de Sirik Matak, le prince Sirirath Sisowath[1], dès le lendemain du coup d'État de mars 1970. La reine Kossamak et Sihanouk se montrèrent opposés à cette union, et aucun Norodom n'assista à ce mariage.

Sur le plan politique, un « autre Sihanouk » allait apparaître, traversant les années noires de son pays. Sur le plan personnel, un « autre Sihanouk » existait déjà, depuis la fin des années 1950, non pas le play-boy toujours décrit par la presse, mais un monarque globalement fidèle à une seule épouse, la princesse Monique. C'est ce couple qui allait traverser les épreuves à venir, et que rien ne pourra séparer. Pendant cette période, pour ajouter à la complexité du personnage, Sihanouk s'était autoproclamé informateur bénévole du *Canard enchaîné*, journal politique et satirique français. Il faisait alors porter

1. Ce dernier se ralliera à Sihanouk dans les années 1980 et deviendra ambassadeur à l'ONU du Kampuchéa démocratique. Il sera nommé plus tard, après 1993, co-ministre de la Défense au titre du Funcinpec et élevé au rang d'Altesse Royale par Norodom Sihanouk.

au journal des missives par des motards de l'ambassade du Cambodge[1].

Ayant abandonné le cinéma pendant quelques années, Norodom Sihanouk s'y remit intensément à partir de 1966 avec les longs-métrages *Apsara* et *La Forêt enchantée*, puis *Cortège royal* et *Le Petit Prince du peuple* (1967), *Ombre sur Angkor*, *Crépuscule* et *La Joie de vivre* (1968), et *Rose de Bokor* et *Tragique destin* (1969). Il écrivit et dirigea lui-même ces films, qui étaient souvent des romances intégrées dans des situations politiques et des cadres naturels réels. Avec la princesse Monique, ils interprétaient en général les premiers rôles, et divers membres de la famille royale, comme la princesse Buppha Devi ou le prince Sihamoni, ou des membres du gouvernement, dont le chef d'état-major Nhiek Tioulong, jouaient également dans ses films. Pour cette raison, ceux-ci constituent un témoignage unique de ce Cambodge d'avant 1970, en partie disparu. Si la critique des intellectuels occidentaux fut souvent « réservée » – pour ne pas dire plus – sur ces productions, elles eurent beaucoup de succès populaire dans le pays et furent diffusées dans le monde entier par les réseaux officiels, dans le bloc de l'Est et chez les non alignés.

Après 1966, il monta aussi sur les planches et joua dans plusieurs pièces. Il interpréta notamment *Le Cid* de Corneille en costume « grand siècle ».

Après son abdication, trop pris par l'action politique, il abandonna l'équitation. Mais il racontera plus tard qu'il avait revu et embrassé son cheval Tartarin avant sa mort, de même que son autre cheval, Zodiaque, qui l'avait suivi pour une dernière promenade dans les jardins privés du palais royal. En revanche, il regrettera longtemps de ne pas avoir pu assister à l'enterrement de ce dernier.

1. *Le Canard enchaîné*, mercredi 9 août 1989.

Les années noires
1970-1991

Peu après le départ de Norodom Sihanouk pour la France, les premières manifestations antivietnamiennes et anti-viêt-congs, manipulées par l'armée, se déclenchèrent début mars 1970 en province et se poursuivirent dans la capitale. Les ambassades du Viêt Nam du Nord et du gouvernement révolutionnaire provisoire du Sud Viêt Nam furent mises à sac et deux églises catholiques vietnamiennes, des magasins et des résidences privées attaqués.

L'Assemblée nationale et le gouvernement de droite en profitèrent pour critiquer la politique neutraliste de Sihanouk. Ils décidèrent d'augmenter de 10000 hommes les effectifs de l'armée et envoyèrent, le 12 mars, un ultimatum à ces deux ambassades vietnamiennes, exigeant le retrait de toutes les troupes viêt-congs du Cambodge avant le 15 mars, soit deux jours plus tard. La reine Kossamak essaya, sans succès, de jouer l'intermédiaire entre son fils en France et les dirigeants du gouvernement cambodgien. Le même jour, le chef du centre de la CIA à Saigon informa Washington que Sirik Matak et l'armée étaient prêts à lancer un coup d'État.

À minuit, ce 12 mars, le vice-président du Viêt Nam du Sud, Nguyen Cao Ky, à bord d'un DC4 en provenance de Saigon, atterrit à l'aéroport de Pochentong, dans une obscurité totale, toutes les lumières de la piste ayant été éteintes. Aucun compte rendu ne fut fait des discussions secrètes qu'il eut avec les dirigeants cambodgiens, mais on peut penser qu'il était venu parler d'une alliance entre les deux pays. Le vendredi 13 mars, non sans hésitation, Sihanouk quitta Paris pour se rendre à Moscou comme prévu.

Le coup d'État, la résistance (1970-1975)

Le complot contre Sihanouk

Les jours suivants, la situation resta confuse. La capitale bruissait de rumeurs d'étranges présages. Un crocodile blanc aurait été vu aux abords de Phnom Penh et le nombre des apparitions de l'animal se multiplia. Ceux qui propageaient ces rumeurs préparaient un changement majeur. Le crocodile blanc est en effet l'un des symboles les plus puissants et les plus favorables de l'au-delà khmer. L'animal est censé avoir assisté à la naissance du Cambodge et avoir été chargé ensuite de contrôler le courant du Mékong. Dans la légende, il est crédité du miracle annuel qui inverse le sens de l'écoulement de l'eau du Tonle Sap[1]. Il n'est censé apparaître que lorsque le peuple cambodgien est à un carrefour important. On raconta aussi qu'un devin paysan était arrivé au palais royal, porteur du message d'un roi mort depuis longtemps, annonçant la chute prochaine de Sihanouk.

À Moscou, les Russes insistèrent auprès du prince Sihanouk pour qu'il rentre dans son pays sans tarder. Il ne les écouta

1. Ce phénomène unique au monde se produit fin octobre-début novembre, et donne lieu à la « Fête des eaux » devant le palais royal.

pas. Sa mère, la reine Kossamak, lui avait envoyé, trois jours avant, un télégramme pour lui demander de reporter *sine die* son retour au pays. À Phnom Penh, Sirik Matak fit arrêter le ministre de la Police, Oum Manorine, beau-frère de Sihanouk. Les provinces étaient toujours le théâtre de manifestations violentes contre les Vietnamiens.

Enfin, au lever du jour, le 18 mars, Sirik Matak, accompagné de deux officiers de l'armée, mit le Premier ministre Lon Nol au pied du mur. Sirik Matak était un homme hautain et raffiné, qui accueillait ses visiteurs en peignoir de soie et vivait dans une demeure princière pleine de meubles somptueux et de statues de marbre. Lon Nol, lui, était un homme du peuple, issu d'une famille de dix enfants de Prey Veng. Dans le plus pur style khmer, sa maison, une propriété vaste et située sur la route de l'aéroport, était toujours bondée de parents et de parasites en tout genre. Le visage rond, portant souvent des lunettes, il encourageait ses soldats à l'appeler « Papa noir » pour souligner qu'il était un Khmer à peau foncée, sans apport de sang étranger. Ces deux hommes n'avaient rien de commun, pourtant, ils étaient amis depuis l'école et avaient travaillé côte à côte dans le Parti de la rénovation nationale qu'ils avaient créé à la mi-1947[1].

Lon Nol tergiversa. Tout ce que la vie lui avait apporté, il le devait à la protection de Sihanouk. Mais il était très ambitieux et profondément influencé par un bouddhisme ésotérique. Les mystiques et les voyants qu'il fréquentait l'avaient persuadé qu'il était appelé à restaurer la gloire de l'empire khmer en faisant la guerre aux thmils, les « incroyants » communistes vietnamiens. Sirik Matak lui présenta un projet de décret approuvant le renversement du prince Sihanouk. À en croire une des personnes qui assistèrent à la scène, alors que Lon Nol

1. Ce parti, né d'une scission du Parti démocrate après la mort du prince Youtevong en juillet 1947, s'était présenté aux premières élections législatives du 31 décembre 1947 et avait obtenu un score dérisoire de 3 % des voix et 0 siège.

continuait d'atermoyer, Sirik Matak s'écria: «Nol, mon ami, si tu ne signes pas ce papier, nous te fusillerons.» Le Premier ministre aurait signé en pleurant[1].

Quoi qu'il en soit, le coup d'État était lancé avec l'appui de toute la droite et le soutien des Américains. Des chars et des troupes entourèrent le Parlement et les bâtiments gouvernementaux. Les communications internationales – téléphone et télégraphe – furent coupées et l'aéroport international de Pochentong fermé.

À 9 heures du matin, l'Assemblée nationale, présidée par In Tam, et le Conseil du royaume se réunirent pour une séance commune et, entourés par les chars, votèrent à l'unanimité «la destitution de Norodom Sihanouk de ses fonctions de chef de l'État à dater du 18 mars 1970 à 13 heures[2]». Ensuite, la Haute Cour de justice le condamna à mort pour haute trahison. Cheng Heng fut nommé chef d'État par intérim.

Le lendemain de ce coup d'État, les putschistes organisèrent au stade olympique un «spectacle» montrant un Sihanouk débauché, torse nu en sarong, tournant des films pornographiques ou servant de «valet» aux communistes vietnamiens, un Sihanouk ignominieusement chassé par le peuple khmer, un Sihanouk conspué par 100 000 spectateurs et spectatrices, y compris quelques milliers de moines bouddhistes. Sihanouk ne leur pardonnera jamais et leur en voudra peut-être plus encore pour l'organisation de cette campagne d'humiliation et de calomnies contre lui et son épouse, que pour sa destitution elle-même.

Sur le coup et dans les mois qui suivirent, les membres de la famille royale, toujours à Phnom Penh et restés fidèles à Sihanouk, subirent durement le contrecoup du coup d'État: certains enfants

1. Philip Short, *Pol Pot: anatomie d'un cauchemar*, Denoël, Paris, 2007, p. 255.

2. Norodom Sihanouk considéra toujours comme illégale cette déposition, car, dans la Constitution de l'époque, il n'y avait aucune disposition accordant au Parlement le droit de déposer le chef de l'État. Norodom Sihanouk avait raison en droit, mais des putschistes réalisant un coup d'État s'embarrassent rarement du droit.

de Sihanouk furent arrêtés ou assignés à résidence, comme les princes Naradipo et Ranariddh et la princesse Botum Bopha à la santé fragile et mère de trois enfants. Le prince Chakrapong, pilote dans l'armée, fut mis à pied et la reine Kossamak consignée dans le palais royal ceinturé par la police militaire de Lon Nol. Le prince Sisowath Monleakhena fut assassiné. Plus tard, après le bombardement aérien du palais, en mars 1973, d'autres enfants de Sihanouk, dont le prince Chakrapong, furent aussi arrêtés.

Lon Nol et Sirik Matak organisèrent aussi au pied de la colline du Vat Phnom un rassemblement où les jeunes « républicains » étaient appelés à cracher et à insulter les deux statuettes de Sihanouk et de Monique, puis à les détruire par le feu. Les bonzes devaient réciter des prières pour l'enterrement définitif de la monarchie khmère.

Ils feront commettre d'autres fautes aux bonzes. Ceux-ci, y compris des dignitaires des deux ordres, furent invités à des défilés militaires. Certains moines influents furent nommés « généraux honoraires » de l'armée républicaine et d'autres ont même reçu des étoiles de généraux et bénéficié d'un aide de camp, alors que l'enseignement de Bouddha interdit aux bonzes de se mêler des affaires militaires.

Des campagnes d'affiches et de distribution de tracts avec des photomontages humiliants pour la princesse Monique eurent lieu dans le pays et furent reprises par certains organes de la presse internationale. In Tam, Premier ministre de Lon Nol, fit aussi courir le bruit que la princesse Monique détenait beaucoup de comptes en banque à l'étranger.

À Moscou, où il était encore, Sihanouk fut averti du coup d'État par le Premier ministre Kossyguine avant même de se rendre à l'aéroport d'où il devait rejoindre Pékin[1]. Celui-ci lui

---

1. Saloth Sâr, *alias* Pol Pot, lui, se trouvait en Chine quand il apprit la nouvelle du coup d'État.

fit comprendre poliment que l'URSS ne pouvait pas grand-chose pour lui.

Les Chinois réagirent très différemment et proposèrent à Sihanouk de rejoindre Pékin. Le Viêt Nam dominait déjà le Laos. Chou Enlai estimait que le régime proaméricain à Phnom Penh, dirigé par Lon Nol et Sirik Matak, s'effondrerait tôt ou tard, ouvrant la voie à une hégémonie vietnamienne et indirectement soviétique sur l'ensemble de l'Indochine. Cela, les Chinois n'en voulaient pas. De plus, en grand secret, Chinois et Américains avaient conclu, en janvier 1970 à Varsovie, un accord pour la reprise de leurs relations. Le lendemain matin, quand l'avion de Sihanouk se posa à Pékin, il fut accueilli sur le tarmac par le corps diplomatique au grand complet. Les ambassadeurs ou chargés d'affaires de 41 États étaient présents, dont la France et la Grande-Bretagne. Chou Enlai en personne était là. Dans la voiture qui les ramenait de l'aéroport à Pékin, le Premier ministre chinois demanda à son hôte ce qu'il pensait faire. Celui-ci répondit : « Rentrer dans mon pays et me battre[1]. » Chou Enlai fit la moue et souligna « qu'une guerre représentait un combat long, dur et dangereux, parfois décourageant, et qu'il devrait prendre vingt-quatre heures de réflexion[2] ».

Le bureau politique du PCC se réunit dans la soirée et décida d'autoriser le prince à rester à Pékin s'il le souhaitait et à faire des déclarations à la presse. Le prince et son épouse Monique réfléchirent toute la nuit, envisagèrent toutes les hypothèses, puis décidèrent de rester à Pékin pour continuer la lutte. C'est ce que Norodom Sihanouk annonça à Chou Enlai le lendemain et ce qu'il fit savoir au peuple cambodgien et au monde par un message diffusé par Radio Pékin.

1. Norodom Sihanouk, *My War With The CIA*, entretiens avec Wilfred Burchett, Penguin, Londres, 1973, p. 29.
2. Norodom Sihanouk, *L'Indochine vue de Pékin*, entretiens avec Jean Lacouture, Seuil, Paris, 1972, p. 109.

Le 21 mars, le Premier ministre nord-vietnamien, Pham Van Dong, prit l'avion pour Pékin où il le rencontra. Il lui demanda s'il était prêt à coopérer avec les Khmers rouges et, si oui, il conviendrait d'établir des contacts aussi bien au niveau de la direction que de la base. « Il s'est contenté de son accord de principe et il n'a pas dit ce qu'il voulait que nous fassions », déclarera un peu plus tard Pham Van Dong à Chou Enlai. Malgré ces réserves, l'assentiment de Sihanouk était en lui-même une décision exceptionnelle. Il avait en effet souvent mis en garde son peuple contre les dangers de l'idéologie communiste et, peu de temps avant le coup d'État, avait approuvé une politique de répression contre les Khmers rouges, d'ailleurs mise en œuvre par Lon Nol, alors ministre de la Défense. Mais il avait annoncé, dix ans plus tôt dans une sorte de vision prophétique, que, « si les États-Unis obligeaient le Cambodge à renoncer à son neutralisme, il se produirait une révolution monarcho-communiste[1] ». L'heure de la prophétie avait sonné.

De l'exil : l'appel à la résistance

Deux jours plus tard, le 23 mars, Sihanouk annonça la formation d'un nouveau mouvement politique, le Front uni national du Kampuchéa (FUNK). Dans cet appel, il s'adressa à ses compatriotes, leur demandant de lancer une campagne d'opérations de guérilla et de désobéissance civile contre le gouvernement de Lon Nol. Ceux qui possédaient « le courage et l'esprit patriotique nécessaires » recevraient des armes et une formation militaire. Une armée de libération nationale (ALN) serait constituée qui combattrait sous les ordres d'un Gouvernement royal d'union nationale du Kampuchéa (GRUNK).

Le caractère politique du nouveau mouvement n'était pas exposé explicitement, mais la déclaration du prince insistait

1. Interview à *Réalités cambodgiennes*, 26 janvier 1960.

sur le rôle du « peuple travailleur progressiste, industrieux et pur » ; elle promettait la « justice sociale, l'égalité et la fraternité parmi les Khmers », mettait l'accent sur la solidarité des « trois peuples, les Khmers, les Vietnamiens et les Laotiens » et revendiquait le soutien des « pays et peuples anti-impérialistes, proches ou lointains ». Ce fut « l'appel du 23 mars 1970 » de Pékin que Sihanouk aimait à comparer à « l'appel du 18 juin 1940 » du général de Gaulle à partir de Londres.

Un premier projet de cet appel fut transmis avant sa publication à Chou Enlai qui, à son tour, l'avait montré à Saloth Sâr, alors à Pékin, sans que Sihanouk le sache. Lors de cette rencontre, le Premier ministre chinois s'adressa à ce dernier en ces termes : « Les communistes cambodgiens devraient penser à la situation générale du pays et ne pas s'appesantir sur les querelles passées. Le prince Sihanouk est un patriote et il jouit d'une bonne réputation internationale. Vous devriez coopérer pour former un gouvernement uni contre l'ennemi commun[1]. »

Sâr était convaincu d'avance. Mais, au lieu d'accepter de rencontrer le prince Sihanouk, comme l'avait prévu Chou Enlai, il rédigea un message de soutien au FUNK, portant la signature de Khieu Samphan, Hou Yuon et Hu Nim, dont la plupart des Cambodgiens et même certains spécialistes étrangers croyaient qu'ils avaient été assassinés sur ordre de Sihanouk, trois ans plus tôt. D'où leur surnom à partir de ce moment-là des « trois fantômes ». Ce texte de soutien du FUNK par les Khmers rouges fut publié le 26 mars, prétendument depuis une base de résistance située au Cambodge. Sihanouk ne fut jamais informé par les Chinois de la présence de Saloth Sâr à Pékin en même temps que lui. Lorsqu'elle fut officiellement confirmée plusieurs années plus tard, il refusait encore d'y croire[2]. La résistance était

1. *Zhong hua ren min gong he guo wai zao shi*, p. 74, cité par Philip Short, *op. cit.*, p. 258.

2. Norodom Sihanouk, *Le Calice jusqu'à la lie*, s.n., vers 1982, p. 44.

maintenant cambodgienne, patriotique, progressiste et menée par un « roi khmer », Norodom Sihanouk. Lon Nol pouvait se faire du souci.

L'appel de Sihanouk était clair, chaque Khmer devait maintenant choisir son camp. En Chine, outre Penn Nouth qui était déjà sur place, le prince fut rejoint par quelques ambassadeurs cambodgiens demeurés fidèles, comme Huot Sambath, des Nations unies, quelques anciens ministres, comme Chou Seng et Keat Chhon, et par des membres du cercle marxiste parisien comme Thiounn Mumm, à la demande de la direction khmère rouge. L'appel de Sihanouk du 23 mars entraîna aussi une vague de désertions dans l'armée, notamment à Kratie.

Des enregistrements de l'appel du prince Sihanouk furent diffusés en province et, dès le début, il fut entendu par certains. Norodom Sihanouk m'assura lui-même[1] : « À l'époque, le Premier ministre actuel, Samdech Hun Sen, et son épouse, Bun Rany, ne se fréquentaient pas encore et étaient étudiants. Ils avaient entendu mon appel et avaient tout laissé pour rejoindre la résistance. Ce sont de véritables patriotes. » À cette époque, Hun Sen terminait ses études au lycée Indra Devi de Phnom Penh et résidait dans la pagode Neak Voan, comme le font souvent les étudiants de province. Sa future épouse se trouvait au lycée de Kompong Cham.

Dans les villages, pour les paysans, le coup d'État représentait un sacrilège. Comment le Cambodge, le rythme des saisons, la production agricole, pouvaient-ils continuer sans un roi ? Dès les premiers jours après le coup d'État, des manifestations paysannes éclatèrent à Kompong Cham. La troupe ouvrit le feu pour disperser les manifestants. Le 26 mars, un millier de personnes venues de Kompong Cham partirent en camion et en bus pour Phnom Penh, brandissant des portraits de Sihanouk.

1. Longue audience (une heure trente) au palais Khemarin, le 29 mai 2007.

Dans les faubourgs de la ville, ils furent rejoints par une autre colonne partie de Siem Reap. Cette fois encore, les soldats n'hésitèrent pas à ouvrir le feu pour les repousser. Près de 10000 paysans suivaient à pied. Les militaires utilisèrent des armes lourdes, tuant et blessant près de 60 personnes. Les jours suivants, on dénombra encore 200 morts lorsque les troupes, équipées de chars et de voitures blindées, dispersèrent brutalement des marches de protestation à Takeo et à Prey Veng. La répression poussa de nombreux paysans, des professeurs et des jeunes vers les maquis. À Phnom Penh, en revanche, beaucoup de gens des classes moyennes et des intellectuels soutenaient ce qu'ils pensaient être le passage à une vraie république. Peu de temps après le coup d'État, Lon Nol nomma le général Sosthène Fernandez[1] commandant en chef de l'armée et il le resta jusqu'en mars 1975.

Dès les premiers jours, quand l'armée cambodgienne essuya ses premiers revers contre les Viêt-congs, le gouvernement de Lon Nol s'en prit aux civils vietnamiens. Le 10 avril, en l'espace d'une seule matinée, on dénombra au bac de Neak Luong, en aval de Phnom Penh, 400 cadavres vietnamiens, les mains liées dans le dos, flottant sur le Mékong. Trois mille Vietnamiens au moins, tous de plus de 15 ans, furent rassemblés dans des villages vietnamiens des faubourgs nord de Phnom Penh, conduits en aval de la ville et exécutés. Quelques jours plus tard, des Vietnamiens enfermés dans une école primaire de la province de Takeo subirent le même sort. Mark Frankland, du journal *The Observer* de Londres, arriva un peu plus tard et raconta: «On se serait cru dans un abattoir, l'odeur était la même... Le sol de ciment était couvert de flaques de sang coagulé. Trois cadavres couverts de vêtements sanglants gisaient

---

1. Ses ancêtres, musiciens portugais, étaient venus au XVIIe siècle au Cambodge à la demande d'un souverain pour former une fanfare royale.

dans un coin... L'intérieur de l'unique mur de la salle de classe était criblé d'impacts de balles, mais pas l'extérieur[1].» Des dizaines de milliers de Vietnamiens au Cambodge furent massacrés par les troupes de Lon Nol.

Dès le départ, la guerre civile cambodgienne fut placée sous le signe de la sauvagerie. Derrière le sourire khmer, somnolent depuis toujours, des pulsions sauvages étant susceptibles, à tout moment, de donner lieu à des explosions de brutalité effrénée. Malgré leur douceur et leur bonhomie, quand la façade souriante se lézarde, les Khmers peuvent être extrêmement violents et devenir «*amok*» (fous), comme les Indonésiens. En temps normal, la ligne de fracture est cachée. Une fois que celle-ci est franchie, on assiste alors à des actes d'inhumanité atterrants, commis sans le moindre remords.

Déjà, à la fin des années 1960, des journalistes avaient signalé des actes d'atrocité dans les deux camps. Dans les zones tenues par les combattants khmers rouges, ceux-ci avaient tué leurs adversaires, arraché leur foie et l'avaient mangé. Les troupes de répression de Lon Nol, alors ministre de la Défense, coupaient les têtes de leurs adversaires et les exhibaient comme trophées.

De très nombreuses années avant, au début des années 1950, les Khmers issaraks s'étaient livrés aux mêmes atrocités. On avait même rapporté des cas où les combattants avaient éventré des femmes enceintes pour extirper l'embryon de leur ventre et le mettre à sécher, afin d'en faire des «*kun krak*», «enfants-fumée», comme talisman magique. On signalera aussi des cas identiques pendant la période khmère rouge. Les «*kun krak*» étaient réputés rendre puissant et chanceux celui qui les portait, en le préservant des maladies et des dangers. Les mauvais garçons et les bandits recherchaient les fœtus dans le ventre

1. Mark Frankland, *The Observer*, 19 avril 1970.

des mortes, ou parfois des femmes vivantes, pour en faire ces sinistres amulettes[1].

En 1970, la totalité du Cambodge, ville et campagne, et dans les deux camps, franchit cette « ligne de fracture ». La chute dans l'abîme de la déraison s'ouvrit dans les deux camps.

En janvier 1971, Dieter Ludwig, reporter allemand, raconte ce qu'il a vu sur le terrain[2] : « Les hommes de Lon Nol brandissaient à bout de bras quatre têtes. J'étais habitué au spectacle des têtes coupées, mais, ce jour-là, je vis quelque chose qui faillit me faire vomir : l'un des jeunes soldats tenait un foie dans sa main, un foie humain. Certains soldats lonnoliens avaient l'air parfaitement tranquilles. Je rendis le sourire que m'adressait un de ces derniers. "Vous mangez le foie ? – Oui, bien sûr. – Comment le préparez-vous ? – Nous le faisons cuire avec des légumes, c'est très bon." » Des atrocités identiques étaient signalées dans le camp adverse.

Dès la fin mars 1970, les soldats viêt-congs et nord-vietnamiens, renforcés par des unités supplémentaires de Hanoi, lancèrent des attaques coordonnées contre les troupes gouvernementales cambodgiennes et s'approchèrent à 25 kilomètres de Phnom Penh. Les États-Unis et le Sud Viêt Nam décidèrent alors d'envahir le Cambodge. Lon Nol ne protesta pas. En deux mois, 30 000 Américains et 40 000 Sud-Vietnamiens se répandirent dans les provinces du Sud-Est pour éviter la chute de ce dernier.

Bien qu'alliés de Lon Nol, les forces sud-vietnamiennes se vengèrent des pogroms contre leurs compatriotes en détruisant des villages entiers, tuant des civils, sous prétexte de rechercher les « Rouges ». Aux États-Unis, cette invasion renforça l'opposition à la guerre du Viêt Nam, au Congrès et dans la rue[3].

---

1. Guy Porée et Éveline Maspero, *Mœurs et coutumes des Khmers*, Payot, Paris, 1938, p. 221 et 222.
2. *Le Nouvel Observateur*, n° 322, janvier 1971, et *Der Spiegel* du 10 janvier 1971.
3. « Jane Fonda participa en mai 1970 à une manifestation contre l'intervention américaine au Cambodge », *Le Monde*, 2 au 7 juillet 2007.

Nixon fut obligé de promettre le rapatriement de ses troupes fin juin. Les conséquences sur le terrain furent désastreuses. Elles poussèrent les villageois vers la résistance et forcèrent les Nord-Vietnamiens et Viêt-congs à pénétrer encore plus à l'intérieur du territoire cambodgien.

À court terme, cette intervention militaire sauvait le gouvernement Lon Nol d'une chute certaine qui aurait permis à Norodom Sihanouk de revenir au Cambodge et d'essayer de redresser la situation. À l'époque, les forces des Khmers rouges étaient encore très faibles et les Chinois et Vietnamiens ne souhaitaient alors que le retour au *statu quo ante* d'un royaume cambodgien neutre, en leur facilitant la tâche. Les États-Unis ont donc eu là une responsabilité majeure dans l'engrenage des violences qui allaient conduire à leur défaite et à la prise du pouvoir à Phnom Penh par les Khmers rouges.

À Pékin, la résistance autour de Sihanouk s'organisait. Les Chinois réunirent, les 24 et 25 avril, un sommet « indochinois » des représentants du Cambodge, du Laos et du Viêt Nam. Il se tint officiellement dans la jungle, « à la frontière entre la Chine et le Viêt Nam », en réalité dans un luxueux site de villégiature, célèbre pour ses eaux chaudes, près de Canton. Cela afin de prouver la solidarité nouvelle des peuples indochinois.

Au début du mois de mai, le gouvernement chinois suggéra à Sihanouk de former un gouvernement. Ce fut même Han Nianlong, vice-ministre des Affaires étrangères chinois, qui demanda à Thiounn Mumm de rédiger un programme politique. Dans sa mouture finale, le texte constituait un document nationaliste modéré et évitait toute allusion à un éventuel objectif communiste. Il était destiné à rallier le soutien le plus vaste possible, tant au Cambodge qu'à l'extérieur.

Cette fois, il n'y eut pas « d'apport intellectuel » de « l'intérieur ». Le seul message que se rappelait avoir reçu Thiounn Mumm, transmis par les Chinois, était une demande pour que la moitié des postes du nouveau gouvernement, dont la liste serait transmise à la presse internationale, soit confiée à des cadres de la résistance établis à l'intérieur du Cambodge. Ce souhait fut respecté par Norodom Sihanouk.

Le Gouvernement royal d'union nationale du Kampuchéa (GRUNK) fut officiellement proclamé le 5 mai et immédiatement reconnu par la Chine, la Corée du Nord, le Viêt Nam du Nord, Cuba, et par quelques autres États dits du tiers-monde[1].

Il était composé d'une vingtaine de personnalités, dont une dizaine de « l'extérieur », Penn Nouth, Premier ministre, Keat Chhon, vice-ministre rattaché au bureau du Premier ministre, Thiounn Mumm, ministre de l'Économie et des Finances, Thiounn Prasith, ministre de la Coordination, ou encore Huot Sambath, ministre des Travaux publics et une dizaine de « l'Intérieur », Khieu Samphan, Premier ministre adjoint et ministre de la Défense, Hu Nim, ministre de l'Information, Hou Yuon, ministre de l'Intérieur, Vorn Vet, vice-ministre de l'Intérieur, ou encore Mme Khieu Thirith, vice-ministre de l'Éducation et de la Jeunesse.

Il avait pour siège le Youyi Binguan, Hôtel de l'Amitié, un complexe de logements et de bureaux situé au nord-ouest de Pékin, qui avait été construit à l'origine pour héberger les techniciens soviétiques dans les années 1950 et qui, dans les années 1970, servait de logement aux « experts étrangers » de toutes nationalités.

Le prince Sihanouk se vit attribuer l'ancienne légation française, dans le quartier central des anciennes légations étrangères, qui avaient été attaquées en 1900 par les Boxers lors des « 55 jours de Pékin ». Cette demeure du début de siècle, avec un parc et de hauts murs à l'entrée, un grand portail rouge traditionnel ainsi que de gros lions de pierre, était idéalement située

1. La France n'a pas reconnu le GRUNK.

au cœur du quartier gouvernemental, au n° 15 Dong Jiao Min Xiang Dongcheng district, non loin de l'hôtel de Pékin, de la Cité interdite et de la place Tian an men[1].

Les Chinois prenaient tous les frais à leur charge. Chou Enlai avait demandé à Thiounn Mumm de préparer un budget correct qui atteignit les 5 millions de dollars par an. Le Premier ministre chinois l'avait doublé. La moitié était pour l'équipe de Sihanouk, l'autre moitié devait être envoyée à l'intérieur. Cette division des fonds répondait à des considérations concrètes. Les Khmers rouges achetaient la moitié de leur armement à des officiers corrompus de l'armée de Lon Nol, qui souhaitaient recevoir des devises fortes. Tout pouvait s'acheter, sauf les hélicoptères, depuis les armes à feu, les munitions et même les jeeps. À cette fin, quand il le fallait, des millions de dollars en billets étaient enveloppés dans plusieurs couches de papier étanche, empaquetés dans des sacs à dos et transportés le long de la piste Hô Chi Minh par des porteurs khmers, à qui l'on disait qu'il s'agissait de « documents secrets ».

Mais l'égalité de traitement entre Sihanouk et les Khmers rouges devait également rappeler aux deux camps que la Chine considérait leurs rôles respectifs comme précieux, mais distincts. Sihanouk menait comme il l'entendait sa bataille diplomatique pour la reconnaissance internationale, et Saloth Sâr – ce dernier prit le nom de Pol Pot en juillet 1970 – avait une totale liberté pour mener la lutte à l'intérieur du pays.

Les Chinois avaient aussi mis une usine pharmaceutique à la disposition de la résistance cambodgienne. Les Cambodgiens à Pékin pouvaient y travailler, et les médicaments étaient pour les combattants de l'intérieur. Dans des films de propagande

1. Cette demeure, reconstruite après le tremblement de terre de 1976, fut mise à la disposition de Norodom Sihanouk et de la reine par le gouvernement chinois. J'y suis allé plusieurs fois dans les années 1980, 1990 et 2000.

de l'époque, on pouvait voir la princesse Buppha Devi, fille de Sihanouk, travailler à la chaîne dans cette usine.

Le 20 mai au matin, sur la place Tian an men, les Chinois organisèrent un immense rassemblement de plus d'un million de personnes, en soutien au peuple khmer agressé. Avant d'apparaître sur la tribune en haut de l'immense porte Tian an men, la porte de la Paix céleste, qui domine majestueusement la fameuse place du même nom à l'entrée de la Cité interdite, Norodom Sihanouk fut reçu cordialement pendant plus d'une demi-heure par le président chinois Mao Zedong, entouré du maréchal Lin Biao et du Premier ministre Chou Enlai.

Norodom Sihanouk a raconté cet entretien[1]. Toutes les paroles que lui a adressées Mao Zedong étaient destinées à le rasséréner. Très au fait de l'actualité cambodgienne, il lui dit, à propos du casino de Phnom Penh : « La clique Lon Nol, ces derniers jours, vous attaque violemment et essaie de vous discréditer au sujet du casino. Personnellement, je trouve que vous aviez pleinement raison de faire financer par un casino les dépenses se rapportant à l'entretien de l'armée et à la défense nationale. Cela vaut mieux que de les faire dépendre de l'aide américaine par trop dangereuse et nocive pour votre indépendance nationale. » Le président Mao gardait son sens de l'humour. Quand Sihanouk voulut le remercier pour son aide à la résistance cambodgienne, il répondit : « Ne nous remerciez pas. C'est le peuple khmer, c'est le peuple vietnamien, qui se saignent dans cette lutte, pas nous, les Chinois. Et nous bénéficierons de votre victoire. »

Quant au maréchal Lin Biao, Sihanouk se souvient, ce matin-là, de son état d'ébriété avancé, interrompant de temps à autre le président Mao pour vociférer, avec force gestes à

1. Norodom Sihanouk, *op. cit.*, chapitre 10.

l'appui, des tirades antiaméricaines et assurer le Cambodge du soutien total de l'armée chinoise « jusqu'à la victoire finale ». Chou Enlai, au contraire, discret, n'ouvrait la bouche que pour répondre aux questions de Mao et faire l'éloge de l'œuvre de développement accomplie au Cambodge entre 1954 et 1969.

Après l'entretien, les dirigeants s'avancèrent pour le meeting. L'apparition de Mao Zedong, avec Norodom Sihanouk à sa droite et Lin Biao à sa gauche, suivi de Chou Enlai, déclencha un tonnerre d'applaudissements et d'ovations prolongés, par plus d'un million de participants. Le corps diplomatique et les correspondants de la presse étrangère étaient présents sur les tribunes, de part et d'autre de la porte Tian an men.

Dans son discours, le président Mao apporta un soutien très explicite à Norodom Sihanouk : « Les agresseurs américains, ne pouvant gagner la guerre au Viêt Nam et au Laos, ont fomenté un coup d'État réactionnaire de la clique Lon Nol-Sirik Matak, envoyé sans vergogne leurs troupes au Cambodge et repris le bombardement du Nord Viêt Nam, ce qui a suscité la résistance indignée des trois peuples indochinois. Je soutiens chaleureusement l'esprit de lutte de Samdech Norodom Sihanouk, chef de l'État du Cambodge, contre l'impérialisme américain et ses laquais, je soutiens chaleureusement la déclaration commune de la conférence au sommet des peuples indochinois, je soutiens chaleureusement l'établissement du Gouvernement royal d'union nationale placée sous l'égide du Front. » Mao poursuivit avec sa fameuse phrase « sur les tigres de papier », devenue historique : « L'impérialisme américain a l'air d'un colosse, mais il n'est en réalité qu'un tigre de papier, et il se débat désespérément. » Et il conclut en proclamant : « Le peuple d'un petit pays triomphera à coup sûr de l'agression d'un grand pays, s'il ose se dresser pour la lutte, recourir aux armes et prendre en main le destin de son pays. C'est là une loi de l'histoire. Peuples du monde, unissez-vous pour abattre les agresseurs américains et leurs laquais. »

Après ce discours, Sihanouk fut invité à prononcer une allocution du haut de la porte Tian an men, honneur extrêmement rare, peut-être unique, pour un étranger.

Pendant l'été 1970, la reine Kossamak fut expulsée du palais royal. Elle y résidait dans le pavillon Sahametrei depuis le décès de son époux, le roi Suramarit, en 1960. Elle fut relogée dans la petite maison de famille proche du monument de l'Indépendance, celle-là même qualifiée de « maison natale » de Sihanouk et qui avait, depuis, été transformée en musée. Le musée fut vidé et la reine installée là. Elle était très sévèrement gardée, n'ayant le droit de correspondre avec personne ni de recevoir aucun visiteur, sauf le médecin français de la famille royale, le Dr Arnaud Riche, qui était fouillé à son arrivée et à son départ. C'est par l'ambassadeur de France en Chine, Étienne Manac'h, que Norodom Sihanouk, alors à Pékin, pouvait avoir des nouvelles de sa mère. Plus tard, le Dr Riche pourra passer quelques lettres et la reine Kossamak sera autorisée à recevoir de rares visiteurs. Des membres de la famille royale ou proches purent quitter le Cambodge et allèrent en Chine rejoindre Sihanouk ou en France. Peu de temps auparavant, la reine Kossamak avait elle-même fait conduire à l'aéroport une de ses arrière-petites-filles, la princesse Nanda-Devi Norodom, alors âgée de 4 ans, fille du prince Chakrapong Norodom et de Ketty Tioulong, et l'avait fait mettre dans un avion en partance pour Paris. Elle y fut accueillie par l'épouse du général Nhiek Tioulong, sa grand-mère maternelle[1], qui s'occupa beaucoup d'elle en France pendant les vingt années noires qu'allait subir le Cambodge[2]. Le général Tioulong, un fidèle de Sihanouk, et sa famille, étaient partis en France peu avant le coup d'État.

1. Son nom de jeune fille est Measketh Samphotr.
2. La princesse Nanda-Devi Norodom devint mon épouse en août 1992. Nous avons divorcé en octobre 1999.

La résistance intérieure et extérieure contre Lon Nol risquait de durer longtemps. Comme de Gaulle à Londres, Sihanouk commença à s'organiser à Pékin. Son avantage était que, avec son épouse, ils étaient les invités de la république populaire de Chine.

Peu après leur arrivée à Pékin, la princesse laotienne Souphanouvong, épouse du prince Souphanouvong, chef du Pathet Lao, rendit visite au couple princier cambodgien. Elle savait qu'ils ne manquaient de rien à Pékin, mais connaissait leur amour des chiens. À sa descente de voiture, elle portait dans ses bras un tout petit bichon maltais qu'elle offrit à la princesse Monique. Cette dernière était aux anges et lui donna le nom de « Miko ». Ce chien mit un peu de douceur dans la vie du couple et les distrayait pendant les longues soirées d'hiver dans la Chine de Mao en proie aux rivalités de pouvoir – élimination de Lin Biao, premier retour de Deng Xiaoping – et qui n'arrivait pas à sortir complètement de la « Grande Révolution culturelle prolétarienne ».

Plus de trente-cinq ans après, Sihanouk raconta : « Miko nous adopta très vite en tant que sa "maman" et son "papa". Il partageait nos repas. Il dormait dans notre lit. Il assistait à mes audiences. Chaque fois qu'il devait rester auprès de "maman", il ne manquait jamais de "fêter" très joyeusement "papa" après ses audiences. » (Son successeur « Miki » fera de même.) Miko resta avec Sihanouk et Monique quand ces derniers furent mis en résidence surveillée dans le palais royal par les Khmers rouges, de septembre 1975 au 6 janvier 1979. Plus tard, pendant la période de lutte contre l'invasion et l'occupation vietnamiennes, quand Sihanouk retourna à Pékin, Miko mourut accidentellement en accompagnant sa « maman » à la cuisine de la résidence pékinoise. Un battant de la porte de cette cuisine le frappa au museau et il en mourut sur le coup. La princesse Monique le prit dans ses bras et pleura longtemps. Il fut déposé, allongé, au pied de l'autel des statuettes du Bouddha dans la chapelle bouddhique de la résidence. Le lendemain, il fut enterré dans le jardin intérieur de leur propriété.

En juin, Sihanouk et la princesse Monique se rendirent deux semaines en Corée du Nord, dans le train spécial du président Kim Il Sung, leur ami. Ils furent alors logés dans la résidence d'État Hun Bou.

Sihanouk et son épouse voyageaient aussi dans les provinces chinoises, quand le gouvernement les invitait à le faire, recevaient à dîner des diplomates en poste à Pékin, avec d'excellents mets venant parfois de chez Fauchon à Paris. Ils invitaient bien sûr les diplomates des pays ayant reconnu le GRUNK, mais aussi d'autres, comme l'ambassadeur de France, Étienne Manac'h. Sihanouk avait été quelque peu déçu par l'attitude de la France qui avait maintenu ses relations diplomatiques avec Lon Nol. Il avait pourtant écrit au président Pompidou, mais ce dernier lui avait répondu par une lettre « administrative », ménageant la chèvre et le chou et ne lui donnant pas satisfaction.

C'est vrai que, à la lecture de la réponse de Georges Pompidou du 24 juin 1970, on comprend la déception de Sihanouk, car cette lettre aligne des banalités qui n'étaient plus d'actualité : la France gardait des relations diplomatiques avec la république de Lon Nol contre laquelle le FUNK était engagé dans une lutte sans merci, sans que celui-ci soit une seule fois cité ! Sihanouk en voulut beaucoup aux gouvernements français de 1970 à 1975 de ne pas avoir reconnu le FUNK et laissé ouverte l'ambassade de France à Phnom Penh.

Malgré cela, il garda bien sûr un amour particulier pour la France, se souvenant qu'elle était venue défendre le Cambodge à l'appel de son arrière grand-père le roi Norodom 1er, qu'elle l'avait fait roi, qu'il avait obtenu d'elle l'indépendance en 1953, et que le général de Gaulle avait soutenu sa politique.

Au cours de l'été 1970, le prince Sihanouk avait écrit un « message spécial aux intellectuels » en date du 18 août. Après sa diffusion, dans une de ses lettres, la reine Kossamak lui indiqua que son message « avait fortement impressionné nos compatriotes par la solidité de son argumentation ». C'est vrai que, en quatre mois, les « intellectuels », qui avaient soutenu la création d'une république contre « le despote Sihanouk oppresseur du peuple », connaissaient maintenant une vraie dictature, une corruption encore plus grande qu'avant, une économie en déclin et les armées américaines et sud-vietnamiennes sur le sol cambodgien. Certains commençaient déjà à regretter le « bon vieux temps » de Sihanouk.

À l'étranger, dans certains pays, des groupes d'étudiants favorables à Sihanouk se constituaient et prenaient fait et cause pour lui. Ainsi, à Prague, en Tchécoslovaquie, le 10 août 1970, un groupe d'étudiants khmers et le premier secrétaire de l'ambassade du Cambodge chassent l'ambassadeur et prennent le contrôle de l'ambassade[1].

La princesse Monique et Sihanouk formaient un couple uni. La princesse resta toujours près du prince pour le soutenir dans cette aventure dont nul n'aurait pu indiquer l'issue à l'époque, et qui allait être semée d'embûches terribles. Lui-même était devenu « monogame », selon l'expression qu'il emploiera à haute voix de nombreuses années plus tard dans un banquet organisé au palais Khemarin en l'honneur de mon mariage avec sa petite-fille, la princesse Nanda-Devi Norodom[2]. Les diplomates à Pékin vantaient tous le charme et la grande classe de la princesse, qui sut s'imposer aussi parmi les grands par la finesse de son intelligence. Le couple était aussi extrêmement populaire auprès du peuple chinois.

1. Dépêche AFP du 11 août 1970.
2. Déjeuner au palais Khemarin le 27 mai 1993.

Sihanouk faisait également du sport, notamment du badminton, pour essayer de réduire son embonpoint. Il y jouait parfois à 2 heures du matin avec un diplomate de l'ambassade de Corée du Nord, qui était son partenaire nocturne attitré.

Parfois, il invitait des diplomates étrangers amis à dîner ou à une projection d'un de ses films. Par ailleurs, il suivait l'actualité internationale et celle interne au Cambodge et faisait connaître son opinion par des communiqués.

Il voyageait aussi à l'étranger, notamment en Corée du Nord, où il s'était lié d'amitié avec le président Kim Il Sung, mais il aurait voulu retourner au Cambodge, les Nord-Vietnamiens étant prêts à l'aider à traverser « la piste Hô Chi Minh ». Les dirigeants khmers rouges ont longtemps refusé sa venue, prétextant des problèmes de sécurité; en fait, ils n'avaient pas envie de voir Sihanouk venir renforcer sa propre popularité auprès du peuple.

Le 9 novembre 1970, le prince Monleakhena Sisowath fut tué dans sa voiture d'une rafale d'arme automatique. C'était le fils de Khun Nath et le frère cadet de la princesse Pongsanmoni, ancienne épouse de Sihanouk. Quand on montra le corps criblé de balles à sa mère, Khun Nath, celle-ci perdit connaissance pendant trois jours[1].

La situation se complique pour Lon Nol

En 1971, les combats s'intensifient partout. Lon Nol contrôle le pouvoir et se fait nommer maréchal le 21 avril, mais il est malade et doit aller se faire soigner pour une hémiplégie à Honolulu. Début mai 1971, Sirik Matak le remplace au poste de Premier ministre.

1. Entretien avec Hun Soeun, ex-épouse du prince Chakrapong, et le prince Ravichak, dit Titi, leur fils, le 2 avril 2010.

Le 4 juin 1972, après son retour, il est élu président de la République avec 55 % des voix, dans une élection aux résultats contestés. In Tam se présentait également et a obtenu 24 % des voix.

Fin 1972, les Américains ayant renoué avec la Chine, Kissinger demande à Chou Enlai de sonder Sihanouk sur un éventuel retour au Cambodge et un gouvernement de « conciliation ». Ce dernier refuse de tomber dans ce « piège », selon ses propres mots.

Dans la nuit du 6 au 7 octobre, un détachement d'une centaine de combattants khmers rouges et vietnamiens donne l'assaut au camp du 2e escadron blindé, non loin de l'ambassade de France à Phnom Penh. Au même moment, un autre détachement fait sauter le grand pont qui relie la capitale à la banlieue de la presqu'île Chrouy Changva.

Pour le prince, à Pékin, il est clair que la situation se dégrade pour le gouvernement Lon Nol et les Américains. La victoire lui paraît désormais certaine.

Mi-octobre, Son Ngoc Thanh, de nouveau Premier ministre depuis mars 1972 en remplacement de Sirik Matak, donne sa démission[1]. Il sera remplacé par Hang Thun Hak, bientôt suivi par In Tam, puis par Long Boret. Cheng Heng, qui, en mars, avant les élections présidentielles, a dû céder son poste de chef d'État à Lon Nol, se répand en violentes critiques contre celui-ci dont la faillite est totale dans tous les domaines.

Jean Leclerc du Sablon[2], correspondant de l'AFP à Pékin, rencontre le prince Sihanouk le lundi 23 octobre. Ce dernier lui précise qu'il refuse toute idée de conférence d'ensemble sur l'Indochine que les Américains avaient suggérée. La solution ne

1. Son Ngoc Thanh se retira au Sud Viêt Nam où il mourra en prison en 1976.

2. J'ai connu Jean Leclerc du Sablon à Pékin en 1978, il était alors correspondant du journal *Le Point* et moi-même stagiaire de l'ENA à l'ambassade de France. Il est décédé le 17 octobre 2012.

peut résulter que d'une discussion directe entre le GRUNK et les États-Unis, sans Lon Nol. Il lui révèle aussi que les Chinois ont fourni à la résistance khmère une aide de 10 millions de dollars en 1972, et qu'il compte en obtenir 15 pour 1973. Les armes proviennent de trois sources: Chine, Viêt Nam – armes soviétiques – et troupes de Lon Nol elles-mêmes, à qui on peut tout acheter, même des jeeps.

Les Américains et les Nord-Vietnamiens étant sur le point de conclure un accord de paix à l'issue des négociations de Paris, et, pour éviter que cet accord ne se fasse sur le dos du Cambodge, Sihanouk part pour Hanoi deux jours, du 26 au 28 octobre 1972, accompagné de Penn Nouth, Ieng Sary et Keat Chhon. Le lendemain de son retour à Pékin, un grand dîner est organisé en son honneur, auxquel participent de nombreux hauts dirigeants chinois[1].

Le 1er novembre, en fin de matinée, il se rend à Pyongyang, dans l'avion du président Kim Il Sung, venu en visite secrète à Pékin fin octobre[2]. De Pyongyang, par l'intermédiaire de l'ambassade de France en Chine, il s'inquiète de la santé de la reine Kossamak qui vient d'être hospitalisée à l'hôpital Calmette à Phnom Penh.

Lors d'une discussion avec Étienne Manac'h, Penn Nouth, Premier ministre du GRUNK, prophétisa que le degré de «communisme» dans le Cambodge futur serait en proportion de la durée de la lutte. «Plus le temps passera, moins les modérés auront de chance de pouvoir faire entrer leur voix», lui dit-il[3]. Or, la lutte va encore durer trois ans de plus.

Nixon, réélu, relance, le 18 décembre, les bombardements sur le Viêt Nam du Nord suite à l'enlisement des pourparlers

1. Chou Enlai, Mme Jiang Qing, épouse de Mao, le maréchal Ye Jianying, Li Xiannian, Kuo Mojo, Wang Hongwen, Ji Pengfei, Geng Biao, Wu De, Mme Deng Yingchao, etc.

2. Étienne Manac'h, *Mémoires d'Extrême-Asie*, Fayard, Paris, 1986, p. 257.

3. Étienne Manac'h, *op. cit.*, p. 256.

de Paris. Cette nouvelle escalade met la Chine et l'URSS dans l'embarras. Entre le 18 et le 25 décembre, 47 missions de B52 sur des cibles du Nord Viêt Nam ont abouti à plus de 1 000 bombardements tactiques.

Les accords de Paris pour un cessez-le-feu au Viêt Nam ont été signés le 23 janvier 1973. Ils entreront en vigueur le 22 février au Laos. Le Cambodge n'est pas concerné. Kissinger se rend à Pékin du 15 au 19 février. Sihanouk a évité de s'y trouver à cette période, refusant de le rencontrer. L'intransigeance américaine ne laisse d'autre choix au GRUNK que le combat. Les bombardiers stratégiques américains B52 sont entrés en action le 14 mars au sud de Phnom Penh, à une trentaine de kilomètres de la capitale, contre les forces khmères rouges.

Le 17, Lon Nol échappe au bombardement aérien du palais de Chamcar Mon[1]. On sut très vite que c'était un gendre du prince Sihanouk, So Potra[2], qui était aux commandes du T28. Il s'est ensuite réfugié en Chine. Lon Nol a immédiatement proclamé l'état d'urgence. Les membres de la famille de Sihanouk ont été regroupés et mis sous surveillance dans la résidence de la reine Kossamak. La plupart des journaux ont été suspendus. Les étudiants et professeurs, qui s'étaient naguère opposés à la nouvelle république, découvrent que la corruption est encore plus grande à présent et qu'on se dirige irrémédiablement vers une dictature.

Lon Nol, victime d'une attaque cérébrale, était allé se faire soigner à Hawaï. Il en était revenu handicapé d'un côté mais avait gardé toutes ses facultés intellectuelles. Il écarte Sirik Matak et reprend la totalité du pouvoir. Il demande la reprise

1. Le palais avait été inauguré par le général de Gaulle lors de sa visite en 1966. Il subira une autre attaque aérienne huit mois après, en novembre 1973. Aujourd'hui, le palais abrite notamment le Sénat du Cambodge.

2. So Potra, capitaine d'aviation, avait épousé Botum Bopha, l'une des filles de Sihanouk.

des bombardements américains pour permettre le passage de convois transportant le carburant nécessaire à la vie de la capitale. En décembre, In Tam, devenu Premier ministre depuis mai, démissionne à son tour[1].

Visite de Sihanouk en « zone libérée »

Au début de l'année 1973, malgré ses nombreuses demandes, trois ans après le coup d'État, Sihanouk n'a jamais eu l'accord des Khmers rouges pour se rendre au Cambodge en zone libérée, et ce, malgré l'insistance des Chinois. Devant participer, en mai 1973, à un sommet des pays non alignés, il fait savoir à ces derniers qu'il ne peut s'y rendre en tant que président d'un pays qui lui est interdit d'accès.

Il menace donc de démissionner de son poste de président du FUNK. Les Khmers rouges, se trouvant dans une situation encore plus difficile après la signature des accords de Paris, ne peuvent se permettre de risquer une division du Front et acceptent de le laisser visiter les zones libérées, de début mars à début avril. Une fois l'accord politique donné au plus haut niveau, tout sera fait par les Khmers rouges et les Nord-Vietnamiens pour que ce voyage homérique, par la fameuse piste Hô Chi Minh, soit une réussite parfaite, tant sur le plan technique que sur celui de la sécurité du prince.

Pham Van Dong et Vo Nguyen Giap avaient suivi eux-mêmes tous les préparatifs. Le départ se fit de Pékin le 22 février 1973 en avion jusqu'à Hanoi dans le plus grand secret, même les deux fils du prince Sihanouk et de la princesse Monique, Sihamoni et Narindrapong, faisant leurs études à Prague et à Moscou, n'en surent rien. Puis, après cinq jours de préparatifs

1. In Tam, né en 1922 à Kompong Cham, mort en 2006 aux États-Unis. Ancien président de l'Assemblée nationale, il avait participé au coup d'État contre Sihanouk et avait obtenu 24 % des voix aux élections présidentielles du 4 juin 1972.

à Hanoi et un vol jusqu'à Dong Hoi le 27 février, le « voyage historique » commença vraiment.

Les Nord-Vietnamiens formèrent une caravane de jeeps et de camions russes, avec une escorte de plus de 100 gardes vietnamiens, des chauffeurs, des cuisiniers – dont un chef de talent qui préparait de la cuisine française –, des domestiques et une équipe médicale.

Le convoi traversa le Viêt Nam du Nord, le Laos et, au Cambodge, visita Stung Treng, Peach Viheu, Kompong Thom et Siem Reap (Angkor). Norodom Sihanouk était accompagné de son épouse la princesse Monique. Ieng Sary, représentant des Khmers rouges à Pékin, participait également au voyage. Chaque soir, ils logeaient dans un petit pavillon de bois construit pour l'occasion, équipé d'eau courante et de sanitaires, où on leur servait de la cuisine française accompagnée de baguettes de pain frais.

Le couple princier fut accueilli à K12, la station de transit située sur la frontière laotienne, par Hu Nim, Khieu Samphan et Son Sen. Sihanouk les embrassa avec beaucoup d'émotion et de joie. Tout le monde riait et parlait à la fois. « Comme je suis heureux de me retrouver au Cambodge et de vous revoir tous », leur dit Sihanouk. Ils répondirent : « Nous vous attendions depuis longtemps et nous sommes très heureux aujourd'hui de pouvoir vous accueillir : c'est un jour historique dans les annales du Kampuchéa. » Sihanouk ramassa ensuite une poignée de terre, « cette terre sacrée de son pays bien-aimé[1] », et l'embrassa. Son Sen fut chargé de la sécurité pendant la suite du voyage, ce dont il s'acquitta d'une main de maître. Aucun Vietnamien ne fut autorisé à les accompagner, mais une équipe de cinéma chinoise filma leur épopée.

1. Carnet de route, journal de la princesse Monique, « Voyage historique au Cambodge en 1973 » par Monique Sihanouk, p. 10. Document dactylographié de 40 pages, inédit, non publié et terminé le 7 avril 1973.

Le couple princier enfila une tenue noire de paysan khmer rouge et noua un krama à carreaux rouges et blancs autour du cou. Ils passèrent la semaine suivante à parcourir quelque 500 kilomètres sur les routes de terre chaotiques à travers les provinces septentrionales.

Sur le trajet au Viêt Nam du Nord et au Laos, les accords de Paris leur évitaient les bombardements ; il n'en était pas de même au Cambodge. Pour échapper aux avions de reconnaissance, ils voyageaient de nuit. Plus tard[1], Sihanouk raconta que les avions américains l'avaient parfois survolé pendant ses bains dans les torrents de montagne. Il cita aussi l'envoi, par les États-Unis, d'un commando de mercenaires chargé de le tuer, commando que les Khmers rouges liquidèrent totalement avant qu'il n'arrive à Stung Treng. Et, *last but not least*, une attaque d'avions de guerre qui mitraillèrent « Sihanouk et sa suite », mais n'abattirent que des palmiers à sucre, tout cela sans compter les lâchages de bombes sur les itinéraires possibles de la « piste Sihanouk ». Effectivement, un jour, au lendemain du départ du prince et de sa suite, la route qu'ils avaient empruntée fut détruite par les B52.

Les Khmers rouges avaient construit pour le prince et la princesse une maison khmère traditionnelle en planche sur pilotis. « C'est notre Maison Blanche de la zone libérée, écrivit avec humour celle-ci dans son "carnet de route". Il y a un bureau, un petit salon et un rideau qui sépare la "chambre à coucher", il y a même un tapis par terre, des rideaux aux fenêtres, une clôture autour et des orchidées suspendues à l'entrée[2]. »

Presque tous les dirigeants khmers rouges vinrent rencontrer le prince, y compris Saloth Sâr, *alias* Pol Pot, qui resta toujours en retrait, même lors du premier Conseil des ministres

1. BMD du 21 février au 10 mars 2007.
2. Monique Sihanouk, *op. cit.*, p. 19.

du GRUNK. Sihanouk ne pouvait deviner à ce moment-là qu'il était le n° 1 de l'organisation des Khmers rouges, l'Angkar. On le lui avait présenté comme un général important des forces armées de la résistance. Sihanouk lui fit cadeau d'un stylo.

Le prince assista à des représentations théâtrales, à un meeting au Phnom Koulen (montagne des litchis) pour y célébrer le 3e anniversaire de son « appel du 23 mars », et visita également les temples de Banteay Srei et d'Angkor Vat, ainsi que des coopératives agricoles et des travaux d'irrigation.

De leur côté, les Khmers rouges évitèrent au maximum les contacts du prince avec la population. Même au meeting du Phnom Koulen, les « masses populaires » présentes avaient été « éduquées » au préalable. Les participants applaudissaient comme des automates, mais aucun ne souriait, ne manifestait son enthousiasme ni ne courait vers lui comme par le passé.

Sihanouk et son épouse se firent abondamment photographier. Ces photos spectaculaires, avec les dirigeants khmers rouges dans les cascades près du Phnom Koulen, au temple d'Angkor, dans leur « Maison Blanche » de la zone libérée ou devant des travaux d'irrigation, firent le tour du monde. Ce voyage, en termes de propagande, fut un coup de génie, et quand les photos furent publiées en avril, les diplomates américains, sidérés, soutinrent que c'étaient des fausses. Pendant le voyage du retour, Sihanouk composa un chant intitulé « Merci, piste Hô Chi Minh ».

Le 6 avril, le prince, en tenue Mao vert olive[1], et la princesse Monique en sampot de même couleur, débarquaient à Hanoi d'un Antonov 24. Penn Nouth et une délégation étaient venus les accueillir de Pékin, Mme Sar Saoroth avait apporté le petit chien Miko, que la princesse Monique fut heureuse de retrouver. En Chine, *Le Quotidien du peuple* et *Clarté* annoncèrent l'événement en gros titres de première page.

1. En fait, tenue « Sun Yat-sen ».

Deux mois plus tard, désireux d'exploiter son avantage, Sihanouk partit faire une longue tournée d'États alliés, la deuxième depuis son renversement. L'objectif était de convaincre une majorité de pays membres de l'ONU que le siège du Cambodge devrait revenir au GRUNK et non au gouvernement de Lon Nol. La tentative échoua à quelques voix près. Ieng Sary ne voulut pas être de ce voyage car il savait que celui-ci serait un succès pour Sihanouk et ne souhaitait pas en être caution, mais la résistance intérieure pensa qu'il était encore plus dangereux pour elle d'y laisser le prince sans surveillance. Il se résolut donc à suivre Sihanouk, bien que ce dernier ne l'appréciât guère. Cette tournée fut effectivement un franc succès pour le prince : il alla d'abord au Sénégal puis en Guinée, au Mali, en Mauritanie, en Albanie, en Yougoslavie, en Roumanie et en Algérie.

Dans ce pays, il déjeuna le 21 juin avec Jean-Marie Soutou, ambassadeur de France à Alger. Ce dernier le trouva « intelligent, sincère et lucide. Clairvoyant aussi sur l'URSS et la Chine, et méfiant à l'égard d'Hanoi[1] ».

Un incident avec la France

Mais, pendant ce voyage, un incident à l'Assemblée nationale française va rendre encore plus furieux Sihanouk contre la France. Les 19 et 20 juin, un débat sur la politique étrangère y était organisé. Le ministre des Affaires étrangères, Michel Jobert, après son discours préliminaire, doit répondre aux observations des députés. Couve de Murville, ancien ministre des Affaires étrangères du général de Gaulle, grinçant, émet des réserves sur l'action de son successeur. En ce qui concerne le Cambodge, il souhaite que « certaines équivoques de la position française ne compromettent pas un avenir où une amitié

1. Étienne Manac'h, *op. cit.*, p. 439.

réciproque et confiante s'inscrit tout naturellement». Puis François Mitterrand[1] attaque: «En ce qui concerne le Cambodge et le Viêt Nam, un glissement se manifeste entre les mots et les faits. Votre politique accuse un dangereux changement d'attitude en refusant de reconnaître les aspirations nationales.»

Michel Jobert, agacé par ces discours, réplique de la façon la plus diplomatique qui soit: «Je considère que ce que nous faisons secrètement au sujet du Cambodge, que ce soit à Moscou, à Pékin, à Phnom Penh ou à Paris, est très important.» Puis, dérapant, et sur le ton d'une conversation du «Café du Commerce»: «Qu'est-ce que vous voulez que je vous dise... Que nous allons reconnaître le prince Sihanouk? Mais dites-moi si celui-ci a de bonnes chances de revenir, s'il est l'allié des Chinois ou celui des Russes, et qui veut de lui?...» Le mal était fait. Jobert venait d'avouer que le gouvernement français ne reconnaissait pas le FUNK, non pas pour des raisons emberlificotées qu'avait signifiées Pompidou à Sihanouk dans son message, mais tout simplement parce qu'il considérait que celui-ci n'avait aucune chance de revenir au pouvoir au Cambodge.

Le prince eut connaissance de ces déclarations pendant son voyage et chargea Penn Nouth, à Pékin, de faire part de son vif mécontentement à l'ambassadeur de France, Étienne Manac'h. Le prince répliqua de Bucarest dans une interview donnée le 30 juin au correspondant du *New York Times* et publiée le 1er juillet. Il souligna que, plus encore que les États-Unis ou l'URSS, c'était la France qui se démenait pour rechercher un compromis au Cambodge, et il accusa Paris de s'opposer à lui et aux Khmers rouges, afin de protéger ses intérêts économiques.

À son retour en Chine en provenance de Bucarest, le 5 juillet, le prince Sihanouk n'arrive pas directement à Pékin,

1. Premier secrétaire du Parti socialiste, député de la Nièvre.

mais s'arrête à Urumqi[1], où il est l'hôte de Sai Fudin[2]. Les dirigeants chinois ont voulu lui réserver une arrivée triomphale. De nombreux ambassadeurs des pays visités notamment, mais aussi de la France, qui doit se racheter, et, pour la première fois, des pays de l'Est y compris l'URSS, sont présents.

On a peine à imaginer aujourd'hui le faste qu'ont revêtu les cérémonies de cet accueil, dans une obscure capitale du fin fond d'une province chinoise lointaine. Toute la hiérarchie chinoise entoure Chou Enlai au bas de la passerelle, notamment : Ye Jianying, Li Xiannian, Deng Xiaoping, Wang Hongwen, Kuo Mojo, Ji Pengfei, Geng Biao, Wu De... Les deux hymnes nationaux à peine terminés, commence la revue de la garde d'honneur, et un rectangle humain immense de 5 000 personnes au moins se met à bouger au son de l'orchestre. Dans le battement des tambours et des gongs, des milliers de fillettes en jupes claires, chaussettes blanches et souliers noirs plats, agitant fleurs et couronnes de papier, dansent en cohortes serrées[3].

Avec emphase, l'éditorial du *Quotidien du peuple* du 5 juillet signale le retour de Sihanouk et le succès de son voyage « de Dakar sur l'Atlantique à Bucarest sur le Danube et du cœur de l'Afrique aux rivages de l'Adriatique ».

Le soir, Chou Enlai donne un banquet de bienvenue en son honneur. Après l'allocution du Premier ministre chinois, Sihanouk prononce un discours, réaffirmant sa position de refus de tout compromis avec les Américains et la « clique » de Phnom Penh. Il en profite pour répondre à Michel Jobert et à la France sans les nommer : « D'après un ministre d'un pays

1. Urumqi est la capitale de la région autonome ouïgoure (ou ouïghoure) du Xinjiang.
2. Sai Fudin était à l'époque premier secrétaire du comité du Parti, président du comité révolutionnaire du Xinjiang et premier commissaire politique de la région militaire.
3. Étienne Manac'h, *op. cit.*, p. 447.

de l'Europe occidentale, complice de l'impérialisme américain, des négociations en vue d'une solution du problème cambodgien se sont tenues et se tenaient dans certaines capitales d'Asie, de l'Europe de l'Ouest et de l'Est. Mais nous ne sommes plus à l'époque de Munich où un Hitler, un Mussolini, un Chamberlain et un Daladier pouvaient à loisir démembrer une petite Tchécoslovaquie sans défense. Le peuple khmer ne laissera jamais les puissances étrangères impérialistes, pro-impérialistes ou leurs complices dépecer à leur guise le "petit Cambodge". » Voici la France accusée de complicité avec l'impérialisme américain. La charge est rude, elle est à la hauteur du dépit du prince de voir ce pays maintenir une ambassade à Phnom Penh et le ministre des Affaires étrangères français tenir pour quasi impossible l'hypothèse de son retour au Cambodge.

Cette période pèsera significativement dans les relations franco-cambodgiennes. Pourtant, après l'indépendance en 1953 et la période un peu tendue qui s'ensuivit, la France était revenue en première position pour sa coopération importante et son soutien politique, qui avaient culminé avec la visite du général de Gaulle en 1966. En revanche, en pariant sur le mauvais cheval de 1970 à 1975, puis ne pouvant plus intervenir pendant la période khmère rouge de 1975 à 1979 et jusqu'à la fin de l'invasion vietnamienne en 1989, la France, pendant près de vingt ans, n'a joué qu'un rôle nul ou minime au Cambodge.

Le « point de non-retour »

L'année 1973 marqua également un tournant pour les Khmers rouges. Après les accords de Paris, les armées viêt-congs rentrèrent au Viêt Nam ou se regroupèrent sur la frontière. Les Américains intensifièrent leurs bombardements sur le Cambodge, seul pays resté théoriquement en guerre, ce qui eut pour conséquence un afflux massif des populations vers

Phnom Penh ou vers les zones libérées[1]. Dans ces zones, les Khmers rouges imposèrent méthodiquement leur emprise sur la population, puis finirent par durcir leurs positions. Ils éliminèrent systématiquement les membres qui avaient été en contact avec les communistes vietnamiens, et, comme Lon Nol dans le passé, ils tinrent les mêmes propos sur la race khmère et lancèrent des pogroms contre les ressortissants vietnamiens et « les Vietnamiens dans des corps khmers ». Ils regroupèrent la population dans des coopératives avec interdiction de contacts avec l'extérieur. L'argent fut supprimé et un système de terreur institué. Les massacres pratiqués à ce moment-là ne furent que les prémices des atrocités que le pays allait connaître. Personne ne semblait au courant de la situation, il faut dire que le moindre « opposant » disparaissait. Mais cela aurait-il changé les choses quand on sait que les arguments étaient tout trouvés, la priorité étant la lutte contre l'impérialisme américain et ses valets ?

Rétrospectivement, pourtant, deux personnes ont décrit minutieusement le système des Khmers rouges dans les zones libérées : il s'agit, d'une part, d'Ith Sarin[2], inspecteur d'académie, qui publia en 1973 un livre intitulé *Regrets For The Khmer Soul,* après avoir vécu neuf mois dans les zones libérées. Il devint un farouche anticommuniste, après avoir vu ce qui s'y passait. Mais, bizarrement, Lon Nol interdit le livre et fit jeter l'auteur en prison, et l'ambassade des États-Unis fera de même. L'autre se nomme Kenneth Quinn[3], fonctionnaire américain en poste au Sud Viêt Nam à la frontière de Can Tho, proche du Cambodge. Voyant disparaître la contrebande, il essaya d'en comprendre la raison. Il interrogea minutieusement les

1. Aucun communiqué du gouvernement français ne fut publié pour protester contre cette escalade dans les bombardements.
2. Elizabeth Becker, *Les Larmes du Cambodge*, Presses de la Cité, Paris, 1988, p. 145.
3. Elizabeth Becker, *op. cit.*, p. 154.

réfugiés et, dans cette étude précise, décrivit la situation dans les zones libérées. Les adolescents étaient séparés des parents, le bouddhisme theravadin était combattu, l'argent supprimé, et il n'y avait plus de marchés, ni de fêtes ni de loisirs. Les tenues chatoyantes étaient interdites. Sans loi précise, ni tribunaux, le degré des sanctions était inconnu et la terreur s'était installée avec les « disparitions » des récalcitrants. Il révéla aussi les oppositions profondes entre communistes khmers et vietnamiens. Mais personne, dans l'administration américaine, ne tint compte de son étude. Au contraire, venant d'un fonctionnaire américain au Viêt Nam, elle fut ressentie comme une intrusion par l'ambassade des États-Unis à Phnom Penh.

Dans le courant de l'année 1973, les Khmers rouges firent savoir aux Viêt-congs et Nord-Vietnamiens qu'ils n'avaient plus le droit de garder avec eux les Khmers combattants, résistants ou autres. Toutes les unités de combattants et les résistants sihanoukistes-royalistes leur furent « transférés » et ils les liquidèrent peu à peu, comme ils avaient commencé à le faire pour les communistes khmers qui avaient séjourné à Hanoi et avaient été formés par les communistes vietnamiens. Ces derniers furent rassemblés et conduits dans un centre de détention de l'arrondissement de Chhlong, sur la rive droite du Mékong. La plupart de ces rapatriés furent finalement exécutés.

Penn Nouth avait raison. Plus le temps passerait, moins les membres du Front, autres que les Khmers rouges, auraient leur mot à dire le jour de la victoire. Ils étaient les seuls maîtres du terrain. Le programme du FUNK s'avérerait bientôt une énorme mystification et seul celui des Khmers rouges serait appliqué.

Kissinger se rendit à Pékin fin juillet 1973, mais Sihanouk rejeta publiquement toute idée de rencontre avec lui. Il fit savoir qu'il irait en Corée du Nord au moment de la visite de l'Américain, tandis que Penn Nouth déclarait vouloir prendre quelques jours de repos à Qingdao. Ainsi, Kissinger n'aura aucun éventuel interlocuteur khmer présent à Pékin. Autre coup dur pour le diplomate, le Congrès américain imposa l'interruption, à partir du 15 août, des crédits pour les bombardements au Cambodge.

Le 20 juillet au soir, Sihanouk prend donc le train pour la Corée du Nord où il restera jusqu'au 15 août, après avoir lancé, la veille, son 44e message à la nation khmère, dans lequel il coupe les ponts : point de compromis avec les traîtres de Phnom Penh. Le jour même de la libération de la capitale, la peine de mort sera demandée pour les huit plus grands criminels[1]. Les semaines suivantes, la liste s'allongera jusqu'à près de 25 personnes.

Le 26, Khieu Samphan, Hou Yuon et Hu Nim, les « trois fantômes », publient une déclaration de la résistance intérieure qui rappelle la vocation du GRUNK à prendre le contrôle de Phnom Penh et la direction de la nation.

Tout est verrouillé. Kissinger peut venir, il ne pourra rien obtenir des Chinois sur le Cambodge. D'autant plus que, en même temps que le Watergate, l'affaire des bombardements passés de 1969 sur le Cambodge prend, aux États-Unis, la dimension d'un nouveau scandale politique : le *New York Times* du 25 juillet publie des documents relatifs aux actions secrètes effectuées en violation de la neutralité khmère.

L'histoire se venge après coup d'avoir été méconnue ou étouffée. Le Pentagone est obligé de reconnaître publiquement que les bombardiers B52 ont déversé secrètement plus de 100 000 tonnes de bombes sur le Cambodge entre mars 1969 et mai 1970, date de l'intervention ouverte des États-Unis qui avaient pourtant reconnu, à l'époque, la neutralité de ce pays. Avant de rentrer de Pyongyang, dans sa déclaration du 11 août,

1. Lon Nol, Sirik Matak, In Tam, Cheng Heng, Son Ngoc Thanh, Sosthène Fernandez, Lon Non et Long Boret (In Tam deviendra pourtant brièvement deuxième vice-président du Funcinpec que créera Sihanouk en 1980).

le prince demande instamment aux pays qui ont maintenu leurs relations diplomatiques avec Phnom Penh de fermer leurs ambassades.

De 1970 à 1972, mais surtout en 1972, le gouvernement américain aurait pu imposer aux républicains et aux Khmers rouges une solution d'union nationale avec Sihanouk à la tête d'un Cambodge neutre et des élections sous contrôle international, d'autant plus que la Chine, qui venait de renouer ses relations avec les États-Unis, ainsi que le Nord Viêt Nam et le Viêt-cong, qui venaient de signer les accords de Paris, auraient été d'accord.

En 1973, c'était trop tard. Sihanouk avait redoré son blason sur le plan international, les Khmers rouges contrôlaient 80 % du territoire et s'étaient renforcés et durcis. La « République » de Lon Nol était en pleine déliquescence. 1973 fut le point du non-retour.

La débâcle de Lon Nol

Le 3 septembre 1973, Sihanouk, accompagné de Ieng Sary, se rendit à Alger pour la 4e conférence des pays non alignés. Son nouveau directeur de cabinet, Pung Peng Cheng, resta à Pékin.

Le président français, Georges Pompidou, arriva en visite officielle en Chine du 11 au 17 septembre. Chou Enlai devait s'entretenir avec lui du Cambodge pour essayer de faire évoluer la position française, qui reconnaît toujours la « république » de Lon Nol. Pompidou rencontra Mao Zedong le jeudi 13 septembre.

Depuis Alger, Sihanouk, irrité par ce voyage français en Chine et par les récentes déclarations de Michel Jobert à l'Assemblée nationale, confia à l'hebdomadaire *Algérie Actualités* du 15 septembre : « La France craint la révolution cambodgienne. Si nous triomphons, nous ferons comme les Algériens : nous n'avons pas de Hassi Messaoud mais cinq grandes plantations de caoutchouc à très grand rendement. Il y a également des maisons de commerce et des banques françaises. Nous les nationaliserons. »

Il Messaggero de Rome publia aussi, le samedi 15 septembre, une interview accordée par le prince à Alger et dans laquelle il s'en prenait au président français : « Je resterai à Alger aussi longtemps qu'il restera en Chine. Les amis des Chinois ne sont pas nécessairement mes amis. Quand certains d'entre eux arrivent en Chine, moi, j'en pars... La même règle est valable vis-à-vis de tous les pays asiatiques et occidentaux qui ne rompent pas leurs relations avec Lon Nol : je ne puis avoir avec eux aucun rapport. » Comme promis, Sihanouk revint à Pékin le 19 septembre, après le départ de Georges Pompidou.

Le même jour, Étienne Manac'h reçut un télégramme du chargé d'affaires de la France à Phnom Penh : la reine Kossamak, dont l'état de santé s'était aggravé, avait été hospitalisée à l'hôpital Calmette. Une dépression s'ajouta à son affaiblissement physique. Elle fut profondément affectée par le récent départ de ses petits-enfants, Ranariddh à Paris, et Buppha Devi à Hongkong. L'ambassadeur transmettra les messages du prince Sihanouk à sa mère par l'intermédiaire du chargé d'affaires français à Phnom Penh et du médecin de la reine, le Dr Riche. L'ancien Premier ministre, le prince Norodom Kantol, se rendit en hâte au chevet de la malade. La princesse Buppha Devi est également revenue de Hongkong. Par ailleurs, les autorités cambodgiennes ont autorisé la princesse Botum Bopha, fille de Sihanouk et de la princesse Pongsanmoni, à se rendre en France[1], ainsi que le colonel Oum Manorine, demi-frère de la princesse Monique, et fidèle du prince, arrêté en 1970.

Le 27 septembre, par le biais de l'ambassade de France, Sihanouk transmet à sa mère une invitation de Chou Enlai et de

1. Elle est l'épouse du capitaine So Potra qui, le 17 mars 1973, a bombardé le palais de Lon Nol et a rejoint la Chine aux commandes de son avion.

Mme Deng Yingchao, son épouse, à venir à Pékin accompagnée de toutes les personnes que la reine voudrait amener avec elle. Un avion d'Air France, affrété par la Chine, la transporterait de Pochentong à Canton où son fils l'attendrait. Deux conditions pour que ce voyage puisse se faire : d'abord l'état de santé de la reine – l'oxygénation restant indispensable –, puis l'autorisation des autorités de Phnom Penh. Sihanouk a été touché que la France, dans un moment difficile, ait institué entre lui et la reine une relation quasi quotidienne. Il prendra cela comme une « petite compensation ». Plusieurs membres de la famille royale, dont le prince Chakrapong[1], accompagneront la reine Kossamak dans ce voyage vers Canton d'abord, puis Pékin.

L'ambassadeur Manac'h envoie un télégramme à Michel Jobert le 28 septembre pour l'informer de la situation, puis part en vacances quelques jours à Tahiti le 30 septembre[2], avant de regagner la France et sa Bretagne natale. Lui et son épouse Denise se rendent d'abord à Canton dans un Iliouchine faire un pèlerinage au mausolée des victimes de la commune de Canton en 1927. De là, ils partent pour Hongkong, puis Tokyo et enfin Tahiti[3], où j'eus d'ailleurs un rendez-vous avec lui[4].

En octobre, Chou Enlai intervient auprès de Nixon pour qu'il fasse pression sur Lon Nol afin de laisser venir la

1. Ce dernier deviendra directeur du protocole de son père à Pékin fin 1973, puis partira en Yougoslavie en 1975. Dans les années 1980, il sera adjoint au chef d'état-major de l'ANS.

2. De Gaulle l'avait nommé pour deux ans en Chine. Il y est depuis cinq ans et n'a pas pris de congés depuis un an.

3. Étienne Manac'h, *op. cit.*, p. 535 et 537.

4. En tant qu'ingénieur agricole, j'étais à cette époque fonctionnaire au service de l'économie rurale, après avoir été VAT (volontaire aide technique) au titre du service militaire. Passionné par la Chine, j'apprenais le chinois à l'école du Kuomintang. Je suis resté à Tahiti de 1971 à 1975. Étienne Manac'h m'avait reçu avec son épouse, Denise, lors de son passage début octobre 1973. J'ai recontacté Étienne Manac'h quand je fus chargé du secteur Asie au Parti socialiste en 1979. Lui-même joua un rôle de conseiller diplomatique pour François Mitterrand pendant la campagne des élections présidentielles de 1981. Nous nous sommes retrouvés au Népal et en Chine comme « invités du président », au cours du voyage d'État du président Mitterrand en 1983.

reine Kossamak à Pékin. Elle est enfin autorisée à quitter la « République khmère » en novembre 1973. Elle arrive très diminuée à Pékin avec une petite délégation de quelques personnes qui avaient été autorisées à la suivre, comme la princesse Buppha Devi, la fille aînée de Sihanouk, la princesse Sisowath Pongsanmoni, l'ex-deuxième épouse de Sihanouk[1], Mme Bun Nak, une de ses nièces et le Prince Chakrapong, fils de Sihanouk.

Au milieu de ces drames, l'anecdote des boîtes de foie gras[2] reflète bien l'ambiance de l'époque et la psychologie des personnages. Dans un geste difficilement explicable, Sirik Matak – qui, rappelons-le, était un prince Sisowath, cousin de Sihanouk – avait profité du départ de la reine pour confier à Mme Bun Nak qui l'accompagnait quelques boîtes de foie gras de France pour les offrir à Sihanouk de sa part.

Pourquoi avait-il fait ce geste de gentillesse et d'attention envers le prince ? Était-ce un clin d'œil pour se faire pardonner ou une manière de reprendre contact ? Plus simplement, cela faisait partie des codes et non-dits de la famille royale et de la cour khmères, où les jeux de pouvoirs et les hypocrisies entre les uns et les autres étaient monnaie courante. Au début des années 1940, Sihanouk était indisposé par les courtisans mais, paradoxalement, après son abdication en faveur de son père, il a laissé se développer les phénomènes de cour autour de lui jusqu'au coup d'État.

À Pékin, Sihanouk n'était plus dans ces jeux-là. Depuis trois ans, il était le chef des « révolutionnaires anti-impérialistes khmers », toujours entouré par les Chinois, les Nord-Vietnamiens, côtoyant souvent Kim Il Sung, grand leader de la Corée du Nord et, comme dans une pièce de théâtre, il était complètement habité par son nouveau personnage. Il ne pouvait donc

1. Elle fut la mère de sept des enfants de Sihanouk, dont la princesse Kantha Bopha, décédée en 1952 à l'âge de 4 ans, et le prince Chakrapong.
2. BMD du 29 octobre au 10 novembre 2006.

accepter un cadeau d'une des personnes qui l'avaient renversé. Il refusa les boîtes de foie gras et demanda à Mme Bun Nak de les rapporter à Sirik Matak. La princesse Buppha Devi, qui n'avait pas ce degré de conscience politique, ni à répondre de ses actes, dit à Mme Bun Nak: «J'adore le foie gras, donne-moi toutes ces boîtes, je vais les manger.» Heureusement, pour l'honneur de Sihanouk, la princesse Pongsanmoni, de retour à Phnom Penh, fit savoir à Siri Matak que Sihanouk avait refusé son cadeau.

Chute de Lon Nol et départ des Américains

En 1974 et au début de l'année 1975, Sihanouk continuait à bénéficier d'une grande aura internationale – 63 pays avaient reconnu le GRUNK. Khieu Samphan se rendit en Chine, rencontra Mao puis accompagna Sihanouk en Afrique, en Asie et en Europe de l'Est. Les Khmers rouges progressaient sur le terrain. Quant à la république de Lon Nol, elle s'effondrait peu à peu jusqu'à devenir l'ombre d'elle-même, soutenue seulement par un pont aérien américain entre Bangkok et Phnom Penh.

Au Viêt Nam, les Américains subissaient aussi revers sur revers.

Fin 1974, lorsque Gerald Ford, successeur de Nixon, autorisa le retour des relations avec le prince, il était déjà trop tard.

En mars, la France et le Japon avaient ordonné le départ de tout leur personnel diplomatique et les Américains avaient remis à l'ordre du jour le plan d'évacuation baptisé opération «Eagle Pull». De Pékin, Sihanouk annonça de nouveau que, lorsque Phnom Penh tomberait, les «architraîtres» seraient exécutés.

Le 1er avril, Lon Nol, ayant reçu une traite d'un million de dollars de la Banque cambodgienne, se laissa convaincre de quitter le pays et partit en exil à Hawaï. Dès lors, tous ceux qui avaient des relations et de l'argent firent des pieds et des mains pour obtenir des places sur les derniers avions en partance.

Le 11 avril, dans la soirée, Sihanouk reçut une déclaration de la Maison Blanche affirmant que « seul le prince (Sihanouk) répond aux suffrages unanimes du peuple cambodgien. Le gouvernement des États-Unis est en train de préparer tout ce qu'il faut pour le transfert du *leadership* dans Phnom Penh, et cela ne pourra se faire qu'avec le prince et ses partisans... Le gouvernement des États-Unis souhaite que ces questions soient résolues immédiatement... et serait heureux de savoir dès que possible les propositions de Samdech Sihanouk ».

Le prince répondit immédiatement, le 12 avril à 0 h 30, toujours par l'intermédiaire de l'ambassade de France, et déclara qu'il n'était pas en mesure d'accepter la proposition du gouvernement des États-Unis, car les Khmers rouges, majoritaires dans la résistance cambodgienne, n'accepteraient jamais une solution politique du problème cambodgien qui ne tienne compte de leur victoire militaire. Plus loin, dans sa même note, il conseillait au gouvernement américain de « se désengager dès maintenant de la prétendue "République khmère" ». Ce désengagement consisterait par :

– le départ de Phnom Penh de tout le personnel américain, diplomatique et autre (militaire, etc.) par avion, le « *runway* » de Pochentong étant encore utilisable ;

– la cessation des envois d'armes, munitions, équipements militaires à l'armée de la prétendue « République khmère ».

Cette note secrète fut rendue publique le 16 avril 1975 par Norodom Sihanouk, car, le 14 avril, le porte-parole du Département d'État, Robert Anderson, avait démenti la recommandation du prince aux États-Unis concernant l'évacuation de leur ambassade à Phnom Penh[1].

Comprenant que le seul moyen d'éviter une défaite totale était un accord avec Sihanouk, Kissinger essaya de le faire

1. BMD du 23 juin au 17 juillet 2008.

contacter à Pékin, mais ce fut peine perdue. Le 4 avril, l'agence Reuters fit état de rumeurs selon lesquelles George Bush[1], le chef de l'United States Liaison Office – ambassade des États-Unis – à Pékin, avait essayé de rencontrer Sihanouk et que celui-ci avait refusé. C'était vrai. Ce dernier précisa que, durant son exil à Pékin, il avait écrit au président des États-Unis[2], lui demandant d'obtenir de la mourante « République khmère » à Phnom Penh la restitution de ses films 35 mm couleur, qui avaient une valeur documentaire fort importante sur un Cambodge disparu. N'ayant pas reçu de réponse de Washington lorsque George Bush sollicita une entrevue[3], il déclina l'invitation[4], pensant que celle-ci serait interprétée politiquement, alors que sa lettre ne visait qu'à récupérer ses films.

Le samedi 12 avril, l'ambassadeur des États-Unis et ses collègues furent évacués par hélicoptère jusqu'à des navires américains mouillant au large des côtes cambodgiennes. L'évacuation des membres de l'ambassade avait déjà commencé l'avant-veille.

L'ambassadeur des États-Unis proposa au prince Sisowath Sirik Matak de monter à bord de l'un des derniers hélicoptères. Celui-ci lui répondit par écrit : « J'avais placé toute ma confiance en vous. Maintenant, vous, superpuissance n° 1 du monde, prenez la fuite devant les Khmers rouges, abandonnant vos ex-admirateurs khmers à leur triste sort. Moi, Sirik Matak, je mérite de mourir, puni par les Khmers rouges. Vous m'offrez une place à bord de l'un de vos hélicoptères fuyant le Cambodge, veuillez sauver ma femme. Moi, j'attends dignement mes bourreaux[5]. »

1. George Bush sera président des États-Unis de 1989 à 1993.
2. Sa lettre avait été transmise par Claude Arnaud, nouvel ambassadeur de France à Pékin, à George Bush.
3. Lettre du 27 mars 1975.
4. BMD du 23 juin au 17 juillet 2008.
5. BMD du 29 octobre au 10 novembre 2006.

Après avoir dépensé 90 milliards de dollars, dont l'essentiel en bombardements aériens, et fait plus d'un demi-million de morts parmi les habitants, l'aventure américaine au Cambodge se terminait lamentablement[1]. L'année du Tigre laissa la place à l'année du Lièvre, une année favorable selon les Cambodgiens.

Les Khmers rouges au pouvoir (1975-1979)

Le 17 avril, en arrivant de tous les côtés, les Khmers rouges entrèrent dans Phnom Penh, la plupart en uniformes noirs, certains en treillis, parcourant les boulevards en file indienne comme si la ville était une forêt, avançant silencieusement, prenant méthodiquement le contrôle de tous les carrefours, fouillant les véhicules, mettant la main sur les armes et ordonnant aux troupes gouvernementales de se dépouiller de leurs uniformes.

La grande majorité de la population et l'élite cambodgienne pensaient que, après une période de transition, la vie reprendrait largement comme avant.

Personne n'avait imaginé l'imminence et l'ampleur de la catastrophe qui se préparait. Le jeune et dynamique Premier ministre, Long Boret, pourtant sur la liste des « architraîtres » à exécuter, de même que Lon Non, frère de Lon Nol et chef des services secrets, avaient estimé qu'ils pouvaient courir le risque de rester. Aucun d'eux n'avait apparemment la moindre idée du déchaînement qui se préparait.

L'évacuation de Phnom Penh

Les habitants de Phnom Penh, réfugiés anciens ou récents, étaient heureux de la fin des combats et accueillirent plutôt bien les premières colonnes khmères rouges.

1. Quelques jours plus tard, les États-Unis allaient quitter le Viêt Nam dans les mêmes conditions.

« Les gens manifestaient, avec excès, le sentiment de soulagement qu'ils éprouvaient. Certains citadins couraient derrière les colonnes en applaudissant. On aurait dit que les hommes et les femmes de Phnom Penh s'étaient débarrassés d'un seul coup de la peur et de la retenue. Les jeunes spectateurs étaient les plus exubérants.

Cependant, l'impassibilité des Khmers rouges nous impressionnait... Nous étions intrigués par la sévérité des traits de ces adolescents. Ils marchaient dignement, mais ne fraternisaient pas. Ils se méfiaient de nous », racontera plus tard Pin Yathay, un rescapé de cette époque[1].

Sans jamais le moindre sourire, les nouveaux arrivants venaient d'un autre monde, celui des villages misérables reculés où des paysans illettrés vivaient comme avaient vécu leurs ancêtres, sans eau courante, sans électricité, sans école, sans le moindre outil technologique, totalement à l'écart de la modernité et du développement que les années Sihanouk avaient apportés aux villes et aux villages situés le long des routes. C'étaient des garçons des Cardamones, de Koh Kong ou des montagnes du Nord : beaucoup n'avaient jamais vu ni argent ni voitures. C'était dans cet arrière-pays, plongé dans les ténèbres, que les Khmers rouges avaient établi leurs bastions et recruté leurs premiers partisans.

Les citadins découvrirent avec stupéfaction le comportement des forces conquérantes. Des soldats buvaient dans la cuvette des toilettes, croyant que c'étaient des puits de villes. Ils avaient peur de tout ce qui était en bouteille ou en boîte, certains essayèrent de boire de l'huile de moteur, d'autres mangèrent du dentifrice.

Les récits de la prise de Phnom Penh et du comportement des soldats khmers rouges ont été abondamment décrits en

1. Pin Yathay, *L'Utopie meurtrière*, Robert Laffont, Paris, 1979.

détail par plusieurs auteurs qui ont vécu les événements, comme François Ponchaud dans *Cambodge, année zéro*, ou François Bizot dans *Le Portail*. Mais, sur le moment, personne ne comprenait ce qui se passait, personne ne savait vraiment.

La haine joua un rôle fondamental dans les événements qui suivirent. Tous ces jeunes soldats de la jungle ressentaient une colère froide envers la ville et ses œuvres. Les habitants de Phnom Penh, en restant dans la ville « républicaine », malgré les appels de la résistance, avaient choisi leur camp. Désormais, ils étaient « prisonniers de guerre » et tout ce qu'ils possédaient devenait butin de guerre. La colère de ces jeunes se manifestait à l'égard de ceux qui avaient continué à vivre dans le confort, indifférents à leur misère, pendant qu'eux-mêmes se battaient contre des forces maintes fois supérieures pour vaincre les « impérialistes et les réactionnaires ». Cela ne peut bien sûr excuser les exactions commises mais peut les expliquer. Ceux qui étaient pris pour cible représentaient, à leurs yeux, la classe instruite, aisée, et les objets liés à cette instruction et à ce confort furent jetés au rebut, comme les postes de télévision, les réfrigérateurs, ou brûlés, comme les livres.

Un « comité pour anéantir les ennemis » s'installa à l'hôtel Monorom, à quelques pâtés de maisons au sud de la gare. Sa première mesure fut d'approuver l'exécution du Premier ministre, Long Boret, de Lon Non et autres « républicains » de haut rang qui furent emmenés et tués sur les terrains du cercle sportif, non loin du ministère de l'Information qui leur avait servi de lieu de détention. Long Boret fut décapité à la hache. Les jours suivant la prise de Phnom Penh, 700 ou 800 officiers de police et de l'armée furent exécutés et jetés dans les fosses communes sur la route de l'aéroport.

Dès le début de cette nouvelle ère, les Khmers rouges n'obéirent pas à Sihanouk, qui avait annoncé l'exécution d'environ 25 « architraîtres ». Le Front uni, qui avait lié les Khmers rouges à

Sihanouk et à d'autres progressistes « bourgeois », avait éclaté de fait, mais pas encore de nom, ce jour de la prise de Phnom Penh.

Les étrangers présents dans la capitale, environ 800, furent regroupés dans le parc de l'ambassade de France puis expulsés en convoi de camions vers la Thaïlande, après avoir dû livrer aux Khmers rouges tous les Cambodgiens qui s'étaient réfugiés avec eux et qui n'avaient pas de passeport étranger. Cet épisode tragique a été remarquablement décrit par Bizot dans son livre, *Le Portail*[1]. Ce portail était celui de l'ambassade de France[2].

L'autre épisode tragique fut l'évacuation de Phnom Penh. Elle commença dès l'après-midi pour le quartier nord et le lendemain pour les autres, selon les ordres des responsables des quatre zones qui, maintenant, divisaient la ville. Au nord, les soldats khmers rouges passaient de maison en maison, annonçant aux habitants qu'ils allaient devoir partir « pour deux ou trois jours seulement », car les Américains avaient l'intention de bombarder la ville. Les gens eurent peu de temps pour rassembler quelques effets, les vieux et les grabataires qui ne pouvaient suivre étaient exécutés. Tous les immeubles furent fouillés, les armes et les objets précieux confisqués. Aucun lieu ne fut épargné, et une roquette de B40 vint à bout des portes verrouillées de l'ambassade soviétique, où les diplomates furent expulsés sous la menace des fusils[3]. Un officier khmer rouge a raconté plus tard à Norodom Sihanouk qu'il avait lui-même noué les poignets du chargé d'affaires de l'URSS avec une corde rustique et l'avait amené, *manu militari*, dans le parc de l'ambassade de France avec les autres étrangers[4].

En l'espace de quelques heures, puis pendant cinq ou six jours, toutes les routes en direction du nord furent paralysées

1. François Bizot, *Le Portail*, La Table Ronde, Paris, 2000.
2. Ce portail a été retrouvé. Il est devenu un mémorial érigé à l'intérieur du parc de l'ambassade à la mémoire de ces événements tragiques.
3. Philip Short, *op. cit.*, p. 351.
4. BMD du 8 au 23 juillet 2008.

par une masse grouillante de citadins, talonnée par des soldats qui tiraient en l'air. D'après des rescapés qui le raconteront plus tard, ce qu'il y avait de pire dans cette marche, c'étaient les arrêts et les départs incessants : la foule était telle qu'elle ne pouvait jamais avancer plus de quelques mètres à la fois, avant de s'arrêter de nouveau. Sous la chaleur de plomb du mois d'avril, un des plus chauds de l'année au Cambodge, sans eau et sans nourriture, car rien n'avait été prévu, en cinq jours, le gros du cortège n'avait couvert que 12 kilomètres.

Il faut citer ici les témoignages qu'a recueillis François Ponchaud : « Des malades étaient abandonnés par leur famille au bord de la route. D'autres étaient tués sur place par les soldats, car ils ne pouvaient plus marcher. Les femmes accouchaient n'importe où, sur la route ou sous les arbres[1]. »

Les hôpitaux aussi furent vidés, avec plus ou moins de rapidité. Ils comptaient plusieurs milliers de malades ou de blessés. La décision de les évacuer et la cruauté avec laquelle ceux du Nord l'appliquèrent ne leur laissaient strictement aucune chance de survie.

Là encore, on peut citer François Ponchaud qui, depuis le palais épiscopal en face de l'hôtel Phnom, assista à un « spectacle hallucinant » : « Des milliers de blessés et de malades quittaient la ville, les plus valides se traînaient lamentablement, d'autres soutenus par des amis, d'autres encore sous perfusion, gisant sur leur lit à roulettes, qui n'iraient pas loin, poussés par des membres de leur famille. Un mutilé n'ayant plus ni mains ni pieds se traînait comme un ver de terre. Un père de famille en larmes portait sa fille d'une dizaine d'années, enveloppée d'un drap qu'il portait autour du cou, ou encore ce blessé dont le pied flottait autour d'une jambe à laquelle il n'était relié que par la peau[2]. »

1. François Ponchaud, *La Cathédrale de la rizière, 450 ans d'histoire de l'Église au Cambodge*, Fayard, Paris, 1990, p. 160-161.
2. François Ponchaud, *Cambodge, année zéro*, Kailash, Paris, 1998, p. 19.

Quand la colonne atteignit le point de contrôle de la zone nord dans le village de Prek Phneou, on ordonna aux officiers de l'armée et de la police gouvernementales, ainsi qu'aux fonctionnaires, de sortir des rangs et de décliner leur identité. Ils furent conduits à travers les rizières jusqu'à la brousse voisine où ils furent liquidés à coups de matraque.

Si, pour les trois autres zones, les décisions furent appliquées moins brutalement, le résultat fut à peu près le même. Pour le sud, la marée humaine s'étalait le long de la route nationale 1 vers Svay Rieng et de la nationale 2 vers Takeo. Beaucoup traînaient les pieds en pensant qu'on les autoriserait à rentrer chez eux dans trois jours. Les Khmers rouges réagirent par des exécutions à l'aveuglette et les récalcitrants furent exécutés en public pour l'exemple.

Cette évacuation toucha tout le monde, même les « figures progressistes » du réseau de soutien urbain des communistes. Au total, on estime que l'évacuation de Phnom Penh coûta la vie à environ 20 000 personnes.

Un des rares témoignages, s'inscrivant totalement en faux avec cette réalité, est celui de Jérôme et Jocelyne Steinbach, coopérants français présents à Phnom Penh dans les quinze jours qui ont suivi le 17 avril. Dans leur livre, *Phnom Penh libérée*, ils y décrivent des « soldats khmers rouges polis, patients et transportant des vieillards en voiture jusqu'à des pagodes à l'extérieur de Phnom Penh[1] ».

Des scènes similaires de chaos se produisirent dans tout le Cambodge, à quelques variantes près. À Battambang, il y eut des massacres d'officiers, sous-officiers et fonctionnaires et des déplacements de populations. Les habitants de Battambang et de Pailin furent conduits au plus profond de la forêt dans des villages rudimentaires, où ils durent se construire des huttes

1. Jérôme et Jocelyne Steinbach, *Phnom Penh liberee*, Éditions sociales, Paris, 1976.

en bambou et préparer des plantations pour se nourrir. Dans les semaines qui suivirent, les « déportés » se virent peu à peu dépouillés de tout : voiture, mobylette, valise, réfrigérateur, fauteuil… puis appareils photo, montres, livres, argent.

L'argent n'avait plus cours, les billets jonchaient les routes[1]. Certains habitants des villes déplacés gardèrent des dollars en les cachant sur eux et s'en serviront encore plusieurs mois pour acheter des suppléments de nourriture auprès de quelques « commerçants » ou même auprès de cadres khmers rouges peu regardants, dans les zones où ils étaient envoyés.

À l'arrivée, les rescapés devaient rédiger une brève autobiographie, qui, pour beaucoup, allait signer leur arrêt de mort.

Toutes ces violences et cette barbarie étaient la conséquence de l'endoctrinement des combattants à qui l'on avait inculqué que tout ce qui était à l'impérialisme et au capitalisme et à leurs œuvres – les biens occidentaux et ceux qui les utilisaient – était le mal absolu. De plus, l'analphabétisme, l'ignorance, la jeunesse des troupes khmères rouges et l'absence de cadres compétents en nombre suffisant parmi eux aggravèrent la situation.

Les Khmers rouges avaient divisé le peuple en deux groupes : le « peuple nouveau », c'est-à-dire les citadins déplacés qui avaient subi l'influence étrangère, et le « peuple ancien » des campagnes qui était déjà depuis un certain temps sous l'influence des Khmers rouges dans les zones libérées. Le « peuple ancien » avait aussi des sous-divisions, par exemple, les anciens propriétaires fonciers étaient différenciés des ouvriers agricoles.

Les relations de pouvoir entre les Khmers rouges se transmettaient par les *k'sae*, sortes de secrétaires de zone, mandarins des temps nouveaux et jouant le rôle de seigneurs de guerre

1. Les chefs khmers rouges ayant décidé que le pays pouvait se passer complètement de monnaie, les sept billets de riels préparés par la Banque de Chine et imprimés en Chine au lendemain du 17 avril ne furent jamais mis en circulation.

provinciaux. Tous les soldats de base et tous les chefs de village savaient que les excès de zèle dans la poursuite des suspects ne seraient pas punis, alors qu'une vigilance insuffisante dans la lutte contre les ennemis entraînerait un châtiment certain. Tous les cadres, quel que soit leur échelon, s'entourèrent d'un groupe d'espions (les *chhôps* ou *chmops*) qui observaient le comportement du peuple afin d'y déceler des indices. L'Angkar devait tout savoir : par son réseau d'espions, elle avait des « yeux d'ananas ».

Il n'y eut peut-être pas de directive centrale des plus hautes instances ordonnant aux escadrons d'éliminer les vieux et les grabataires qui ne pouvaient pas quitter Phnom Penh, mais les troupes s'en chargèrent, car on leur avait demandé de vider le secteur et c'était la manière la plus simple de le faire. Il n'y en eut pas non plus ordonnant de piller les bibliothèques et les laboratoires des instituts de recherche. Pourtant, François Bizot, chercheur à l'École française d'Extrême-Orient à Phnom Penh, vit ses collections, de précieux ouvrages réunis et indexés par plusieurs générations de savants, jetées par les fenêtres du premier étage pour être brûlées. Un autre étranger remarqua des piles de livres de la bibliothèque de la cathédrale catholique se consumant sur la pelouse devant l'évêché. Le laboratoire de l'Institut de recherche agronomique fut complètement détruit. En revanche, la Bibliothèque nationale et la bibliothèque de l'Institut bouddhique furent préservées durant le règne des Khmers rouges. La mise au pilon des collections de cette dernière ne commença qu'au début de l'année 1979, lorsque le gouvernement de Heng Samrim l'ordonna pour pallier une pénurie aiguë de papier.

Les conditions de la prise de Phnom Penh et du pouvoir au Cambodge, brièvement rappelées, montrent la rupture totale avec le passé et avec ce que l'on pouvait imaginer être le nouveau Cambodge.

Le 20 avril au matin, Pol Pot retourna dans cette ville qu'il avait fuie douze ans plus tôt pour prendre le maquis et dans laquelle il n'était jamais revenu.

Vers le retour de Norodom Sihanouk

Pendant ce temps, personne ne s'était soucié de ce que pensait Sihanouk à Pékin. « Après la victoire, ils me recracheront comme un noyau », avait-il prédit dans le passé en parlant des Khmers rouges. « Plus le combat durera, disait Penn Nouth dès 1970, moins nous aurons notre mot à dire. » Et le combat avait duré cinq ans. La victoire était là, et la résistance de l'extérieur, les alliés des Khmers rouges, n'avait plus son mot à dire. Le pouvoir avait échappé à Sihanouk pendant son exil.

Au lendemain de la victoire, le prince avait demandé aux Khmers rouges l'autorisation de regagner son pays, mais l'Angkar, par l'intermédiaire de Khieu Samphan, lui conseilla de patienter, car, selon elle, « il fallait d'abord chasser les agents ennemis qui pullulaient dans Phnom Penh et menaçaient sa sécurité, puis parce que les conditions d'hygiène étaient déplorables dans la capitale où se répandaient peste et choléra ».

L'état de santé de la reine Kossamak se détériora au cours des mois précédents. Elle mourut le 27 avril à Pékin. Peu de temps auparavant, Kim Il Sung, le président de la Corée du Nord, s'était rendu en train à Pékin en voyage officiel. Deng Xiaoping et Sihanouk l'attendaient à la gare. Malgré son programme chargé, il insista auprès des services du protocole pour se rendre, en visite privée, à la résidence de Sihanouk afin d'y rencontrer sa mère malade et le réconforter moralement. Ce dernier fut très ému de ce geste « fraternel » d'amitié et de compassion[1].

1. Entretien à Pyongyang en septembre 2008 avec Kim Kyong Sin, ancien fonctionnaire du département international du PDT (Parti du Travail). Ce dernier était à l'époque à l'ambassade de Corée du Nord à Pékin. Il raconta aussi cette anecdote dans un article du *Rodong Sinmun* du 4 juillet 2008.

Sihanouk passa l'été 1975 à ronger son frein entre Pékin et Pyongyang. Ni Mao ni Kim Il Sung ne jugèrent utile de lui dire que, pendant cette période, Pol Pot s'était rendu secrètement en Chine et en Corée du Nord pour discuter des grandes lignes des futures relations entre leurs pays. Ce n'est que bien des années plus tard que Sihanouk fut informé de ces visites.

Il semblerait que ce soit au cours de l'une d'entre elles que Pol Pot ait demandé à Mao de supprimer Sihanouk et sa famille, mais Mao lui conseilla de « conserver » en vie Sihanouk, la princesse Monique et leurs deux enfants[1], les Chinois pensant que ce dernier pourrait encore leur servir. Sa stature au sein du mouvement des non alignés était un atout non négligeable, et bientôt, à l'ONU, sa présence serait utile. Pol Pot accepta, d'autant plus qu'un Sihanouk à l'étranger pourrait être un point de ralliement aux opposants, et un Sihanouk à Phnom Penh, un alibi aux yeux des Cambodgiens expatriés et des sympathisants étrangers.

Une réunion finale eut lieu fin août 1975 dans la bibliothèque de la résidence de Mao Zedong, en présence de ce dernier, du prince Sihanouk, de Khieu Samphan, de Mme Ieng Sary, de Penn Nouth et de la princesse Monique. Mao interpella Sihanouk : « Je sais bien, mon cher prince, qu'il existe des malentendus entre vous et vos camarades communistes kampuchéens, mais n'oubliez pas que les motifs d'entente entre vous et eux sont bien plus nombreux que ceux de votre mésentente[2]. » Puis il leva la main et replia un de ses doigts : « Entre les Khmers rouges et Sihanouk, déclara-t-il, il y a quatre points d'accord et un seulement de désaccord. » S'adressant de nouveau au prince pour le rassurer, il poursuivit : « Ne craignez

1. Récit de Norodom Sihanouk à François Mitterrand et moi-même à Pyongyang, en février 1981.
2. Norodom Sihanouk, *Prisonnier des Khmers rouges*, Hachette, Paris, 1986, p. 14.

pas d'avoir à travailler à la houe dans les champs. Aucun de vous n'aura à faire cela, mais vous pourriez avoir à vous servir d'un balai et à faire un peu de ménage. » Puis, devant tout le monde, il conseilla à Khieu Samphan de ne pas obliger non plus la princesse Monique et ses deux enfants à travailler de leurs mains[1]. Son ami Penn Nouth n'était pas très à l'aise et Khieu Samphan souriait d'une manière crispée.

À la fin de l'entretien, Mao attira Sihanouk dans un coin de sa bibliothèque et lui dit : « Votre pays sera puissant et restera très indépendant si vous-même et les camarades khmers rouges restez unis. Effacez ces quelques divergences et vous aurez une entente à 100 % avec les camarades khmers rouges. » Par respect pour le président, très âgé et déjà très malade, Sihanouk se contenta de sourire et lui serra la main avec affection en guise d'au revoir. Il savait très bien que sa coexistence avec les Khmers rouges pour la direction de l'État serait impossible. Il l'avait compris, sans rien laisser paraître, au lendemain de sa visite dans les « zones libérées » en 1973. À plusieurs reprises, en Chine, il avait confié à Chou Enlai son désir de démissionner, mais ce dernier l'en avait dissuadé.

Après la réunion avec Mao, Sihanouk partit quelques jours pour Pyongyang où il fut rejoint par Khieu Samphan, l'invitant officiellement à rentrer. Il avertit sèchement le prince que son secrétariat et son cabinet du temps du FUNK à Pékin devaient être démantelés et qu'il n'aurait pas le droit de publier des bulletins d'information et de documentation. Son parti lui fournirait les secrétaires dont il aurait besoin.

1. Transcription de l'entretien entre Mao et Sihanouk le 27 août 1975, Archives centrales chinoises à Pékin, Philip Short, *op. cit.*, p. 426.

Un accueil déférent

Sihanouk savait très bien ce qui l'attendait à son retour à Phnom Penh, mais il voulait rentrer au Cambodge parmi son peuple, et puis il espérait – naïvement – qu'il lui serait possible de vivre dans son pays comme simple «retraité», sans désagrément ni humiliation.

Le 9 septembre, il retournait au Cambodge pour trois semaines afin de préparer, sous la direction des Khmers rouges, le discours qu'il allait prononcer aux Nations unies. Il devait ensuite partir pour une tournée internationale dans plusieurs pays amis.

À l'aéroport, il fut accueilli par des moines en robe safran – parmi les derniers à ne pas avoir été défroqués – qui chantaient des psaumes de victoire. Ils étaient accompagnés de jeunes Khmères rouges vêtues de noir, qui jetaient des brassées de fleurs sous ses pas, et par une foule de soldats, d'ouvriers révolutionnaires triés sur le volet, auxquels s'ajoutaient des représentants de l'Angkar, sous la houlette de Khieu Samphan. Pol Pot, lui-même, y assistait, dissimulé derrière le comité d'accueil. Sihanouk ne le vit pas et ne fut pas informé de sa présence.

À son arrivée au palais Khemarin, les personnalités khmères rouges qui l'accompagnaient lui dirent: «Vous, les rois et les princes, n'avez pas été capables de sauvegarder le Kampuchéa Krom. Nous, Kampuchéa démocratique, nous possédons une armée supérieure à celle des Viets, nous allons leur faire la guerre et réussirons à libérer le Kampuchéa Krom devenu Sud Viêt Nam et à le rattacher à notre Kampuchéa actuel[1].»

Durant les trois semaines qui suivirent, les Khmers rouges se montrèrent extrêmement déférents vis-à-vis de Sihanouk, qui fut bien traité. Ils avaient besoin de lui pour parler au nom du régime à la tribune de l'ONU, puis pour redorer leur blason sur

1. BMD du 8 au 23 juillet 2008.

le plan international au moyen d'un long voyage diplomatique prévu dans plusieurs pays amis d'Asie, d'Europe et d'Afrique.

Une équipe d'ouvriers avait passé tout le mois d'août à nettoyer le palais Khemarin, qui se trouve dans une enceinte spéciale du palais royal, proche de la salle du trône, pour le prince, la princesse Monique et leur suite. Initialement prévu pour les appartements privés du roi du Cambodge, il fut, après le règne de Norodom Suramarit, père de Sihanouk, réservé à la réception des chefs d'États étrangers de passage à Phnom Penh. Le général et Mme de Gaulle, le président et Mme Tito, le Premier ministre chinois, Chou Enlai, ou encore le président chinois, Liu Shaoqi, et son épouse, Wang Guangmei, y ont notamment séjourné.

De 1970 à 1975, Lon Nol résidait au palais Chamcar Mon et avait donné au palais royal le nom de Musée national. Le directoire khmer rouge attribua à Sihanouk, à partir de septembre 1975, le palais Khemarin, mais la salle du trône restera un musée sans aucun entretien.

Sihanouk put donc s'y installer avec son épouse et la suite qui avait été autorisée à les suivre, à savoir la princesse Mom, tante de Sihanouk, Mme Pomme Peang, la mère de la princesse Monique, Mme Sar Saoroth sa secrétaire, l'ancien directeur du protocole du palais royal et ex-ambassadeur du FUNK à Pékin, Ker Meas, Mme Suor Tal, cousine de feue la reine Kossamak, ainsi que Mmes Khon et Nav, dames de compagnie de la princesse Monique.

Une des filles de Sihanouk, Sorya Roeungsy, revenue elle aussi avec lui, et sa famille, habitaient une maison en dur près du monument de l'Indépendance, non loin d'une autre maison qui avait été affectée à Penn Nouth et à son épouse.

Enfin, un docteur en médecine chinoise, Mme Chin, et une infirmière de l'hôpital central de Pékin, logeaient également au palais royal.

Les Khmers rouges nommèrent Chhorn Hay, ancien membre du cercle marxiste de Paris, *kammaphibal* (cadre) khmer rouge au palais royal. Ce *kammaphibal*, auprès de Sihanouk, avait à la fois un rôle de commissaire politique et un rôle de majordome. Il était assisté de deux personnes pour le secrétariat, trois employés pour l'hôtellerie et quatre jeunes filles pour la cuisine. Plusieurs militaires étaient, entre autres, chargés de la garde du palais et de l'entretien du jardin.

La Chine avait fait livrer à l'avance tout ce qui était nécessaire, y compris du foie gras et des truffes. Des vins fins furent fournis par le commissariat du Comité central, établi derrière le Vat Langka, où l'on avait entreposé les bouteilles, les porcelaines, bijoux et autres objets précieux récupérés dans les riches demeures après l'évacuation.

Khieu Samphan, Son Sen, Hu Nim, Khieu Thirith – Mme Ieng Sary – et d'autres cadres supérieurs khmers rouges venaient souvent prendre leurs repas avec Sihanouk et les siens au palais Khemarin, en félicitant chaleureusement la princesse Mom pour ses plats et entremets délicieux.

Le prince Norodom Phurissara, encore ministre de la Justice, sa femme, l'ex-gendre de Sihanouk, le prince Sisowath Doussady et le fils de Sihanouk, Khemanourak, qui, depuis le coup d'État de Lon Nol, avait servi la résistance, étaient autorisés aussi à faire des visites au palais.

Le prince Sihanouk fut agréablement surpris de constater que certains Khmers rouges à son service au palais, y compris des militaires, utilisaient à son endroit le vocabulaire spécial traditionnel de la Cour. Il fut moins enchanté, en revanche, de découvrir que certains soldats se servaient des chaînes de cérémonie en or de la salle du trône pour promener leurs chiens. Sihanouk trouva Chhorn Hay, les militaires et tous les autres Khmers rouges à son service polis et très serviables.

Il fut autorisé à organiser des cérémonies funéraires à la pagode d'argent en souvenir de sa mère, la reine Kossamak, décédée en avril en Chine.

Les Khmers rouges assurèrent à Sihanouk et à la princesse Monique que leurs deux fils pourraient poursuivre leurs études à l'étranger. Le prince pensa : « Finalement, ces Khmers rouges sont des gentlemen. Ils doivent tenir compte des recommandations du président Mao. Je quitterai certainement mes fonctions de chef d'État, mais je pourrai vivre une vie supportable dans la "nouvelle société". »

Khieu Samphan lui assura que les habitants de Phnom Penh travaillaient maintenant à la campagne et étaient heureux, et que les ex-collaborateurs de Lon Nol étaient sains et saufs et participaient à la reconstruction du pays. Il l'emmena en bateau sur le Tonle Sap et lui fit visiter une usine de textile, rutilante et fonctionnelle à l'époque du SNR et construite avec l'aide de la Chine, mais qui se trouvait à présent dans un état de délabrement avancé.

Lors de cette promenade en bateau, Sihanouk ne vit aucun paysan sur les berges. Khieu Samphan lui assura qu'ils étaient à l'intérieur des terres en train de travailler dans les rizières. À bord du bateau, qui avait dû appartenir à un petit armateur cambodgien, un déjeuner fut offert au prince. Surprise, à sa table, les assiettes portaient les armoiries de la Malaisie. Elles avaient dû appartenir à la vaisselle de luxe de l'ambassade de ce pays à Phnom Penh, puis réquisitionnées au nom de l'Angkar.

En octobre, Norodom Sihanouk quitta de nouveau le Cambodge pour une mission de trois mois qui le mena d'abord en Chine, en Corée du Nord et à l'ONU, puis dans une longue tournée diplomatique, notamment en Roumanie, en Yougoslavie, en Albanie, en Irak, en Syrie, au Soudan, en Tanzanie et, au retour, à Paris où il rencontra des étudiants cambodgiens.

Au cours de ce même mois, le prince prit la parole devant l'Assemblée générale des Nations unies. Il défendit, comme prévu, le nouveau régime du Cambodge et sa rhétorique anti-américaine lui valut une *standing ovation* des délégués du tiers-monde.

Devant une situation dégradée

Le climat de cette « idylle assez étrange » entre les Khmers rouges au pouvoir et Sihanouk avait, à cette date, déjà commencé à se dégrader. En effet, un ancien collaborateur de Sihanouk à Pékin du temps du FUNK, disant s'inspirer de confidences de certaines personnes de la suite du prince, revenant en Chine fin septembre après trois semaines passées au Cambodge, fit à la presse occidentale une description épouvantable de la vie dans le pays des Khmers rouges. Sihanouk lui-même commençait à comprendre ce qui se passait dans son pays.

Le Conseil des ministres se réunit à Phnom Penh, sans Penn Nouth, et décida d'envoyer à Sihanouk une lettre de réprimande signée Khieu Samphan, l'assurant « que, à l'avenir, les héroïques révolutionnaires qui ont versé tant de sang pour le salut national et l'avènement du pouvoir du peuple, ne toléreront pas qu'on porte atteinte à leur honneur et leur bonne réputation sur le plan international et qu'on calomnie le nouveau régime »... La lettre se termina par une menace : « En choisissant une mauvaise voie, vous n'avez rien à gagner et tout à perdre. »

Pendant le voyage d'État de Sihanouk à travers le monde, Ieng Sary avait ordonné à tous les ambassadeurs du GUNK de rentrer à Phnom Penh pour un stage « d'information et de formation ». Il parlait du Gouvernement d'union nationale du Kampuchéa (GUNK) – le « R » de « royal » avait disparu.

À Paris, avant de partir pour Pékin, Sihanouk conseilla aux membres de son entourage de bien réfléchir avant de décider s'ils voulaient l'accompagner de nouveau à Phnom Penh. Il ne leur cacha pas ses inquiétudes quant à la situation intérieure du pays. Plus de la moitié préférèrent rester en exil à l'étranger.

À Pékin, où il resta quelques jours pour prendre congé des autorités chinoises et des diplomates étrangers amis du FUNK et du GRUNK, il apprit, à sa grande surprise, que le Cambodge se donnait une autre Constitution et avait renoué les relations diplomatiques avec la Thaïlande, décisions pour lesquelles lui, théoriquement chef de l'État, n'avait même pas été informé. Il eut beaucoup de peine à répondre aux demandes de précisions de l'ambassadeur de France en Chine, Claude Arnaud[1].

Pourquoi donc décida-t-il de rentrer dans son pays ? D'abord, il le devait aux Chinois et aux Coréens du Nord qui l'avaient soutenu pendant cinq ans. Ensuite, il voulait être auprès de son peuple dans cette heure difficile. Enfin, il avait compris intuitivement qu'il devait rester au Cambodge s'il voulait avoir la moindre chance de revenir au pouvoir un jour. C'était un pari risqué et courageux qui lui fera endurer de multiples épreuves.

Le 31 décembre 1975, après une dernière entrevue avec Deng Xiaoping, le prince Sihanouk embarqua à bord d'un Boeing 707 d'une compagnie chinoise et repartit pour Phnom Penh, accompagné cette fois d'une suite beaucoup plus restreinte. Quand il arriva à l'aéroport, il n'y avait plus de moines, plus de tapis rouge et plus de jeunes filles jetant des fleurs comme la première fois, mais une foule lugubre psalmodiant des slogans à la gloire de l'Angkar. Son sourire, dira plus tard Sihanouk, apparaissait lui-même ridicule.

---

1. Claude Arnaud resta en poste à Pékin de 1975 à 1979. Je l'ai connu de janvier à septembre 1978 lors de mon stage de l'ENA à l'ambassade de France à Pékin. Je fus le premier de cette école en stage long à Pékin, comme j'avais été le premier à choisir la langue chinoise au concours d'entrée.

Le soir même, un dîner fut organisé par les Khmers rouges au palais du Gouvernement – ancien palais du résident supérieur de France – en l'honneur du corps diplomatique qui ne comprenait à l'époque que les ambassadeurs de Chine, de Corée du Nord, du Viêt Nam du Nord et de Cuba[1]. Il fut placé sous la présidence du prince Sihanouk. On y servit des plats khmers et l'on mangea à la khmère, c'est-à-dire avec les différents mets dans une même assiette: poulet, canard, poisson, bœuf, légumes et soupe. Quelques années plus tard, Ieng Sary adoptera un nouveau « style » et fera changer les assiettes pour chaque plat. La nappe et les serviettes blanches étaient correctes quant à la propreté, de même que les assiettes, les verres, les fourchettes, cuillères et couteaux, mais de modèles très hétéroclites. Chaque convive ne disposait que d'une cuillère, une fourchette et un couteau pour tout le repas. Au dessert, on donna à chacun une minuscule fourchette. Les couverts venaient sûrement de plusieurs maisons qu'on avait dévalisées après l'évacuation forcée de toute la population de Phnom Penh le 17 avril 1975[2].

En septembre 1975, en partant pour Pékin, l'ONU et une douzaine de pays amis, Sihanouk avait laissé au palais Khemarin la cousine de sa mère, Mme Suor Tal, une dame de compagnie, Mme Khon, et l'ex-directeur du protocole royal, Ker Meas. En revenant à Phnom Penh, le 31 décembre 1975, tous les trois avaient disparu. Ker Meas avait été emmené par des soldats dans une jeep vers une destination inconnue. Mmes Tal et Khon avaient été envoyées dans une coopérative de Battambang. Heureusement, Khieu Thirith, épouse du n° 2 du régime Ieng Sary, a bien voulu intercéder aux demandes de la princesse Monique de voir retourner auprès d'elle ces

1. Viendront plus tard ceux de l'Albanie, de la Yougoslavie, du Laos, de l'Égypte, de la Roumanie et de la Birmanie.
2. Norodom Sihanouk, *op. cit.*, p. 32.

deux dames, que la reine Kossamak lui avait confiées. Leur libération fut une faveur exceptionnelle et unique, car les Khmers rouges n'avaient jamais laissé et ne laisseront jamais quelqu'un s'échapper des infernales « coopératives », il connaîtrait alors trop de choses qui pourraient être révélées au « public ». Ce n'est pas de gaieté de cœur que l'Angkar rendit ces deux femmes au couple princier. Sihanouk pensa d'abord que ce geste du Parti était en relation avec son projet de démission – projet dont il s'était entretenu avec Khieu Samphan et Ieng Sary –, mais il y avait aussi le fait que Mme Khieu Thirith éprouvait, depuis l'époque de leurs études ensemble au lycée de Phnom Penh, une tendre affection pour la « petite Monique », sa cadette[1].

En plus de la collectivisation des terres et du mode de vie, l'Angkar tenta aussi de collectiviser la reproduction humaine et de produire des bébés à la chaîne. Mme Penn Nouth a raconté à Sihanouk qu'elle avait été invitée par l'Angkar avec son mari à visiter une installation dans une province pour cette nouvelle idée. « On avait construit un bâtiment tout en longueur, en bois, sur pilotis et paillote. On y a fait entrer quelques dizaines de "couples". Ces hommes et ces femmes, qui ne se connaissaient pas auparavant, reçurent l'ordre des cadres khmers rouges de faire l'amour en tant que machines industrielles devant produire des bébés, futurs combattants antivietnamiens. Les actes sexuels et industriels furent accomplis en mouvement d'ensemble. Tellement, que le long bâtiment a fini par s'écrouler avec fracas. » Face à ces procédés inhumains, Sihanouk, qui l'a raconté de très longues années plus tard, préféra en rire : « Mme Penn Nouth ne m'a pas dit si ces couples étaient arrivés à la "conclusion", mon épouse étant présente à l'entretien. »

Dans un premier temps, le prince accomplit tous les gestes que ses nouveaux maîtres attendaient de lui. Le 5 janvier 1976,

1. Norodom Sihanouk, *op. cit.*, p. 45.

au palais Khemarin, il présida un Conseil des ministres qui promulgua la nouvelle Constitution, abolissant la monarchie[1] et changeant le nom du pays en Kampuchéa démocratique. L'ordre du jour comportait également la présentation du nouveau drapeau national et du nouvel hymne national.

La Constitution khmère rouge n'était pas vraiment un document juridique, mais un manifeste radical qui supprimait la monarchie et affirmait que « tout Cambodgien jouit de plein droit de tous les aspects matériels, spirituels et culturels de la vie », exception faite des « religions réactionnaires » interdites. Elle affirmait la priorité de l'État sur les moyens de production, le droit et l'obligation de tous les Cambodgiens de travailler, et annonçait que le « chômage est absolument inexistant au Kampuchéa démocratique ». Enfin, le pouvoir de l'État devait être incarné par un présidium de trois hommes dirigés, prévoyait-on, par Sihanouk.

Le drapeau était complètement rouge avec, en son centre, la silhouette jaune à trois tours d'Angkor Vat. Dans le nouvel hymne national, on trouvait le mot « sang » dans chaque couplet. Du sang partout et à propos de tout. L'hymne national du Kampuchéa démocratique est un hymne sanguinaire dans lequel le sang est une marque de vertu révolutionnaire.

« Un sang rouge vif couvre les villes et les plaines du Kampuchéa notre patrie.

Sang sublime des ouvriers et des paysans.
Sang sublime des combattants révolutionnaires !
Le sang se mua en une haine implacable,
En une lutte résolue [qui]… nous libérera de l'esclavage. »

1. C'était en fait la deuxième fois que la monarchie était abolie, car la république de Lon Nol l'avait déjà fait en 1970.

C'est, en fin de compte, tout le contraire de *La Marseillaise*. Dans l'hymne khmer rouge, c'est le sang des combattants révolutionnaires couvrant les villes et les plaines qui doit apporter la libération de l'esclavage, alors que, dans *La Marseillaise*, c'est le sang impur des féroces soldats aux ordres de la tyrannie qui doit couler dans les sillons des champs.

Sihanouk assistera à un autre Conseil des ministres dans lequel les Khmers rouges lui annonceront qu'ils supprimaient le bouddhisme. Le prince ne disait mot, mais, au fond de lui-même, pensait que le nouveau régime prenait de mauvaises décisions au regard de la tradition khmère. Il n'avait, à cette époque, pas encore pris la décision de démissionner. C'est le voyage suivant à travers le pays qui commença à lui faire envisager cette éventualité. En effet, sûrement en récompense de sa bonne volonté, Khieu Samphan l'emmènera pour deux déplacements, l'un à Kompong Cham en voiture, une Mercedes noire, l'autre pour un long périple à travers le pays autour du grand lac Tonle Sap, départ de Phnom Penh à l'aube en train. Le train « spécial » comportait une locomotive de fabrication française (Alsthom), que le gouvernement de Sihanouk avait achetée en 1969, et un wagon « spécial », lui aussi de fabrication française, datant de la même époque.

Au cours de ce voyage à petite allure sur plus de 300 kilomètres, Sihanouk eut le temps d'échanger avec Khieu Samphan. La première question se rapportait à la réparation des voies ferrées, ligne Phnom Penh-Battambang-Poipet (frontière thaïlandaise) et ligne Phnom Penh-Kampot-Kompong Som, ex-Sihanoukville. En avril 1975, les infrastructures de ces lignes – rails, ponts, gares, équipements – furent détruites à 80 % du fait des bombardements américains et des actes de sabotage des Khmers rouges.

Selon Khieu Samphan, ceux-ci et le peuple ont fait des « prodiges » pour rendre utilisable, dans le plus bref délai, le chemin de fer national. Sihanouk le félicite, Penn Nouth et la princesse Monique restent silencieux. Ce que Khieu Samphan omet de mentionner et que Deng Xiaoping a raconté à Sihanouk lors de leur dernier entretien, c'est que, dès le lendemain de la libération, les Chinois ont voulu réparer, sans délai, le chemin de fer Thaïlande-Phnom Penh-Kompong Som, pour que le Viêt Nam ne puisse étouffer dans l'œuf le jeune régime khmer rouge. La Chine a envoyé, par bateaux – toute une armada – et par un pont aérien, le matériel et le personnel nécessaires à la gigantesque tâche de reconstruction du chemin de fer.

Pendant ce voyage, Sihanouk ira aussi à Siem Reap et visitera plusieurs villes. Partout, le spectacle est le même: désolation, abandon, travail forcé dans les campagnes. À Angkor, beaucoup de statues de Bouddha sont détruites. Il apprendra plus tard que les quelques habitants qui lui ont témoigné des gestes d'affection lors de ses voyages ont été liquidés par les Khmers rouges. En rentrant à Phnom Penh, il voit que le grand pont sur le Tonle Sap, qu'il avait inauguré un an avant le coup d'État de Lon Nol, est à moitié détruit et ne sera pas réparé. L'ambassade de France est dans un état pitoyable de délabrement, la cathédrale catholique a été rasée.

La situation du Cambodge, à cette époque des Khmers rouges et jusqu'en 1979, a été décrite en détail par de nombreux ouvrages dans les années suivantes. Au total, le régime fit plus d'un million et demi de morts et mit le pays à plat sur le plan économique, mais, à cette époque, peu de gens encore étaient au courant.

Le prince Sihanouk démissionne

Après avoir constaté l'état dans lequel les Khmers rouges avaient plongé la population et le Cambodge, Sihanouk prit la décision définitive de démissionner pour ne pas être accusé, dans l'avenir, d'avoir cautionné tout cela. Penn Nouth et la princesse Monique lui conseillèrent de patienter, mais sa décision était prise.

Restait maintenant à décider du moment de rendre cette décision officielle et irréversible. En démissionnant peu de temps après être rentré au Cambodge, il risquait de provoquer un affrontement brutal avec la direction khmère rouge. Comment allait réagir la Chine ? Son vieil allié, le Premier ministre Chou Enlai, était mort le 8 janvier et le groupe d'extrême gauche – appelé plus tard « la Bande des Quatre » – dirigé par Jiang Qing, la dernière femme officielle de Mao, prenait un poids accru.

Début mars, Sihanouk apprit que Ieng Sary avait envoyé de nouveaux ambassadeurs à Pékin, à Pyongyang, à Hanoi et à Vientiane, sans lui faire signer les lettres de créance, contrairement à toute règle protocolaire, ce qu'il aurait dû faire en tant que chef d'État. Ce fut, semble-t-il, la goutte d'eau qui fit déborder le vase. De même, il ne pouvait plus ni recevoir les ambassadeurs accrédités au Kampuchéa démocratique, ni rencontrer les personnalités en visite dans le pays. Ieng Sary disait invariablement aux visiteurs qu'il était en inspection dans un coin éloigné et inaccessible du Cambodge[1].

Le 10 mars 1976, Sihanouk remit à Chhorn Hay sa lettre de démission pour raison de santé. Il souhaitait quitter son poste avant le 20 mai, puis se rendre en Chine pour se faire soigner. Pol Pot convoqua le comité permanent et essaya de le faire revenir sur sa décision, craignant les réactions de la Chine et de la Corée du Nord. Il envoya auprès de lui Khieu Samphan, Penn Nouth, puis, par trois fois, une délégation khmère rouge, mais le prince resta sourd à leurs supplications. Le 2 avril au matin, sa démission fut acceptée. Il enregistra un message en français et en khmer annonçant sa décision, qui fut diffusé à la radio le

1. BMD du 21 février au 10 mars 2007, p. 29.

jour même. Sa voix blanche témoignait de sa détresse. Chhorn Hay, le *kammaphibal* khmer rouge au palais royal, l'avait assisté pour cet enregistrement et tenait le micro du magnétophone. Une photo fut prise pour immortaliser l'événement et, ne souhaitant pas se retrouver sur celle-ci en compagnie du prince, Chhorn Hay me raconta qu'il avait tout fait pour y échapper, tendant son bras avec le micro ou se penchant en arrière. Mais, malgré tous les stratagèmes utilisés, il fut néanmoins sur la photo[1]. Cet acte de démission, sans que personne puisse le savoir à cette date-là, placera Sihanouk en position centrale pour jouer un rôle charnière dans l'avenir[2].

Pour rassurer la Chine et la Corée du Nord, les Khmers rouges déclarèrent, à la radio, que c'était un « grand patriote » et annoncèrent la construction d'un monument en son honneur et l'attribution d'une pension d'État de 8000 dollars par an. Ces nouvelles furent reprises par toutes les radios du monde. Bien sûr, ces promesses ne furent pas respectées, mais elles n'en étaient pas moins révélatrices des précautions qu'étaient obligés de prendre les Khmers rouges avec Sihanouk.

Sur le plan politique, la démission de Sihanouk obligea Pol Pot à sortir de l'ombre et à occuper le devant de la scène. Il devint Premier ministre d'un gouvernement monocolore, comprenant notamment : Ieng Sary, vice-Premier ministre, ministre des Affaires étrangères, Vorn Vet, vice-Premier ministre, ministre de l'Économie, Son Sen, vice-Premier ministre, ministre de la Défense, Keat Chhon, ministre attaché au bureau du Premier ministre, et Mme Khieu Thirith, ministre des Affaires sociales. Aucun des quatre ministres sihanoukistes du gouvernement du Front uni précédent – Penn Nouth, Norodom Phurissara,

1. Entretien avec Chhorn Hay en août 2009 à Pyongyang. Chhorn Hay était alors ambassadeur du Cambodge en Corée du Nord.

2. Ce fut d'ailleurs un des arguments que j'utilisai en 1979 pour convaincre Lionel Jospin et François Mitterrand que seule une « solution Sihanouk » pourrait sortir le Cambodge de l'impasse.

Sarin Chak et Chey Chim – ne retrouva un poste. Khieu Samphan devint chef de l'État.

Pol Pot eut du mal à assumer sa mise en lumière. On lui inventa une biographie fictive. Quand ses premières photos furent publiées, d'anciens camarades d'études et ses propres frères qui travaillaient alors dans une coopérative furent étonnés de découvrir que le nouveau dirigeant n'était autre que l'effacé Saloth Sâr. Jusqu'à la chute du régime, les Khmers rouges ont toujours nié que Saloth Sâr et Pol Pot étaient le même homme.

Vengeances sur la famille

Les conséquences de la décision de Sihanouk furent terribles pour de nombreux membres de sa famille. Son cousin Norodom Phurissara, ex-ministre de la Justice, et sa femme, furent envoyés dans une province très éloignée de la capitale et disparurent pour toujours. Ses filles, Sorya Roeungsy, Botum Bopha, leur frère Khemanourak, leurs maris et enfants respectifs disparaîtront aussi sans laisser de trace.

Tous ses enfants et petits-enfants – à l'exception des deux derniers qu'il avait eus de la princesse Monique et qui étaient avec lui au palais –, soit 19 personnes, furent évacués de Phnom Penh *manu militari* et envoyés dans plusieurs coopératives. On perdit leur trace à jamais.

La sœur aînée de la princesse Monique, Nanette Izzi, et son mari, Sisowath Methavi[1], qui étaient rentrés en 1977 au Cambodge, sans que Sihanouk le sache, disparurent eux aussi. Pendant ses années d'enfermement au palais royal, chaque fois que Sihanouk demandait de leurs nouvelles, on lui répondait « qu'ils allaient bien et travaillaient à la campagne pour la

1. Sisowath Methavi et Nanette Izzi sont les parents de Thomiko et de Chittara. Sisowath Methavi était le frère cadet de Sisowath Sirik Matak.

construction du nouveau Kampuchéa». Ce n'est qu'en 1979, quand il put quitter le pays, après l'invasion vietnamienne, qu'il comprit qu'il ne les reverrait jamais. Même les Chinois ne réussirent pas à les retrouver. En France, en 1980, certains compatriotes réfugiés lui dirent qu'ils avaient tous été torturés et massacrés, que certains de ses petits-enfants avaient été donnés à manger aux crocodiles et d'autres avaient eu les têtes fracassées contre des troncs d'arbres[1]. On lui raconta que sa fille Botum Bopha et son mari So Potra avaient essayé de s'enfuir de leur coopérative mais avaient été capturés par des soldats Khmers rouges. On sait quel sort ces derniers réservaient à ceux qui essayaient de s'évader.

So Potra, en mars 1973, avait accompli un retentissant exploit. Avec un petit avion militaire américain, il avait bombardé le palais de Lon Nol à Phnom Penh, puis, à bord du même appareil, avait réussi à s'enfuir jusqu'en Chine. Sihanouk se trouvait alors en zone libérée avec la direction khmère rouge, qui décida d'un *satisfecit* à So Potra, qualifié officiellement de «patriote». Il fit ensuite un stage de perfectionnement dans l'aviation yougoslave. Puis, avec femme et enfants, sur la suggestion de Sihanouk, il rentra au Cambodge en décembre 1975 pour servir le nouveau régime. Celui-ci ne fera jamais appel à lui, car l'Angkar le tenait pour traître au prolétariat, puisque, non-prince, il avait méprisé les filles du peuple et épousé une princesse royale.

Sihanouk ne se pardonnera jamais de ne pas avoir persuadé tous les membres de sa famille de quitter le Cambodge quand ils le pouvaient ou de ne pas y revenir lorsqu'ils se trouvaient à l'étranger. «Les fantômes de mes enfants et petits-enfants m'empêchent de dormir la nuit, et je me réveille souvent à 2 heures du matin», me dira-t-il un jour. Plus tard, il écrira

1. BMD du 8 avril au 5 mai 2008.

que « Samdech Penn Nouth, face à cet Angkar archi-inhumain et cruel, sut manœuvrer avec une sagesse et une intelligence aiguës. Tandis que moi, je fus seulement capable involontairement de l'amener à martyriser au maximum ma famille et celle de mon épouse... À chaque audience au palais Khemarin, Samdech Penn Nouth ne manquait pas, en présence de la délégation khmère rouge envoyée auprès de moi, de dire : "Moi, Penn Nouth, je confie ma vie et mes ascendants à notre clairvoyant et bienveillant Angkar. Toute ma vie durant, je resterai toujours sous l'ombre protectrice de l'Angkar." Et moi, je maintenais follement ma demande de démission[1]. »

Pour l'heure, il est simplement mis un peu plus à l'isolement. Penn Nouth et son épouse ne peuvent plus venir le voir, ni lui écrire.

Le 16 avril 1976, veille de la « grande fête de la victoire », premier anniversaire de la libération du Kampuchéa le 17 avril, Sihanouk reçut la visite de Khieu Samphan qui lui annonça, ainsi qu'à la princesse Monique, que leurs deux enfants, les princes Sihamoni et Narindrapong, arriveraient le lendemain à Phnom Penh, soi-disant parce que le gouvernement les avait invités aux festivités du premier anniversaire de la victoire. Le premier faisait à ce moment-là des études à Pyongyang, et le second à Moscou. Le prince et son épouse ont tout de suite compris que leurs enfants seraient désormais prisonniers avec eux à Phnom Penh[2].

Effectivement, le lendemain, le prince Sihamoni expliqua à ses parents qu'il avait reçu un télégramme signé de Norodom Sihanouk dans lequel « papa » lui demandait de rentrer au Kampuchéa pour « une fête ». Le télégramme avait été envoyé de Pékin à Pyongyang où se trouvait le chargé d'affaires khmer

1. BMD du 25 au 29 août 2006.
2. Norodom Sihanouk, *op. cit.*, p. 107 et 108.

rouge, qui refusa au prince l'envoi d'un courrier au président Kim Il Sung l'avertissant de son départ, et qui l'escorta pendant son voyage en train jusqu'à Pékin. Là, Sihamoni retrouva son frère cadet Narindrapong venu de Moscou et son cousin Sisowath Chittara[1], qui faisait ses études à Pékin. Tous les trois ont été priés par les diplomates khmers rouges de monter aussitôt dans un avion chinois en partance pour Phnom Penh. Au moment de l'embarquement, ils n'étaient pas au courant de la démission de leur père. Ce n'était donc pas pour participer à la célébration de la fête nationale qu'on les avait fait revenir, mais pour les priver définitivement de toute possibilité de choisir la liberté s'ils avaient appris que leur père avait cessé de coopérer avec les Khmers rouges.

En comprenant le piège dans lequel ils étaient tombés, le prince Sihamoni se mit à pleurer et dit à son père: «Je suis prêt à me sacrifier. Veuillez proposer à l'Angkar de me garder en otage et de vous laisser partir à l'étranger.» En revanche, le prince cadet Narindrapong lança à son frère un regard méprisant et déclara: «Tout ce que le très respecté et bien-aimé Angkar a fait, fait et fera, est bon et bénéfique pour le peuple et le pays. Grâce à lui, c'est la première fois de notre histoire nationale que notre pays connaît une véritable indépendance et une rupture totale avec la corruption et toutes les pourritures des régimes précédents. Moi, j'ai décidé tout seul d'interrompre mes études pour venir servir l'Angkar et le peuple.» Il était devenu pro-Khmer rouge à partir de 1973. Déjà, en juillet 1974, quand il était venu passer ses vacances à Pékin, en arrivant de Moscou où il faisait ses études, il avait violemment critiqué son père devant des jeunes communistes partisans de Ieng Sary. Plus tard, en France, après 1979, il continuera à mener

1. Fils cadet de Sisowath Methavi et d'Annette (Nanette) Izzi, sœur aînée de la princesse Monique, et frère cadet de Thomiko.

des combats anti-Sihanouk et antimonarchie. Même si, après son décès en France en 2003, Sihanouk organisa au palais royal à Phnom Penh toutes les cérémonies bouddhiques pour le repos de son âme, toute sa vie, le prince souffrira d'avoir vu son propre fils se retourner contre lui et contre la monarchie khmère. Sihanouk vivait là un drame familial shakespearien, il voyait son fils tous les jours le contester et le critiquer. Plusieurs années après le décès de Narindrapong, Sihanouk, comme pour panser cette plaie psychologique, me dira : « Il était progressiste, il a cru aux Khmers rouges, mais il était malade aussi. À la fin de sa vie, il écrivit des livres sur le Sangkum[1]. »

Mme Tioulong me décrivit Narindrapong d'une manière plus humaine : « Après 1991, quand il retournait au Cambodge en provenance de Paris, il venait souvent me voir. Nous prenions un petit déjeuner. Il critiquait toujours ses parents, puis nous allions nous promener en voiture. »

Cela dit, en avril 1976, Sihanouk ne savait pas ce qui allait arriver à ses enfants et petits-enfants, ni à lui-même. En fait, la protection de Mao fut efficace mais ne s'appliqua qu'à lui, à la princesse Monique et à leurs deux fils, Sihamoni et Narindrapong. Ils ne furent pas tués, ni envoyés dans une coopérative à la campagne, malgré les demandes incessantes de Narindrapong de pouvoir s'y rendre.

Prisonniers dans une « cage dorée »

À partir d'avril 1976, Sihanouk ne verra plus personne, ne recevra plus les journaux occidentaux[2] mais, chose étonnante, les Khmers rouges lui laissèrent la radio qu'ils lui avaient donnée. Et le prince avait ramené un deuxième poste de radio dans ses bagages en revenant de Pékin. Grâce à eux, il pouvait

1. Entretien du 20 novembre 2008.
2. Ceux qu'il recevait jusque-là étaient censurés, les articles critiquant les Khmers rouges étaient supprimés.

écouter clandestinement sur l'un la BBC, France Inter et La Voix de l'Amérique (VOA), pendant que l'autre, plus fort, diffusait les émissions khmères rouges. Heureusement, la bibliothèque du palais royal n'avait pas été détruite, ni par Lon Nol de 1970 à 1975, ni par les Khmers rouges après. Il put y trouver des livres en français et en anglais, et aussi des quantités de journaux le critiquant entassés là du temps de Lon Nol.

Sihanouk et la princesse Monique commencèrent une vie de reclus dans le palais Khemarin, puisant à la radio des bribes d'informations sur la situation du Cambodge, interprétant ou subissant tout « signe » négatif ou positif de l'Angkar envers eux, le prince essayant même d'en envoyer dans la mesure de ses moyens. La vie quotidienne allait maintenant s'organiser, sans savoir combien de temps ils allaient rester là, et en vivant chaque jour comme si c'était le dernier.

Après la démission de Sihanouk, c'est Khieu Samphan, nouveau chef d'État, qui se rendra à la conférence des pays non alignés en août 1976 à Colombo, capitale du Sri Lanka (Ceylan). La radio du Kampuchéa démocratique fut dithyrambique sur son succès à Colombo. À son retour, il alla voir Sihanouk au palais Khemarin, où il n'était pas revenu depuis avril, pour raconter son voyage, faire part de son succès et savourer sa victoire. À la fin de l'entretien, Sihanouk lui demanda une nouvelle fois de pouvoir aller se faire soigner en Chine avec son épouse, ce qu'il refusa une nouvelle fois en trouvant toutes sortes d'arguments.

À l'occasion du décès du président chinois Mao Zedong, le 9 septembre 1976, des milliers de télégrammes et de messages d'hommages et de condoléances affluent à Pékin des quatre coins du monde. Mais le nom de Sihanouk est absent de l'interminable liste citée par la radio chinoise. Pourtant, dès qu'il apprit la mort de Mao, qui avait tant fait pour lui, sa mère et toute sa famille, il écrivit une longue lettre à Mme Jiang Qing, sa veuve, qui n'était pas encore entrée en disgrâce, et l'envoya au gouvernement khmer rouge pour qu'il la transmette. Il demanda aussi à se rendre à l'ambassade de Chine à Phnom Penh pour signer le livre des condoléances. Sans réponse, il écrivit de nouveau à Khieu Samphan pour réitérer sa demande, mais toujours rien. Ce n'est qu'en janvier 1979, quand il pourra se rendre à Pékin, qu'il expliquera tout cela aux dirigeants chinois et à la presse internationale.

Le mois d'octobre arrivant, Sihanouk écrivit à Khieu Samphan pour que l'Angkar permette à ses enfants, petits-enfants, parents proches et amis – M et Mme Penn Nouth –, de venir passer une journée en sa compagnie, le 31 octobre, pour fêter son 54e anniversaire[1]. Les jours passent, le 31 octobre arrive et Sihanouk ne reçoit aucune réponse à sa lettre, ni les moindres vœux d'anniversaire des dirigeants khmers rouges qui, de 1970 à 1975, avaient pourtant l'habitude de lui en adresser. Son entourage lui offre une corbeille de fleurs, et tous se rendent à la pagode d'argent[2], escortés du *kammaphibal* Chhorn Hay et de quelques gardes khmers rouges, pour rendre hommage à Bouddha et à ses ancêtres et parents dont les cendres se trouvent dans les stupas, à l'intérieur d'urnes d'or ou de marbre[3]. Le soir, la princesse Mom, sa tante, organise un petit dîner-buffet en l'honneur du prince Sihanouk, auquel sont conviés le *kammaphibal* et son équipe khmère rouge. Tout le monde mange de bon cœur.

Mais, à ce moment, Sihanouk pense à son malheureux peuple, à ses enfants et petits-enfants et ne peut empêcher ses

1. Rappelons-le, Sihanouk est né le 31 octobre 1922.

2. La pagode d'argent doit son nom au fait qu'elle est pavée de dalles d'argent pur. Elle a été construite entre 1892 et 1902 sous le règne du roi Norodom, puis reconstruite en dur en 1962. Le sol du Vat Preah Keo Morakot – littéralement « temple du Bouddha d'émeraude » – fut pavé de plus de 5 300 plaques d'argent, chacune pesant plus d'un kilo, façonnées grâce aux donations en pièces d'argent des fidèles cambodgiens.

3. L'urne en or pur, contenant les cendres de sa fille morte d'une leucémie à l'âge de 4 ans en 1952, a disparu. Elle avait été volée par des partisans de Lon Nol après le coup d'État de mars 1970.

larmes de couler, ce qui ne lui était pas arrivé depuis le 27 avril 1975, au décès de sa mère, la reine Kossamak[1].

En novembre 1976, Sihanouk entre dans une période d'abattement et de dépression. Il ne sort plus de sa chambre, fait un jeûne de trois jours et trois nuits, et refuse de se montrer aux Khmers rouges du palais.

Après deux semaines de confinement, Chhorn Hay demande une audience. Sihanouk la lui accorde dans sa chambre, étendu sur un lit – celui-là même dans lequel avait dormi le général de Gaulle en 1966. Il est venu lui transmettre une invitation de Khieu Samphan à effectuer avec lui une tournée dans la région de Kandal. Le prince refuse, répond qu'il a de graves problèmes de santé et souhaite se rendre à Pékin pour se faire soigner. Le lendemain, Khieu Samphan lui rend visite et l'informe que le Dr Thiounn Thieunn, frère de Thiounn Mumm, peut le soigner. Alors, devant sa femme, dont l'inquiétude se lit sur son visage, Sihanouk dévoile ses pensées et s'adresse à Khieu Samphan : « Excellence, l'Angkar a-t-il l'intention de faire de moi un prisonnier à vie ? Vous me coupez de tout le monde, même les Chinois croient que je n'ai pas envoyé de condoléances après la mort du président Mao. Je ne peux plus recevoir ni mes enfants et petits-enfants, ni mes amis. Je ne peux recevoir aucune lettre ni aucun journal. Je ne peux pas me rendre à l'étranger, et je ne peux pas circuler librement dans mon pays. Excellence, je demande à être déféré devant un tribunal populaire, puis que l'Angkar me fasse fusiller publiquement[2]. »

En effet, Sihanouk, dépressif, pense que sa survie sans perspective dans sa « cage dorée » n'a plus de sens face à la situation de son peuple réduit à l'esclavage et à l'ignorance du sort de ses enfants et petits-enfants. Après le départ de Khieu Samphan, la

1. Norodom Sihanouk, *op. cit.*, p. 133.
2. Norodom Sihanouk, *op. cit.*, p. 142.

princesse Monique lui dira qu'il est allé trop loin et qu'il risque non seulement sa tête, mais aussi celles des membres de sa famille. En fait, il y aura bien punition, mais elle n'ira pas jusqu'à la mort.

Le 30 mars 1977, Chhorn Hay vient prendre congé du prince Sihanouk et lui annonce que l'Angkar a décidé de retirer du palais royal le *kammaphibal* civil et que, pour tout message qu'il voudrait lui faire parvenir, il devra s'adresser au personnel militaire chargé de la garde du palais. Le lendemain, l'ordre est donné à tout le personnel civil khmer rouge de cesser son service et de quitter définitivement le palais avant la nuit.

En apprenant cette nouvelle, Mme Sar Saoroth, amie d'enfance et secrétaire privée de la princesse Monique, se rend au palais, épouvantée. Puis, avec la princesse Mom et Mme Pomme Peang, la belle-mère du prince, elles se mettent à pleurer. Tout l'entourage et Sihanouk lui-même pensent que, cette nuit, les tueurs vont venir au palais accomplir leur œuvre. Aussi, redoutant une mort sous la torture, il prévoit de se suicider dans la salle de bains en avalant des barbituriques – de fabrication française, précisa-t-il plus tard – ou en se pendant avec une corde qu'il avait préparée à l'insu de sa femme. Il reste éveillé dans sa chambre toute la nuit avec son épouse, en compagnie de la princesse Mom et du prince Sihamoni. Mais rien ne se passe. Le lendemain, et pendant trois jours et trois nuits, ils ne verront personne et n'auront pas de ravitaillement, qui reprendra le quatrième jour dans l'après-midi comme si de rien n'était.

Une punition bien plus douloureuse viendra le 18 avril 1977. Ce jour-là, son aide de camp, le capitaine Ong Meang, à son service depuis mars 1970, devenu entre-temps « jardinier » au palais royal, disparaît. Au lendemain de la célébration du 2e anniversaire de la fête nationale du Kampuchéa démocratique, ce dernier était sorti du palais pour déverser, comme il avait l'habitude de le faire, les détritus de la cuisine dans les eaux du Tonle Sap. Ne le voyant pas revenir, en fin de journée,

Mme Sar Saoroth, au nom du prince, demande à l'officier chargé de la garde du palais d'entamer des recherches. Celles-ci se révéleront infructueuses, et seule la charrette ayant servi au transport des déchets fut retrouvée.

En janvier 1979, lors du passage de Sihanouk devant le Conseil des Nations unies à New York pour défendre son pays suite à l'invasion vietnamienne, Mme Ong Meang l'appela de Paris, n'ayant pas vu le nom de son mari sur la liste de sa suite. Celui-ci l'informa que son époux avait été mobilisé pour combattre les Vietnamiens. Plus tard, elle-même et ses enfants lui en voudront, avec raison, de ne pas leur avoir dit la vérité. Il avait donc eu moins de courage face à l'épouse d'Ong Meang en pleurs, que devant son geôlier Khieu Samphan, à qui il avait demandé d'être fusillé.

Les souffrances morales causées à Norodom Sihanouk et à son épouse par leur propre fils, Narindrapong, leur furent encore plus insupportables que les humiliations infligées chaque jour par les Khmers rouges. Au palais Khemarin, d'avril 1976 à janvier 1979, il ne cessa, avec son cousin Chittara, de les insulter, en les traitant notamment de « féodaux pourris », et de créer des incidents à propos des partages d'alcool, de café, de thé ou de cigarettes entre les personnes du palais.

Il demanda aussi à l'Angkar de l'envoyer à la campagne ou sur le front, pour servir la cause de la révolution. Les Khmers rouges n'ont jamais accédé à sa demande et il est resté au palais. Au moment de son retour à Paris en 1979, il ralliera le groupe de Cambodgiens fidèles aux Khmers rouges, mais ils ne lui firent pas confiance. Il y vécut comme un marginal. Atteint de troubles psychologiques, il prendra beaucoup de médicaments et décédera le 8 octobre 2003[1] d'un arrêt cardiaque.

1. Il laissa une veuve et deux filles. Il fut élevé à titre posthume au rang de Samdech par *kret* royal en octobre 2004.

Sihanouk a cherché à comprendre pourquoi ce fils s'était retourné contre lui, alors qu'il était le seul avec Sihamoni à avoir vécu avec ses parents au palais, à avoir voyagé avec eux dans les pays étrangers, à avoir côtoyé les diplomates[1] et à avoir eu le soutien de chefs d'État étrangers pour leurs études, même après le coup d'État de 1970. En manque d'arguments, Sihanouk écrit: « Comme Sihamoni, Narindrapong n'a donc jamais manqué de rien et surtout pas de la chaleur du foyer paternel, alors que mes autres enfants n'ont jamais vécu dans ma maison. » Par cette phrase, il ne résout rien par rapport à ce fils, mais il reconnaît qu'il ne s'est pas occupé des douze autres enfants comme un père intentionné aurait dû le faire. Certains en ont souffert, mais aucun pourtant ne se retourna contre lui comme Narindrapong.

En 1977, les Khmers rouges infligent une nouvelle humiliation à la famille royale en faisant entrer au palais un troupeau de buffles, des moutons, des boucs, qui saccagent les jardins et laissent des excréments partout. Le palais royal, qui avait reçu de grands hommes, est transformé en une étable mal entretenue et puante. Les soldats expliquent au prince que ces bêtes sont là pour tromper son ennui.

Et, de fait, confiné trois ans au palais royal, Sihanouk a tout loisir d'observer ces animaux qui, chaque jour davantage, envahissent peu à peu les pièces du palais, y compris la salle à manger ou la salle de bains: souris, rats, margouillats – *tinh châkk* –, geckos, serpents, mais également bataillons d'insectes volants, notamment les moustiques.

Le prince Sihanouk et la princesse Monique occupent alors les appartements qui avaient accueilli de Gaulle et sa femme Yvonne. À présent, ces locaux sont peuplés de rats et de souris. À heure fixe, au moment du dîner, les souris arrivent par les

1. Norodom Sihanouk, *op. cit.*, p. 153.

tuyaux du climatiseur qui fonctionnait encore, s'assoient non loin de la table princière, fixent les hôtes et, par des petits cris, demandent de la nourriture, après quoi, elles redisparaissent en file indienne dans les tuyaux[1]. La multiplication des rongeurs tenait au fait que, depuis la disparition du capitaine Ong Meang, plus personne ne voulait se risquer dehors pour transporter les détritus, qui donc s'accumulaient dans les jardins. Les tuyauteries du réseau d'eau se détérioraient et il y avait de plus en plus de fuites. L'électricité était coupée deux ou trois fois par jour. Les gonds des portes et des fenêtres rouillaient. Certaines fenêtres ne fermaient plus et les intempéries attaquaient même l'intérieur de certains bâtiments.

Les gardes khmers rouges résident dans certains bâtiments du palais. Quand l'un d'eux devient inhabitable, ils plient bagages et vont en habiter un autre disponible. Ainsi arrivent-ils au pavillon Kantha Bopha, élégamment meublé et où avaient séjourné le président français Vincent Auriol, le maréchal Chen Yi de la République populaire de Chine, la princesse Alexandra de Kent... Ils le transforment en campement avec lits de camp et hamacs. La cuisine est habitée par un singe, un perroquet et quelques poulets et coqs. Tout est à l'avenant.

Le parc est un dépotoir : instruments de jardinage inutilisables, assiettes cassées, objets de ménage divers côtoient des bijoux de la Couronne de très grande valeur qui se trouvent par terre. Les gardes ne les ramassent même pas. Étant « propriété de l'Angkar », les tondeuses à gazon rouillées ou les objets précieux en or et diamant reposent pêle-mêle, intouchés et intouchables.

Un jour, Sihanouk a la surprise de voir les portes de l'enceinte extérieure et de l'enceinte intérieure s'ouvrir largement, et une armée de bambins de 5 à 8 ans, portant des instruments hétéroclites, pénètre en rang par deux, entourés

1. Norodom Sihanouk, *op. cit.*, p. 170.

par des gardes. Leur « mission », couper et arracher les herbes et rendre les arbustes moins touffus et les arbres moins feuillus. Quand les gardes leur donnent le feu vert, ils se dispersent en courant et se précipitent sur les nombreux fruits qui sont tombés des arbres et jonchent le sol[1]. Puis, ils se mettent au travail dans l'improvisation et l'anarchie. Les gardes ne s'en occupent pas. Le résultat est catastrophique. Les arbres et les arbustes ont été mutilés et les herbes hautes coupées et arrachées par-ci, par-là. Au coucher du soleil, ils repartent et les portes se referment, cadenassées, replongeant le palais dans la solitude et le silence.

Les mois passent. Le prince Sihamoni assure consciencieusement la propreté de la petite chapelle bouddhique proche de Khemarin et l'intérieur de la salle du trône. Il accomplit des actes de piété bouddhique matin et soir. En vêtement de travail usé et rapiécé, il se fait aussi jardinier et cultive des roses.

Un jour, Sihanouk se rase le crâne comme les moines bouddhistes. Chez les Khmers bouddhistes, il est de coutume de se raser la tête dans certaines occasions : pour la mort d'un parent proche, pour remercier Bouddha d'avoir exécuté un vœu, comme un signe de sacrifice, pour rendre hommage à un défunt ou encore pour honorer Bouddha en respectant un temps ses conseils de renoncement aux liens de ce bas monde.

Ayant pris conscience des terribles malheurs de son peuple lors du fameux voyage à Kompong Cham au début de l'année 1976, qui l'avait conduit à sa démission, et après toutes les peines, vexations et humiliations subies en 1976, il le fait par résistance passive mais aussi, expliqua-t-il lui-même[2], en signe de contrition pour le soutien qu'il avait apporté aux Khmers rouges dans leur conquête du pouvoir et ses terribles conséquences.

---

1. Cela leur est interdit à l'extérieur, car les fruits tombés, même pourris, sont aussi propriétés de l'Angkar.

2. Norodom Sihanouk, *op. cit.*, p. 134.

Dans son oisiveté forcée, en plus d'observer les animaux, il s'essaie aussi à interpréter ses rêves. Une nuit de 1977, il rêvera qu'il avait perdu toute une rangée de dents. Il y vit un mauvais présage. En effet, les Cambodgiens croient que la perte d'une dent en songe annonce la perte d'un membre de sa famille. Quand il quittera le Cambodge en 1979, il obtiendra peu à peu des renseignements, par des réfugiés en France, en Thaïlande ou aux États-Unis, sur les conditions atroces de la mort de ses enfants et petits-enfants, justement en 1976 ou 1977. Il ne manquera pas de relier ces révélations à ce rêve.

Le début de la fin des Khmers rouges

Vers la fin de l'année 1977, Sihanouk apprend par la radio que l'Albanie et Cuba ont rappelé leur ambassadeur. Les diplomates cubains révèlent aux journalistes comment ils vivaient à Phnom Penh, le monde apprend qu'ils étaient reclus dans leurs ambassades, sans pouvoir téléphoner ni entre eux ni à l'extérieur, seul le ministre des Affaires étrangères pouvant les appeler. Ils étaient obligés de demander une autorisation, même pour se promener dans la rue déserte devant leur ambassade. Les radios du monde commencent à signaler des incursions de soldats khmers rouges dans certaines provinces du Sud du Viêt Nam et de Thaïlande. La radio thaïe vient à relater de pareils faits dans les villages frontaliers thaïs et les atrocités commises.

Pol Pot, en 1977, a lancé un certain nombre de ses meilleures unités contre le Viêt Nam et contre la Thaïlande car, se croyant très fort, il souhaitait d'une part reconquérir les provinces perdues de l'ex-empire khmer et, d'autre part, se venger de ses voisins qui avaient accueilli chez eux un nombre croissant de réfugiés. En 1976, ces pays les avaient renvoyés au Cambodge à la demande des Khmers rouges et tous avaient été tués dès leur retour, femmes et enfants compris. Mais, en 1977, la Thaïlande publie un « livre blanc » relatant les atrocités des Khmers rouges avec photos à l'appui, et la radio d'Hanoi donne des détails effrayants sur les massacres khmers rouges. Les speakerines, des larmes dans la voix, expliquent en khmer, en français et en anglais que des femmes enceintes ont été éventrées vivantes et leur fœtus extirpé pour servir de talisman. Elles dépeignent le viol des jeunes filles, l'égorgement des vieillards, les enfants coupés en morceaux à coups de hache ou la tête éclatée contre les arbres, les hommes torturés à mort avec un incroyable sadisme.

En septembre 1977, le « prestige » du Kampuchéa démocratique est mis à mal après les révélations croisées des réfugiés de la Thaïlande, du Viêt Nam et des diplomates rentrés chez eux. La radio VOA, La Voix de l'Amérique, a même réussi, cette année-là, à obtenir des renseignements sur les purges massives internes aux Khmers rouges et l'élimination de figures historiques comme Hu Nim, sur le centre de torture et d'extermination de Tuol Sleng, un ancien lycée[1]. La même station a aussi annoncé la grave scission qui venait de se produire entre le groupe prochinois de Pol Pot et un groupe de Khmers rouges provietnamiens et prosoviétiques. Cette scission allait avoir des conséquences historiques pour l'avenir du Cambodge. C'est pourtant à cette époque, le 27 septembre, dans un rassemblement au stade olympique, que Pol Pot dévoila, au cours d'un discours de cinq heures, que l'Angkar n'était autre que le Parti communiste du Kampuchéa, fondé en 1960, et que le FUNK leur servait de façade. Ce discours ne fut diffusé que le 29 septembre.

1. Tout cela sera confirmé après l'invasion vietnamienne en janvier 1979. Tuol Sleng (ou centre S21) était dirigé par Kaing Guek Eav *alias* Douch. Il fut inculpé en 2007 pour crimes contre l'humanité. Les procureurs du tribunal du génocide cambodgien, parrainé par les Nations unies, requirent quarante ans de prison contre lui le 25 novembre 2009. Il fut condamné le 26 juillet 2010 à trente-cinq ans de prison, peine réduite à trente ans du fait d'incarcération illégale antérieure. Mais, le 3 février 2012 en appel, il fut condamné à perpétuité.

Ce jour-là, Pol Pot se rendit à Pékin puis en Corée du Nord pour sa première et dernière visite officielle à l'étranger. Lors de la fête nationale chinoise du 1er octobre, il proclama dans son discours que, depuis leur jeunesse, son groupe et lui n'avaient jamais agi que pour instaurer le communisme au Cambodge. Il détailla l'ensemble des manœuvres accomplies pour tromper tout le monde, surtout ceux qui s'étaient ralliés par nationalisme, pensant qu'ils pourraient conserver le bouddhisme et le libéralisme politique, économique et social. Ce fut une erreur pour lui de s'afficher ainsi aux yeux de tous avec les dirigeants chinois, notamment Hua Guofeng, qui était sur le déclin face à la montée de Deng Xiaoping. Pour le monde, cela montrait un Cambodge totalement inféodé à la Chine, et les futurs nouveaux leaders chinois devaient se sentir gênés de se voir associés ainsi à un régime dont l'image était partout très mauvaise et, qui plus est, très proche de la «Bande des Quatre[1]», arrêtée le 6 octobre 1976. Le chef de l'Angkar assista aux festivités organisées sur la place Tian an men, à la place d'honneur, entre Hua Guofeng et Deng Xiaoping, resté froid à son égard.

Au même moment, Sihanouk eut la surprise de recevoir deux officiers de haut rang lui apportant un grand panier de ramboutans, des fruits délicieux. Il ne lui fut pas difficile de comprendre la raison de ce cadeau: le collectif khmer rouge avait besoin qu'il accorde une lettre de félicitations au PCK.

Pour ne pas ruiner le dernier espoir de voir maintenir en vie ses enfants, petits-enfants et anciens collaborateurs envoyés à la campagne[2] et le petit groupe prisonnier avec lui au palais royal, Sihanouk signa cette lettre de félicitations au PCK. La radio khmère rouge la diffusa largement. En revenant de Chine et de Corée du Nord, Pol Pot fit parvenir un carton de pommes

1. Mme Jiang Qing, Wang Hongwen, Yao Wenyuan et Zhang Chunqiao.
2. Sihanouk ne savait pas encore qu'ils étaient sûrement morts.

de Corée à Sihanouk de la part du président Kim Il Sung et, le soir même, une équipe de cinéastes khmers rouges arriva au palais Khemarin pour projeter trois films en couleurs de trente-cinq minutes sur deux appareils portatifs *made in China*. Sur les trois films, très bien réalisés au plan technique par des cinéastes chinois et coréens, deux relataient les voyages de Pol Pot en Chine et en Corée du Nord, et détaillaient les réalisations des Khmers rouges au Cambodge[1].

Sihanouk adressa une lettre ironique à Pol Pot, dans laquelle il le félicitait pour «le succès extraordinaire de ses voyages». Après ces lettres de félicitations, la vie au palais Khemarin s'adoucit un peu. Les gardes se firent plus respectueux envers le prince et les quelques membres de sa famille. Ils reçurent davantage de produits alimentaires, mais toujours aucune visite de haut dirigeant khmer rouge.

À partir de la fin octobre 1977, les radios étrangères font état de la multiplication d'incidents et clashs entre les unités armées du Kampuchéa et celles des Vietnamiens sur leur frontière commune. Même l'analyse de la radio du Kampuchéa démocratique indique que la situation se dégrade sur le plan interne et externe pour les Khmers rouges. Dans sa nouvelle rubrique baptisée *«neati âp»* – cours d'éducation politique et idéologique –, Pol Pot donne des leçons et des conseils aux cadres de l'Angkar et au peuple. Il y affirme «que certains cadres ne servent pas bien le Parti, appliquent mal ses directives, se montrent inefficaces dans leur travail», et il les compare à des «crabes» qui font un pas en avant, un pas en arrière, un à gauche, un à droite.

Il avouera également: «Que mes officiers sachent que les officiers viets, même les majors et le colonel, n'ont pas de rations

1. Dans ces deux films, on aperçoit Vorn Veth, vice-Premier ministre khmer rouge, bien en vue à côté de Pol Pot, avec les leaders chinois et coréens. Peu de temps après ces voyages, celui-ci liquidera Vorn Veth, accusé d'être un agent des Vietnamiens.

1 

 2

3 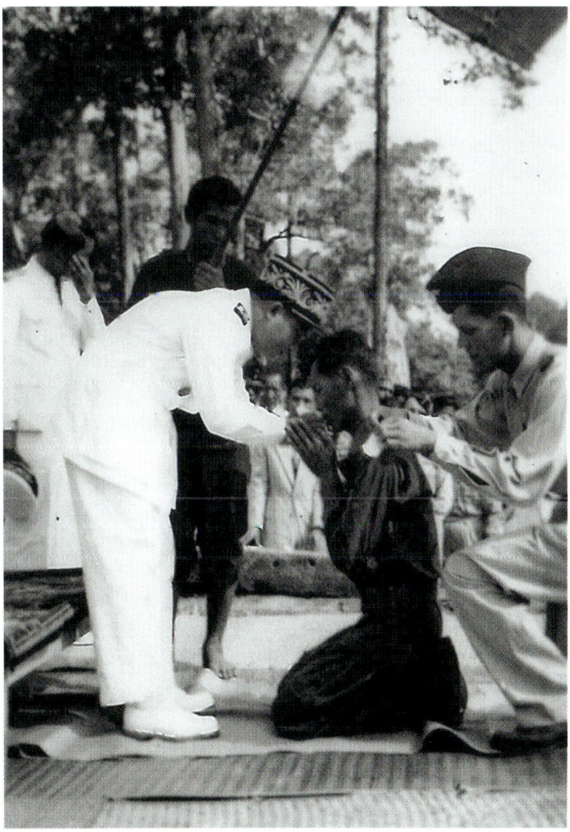

1. Couronnement de Norodom Sihanouk à Phnom Penh le 28 octobre 1941.
© DR

2. Stage à Saumur en juin 1946.
© Fonds du musée de la Cavalerie de Saumur

3. Ralliement de Dap Chhuon en octobre 1949.
© Michel Lux

4

4. À l'accordéon devant le maréchal Tito en Yougoslavie dans les années 1960.

© Collection EFEO déposée aux Archives nationales, fonds n° 665AP

5. Avec le général de Gaulle à Phnom Penh en septembre 1966.

© Collection EFEO déposée aux Archives nationales, fonds n° 665AP

5

6

7

6. Avec Jackie Kennedy à Phnom Penh en novembre 1967.
© Gamma/Rapho

7. Avec Mao Zedong à Pékin en mai 1970. © AFP

8

9

10

11

12

13

14

8. Jouant au badminton à Pékin en 1971.
© Collection EFEO déposée aux Archives nationales, fonds n° 665AP

9. En « zones libérées » en mars 1973.
© Collection EFEO déposée aux Archives nationales, fonds n° 665AP

10. Démissionnant de son poste de chef d'État du Kampuchéa démocratique le 2 avril 1976.
© Collection EFEO déposée aux Archives nationales, fonds n° 665AP

11. Tournant un film en Corée du Nord dans les années 1980.
© Collection EFEO déposée aux Archives nationales, fonds n° 665AP

12. Avec François Mitterrand, Lionel Jospin et Jean-Marie Cambacérès à Paris en novembre 1979.
© Pascal Lebrun

13. François Mitterrand, Kim Il-sung, Lionel Jospin, Gaston Defferre et Jean-Marie Cambacérès à Pyongyang en février 1981. © Jmc

14. Avec François Mitterrand à Pyongyang en février 1981.
© Parti du Travail de Corée

15

15. Retour triomphal au Cambodge le 14 novembre 1991. © Dominique Faget/AFP

16. Avec son épouse la reine Monineath, Jean-Marie Cambacérès et sa fille Jayadévi à Phnom Penh en 1999. © Jmc

17. Ondoyant son fils le nouveau roi Sihamoni le 29 octobre 2004. © Éric Sander, JIMIN LA/AFP

18. Avec son épouse la reine mère Monineath et Jean-Marie Cambacérès à Pékin le 20 novembre 2008. © Jmc

16

17

18

19

19. Le cercueil royal sur le catafalque dans le palais royal à Phnom Penh. © Jmc

20. La reine mère avec le Premier ministre Hun Sen et les princes Chakrapong et Ranariddh en deuil le 31 octobre 2012. © Jmc

20

alimentaires autres que celles données aux simples soldats et qu'ils sont obligés de manger à la même table ou sur la même natte que leurs soldats. » Il voulut désamorcer une grogne chez ses officiers mais, ce faisant, reconnaissait que l'armée des Khmers rouges était inégalitaire, et rendait bien imprudemment un hommage indirect aux officiers vietnamiens.

Mme Sar Saoroth se levait très tôt chaque jour pour préparer le petit déjeuner du groupe au palais Khemarin. Ce matin du 1er janvier 1978, elle sort en trombe de sa cuisine pour annoncer à Norodom Sihanouk et à la princesse Monique que, selon l'émission matinale de la radio de Phnom Penh, des batailles acharnées se déroulent depuis quelques jours entre l'armée cambodgienne et l'armée vietnamienne. Que le gouvernement du Kampuchéa démocratique vient de rompre ses relations diplomatiques avec la République socialiste du Viêt Nam, et que, bien sûr, « les héroïques militaires du Kampuchéa démocratique » ont mis en déroute l'armée vietnamienne. Depuis toujours, il existait des différends entre les communistes khmers et les communistes vietnamiens. Les premiers, alliés aux Chinois et très indépendants, et les autres, alliés à Moscou et rêvant d'avoir une influence sur le Laos et le Cambodge. Pol Pot s'était mis en tête de récupérer le Kampuchéa Krom, ancienne province cambodgienne donnée par les Français au Sud Viêt Nam, et avait lancé des unités à l'intérieur du territoire vietnamien. Les dirigeants de ce pays avaient décidé de réagir énergiquement.

Avec son autre poste, Sihanouk écoute les radios étrangères qui confirment que des combats extrêmement sanglants se sont déroulés ces derniers jours. En cette toute fin du mois de décembre 1977, l'armée vietnamienne a, en réalité, donné aux Khmers rouges une première et sévère leçon. Elle est parvenue à 50 kilomètres à l'est de Phnom Penh, puis s'est retirée, emmenant avec elle de nombreux réfugiés et clamant à la face du monde qu'elle n'avait fait que répondre aux provocations et atrocités perpétrées depuis plusieurs mois par les troupes khmères rouges en territoire vietnamien.

Une situation ambiguë

Sihanouk sent confusément qu'il s'agit là d'un nouveau tournant dans l'histoire de la République du Kampuchéa démocratique, dont l'avenir devrait s'avérer maintenant très incertain. Ses bourreaux et ceux de sa famille viennent de subir une défaite, mais il ne peut admettre l'invasion de son pays par une puissance étrangère, quelle qu'elle soit. Telle a toujours été sa règle de conduite, il s'est toujours battu pour l'indépendance nationale et l'intégrité territoriale, contre les Thaïlandais, les Américains et leurs alliés sud-vietnamiens. Il doit maintenant le faire contre le Viêt Nam réunifié et socialiste. Que son pays ait tort ou raison, il doit le servir. Il adresse une lettre aux autorités khmères rouges, dans laquelle il fait l'éloge des combattants de l'armée du Kampuchéa et propose ses services contre les « agresseurs ». Le lendemain, la radio diffusera son message, mais son offre restera sans réponse.

La république du Kampuchéa démocratique a commis la même erreur que la république de Lon Nol : la question vietnamienne a été mal évaluée, et elle a provoqué délibérément ses voisins puissants et nombreux en s'attaquant à eux imprudemment et en s'appuyant, dans le pays, sur cette aversion ancestrale des Khmers, toutes tendances confondues, pour les Vietnamiens. Les Khmers rouges allaient également provoquer une nouvelle guerre qui leur serait fatale et qui, de plus, allait valoir au Cambodge dix ans d'occupation par leurs « ennemis héréditaires ».

Pourtant, dans le passé, Sihanouk leur avait montré, par la complexité de sa politique, certains diront son ambiguïté, combien le problème était difficile. Cela avait permis au

Cambodge de rester indépendant, en paix et relativement prospère de 1953 à 1969, au milieu des déchaînements des deux guerres d'Indochine.

Ses contempteurs feront de nouveau remarquer qu'il était moins sourcilleux sur l'indépendance du Cambodge quand il laissa les sanctuaires viêt-congs exister à l'intérieur du pays. Mais ils n'ont pas compris que ces derniers n'étaient qu'un épiphénomène et restaient secondaires dans la stratégie de Sihanouk. Avant 1970, l'essentiel, pour ce dernier, était que le Nord Viêt Nam et le Viêt-cong aient reconnu les frontières du Cambodge, ce qu'avaient refusé le Viêt Nam du Sud et la Thaïlande, chacun revendiquant des territoires du royaume khmer. Sihanouk pensait que la deuxième guerre du Viêt Nam allait, de toute façon, se terminer, que l'implantation des sanctuaires viêt-congs en territoire khmer était donc provisoire et qu'il pouvait l'accepter. C'était le prix à payer pour la paix. Pour Lon Nol, d'extrême droite, puis pour Pol Pot, d'extrême gauche, la lutte contre les « Yuons[1] » à l'intérieur et à l'extérieur du pays fut, au contraire, le prix de la guerre.

En janvier 1978, après ce premier échec militaire, sans l'avouer, les dirigeants khmers rouges se voient contraints de renouer avec Sihanouk des relations plus « normales », qui se manifesteront au début de l'année 1978 lors de la visite au Cambodge de Mme Deng Yingchao[2]. Par l'envoi de cette haute personnalité, très respectée dans son pays, la Chine populaire entend faire savoir au Viêt Nam et au monde qu'elle soutiendra le Kampuchéa démocratique et lui accordera toutes les aides nécessaires. C'est d'ailleurs ce que dira celle-ci au banquet organisé en son honneur, bien qu'elle insiste encore sur la nécessité d'arriver à un règlement pacifique.

1. Vietnamiens.
2. Veuve du Premier ministre chinois Chou Enlai.

Sihanouk ne sera pas invité au banquet et il ne sera pas non plus autorisé à la rencontrer, ce qu'elle-même avait pourtant demandé plusieurs fois, les dirigeants chinois voulant l'assurance formelle que Sihanouk, la princesse Monique et leurs deux enfants soient vivants. Un subterfuge a été trouvé par les Khmers rouges.

Le lendemain de l'arrivée de Mme Deng Yingchao, Khieu Samphan envoie au palais Khemarin un messager porteur pour Sihanouk d'une invitation de sa part pour une promenade en automobile le jour suivant, accompagné de sa femme et de ses deux enfants. Le lendemain, il vient les chercher tous les quatre comme prévu et roule en direction de Kompong Tram (province de Kompong Speu) pour leur montrer une nouvelle réalisation de son gouvernement, un grand réservoir d'eau. Détail insolite qui n'échappe pas à Sihanouk, Khieu Samphan regarde plusieurs fois sa montre pendant cette sortie. À 10 h 25, il propose de retourner à Phnom Penh où ils arrivent à 12 heures précises – tout est chronométré – sur l'ex-boulevard de l'URSS et passent lentement devant un bâtiment aux fenêtres vitrées derrière lesquelles se tiennent plusieurs personnes. Le prince ne peut s'empêcher de penser que c'est le moyen qu'avaient trouvé les dirigeants khmers rouges pour que Mme Deng Yingchao puisse les apercevoir tous les quatre et constater qu'ils étaient bien en vie. Quelque temps après cette visite, une radio occidentale annoncera que les Chinois ont fait savoir à certains gouvernements amis qu'ils pouvaient être tout à fait rassurés au sujet de Sihanouk.

En janvier 1978, le secrétaire d'État à la Défense américain, Harold Brown, se rendit à Pékin pour poser les bases d'un réseau de contacts militaires entre les États-Unis et la Chine, qui se transformerait *de facto*, au cours de l'année, en une alliance contre l'Union soviétique. Le même mois, le conseiller de la sécurité nationale du président Carter, Zbigniew Brzezinski, décrivait le conflit qui opposait le Cambodge et le Viêt Nam comme une guerre par procuration entre l'URSS et la Chine. Sans que les participants l'admettent encore, deux coalitions hostiles étaient en train de se constituer et les lignes de front qui se mirent en place au cours de l'hiver, Khmers rouges, Chine et États-Unis d'un côté, Viêt Nam et URSS de l'autre, resteraient immuables au cours des dix années à venir.

Au fil des mois, Radio Pékin précise que la guerre déclenchée en décembre 1977 n'est pas près de s'achever. La Chine révèle régulièrement la persistance des progrès de l'armée vietnamienne, de façon lente mais sûre. Elle proteste, comptant sur une réaction de la communauté internationale, mais ses efforts sont contrecarrés par Radio Phnom Penh qui affirme, au contraire, que les Vietnamiens n'ont aucune possibilité de franchir la frontière « sans que leurs têtes soient immédiatement fracassées par les massues de l'Angkar ». Les Américains, de leur côté, recueillent des renseignements avec leurs satellites artificiels qui corroborent les informations des Chinois. Les principales radios occidentales se font l'écho des avancées des Vietnamiens. Les provinces ayant une frontière commune avec le Viêt Nam sont peu à peu grignotées et occupées totalement ou en partie par leur armée.

Sihanouk écoute aussi les émissions de Radio Hanoi, qui deviennent très intéressantes. Lors de leur retrait provisoire en janvier 1978, les Vietnamiens ont emmené avec eux de nombreux Khmers et ces derniers racontent leurs conditions de travail dans les « coopératives » de l'Angkar. Un bonze de Svay Rieng déclare, sur cette antenne, que ses compatriotes libérés ne resteront pas les bras croisés et qu'ils sont décidés à s'entraîner pour constituer une « armée de libération », afin de refaire, selon ses propres termes, « un Cambodge libre, heureux et prospère, comme au temps de Sihanouk ».

En fait, ces Khmers, qui sont passés au Viêt Nam, sont entraînés dans le Sud du pays pour être incorporés dans une force armée que Heng Samrin, Khmer rouge rallié au Viêt Nam, est en train de mettre sur pied. Il est vrai aussi que, avant d'imposer pendant dix ans au Cambodge un autre type de régime communiste, les Vietnamiens, à travers leurs émissions de radio quotidiennes, faisaient vibrer la corde de Sihanouk auprès des réfugiés cambodgiens, en parlant régulièrement de la « nostalgie que conservent le peuple et les bonzes khmers du régime de Sihanouk ». Du 12 au 30 avril 1978, les Khmers rouges franchissent la frontière à 40 kilomètres à l'ouest de Chau Doc et massacrent la population du village vietnamien de Ba Chuc. Plus de 3 000 civils sont assassinés dans des conditions atroces[1]. Ce massacre de Ba Chuc renforça dans l'esprit des dirigeants vietnamiens l'idée d'en finir avec les dirigeants khmers rouges du Kampuchéa. Ils accélèrent la création d'une force militaire cambodgienne anti-Khmers rouges sur leur territoire avec les réfugiés et se rapprochèrent encore plus de Moscou.

Le Viêt Nam adhère au COMECON[2] avant l'été 1978, et, en contrepartie, Moscou lui donnera le feu vert et les moyens de conquérir le Kampuchéa devenu « trop prochinois ». Hanoi commence aussi à expulser des dizaines de milliers de « Hoa[3] » après avoir confisqué leurs biens[4] : ils sont soupçonnés d'être une « cinquième colonne », force souterraine favorable à la terre de leurs ancêtres chinois. La Chine réagit dès le 3 juillet : elle met fin à toutes ses aides au Viêt Nam et y retire tous ses experts. Par cette opération et la médiatisation mondiale du sort des *boat people*, le Viêt Nam a perdu, aux yeux du monde, tout le crédit moral qu'il avait gagné pendant la guerre contre les États-Unis.

1. *Viêt Nam*, Gallimard, collection « Bibliothèque du voyageur », Paris, 2008, p. 327.
2. Marché commun des pays socialistes sous influence soviétique.
3. Vietnamiens d'origine chinoise.
4. Cela déclencha une autre grande tragédie de la dernière moitié du XXe siècle, celle des *boat people* : 250 000 personnes tentèrent de fuir par la mer alors que 15 000 étaient passées par la frontière chinoise.

Plus la situation s'aggrave pour les dirigeants khmers rouges, plus ces derniers vont réutiliser Sihanouk et le montrer plus souvent au peuple. Au mois d'août 1978, le président Khieu Samphan se présente au palais Khemarin pour inviter le prince, son épouse, leurs deux enfants et leur cousin à faire une promenade en voiture – pas une Mercedes, mais une Ford – en sa compagnie dans les environs de Phnom Penh. Début septembre 1978, le directoire khmer rouge, sûrement sur l'insistance des Chinois, invite Norodom Sihanouk à passer quelques jours de « vacances » au bord de la mer à Kompong Som, ex-Sihanoukville[1]. Le voyage se fait cette fois en Mercedes noire. Sur la route, Sihanouk constate qu'une deuxième voie de chemin de fer est en construction grâce à l'aide chinoise et découvre, avec plaisir, que Kompong Som n'est pas tombée en ruine comme d'autres cités du pays. En revanche, il retrouvera sa villa personnelle de O Chheu Teal, à l'extrémité ouest de la ville, rongée par les pluies et l'humidité et enserrée par les herbes sauvages.

Devant le chalet d'État, avenue de l'Indépendance, où la délégation résidera, se promènent bœufs, vaches et veaux. Dans le quartier portuaire, il y a beaucoup de Chinois – techniciens, ingénieurs, ouvriers, marins – venant de nombreux bateaux amarrés dans le port. Trois hangars semblent avoir été construits récemment[2]. Les nouvelles constructions, comme ces trois hangars, les grands réservoirs d'eau, le centre pour les grands invalides de guerre, les camions neufs japonais, la réparation de la voie ferrée Poipet-Kompong Som, la construction d'une deuxième voie ferrée entre Phnom Penh et Kompong Som, sont des réalisations concrètes que les Khmers rouges ne

1. Après le coup d'État du 18 mars 1970, Lon Nol débaptisa Sihanoukville en Kompong Som, et ce nom est resté depuis. Le nom Sihanoukville est de nouveau utilisé de temps en temps depuis 1991.

2. J'ai pu visiter le port de Kompong Som en octobre 1992 avec le prince Chakrapong, et j'avais vu ces trois hangars.

manquent pas de faire valoir auprès des quelques rares visiteurs étrangers, comme le photographe Gunnar Bergstrom et trois autres membres de l'association d'amitié Suède-Cambodge, qui visitèrent le Kampuchéa démocratique en août 1978[1]. Le directeur du port promène la délégation en bateau, un petit yacht offert dans les années 1960 au gouvernement de Sihanouk par l'Australie. Ce yacht, malgré les changements de régimes et la guerre, est encore en très bon état.

À Kompong Som, Sihanouk avait apporté ses deux récepteurs radio. Le soir, il capte Radio Hanoi « qui annonce la création imminente d'un Front d'union nationale pour le salut du Kampuchéa » (FUNSK), et ajoute que, « dans certains districts proches du Sud Viêt Nam, le peuple kampuchéen commence à mener une lutte de plus en plus efficace contre le gouvernement d'oppression ou tyrannique de Pol Pot et Ieng Sary ». Sihanouk en conclut que l'avancée des Vietnamiens et le grignotage du territoire khmer se poursuivent. Ce Front d'union nationale pour le salut du Kampuchéa, dont Sihanouk avait entendu parler par Radio Hanoi, les Vietnamiens y travaillent depuis quelque temps. Ils ont commencé à établir des camps d'entraînement pour les réfugiés khmers dans d'anciennes bases militaires américaines au sud du pays. Puis, ils ont mis en place un programme d'endoctrinement intensif pour les cadres qui faisaient défection au régime khmer rouge, comme ce fut le cas en 1977 pour Hun Sen, un jeune commandant militaire khmer rouge.

Puis, au début de l'année 1978, Le Duan (secrétaire général du Parti communiste vietnamien) et Le Duc Tho (membre du bureau politique du PCV), deux très hauts dirigeants vietnamiens, rencontrèrent pour la première fois les personnes susceptibles de prendre la tête de la résistance pour former le

1. *Cambodia Daily*, 22-23 novembre 2008.

noyau du futur régime, car Son Ngoc Minh, qui avait dirigé le communisme cambodgien au début des années 1950, avait succombé à une attaque d'apoplexie en 1972. Étaient présents Heng Samrin, bien sûr, mais aussi Pen Sovan qui avait travaillé pour la station de radio du FUNK dans les années 1970 avant d'occuper un poste de commandant dans l'armée vietnamienne, Bou Thang, un ancien combattant issarak du Nord-Est, Hun Sen et quelques autres. Après une formation intense, un premier bataillon de l'armée rebelle à venir avait été créé en avril. Et, en septembre, à la suite de nombreux recrutements, les effectifs des combattants et l'équipe de cadres commençaient à s'étoffer.

Sur conseil des Chinois et vu la dégradation de la situation interne et militaire, Pol Pot mit un peu d'eau dans son vin pour élargir sa base politique. Il approuva une annonce de détente intérieure et multiplia les initiatives diplomatiques pour gagner la sympathie des milieux politiques internationaux, notamment occidentaux. Désormais, un vol hebdomadaire effectuait la liaison depuis Pékin et des délégations de toutes sortes commencèrent à venir au Cambodge. Quelques journalistes et universitaires, ainsi que des touristes, purent également se rendre dans le pays, notamment à Angkor. Le Japon accepta qu'un ambassadeur khmer rouge présente ses lettres de créance à l'empereur. La décision fut prise à l'automne d'instaurer, de nouveau, une monnaie nationale, mais il était trop tard pour que cela fût suivi d'effet.

Parallèlement, Pol Pot et Nuon Chea lancèrent la purge la plus vaste et la plus meurtrière depuis la prise du pouvoir. Plusieurs dizaines de milliers de personnes furent battues à mort dans les prisons et sur des terrains d'exécution : on les accusait d'avoir « des esprits vietnamiens dans des corps khmers », reproche que l'on avait déjà lancé aux rapatriés de Hanoi quelques années auparavant.

Pol Pot se préoccupa ensuite du sort des zones est et nord-est, car il pensait qu'un complot se préparait contre lui à partir de ces régions, et accusait ses responsables d'avoir échoué dans l'offensive qu'il leur avait commandée contre le Viêt Nam. Les cadres du Sud-Ouest furent envoyés dans l'Est, et les « cordes » de parrainage mises en place par les directions de la zone est furent systématiquement détruites et remplacées par de nouvelles « cordes », sous les ordres de Ta Mok, chef de la zone sud-ouest. En même temps, 60 000 personnes furent déplacées des secteurs frontaliers pour créer un cordon sanitaire de terre brûlée et de champs déserts truffés de mines tout le long de la frontière vietnamienne.

Partout, le régime était en proie à des divisions internes, mais le coup le plus terrible viendra de l'Est. Profitant des problèmes de santé qui conduisirent le chef de la zone, So Phim, à l'hôpital de Phnom Penh, Pol Pot et Nuon Chea firent venir son adjoint, Ke Pauk, et le convainquirent de la trahison de So Phim. Ke Pauk fit arrêter les commissaires politiques des divisions de l'Est lorsque So Phim fut de retour, ce dernier comprit qu'il avait perdu le pouvoir et se réfugia dans la forêt, mais il fut encerclé et se suicida. Plusieurs chefs d'unité de l'Est lui restèrent fidèles et se livrèrent à des attaques éclairs pendant deux mois contre les forces de Ke Pauk, Son Sen et Ta Mok.

Des milliers de soldats furent envoyés à Tuol Sleng pour être liquidés. Le chef du S21, Douch, racontera que Nuon Chea lui avait précisé que « ce n'était pas la peine de les interroger ». Mais les exécutions à Tuol Sleng ne furent rien par rapport aux massacres de la population civile. Pour peu qu'un village fût soupçonné d'aider les rebelles, tous ses habitants étaient massacrés. Il y eut également des centaines de milliers de déportations vers les zones centre, nord et nord-ouest, suivies de nombreuses exécutions. On ne connaîtra jamais exactement le nombre des victimes de la « prise de l'Est », sûrement entre 100000 et 250000. Ce fut l'épisode le plus sanglant du régime de Pol Pot.

Les chefs de file des rebelles, les chefs d'état-major adjoints de la zone, Heng Samrin (ou Heng Sarim ou encore Heng Sanrim) et Pol Saroeun, ainsi qu'une demi-douzaine de secrétaires d'arrondissement finirent par se réfugier au Viêt Nam en mai 1978 avec leurs troupes et leur famille et rejoignirent le noyau des exilés. Hun Sen faisait partie de ceux-là.

Le régime prenait l'eau de toute part. Pol Pot reprit tous les arguments du racisme antivietnamien, demandant à « chaque Khmer de tuer 30 Vietnamiens », et se rendit, en septembre, en Chine rencontrer Deng Xiaoping, le nouvel homme fort du régime. Il n'y avait pas d'atomes crochus *a priori* entre eux. Pol Pot l'avait critiqué dans son message de condoléances à l'occasion du décès de Mao Zedong et, quand il s'était rendu en visite officielle le 1er octobre 1977, il avait surtout côtoyé Hua Guofeng. Deng Xiaoping ne lui en tint pas rigueur, car le soutien de la Chine au Kampuchéa se fera, plus pour des intérêts de *realpolitik* que pour des raisons idéologiques. Il assura Pol Pot de son soutien contre le Viêt Nam mais laissa aussi entendre que les Khmers rouges étaient en partie responsables de la situation car, par leur radicalisme excessif, ils avaient été impuissants à unir le pays derrière eux. Les deux s'accorderont cependant sur l'importance du rôle de Sihanouk et sur la nécessité de se préparer à un long conflit de type guérilla.

Pendant que Pol Pot discutait avec Deng Xiaoping à Pékin, Le Duc Tho rencontrait Heng Samrin, Pen Sovan et les autres exilés khmers à Thue Due, un ancien camp de police américain dans les faubourgs d'Hô Chi Minh-Ville[1]. Il leur déclara que le Viêt Nam avait l'intention de lancer une invasion générale du

1. Après la prise de Saigon, en 1975, le gouvernement vietnamien lui avait donné le nom d'Hô Chi Minh-Ville.

Cambodge au début de la saison sèche[1] et que le mouvement de résistance khmère récemment constitué combattrait aux côtés de ses « frères d'armes » vietnamiens. En attendant, les exilés devaient créer un mouvement. Ce sera le Front d'union nationale pour le salut du Kampuchéa, susceptible de prendre le pouvoir après la chute du régime de Pol Pot.

Pendant ce temps, quelques jours après son voyage à Kompong Som, Sihanouk et sa suite durent déménager. Khieu Samphan lui précisa que c'était pour réhabiliter le palais Khemarin, mais, en fait, c'était pour le transférer dans un lieu plus facile à garder en cas d'une nouvelle tentative vietnamienne de l'enlever, pour le placer à la tête du nouveau Front en gestation. En 1978, les Khmers rouges avaient liquidé un commando vietnamien envoyé au Cambodge pour enlever Sihanouk et lui proposer de prendre la tête d'un front anti-Khmer rouge[2]. La famille royale fut transférée dans un ensemble d'habitations, non loin du palais, derrière le Vat Botum Vaddey[3]. La nouvelle demeure à étage du couple princier était neuve. À côté, une autre maison hébergera la tante de Sihanouk, sa belle-mère, ses deux fils et leur cousin ; une troisième bâtisse enfin fut destinée aux trois dames de leur suite. Entre ces maisons, se trouvait un petit jardin planté de manguiers et de pamplemoussiers, avec un jet d'eau en son centre. Le tout était entouré d'un mur élevé couvert de fils de barbelés, avec une seule grande porte en fer blindée, toujours fermée, surveillée jour et nuit.

La conséquence la plus visible du voyage de Pol Pot en Chine fut, dès son retour, l'invitation de Sihanouk à un

1. La saison sèche commence au Cambodge en novembre.

2. En décembre 1984, cette tentative d'enlèvement sera évoquée par Hun Sen, ministre des Affaires étrangères de la RPK à Paris, devant des personnalités françaises proches du Parti socialiste.

3. Cette pagode renfermait de nombreux *cheddey* (stupas) où l'on déposait les cendres des morts après leur incinération. Ils ont été systématiquement rasés par les soldats de Pol Pot.

dîner officiel au palais du gouvernement, le 28 septembre au soir. Khieu Samphan alla lui rendre visite l'après-midi dans sa nouvelle demeure afin de le convier à cette réception. Il le prévint de l'absence de Pol Pot, qui s'en excusait, mais Ieng Sary, vice-Premier ministre, serait là avec d'autres hauts dirigeants khmers rouges pour l'accueillir. La princesse Monique, leurs deux fils, leur cousin, la tante de Sihanouk et sa belle-mère, étaient aussi invités. Le prince fut heureux d'apprendre que Penn Nouth et son épouse seraient également présents. Avant de partir, Khieu Samphan lui précisa que les convives ne seraient pas en pyjama noir mais en pantalon style européen et en chemise blanche et que les dames seraient vêtues de leur costume traditionnel khmer.

Sihanouk et sa femme arrivent à 19 heures précises au palais du gouvernement remis à neuf[1]. Ils sont accueillis par tout un monde souriant et chaleureux, mais seul Penn Nouth ose le saluer avec le *sampeach*, mains jointes, selon la traditionnelle étiquette royale. Ieng Sary lui dit : « La situation de notre pays est excellente. Vous pouvez visiter toutes les provinces que vous voudrez, je ferai le nécessaire pour organiser vos déplacements et vos séjours. » Sihanouk le remercie. Il profite du dîner pour demander à Khieu Samphan des nouvelles de ses enfants, de son cousin Phurissara et de leurs familles. Ce dernier lui répond que tous se portent bien, mais qu'ils n'ont pas pu venir, leur coopérative se trouvant très éloignée de Phnom Penh. À sa table, Sihanouk revoit le Dr Dython, dentiste, qui l'a soigné dans son cabinet à l'hôpital de l'ex-amitié khméro-soviétique[2]. Mme Ieng Sary lui révèle qu'elle a des problèmes de santé et qu'une infirmière khmère se tient en permanence près d'elle.

1. Jadis demeure du haut-commissaire français, c'est là que fut assassiné M. de Raymond en 1949 et c'est dans ce palais, en 1945, que fut enlevé Son Ngoc Thanh, Premier ministre projaponais, par un commando du général Leclerc.

2. Il sera sauvagement assassiné par les Khmers rouges, la veille de l'entrée des troupes vietnamiennes dans Phnom Penh le 7 janvier 1979.

Dans les jours qui suivirent ce mémorable dîner, les Chinois diffuseront dans le monde entier des jeux de photos, apportant la preuve de la « résurrection » de Sihanouk. VOA et les grandes radios du monde feront écho à cet événement.

Quelques semaines plus tard, Le Duan accompagné de Pham Van Dong et d'autres hauts dirigeants vietnamiens partirent pour Moscou où la direction soviétique leur réserva un accueil exceptionnel, et ils signèrent un traité d'amitié et un pacte d'alliance militaire, comportant l'octroi, par l'URSS au Viêt Nam, d'énormes aides matérielles qui lui permettront de refouler et d'enfoncer très rapidement l'armée de Pol Pot.

Deux jours après la signature du traité à Moscou, Deng Xiaoping se rendit en Thaïlande, en Malaisie et à Singapour. Il trouva ses hôtes déjà plus ou moins convaincus qu'un Viêt Nam intégré au bloc soviétique constituait un danger pour la région. C'était d'ailleurs aussi la thèse américaine. « Il est possible que Phnom Penh tombe, leur dit Deng, cela ne marquera pas la fin de la guerre mais le début, car il faut s'attendre à une longue guerre de résistance. Dans cette situation, la Chine prendra les mesures qui s'imposent. » Le Premier ministre thaïlandais, le général Kriangsak, exprima son inquiétude, car, en cas de conflit avec le Cambodge, son pays se trouverait en première ligne. Celui-ci se dira prêt à soutenir les Khmers rouges, s'il est assuré d'avoir l'appui de la Chine. Deng Xiaoping le lui confirma et lui fit savoir que Pékin allait supprimer peu à peu son soutien au Parti communiste thaïlandais dans le maquis.

Pendant que Deng Xiaoping était en Asie du Sud-Est, un autre haut dirigeant chinois, Wang Dongxing, chef de la sécurité, se rendit au Cambodge accompagné de Hu Yaobang, futur secrétaire général du PCC. Celui-ci trouva qu'il régnait à Phnom Penh une atmosphère irréelle, car personne au gouvernement khmer rouge ne semblait savoir exactement comment réagir au moment de l'arrivée des Vietnamiens. En privé, Wang Dongxing exhorta les dirigeants khmers rouges à préparer la résistance en prévoyant des caches pour des armes et des stocks de riz en province, mais aucun de ses conseils ne fut suivi.

Lors d'un entretien entre Hu Yaobang et Lionel Jospin[1], que j'accompagnais, en 1987 à Pékin, la question du Cambodge sera abordée. Celui-ci nous dit : « Les Khmers rouges ont certes fait des erreurs dans le passé, mais tout ce qu'ils avaient fait n'était pas négatif. Et, actuellement, ils luttent efficacement contre l'occupation vietnamienne de leur pays. » La direction chinoise semblait, à l'époque, trouver bien exagérées les assertions de la presse internationale et de la propagande vietnamienne sur les atrocités passées et les 2 millions de morts attribués aux Khmers rouges.

Non seulement les conseils de Wang Dongxing n'ont pas été suivis par les Khmers rouges, mais, en plus, ceux-ci ont continué à s'autodétruire, alors que les Vietnamiens avançaient et préparaient l'attaque finale. Début novembre, Vorn Veth et Kong Sophal furent arrêtés et envoyés à Tuol Sleng pour y être exécutés. Ils venaient pourtant juste d'être élus respectivement 5e et 7e dans la hiérarchie khmère rouge par le Ve congrès du PCK. Le 2 décembre, plusieurs centaines d'exilés khmers se rassemblèrent près de Snuol, dans la clairière d'une plantation d'hévéas à près de 3 kilomètres à l'intérieur du territoire cambodgien, pour lancer officiellement le nouveau Front d'union nationale pour le salut du Kampuchéa (FUNSK), dirigé par Heng Samrin et Pen Sovan, et parrainé par les Vietnamiens. Le Duc Tho était sur place pour l'occasion[2]. En même temps que Radio Hanoi, Sihanouk écoutait également la nouvelle

1. Lionel Jospin était premier secrétaire du Parti socialiste et j'étais, à cette époque (1986 à 1988), son directeur de cabinet (délégué général). Pierre Joxe, président du groupe socialiste à l'Assemblée nationale, faisait aussi partie de ce voyage en Chine.

2. Il avait été aussi présent en avril 1950, quand le Viêt Nam avait créé le Comité national khmer de libération, dirigé par Son Ngoc Minh.

radio du FUNSK qui avait proclamé la création de ce parti et la constitution des Forces armées populaires révolutionnaires du Kampuchea (FAPRK). Cette radio débutait ses émissions, chaque jour, dès 5 heures du matin.

Sihanouk se rappelle avec humour que, plus le régime de Pol Pot s'enfonçait dans la défaite, plus ses réfrigérateurs se remplissaient. Les rations quotidiennes que leur apportaient les Khmers rouges comprenaient maintenant plus de viande, de légumes, de sucre et de café. S'y ajoutaient aussi des gâteaux khmers et, pour les petits déjeuners, des baguettes d'un pain chaud et croustillant de « style français ».

L'assassinat de Malcom Caldwell

Les Khmers rouges avaient aussi invité quelques intellectuels et journalistes. La dernière délégation, en décembre 1978, était composée de l'Américaine Elizabeth Becker, qui avait passé deux ans à Phnom Penh pendant la guerre comme envoyée spéciale du *Washington Post*, Dick Dudman, grand reporter américain, qui avait couvert la guerre du Viêt Nam, et Malcom Caldwell, universitaire écossais, spécialiste de l'Asie du Sud-Est, qui avait visité la Chine et la Corée du Nord et défendait la révolution khmère rouge depuis 1975.

À l'occasion de leur arrivée à Phnom Penh et pendant les premiers jours de leur séjour, la radio khmère rouge fait grand battage de cette visite. Puis, un silence inexplicable occulte le reste du programme de cette visite.

Un matin, la princesse Monique, plus matinale que son mari ce jour-là, le réveille pour lui apprendre que La Voix de l'Amérique vient de diffuser une incroyable nouvelle, celle de l'assassinat à Phnom Penh du professeur pro-Khmer rouge, Malcom Caldwell. Le lendemain, la radio du Kampuchéa démocratique annonce laconiquement le retour dans leur pays d'Elizabeth Becker et de Dick Dudman. L'absence de nouvelles sur Caldwell confirmait, pour Sihanouk qui n'avait que les radios pour s'informer, la réalité de sa mort.

Dix ans plus tard, Elizabeth Becker racontera en détail cet épisode[1]. Le voyage avait commencé par une série de visites en province, où ils étaient accompagnés par un interprète, Thiounn Prasith. Puis, à leur retour à Phnom Penh, Dick Dudman et Elizabeth Becker furent reçus par Pol Pot. Caldwell eut droit à un entretien séparé, justifié par son statut d'« ami » du régime.

Après cet entretien, ils furent reconduits dans leur résidence, et Caldwell, ravi, leur confia avoir passé la majeure partie de la rencontre à discuter de théorie économique révolutionnaire[2].

Vers 1 heure du matin, Elizabeth Becker fut réveillée par du bruit et des coups de feu. Elle s'habilla et sortit de sa chambre et se retrouva nez à nez avec un jeune Khmer vêtu de noir, une casquette vissée sur la tête, deux cartouchières en travers de la poitrine, un fusil à l'épaule et un pistolet à la main. Elle cria : « Non, ne tirez pas », puis se réfugia dans sa salle de bains en s'allongeant dans la baignoire à plat ventre. Elle entendit d'autres coups de feu. Puis le silence et l'obscurité pendant plus d'une heure trente.

On retrouva, une heure plus tard, le corps de Caldwell, étendu sur le sol, du sang sur la poitrine, et un autre cadavre, certainement l'homme qui avait braqué son arme sur Elizabeth Becker. Le lendemain, les deux Américains durent prendre l'avion pour Pékin.

Le corps de Malcom Caldwell fut placé dans un cercueil de bois entouré de bouquets de fleurs. Dans un bref éloge funèbre,

1. Elizabeth Becker, *op. cit.*, p. 391 à 419.

2. Selon Wilfred Burchett sur Radio Hanoi, la version était différente. Caldwell avait été accablé par les réalités qu'il avait vues sur le terrain, si différentes du régime idéal auquel il avait cru. À son retour de l'audience avec Pol Pot, il avoua à ses deux collègues avoir eu une discussion orageuse avec l'homme fort du régime qu'il avait tant loué. Sur tous les sujets, ils n'avaient trouvé aucun point d'accord.

Ieng Sary accusa les Vietnamiens et exprima les profonds regrets de son pays pour sa mort[1].

Plusieurs versions circulent sur les assassins de Caldwell. Quoi qu'il en soit, ce meurtre prouvait que, en décembre 1978, la sécurité n'était plus assurée dans la capitale, et la dernière initiative des Khmers rouges pour essayer de redorer leur blason en invitant des journalistes s'était retournée contre eux.

Les Vietnamiens arrivent

L'invasion vietnamienne commença le 25 décembre 1978, le jour de Noël. Les plateaux centraux et du Nord du Laos, vers Kratie et Stung Treng, furent vite emportés puis, après d'intenses bombardements aériens et terrestres, le gros des forces vietnamiennes (60000 hommes) emprunta les nationales 1 et 7 pour marcher sur Phnom Penh. Les troupes khmères rouges de Son Sen et de Ta Mok opposèrent certes une résistance farouche mais furent enfoncées. Elles se firent écraser sur place plutôt que de reculer. Tous les avions khmers furent abattus, faute de pilotes expérimentés. La marine khmère, qui n'avait jamais été aussi bien équipée grâce à une aide chinoise massive, n'a joué en fait aucun rôle.

Depuis novembre, de sa maison derrière le Vat Bottom, Sihanouk entendait déjà les bruits des canons. Dès le début du mois de décembre, avec sa femme, il pensait que le jour viendrait où la direction des Khmers rouges les inviterait à rejoindre le maquis pour poursuivre dans les montagnes la résistance à l'envahisseur vietnamien, comme ils l'avaient entendu de la bouche de Deng Xiaoping lors de sa visite à Bangkok. Dans cette éventualité, ils avaient donc préparé leurs baluchons : pyjamas noirs, casquettes Mao et sandales Hô Chi Minh.

1. Elizabeth Becker, *op. cit.*, p. 426, 417 et 418.

Le 1er janvier au soir, Kompong Cham n'allait pas tarder à tomber et Pol Pot donna l'ordre au chef de la sécurité du ministère des Affaires étrangères, Phi Phom, d'escorter Sihanouk, Penn Nouth et leurs familles à Sisophon, et de les faire passer de l'autre côté de la frontière thaïlandaise au moindre danger. De là, ils seraient envoyés à Pékin. En pleine nuit, sans préavis, ils furent invités à partir.

Ils s'en vont en tenue « khmère rouge » : pyjama noir, écharpe en coton à carreaux et sandales en caoutchouc. Dans la nuit, alors qu'un lourd silence pèse sur Phnom Penh, le cortège s'ébranle vers l'ouest sur la route cahoteuse de Kompong Chang : deux Mercedes, la première pour Sihanouk et la princesse Monique, la seconde pour Penn Nouth et son épouse, une Lincoln Continental pour le reste de la famille et de la suite, et deux jeeps d'escorte.

Sihanouk et sa femme sont installés sur la banquette arrière de la première Mercedes en compagnie de leur petit bichon maltais, Miko. Après quelques péripéties et retards dus à la crevaison d'un pneu de la troisième voiture, c'est finalement vers 5 heures du matin, le 2 janvier, qu'ils sont tous regroupés et installés à Sisophon.

Le 3, Khieu Samphan les rejoint pour une discussion politique avec Sihanouk et Penn Nouth, à laquelle assistent leurs épouses. Il leur apprend que l'offensive vietnamienne marquait une pause, qu'ils devaient retourner à Phnom Penh le 4 et que le gouvernement khmer rouge allait confier au prince Sihanouk une mission à l'ONU, avec le titre officiel de « haut représentant du Kampuchéa démocratique », et une autre à Penn Nouth dans certains pays « amis » pour défendre la cause de l'État du Kampuchéa, « agressé » par la République socialiste du Viêt Nam. Il dîne avec eux puis repart immédiatement pour la capitale.

Cette nuit-là, Sihanouk commence à penser qu'il est peut-être près de recouvrer la liberté[1] : « Les Khmers rouges, je le savais, avaient rêvé de consolider à la longue leur régime au point de pouvoir me liquider physiquement[2], sans que la communauté internationale puisse protester contre mon assassinat... J'en suis très conscient. Cela dit, je ne peux pas ne pas lutter contre le colonialisme vietnamien au Cambodge. Je n'avais jamais osé croire que je pourrais recouvrer la liberté. Je vois certes la défaite militaire venir à grands pas, mais je vois aussi la fin des misères pour mon peuple libéré lui aussi des griffes de Pol Pot. »

Toute cette réflexion qu'a eue Sihanouk le soir du 3 janvier 1978, et qu'il a couchée sur papier en 1986, contenait déjà toute l'ambiguïté de la situation et les deux facettes de la même vérité, qui continueront, plus de vingt ans plus tard, à alimenter les débats autour de l'anniversaire réactivé du 7 janvier 1979. À notre époque, il semblerait qu'on puisse admettre plus facilement l'idée que l'on puisse éventuellement envahir un pays pour le libérer d'une dictature. Mais, au début de l'année 1979, personne ne soutenait cette thèse, et les premières réactions de la communauté internationale, sauf du camp soviétique, ne pouvaient être que la condamnation de l'invasion d'un pays par un autre, le Viêt Nam ayant par ailleurs été lui aussi mis au ban des nations quelques mois auparavant pour le tragique épisode des *boat people*.

Le 4 janvier, Sihanouk et sa suite rentrent à Phnom Penh où ils arrivent le 5 en fin d'après-midi. Khieu Samphan vient tout de suite le voir et lui annonce que Pol Pot désirerait le rencontrer au palais du gouvernement, désormais appelé maison n° 1.

1. Norodom Sihanouk, *op. cit.*, p. 314 et 315.
2. Comme ils avaient liquidé une vingtaine de membres de sa famille et nombre de ses fidèles.

C'est la première fois que Sihanouk rencontrait Pol Pot dans son poste actuel[1]. L'entretien dura quatre heures et fut suivi d'un banquet. Le prince est surpris que, avant l'inévitable accolade, celui-ci lui adresse un *sampeach*, salut les mains jointes, avec une petite génuflexion, comme au temps de « l'ancienne société ». Ieng Sary, qui se trouve à ses côtés, se voit obligé lui aussi d'en faire autant, mais sans plier le genou. Ils sont tous en pantalon de style européen et en chemise blanche à la chinoise.

Dans le salon d'honneur, Pol Pot installe le prince à sa droite. Il lui confirme que son gouvernement l'a chargé de représenter le Kampuchéa aux Nations unies et de « défendre la juste cause de notre peuple agressé par les Yuons, dans les débats qui ne manqueront pas d'avoir lieu au sein du Conseil de sécurité ». Il lui précise que, le lendemain après-midi, un avion chinois le transportera à Pékin avec sa famille et sa suite. Ieng Sary argumente pour essayer de ne laisser partir que Sihanouk et son épouse (en fait, pour garder en otage les enfants et la suite), mais Pol Pot campe sur ses positions.

Après quoi, il invite Sihanouk dans la salle de conférences et, devant une grande carte du Cambodge, il fait un briefing sur la situation militaire. En résumé, selon lui, la situation était excellente pour les forces armées cambodgiennes. En laissant prendre Phnom Penh, c'était un piège tendu aux Vietnamiens par la résistance de l'ensemble du peuple et des forces armées cambodgiennes pour les éliminer une bonne fois pour toutes. Dans deux ou trois mois, les forces vietnamiennes seront liquidées. Il conclut en disant que les succès militaires de l'intérieur et les succès diplomatiques de Sihanouk et de Penn Nouth à l'extérieur se compléteront pour assurer le succès total contre les Yuons.

1. En fait, Sihanouk avait rencontré Pol Pot plusieurs fois. La première, lors de la cérémonie de remise d'une enveloppe de 100 dollars aux étudiants partant pour la France en 1950, parmi lesquels se trouvait Saloth Sâr, le futur Pol Pot, et quelques autres fois, notamment en zone libérée au cours de l'année 1973, sans qu'il connaisse réellement son pouvoir.

À son corps défendant, Sihanouk est impressionné par le verbe facile et brillant de Pol Pot, à qui il trouve un certain charisme. En revanche, il pense que « le plan de guerre » n'est que rodomontade visant à masquer l'humiliation d'une défaite imminente. Il avait raison, car, deux jours après, les Vietnamiens prenaient Phnom Penh et occupaient le pays, pas pour trois mois mais pour dix ans. Les Chinois pensaient comme Sihanouk, ils rapatrièrent leurs derniers experts par un navire marchand chinois à Kompong Som et par le dernier vol de la CAAC du 6 janvier, qui amènera aussi Sihanouk, sa famille et sa suite.

Ce jour-là, au matin, un envoyé spécial de Ieng Sary vient annoncer à Sihanouk qu'ils pourront tous partir dans la soirée pour Pékin et que le gouvernement lui offrait 20 000 dollars pour frais de mission. Le prince invite sa famille et sa suite à préparer leurs bagages, en n'emportant que le strict nécessaire pour ne pas alourdir l'avion chinois et pour montrer à l'Angkar qu'ils ont confiance en une issue heureuse du conflit. Ils laissent tous leurs vêtements et tous leurs livres, sauf un, *Saramani, danseuse khmère,* écrit dans les années 1920 par Roland Meyer, retrouvé par le prince Sihamoni chez la défunte princesse Malika.

À midi, le Boeing 707 argent et bleu de l'aviation civile chinoise se pose sur les pistes de l'aéroport de Pochentong où Sihanouk et sa suite sont accueillis par Khieu Samphan, Ieng Sary, l'ambassadeur chinois et celui de Yougoslavie. Les Vietnamiens n'envoient aucun obus sur l'aéroport, mais le temps presse. Sihanouk embrasse l'ambassadeur yougoslave et, d'une voix étranglée, lui dit : « Transmettez, s'il vous plaît, mes hommages au président Tito, et dites-lui que notre peuple ne capitulera jamais. » Le prince monte la passerelle et embarque. À bord de l'avion, quatre personnages se présentent à lui, déclarant que l'Angkar les a chargés de l'accompagner. Il s'agit de

Thiounn Prasith, une de ses nièces, Keat Chhon[1] et un garde du corps khmer rouge. L'avion décolle, ce sera le dernier, il n'y aura pas d'autres départs. Durant le vol, Sihanouk est assailli de sentiments contradictoires. D'un côté, la joie d'avoir échappé avec sa proche famille et sa suite à la mort et, de l'autre côté, de voler vers la liberté avec la tristesse d'avoir quitté une nouvelle fois son pays à la veille d'être occupé par une armée étrangère. Bien des années plus tard, il me dira : « C'est vrai que les Vietnamiens ont mis fin au régime de Pol Pot et m'ont permis ainsi de partir en Chine, mais ils ont occupé mon pays et sont restés dix ans[2]. »

Deng Xiaoping l'attend à l'aéroport. Le correspondant de l'agence France-Presse prend une photo du prince, souriant, qui sera envoyée aux journaux du monde entier. Dans la grosse limousine noire avec « drapeau rouge » qui le ramène à Pékin, Deng Xiaoping s'excuse de n'avoir rien pu faire contre le traitement que lui avaient imposé les Khmers rouges. Il promet que son pays fera tout pour lui assurer une liberté complète et pour qu'on retrouve ses enfants, petits-enfants et fidèles, dont il était sans nouvelle depuis sa démission du poste de chef d'État en avril 1976.

Sihanouk et sa suite sont conduits provisoirement à Diao Yu Dai, la cité des hôtes de marque étrangers, dans une des « résidences » entourées de beaux jardins à la chinoise. L'ancienne légation de France qui lui était destinée avait été endommagée par le grand tremblement de terre de 1976. Elle a été entièrement reconstruite sur ordre de Chou Enlai, avec piscine, salle de projection et autres commodités. C'est dans cette résidence que Sihanouk avale un somnifère pour se calmer après ces journées tendues, pleines de rebondissements, et s'endort.

1. Keat Chhon a été ministre de l'Industrie sous Sihanouk, puis ministre du GRUNK. Il deviendra ministre de l'Économie et des Finances de Hun Sen.

2. Audience du 29 mai 2007.

Le matin du 7 janvier, l'ambassadeur du Kampuchéa démocratique, Pick Chheang, et son épouse, viennent présenter leurs respects à Sihanouk et à la princesse Monique, qui les invitent à déjeuner. Pick Chheang lui rappelle que, en 1973, il était commandant du secteur militaire d'Angkor et que, à ce titre, il l'avait accueilli pendant sa visite dans les zones libérées. Son épouse avait été « aide de camp » de la princesse Monique pendant cette tournée. Ils s'étaient connus à Angkor Vat et s'étaient mariés après le retour de Sihanouk en Chine.

Le 7 janvier au soir, un banquet est offert en son honneur par le gouvernement chinois au palais du Peuple, mais le nombre d'invités est restreint et limité aux responsables chinois des affaires de l'Indochine et du Cambodge. Pendant qu'il lit son discours rédigé à sa demande par Keat Chhon, Sihanouk remarque les personnalités chinoises concentrées sur la lecture d'un long télégramme et chuchotant entre elles. Elles viennent d'apprendre que Phnom Penh est tombée aux mains des Vietnamiens et que les dirigeants khmers rouges ont rejoint le maquis. Ils en informent Sihanouk à la fin de son discours. Ce dernier propose à tous de faire *« kan pei »*, c'est-à-dire de vider cul sec leurs verres de maotai – alcool de sorgho – à la « future victoire du Kampuchéa démocratique sur les Vietnamiens ». Il rappelle aussi une parole du général de Gaulle en 1940 au lendemain de la défaite française face aux forces allemandes de Hitler : « La France a perdu une bataille, mais elle n'a pas perdu la guerre. »

Cette citation dut paraître parfaitement incongrue aux Chinois qui n'avaient pas les mêmes références culturelles et historiques qu'un Sihanouk parfaitement francophone et francophile. Mais celui-ci expliqua plus tard qu'il était dans une telle position, son peuple venant d'être libéré des griffes de Pol Pot et son pays devant à présent se soustraire à l'occupation vietnamienne, qu'il ne savait plus à quel saint se vouer, sinon à l'homme qu'il admirait tant, Charles de Gaulle[1].

En effet, le 7 janvier, les Vietnamiens avaient pris Phnom Penh et installé un gouvernement cambodgien à leur solde, avec à sa tête Heng Samrin. Ainsi prit fin la période du gouvernement des Khmers rouges sur le Cambodge, trois ans et huit mois après leur entrée dans Phnom Penh. Pour Sihanouk prenait fin aussi la période où il était leur prisonnier, et commençaient un nouvel exil, une nouvelle vie et bientôt une nouvelle résistance contre l'occupant vietnamien. Il ne savait absolument pas que cette période allait durer douze ans – et non pas trois mois comme l'avait annoncé Pol Pot – et qu'il allait être de nouveau contraint de coopérer avec les Khmers rouges.

Face aux Vietnamiens, une nouvelle résistance (1979-1989)

Le matin du 8 janvier, les Chinois avaient organisé une grande conférence de presse télévisée dans l'immense salle du palais du Peuple. Près de deux cents journalistes et reporters de Chine et du monde entier, sauf du bloc soviétique, étaient là. Les organisateurs chinois avaient prévu une conférence de presse de deux heures, surtout destinée à condamner l'invasion vietnamienne du Cambodge. Mais elle se transforma en une condamnation du régime khmer rouge, car c'était pratiquement le seul sujet qui intéressait les journalistes occidentaux. Cette conférence battit tous les records de durée, puisqu'elle s'éternisa plus de six heures et qu'il fallut apporter sandwichs et boissons aux journalistes.

Sous le feu nourri des questions, Sihanouk dut s'expliquer en détail sur le régime khmer rouge, sur les atrocités que ce régime

1. Norodom Sihanouk, *op. cit.*, p. 328.

avait commises et qu'on commençait seulement à connaître à travers les révélations de réfugiés qui avaient réussi à s'échapper, sur sa vie de confinement à Phnom Penh, sur son long silence, sur le fait qu'il n'avait pas envoyé ses condoléances lors du décès de Mao Zedong, sur sa démission en avril 1976, sur le différend entre Khmers rouges et communistes vietnamiens, sur la disparition de ses enfants et petits-enfants, etc. Ayant passé de si longues années à dissimuler sa pensée pour sauver sa vie et celle de sa famille proche, il explosa lorsqu'un journaliste lui demanda pourquoi il continuait à « défendre l'indéfendable » : « Il ne s'agit pas de défendre l'indéfendable, mais le Cambodge, en dépit des Khmers rouges, reste ma patrie. Je considère comme un devoir sacré pour moi de faire condamner l'invasion du Cambodge par le Viêt Nam. » Après cette conférence, avec la princesse Monique, ils reçurent l'ambassadeur de France Claude Arnaud et sa charmante épouse Christiane[1]. La soirée fut plus agréable et plus paisible pour lui que cette conférence de presse marathon.

Le 11 janvier, Sihanouk se rend à New York auprès du Conseil de sécurité de l'ONU en tant que porte-parole du Kampuchéa démocratique et condamne l'invasion vietnamienne de son pays. Le 13 janvier, le Conseil de sécurité exige le retrait des « troupes étrangères » et considère le Kampuchéa démocratique comme le seul gouvernement légal du Cambodge. À New York, Sihanouk arrive à se soustraire au contrôle de la délégation khmère rouge et demande l'asile politique. Pendant un moment, il a pensé sérieusement à fuir les Khmers rouges et même à s'éloigner de la Chine, et à ne plus avoir aucune fonction liée au Kampuchéa démocratique.

Le 14 janvier, il écrit au chef de la représentation permanente de la République populaire de Chine aux Nations unies,

1. De son nom de jeune fille Guida. Elle avait épousé, en premières noces, le prince Sisouk na Champassak du Laos avec qui elle eut quatre enfants. Divorcée de ce dernier, elle eut deux nouveaux enfants avec Claude Arnaud.

où il met en avant et diplomatiquement un problème de santé qui l'empêcherait de retourner en Chine :

« Depuis de longs mois déjà, je suis sujet à de fréquentes crises nerveuses. Hier soir, une violente crise nerveuse m'est venue, qui m'oblige à demander à la police américaine de me transporter vers un hôpital psychiatrique ou une maison de santé, loin de la ville de New York dans un endroit calme.

Dans quelques mois, j'espère que je pourrai retrouver mon équilibre mental et saluer de nouveau très respectueusement et très affectueusement la République populaire de Chine et ses hauts dirigeants à qui je dois tant, et leur présenter l'hommage de mon éternelle gratitude.

Que la Chine et son gouvernement soient bien assurés de ma fidélité et de mon loyalisme...

En ce qui concerne la poursuite de l'œuvre politique et diplomatique du Kampuchéa démocratique à l'ONU, aux États-Unis et dans d'autres pays, je suis sûr que S.E. le vice-Premier ministre et ministre des Affaires étrangères Ieng Sary saura en assurer brillamment la pleine réussite[1]... »

Les autorités américaines le cachent dans un hôtel à New York, le Waldorf Astoria, mais ne veulent pas lui accorder l'asile politique. De son côté, Valéry Giscard d'Estaing, le président français, pose trop de conditions pour l'accueillir en France, notamment de ne plus faire de déclarations politiques. Devant les refus des Occidentaux et la nouvelle invitation de Deng Xiaoping, sans conditions, Sihanouk retourne donc en Chine.

Cette période de 1979 à 1989 débute pour Norodom Sihanouk, après sa libération, par une période de doute. Il se voit de nouveau en exil loin de son pays et veut combattre

1. Archives nationales, fonds EFEO, brouillon manuscrit du 14 janvier 1979, 665/AP/342, *in* Olivier de Bernon, Pascal Geneste et Clothilde Roullier, *Les Archives de Norodom Sihanouk (1970-2007)*, Somogy-Éditions d'art, Paris, 2009.

contre l'envahisseur vietnamien, mais sans avoir désormais de contacts avec les Khmers rouges.

Le Kampuchéa démocratique gardera son siège officiel à l'ONU[1] et, très vite, la Chine et l'ASEAN font comprendre à Sihanouk que, s'il veut recevoir leur aide, il doit s'intégrer dans une structure officielle, à savoir, de nouveau, le Kampuchéa démocratique. Les Américains poussent dans le même sens, jusqu'à vouloir élargir ce front antivietnamien aux républicains de droite de Son Sann. Sihanouk créera donc sa structure, le Funcinpec (Front uni national pour un Cambodge indépendant, neutre, pacifique et coopératif), et l'intégra dans un front avec les Khmers rouges et Son Sann. Une armée de libération nationale sera fondée avec ces trois composantes. Le prince constituera donc l'armée sihanoukiste, dirigée officiellement par un de ses fils, le prince Ranariddh, mais, dans la jungle, par d'autres responsables, dont le prince Chakrapong, un des autres fils de Sihanouk.

La résistance aux Vietnamiens va durer dix ans, jusqu'à leur départ. Pendant tout ce temps, Sihanouk vivra entre Pékin et Pyongyang, mais fera de nombreux voyages, notamment en France, pour obtenir des soutiens. Après la chute du mur de Berlin, l'affaiblissement de l'Union soviétique entraîna la fin de son aide au Viêt Nam. Faute de moyens, celui-ci retirera ses troupes militaires du Cambodge à la fin de l'année 1989.

La période de doute

À son retour à Pékin, Sihanouk ne savait pas que son nouvel exil allait durer douze ans. Il pensait que les Vietnamiens quitteraient le Cambodge rapidement, de par la condamnation de la communauté internationale, la pression de la Chine et

1. Thiounn Prasith sera encore pendant quatorze ans ambassadeur du Kampuchéa démocratique auprès de l'ONU.

la résistance des Khmers rouges sur le terrain. En revanche, il était bien décidé à ne plus s'allier avec ces derniers. Du coup, ces premiers jours à Pékin, il n'avait pas vraiment de stratégie et doutait de son avenir.

Les Chinois tentèrent de « donner une leçon » aux Vietnamiens : le 17 février, ils attaquèrent, sur 26 points, les 750 kilomètres de la frontière nord et pénétrèrent de 30 à 40 kilomètres en territoire vietnamien. Cette initiative fut très coûteuse sur le plan local pour les Vietnamiens, mais la résistance fut forte et les Chinois se retirèrent le 16 mars. Les combats avaient fait plus de 7000 morts. Chacun des deux camps s'attribua la victoire.

L'Union soviétique, de son côté, continuait à soutenir le Viêt Nam dans son effort de guerre. Au Cambodge, la résistance khmère rouge s'avérait incapable de reprendre l'initiative face à l'armée vietnamienne, mais elle maintenait un foyer de résistance, notamment à l'ouest, le long de la frontière thaïe, et elle était toujours titulaire de son siège officiel à l'ONU.

Même sans stratégie, Sihanouk tenait son rôle, continuant à voir les dirigeants chinois et les diplomates étrangers, les invitant dans la résidence mise à sa disposition et leur servant, comme de 1970 à 1975, du champagne et du foie gras venant souvent de chez Fauchon à Paris. Le 2 juin 1979, Sihanouk reçut une lettre étonnante d'Henry Kissinger, signée de sa main, à en-tête du Département d'État, qui l'assurait « de son souhait de le voir retourner au Cambodge, comme leader de son pays[1] ».

À Phnom Penh et dans les zones contrôlées par les Vietnamiens, les Cambodgiens les avaient bien sûr accueillis en libérateurs. L'horreur du régime khmer rouge avait été telle que, aux yeux de la majorité, toute autre solution était préférable, y compris celle de l'occupation du pays par « l'ennemi

1. Archives nationales, fonds EFEO, 665 AP/47.

héréditaire » vietnamien. « Ils étaient prêts à baiser les pieds du diable », dira-t-on.

La propagande du Viêt Nam exploita pleinement cette situation et prétendait que son armée n'avait pas envahi le Cambodge pour l'occuper mais pour le délivrer du régime « fasciste et tyrannique qui appliquait une politique génocidaire ». Cela était bien sûr fallacieux comme argument, car la dureté du régime des autorités khmères rouges n'avait pas gêné les Vietnamiens pendant plusieurs années, ces derniers n'ayant pensé à intervenir qu'au moment où les Khmers rouges avaient menacé leurs intérêts nationaux, en commençant par créer des incidents armés aux frontières avec l'idée de récupérer le Kampuchéa Krom, c'est-à-dire une partie du Sud du Viêt Nam vers mi-1977, et en s'en prenant violemment à la population à partir d'octobre 1977.

Les Vietnamiens transformèrent le centre de torture Tong Sleng, où avait sévi Douch, en musée que l'on peut encore visiter. La visite s'est longtemps terminée par une grande carte du Cambodge, au goût douteux, réalisée avec les crânes des victimes collés sur le mur. Cette carte, que nous avions vue en 1991, a été retirée il y a quelques années.

Le gouvernement du FUNSK mis en place par les Vietnamiens à Phnom Penh était une couverture bien mince, avec comme Premier ministre Heng Samrin, ancien commandant militaire khmer rouge réfugié au Viêt Nam à la suite des purges internes de l'Angkar et, comme second, Pen Sovan, ancien Issarak réfugié à Hanoi et secrétaire général du Parti révolutionnaire du peuple khmer (PRPK), ressuscité pour l'occasion.

Le pays portait désormais le nom de République populaire du Kampuchéa (RPK). Mais, en fait, c'était le Viêt Nam qui définissait la politique, transmise par un groupe de liaison du comité central du Parti communiste vietnamien connu sous le nom de code A40, et appliquée par des « conseillers » vietnamiens responsables de tous les ministères et administrations provinciales. Tout était entre leurs mains. Igor Rogatchev, directeur des affaires du Sud-Est asiatique au ministère des Affaires étrangères d'URSS, s'est rendu à Phnom Penh en février 1979 afin de prendre le pouls de la nouvelle administration et pour tenter de comprendre pour quelles raisons les Occidentaux avaient unanimement condamné l'appui donné par Hanoi à une opération militaire visant à renverser un régime aussi infâme, alors que le bon droit semblait de ce côté. Il découvrit, un peu surpris, que la RPK, qui en revendiquait l'honneur, était une république fantôme… Aux Russes, comme aux membres des Nations unies, Hanoi avait menti en assurant n'avoir apporté aux Khmers « révolutionnaires » qu'un appui logistique et moral[1].

De plus, le comportement de l'armée ne fit qu'accentuer, pour les Cambodgiens, l'image d'un pays sous occupation et, en quelques mois, les Vietnamiens se rendirent indésirables. Phnom Penh fut en partie pillée, quelques journalistes présents décrivirent des convois de camions chargés se dirigeant vers Hô Chi Minh-Ville[2]. Des usines furent démontées et leur équipement expédié au Viêt Nam[3]. Les convois qui amenaient les troupes repartaient lourdement chargés du matériel stocké pendant la période de Pol Pot : or, meubles, ustensiles divers, machines en tout genre, même les bœufs, les volailles et le riz, regroupés dans les entrepôts collectifs, prirent la direction du Viêt Nam[4]. Des citadins, qui avaient réussi à revenir dans les villes, découvrirent souvent leur maison réquisitionnée par un officier vietnamien ou par un cadre du nouveau régime,

1. Deron Francis Deron, *Le procès des Khmers rouges : trente ans d'enquête sur le génocide cambodgien*, Gallimard, Paris, 2009.

2. Nayan Chanda de la *Far Eastern Economic Review, Brother Enemy, The War After The War*, MacMillan, New York, 1986, p. 370-371.

3. Martin Stuart-Fox, *The Murderous Revolution*, Chippendale, N.S.W., 1986, p. 173-174.

4. François Ponchaud, *Une brève histoire du Cambodge*, Éditions Siloë, Nantes, 2007, p. 100.

et se virent menacés, s'ils protestaient, d'être réexpédiés à la campagne. L'agriculture privée ne fut pas rétablie.

Les habitants de Phnom Penh furent les derniers à être autorisés à regagner leur lieu d'origine. Les nouvelles autorités interdirent en effet l'entrée de la ville pendant son pillage par les troupes vietnamiennes[1].

Les anciens fonctionnaires et membres des professions libérales qui avaient survécu aux années Pol Pot furent recrutés pour mettre en place la nouvelle administration, mais ils étaient sous la tutelle des « conseillers » vietnamiens et subissaient des séances d'endoctrinement obligatoires. Les perturbations et avaries engendrèrent une famine en 1979, pire que les graves pénuries alimentaires qui avaient eu lieu de 1975 à 1978, et les Vietnamiens refusèrent l'aide internationale. En avril-mai 1979, des dizaines de milliers de Cambodgiens prirent de nouveau le chemin de l'exil vers la Thaïlande.

Les Thaïs avaient retenu la leçon des *boat people* vietnamiens se déversant par centaines de milliers sur les plages des pays d'Asie du Sud-Est, sans que les pays occidentaux interviennent. Aussi, en juin, la plupart des réfugiés furent renvoyés dans leur pays *manu militari* par l'armée thaïlandaise à travers la jungle truffée de mines des régions frontalières. Plusieurs milliers périrent de nouveau, ou sous les balles thaïlandaises, ou en essayant de franchir les champs de mines.

Du 15 au 19 juillet, les Vietnamiens et le gouvernement Heng Samrin organisèrent le procès des dirigeants khmers rouges, notamment de Pol Pot et Ieng Sary, qui furent condamnés à mort par contumace par un « tribunal populaire révolutionnaire ». La sentence stipula que « leur responsabilité résulte d'une collusion avec les forces réactionnaires de Pékin et les autres représentants de la réaction internationale ».

1. François Ponchaud, *op. cit.*, p. 95.

C'est à cette époque que Lionel Jospin, alors n° 2 du PS chargé de l'international, et moi-même en charge du secteur Asie, avons songé à prendre position d'une manière ou d'une autre. La situation était complexe, aussi nous pensions qu'un article de fond conviendrait mieux pour expliciter notre point de vue qu'un communiqué. *Le Monde* accepta le principe d'un article pendant l'été. Je me mis donc au travail pour rédiger un texte, relu avec attention par Lionel Jospin qui en pesa tous les mots, car il allait engager l'ensemble du Parti socialiste sur un projet complexe. Il changea finalement peu de choses au texte initial, car je connaissais bien son point de vue sur le Cambodge, thème que nous avions souvent évoqué. Signé par Lionel Jospin, cet article parut dans le journal le 11 août 1979. Pour la première fois, le n° 2 d'un grand parti d'un pays occidental parlait d'une solution au Cambodge, passant non par la poursuite des combats mais par une conférence internationale dans laquelle seraient parties prenantes toutes les factions cambodgiennes autour du prince Sihanouk. Nous avancions aussi l'idée de faire ensuite des élections sous contrôle de l'ONU. En outre, c'était la première fois qu'une « solution Sihanouk » était officiellement proposée. Celle-ci fut mise en œuvre en grande partie en 1988 par Roland Dumas, alors ministre des Affaires étrangères, à la demande de François Mitterrand. *L'Humanité*, organe du Parti communiste français, nous répondit par une volée de bois vert dans un article ironisant sur « les devoirs de vacances de Lionel Jospin », car, pour le PCF, la solution ne pouvait être que militaire au profit du Viêt Nam et du camp soviétique. En revanche, la princesse Monique et le prince Sihanouk nous diront beaucoup plus tard que cet article avait été très important pour eux et avait constitué une lueur d'espoir dans leur exil et au milieu du doute dans lequel ils étaient plongés.

Finalement, la situation des réfugiés émut les gouvernements occidentaux et, quelques mois après, un accord fut trouvé entre la Thaïlande d'une part, le HCR et la Croix-Rouge internationale d'autre part, pour organiser enfin un programme d'accueil dans des camps correctement gérés à la frontière côté thaï. Les offensives de l'armée vietnamienne contre les camps de réfugiés situés à l'intérieur du Cambodge eurent pour conséquence un nombre croissant de Cambodgiens fuyant leur pays vers la Thaïlande : 150000 en octobre 1979 et 650000 à la fin de l'année 1985, répartis dans plusieurs camps de part et d'autre de la frontière. Ces réfugiés furent peu à peu regroupés en « sites », placés sous le contrôle des trois composantes de la coalition. Au site 2, au pied des monts Dangrek, à 2 kilomètres de la frontière, vivaient officiellement les sympathisants du FNLPK. Au site B[1], au sud de Surin, à une dizaine de kilomètres à l'intérieur de la Thaïlande, se trouvait le camp sous contrôle du Funcinpec, puis, dans un autre ensemble, notamment le site 8, à une quarantaine de kilomètres au sud de la ville frontière d'Aranyaprathet, ceux sous contrôle khmer rouge[2]. Cet exode massif à lui seul montrait l'incapacité des Vietnamiens à résoudre les problèmes du Cambodge et à gagner les cœurs et les esprits des Khmers.

Pol Pot se rangea à la proposition de Deng Xiaoping de nommer Sihanouk chef de l'État. À Pékin, le leader chinois cherchait toujours à convaincre ce dernier de travailler avec les Khmers rouges qui, lui disait-il, « vont maintenant respecter les droits de l'homme ». Le prince lui répondit : « Monsieur le président, les tigres ne se transforment pas en chatons. » Sihanouk, exaspéré de ces supplications et pressions chinoises de le faire travailler « avec ces gens qui ont tué mes enfants et petits-enfants » – selon ses propres dires – partit pour Pyongyang afin de montrer sa désapprobation.

1. Camp de réfugiés d'environ 50000 Cambodgiens.
2. François Ponchaud, *op. cit.*, p. 106.

De mai à septembre, il resta quatre mois dans la capitale nord-coréenne, où il fut très bien reçu par Kim Il Sung. Lors de leurs différents entretiens, le prince se laissait aller et lui parlait de sa tentation de partir en exil en France dans sa villa de Mougins. Mais il ne voulait pas finir comme Bao Dai en exil, hantant les casinos et les palaces de la Côte d'Azur. Kim Il Sung l'encouragea à continuer la lutte et à créer son propre mouvement politique. Il lui cita même l'exemple de Sun Yat-sen, farouche combattant de la dynastie chinoise Qing, qui vécut en exil (en Grande-Bretagne, en France, au Japon et aux États-Unis) pendant seize ans et qui, à son retour, fut élu premier président de la nouvelle République de Chine en 1912[1].

En novembre 1979, grâce à l'activisme des États-Unis, qui réussirent à convaincre plusieurs pays arabes et africains, l'Assemblée générale de l'ONU décida, à la suite d'un vote, de condamner de nouveau l'intervention vietnamienne au Cambodge, d'exiger le retrait des troupes de Hanoi et de faire siéger la délégation du Kampuchéa démocratique à la place du Cambodge et d'en exclure le régime provietnamien de Phnom Penh[2].

En décembre, l'URSS envahit l'Afghanistan. L'Occident et l'ASEAN y virent une nouvelle volonté d'expansion du camp soviétique après l'invasion du Cambodge par le Viêt Nam. La Thaïlande, la Chine et les États-Unis se mirent donc à soutenir encore plus les Khmers rouges dans leur résistance contre les Vietnamiens. Khieu Samphan devint Premier ministre d'un gouvernement khmer rouge, qualifié d'Union nationale et démocratique.

Fin 1979-début 1980, je me rendis en Thaïlande et à la frontière cambodgienne pour mieux appréhender la situation.

---

1. Entretien avec Kim Kyong Sin, ancien membre du département international du Parti du travail coréen, à Pyongyang en septembre 2008.

2. 91 voix pour, 21 contre et 29 abstentions.

J'étais alors responsable des affaires asiatiques au Parti socialiste. Jean Soulier, l'ambassadeur de France en Thaïlande, m'avait accueilli à la résidence de l'ambassade, construite en partie en bois et dont le jardin donnait sur la Chao Phraya. C'est une des plus belles résidences d'ambassadeur français en Asie. J'avais beaucoup sympathisé avec Jean Soulier l'année précédente à l'ambassade de France à Pékin, où il exerçait les fonctions de ministre conseiller et où j'effectuais mon stage de l'ENA[1]. Il m'avait organisé plusieurs rendez-vous avec des fidèles de Sihanouk et avec Chhean Vam, vice-président du FNLPK.

Jean Soulier hébergeait aussi Nanda na Champassak, fille de Christiane Arnaud[2], qui travaillait au Haut-Commissariat des Nations unies pour les réfugiés (HCR), et qui m'avait aidé à me rendre au camp de Sakeo, près de la frontière et non loin d'Aranyaprathet, avec plusieurs personnes de l'Unesco.

Vu le style vestimentaire des réfugiés de ce camp, des pyjamas noirs, ils devaient être sous le contrôle des Khmers rouges. En circulant dans les rues de ce camp, plusieurs familles de sino-khmers me remirent des lettres pour la France, où vivaient leur famille et des amis et dans laquelle ils aimeraient partir comme « pays tiers ». Je poussai plus loin mes investigations et me retrouvai dans un autre camp, peut-être en territoire cambodgien, où les gens armés portaient des treillis, des chapeaux de cow-boy ou des foulards sur la tête, ce qui ne ressemblait en rien à l'habituel attirail des Khmers rouges. L'ANS n'étant pas encore créé, c'était peut-être des gens du Molinaka de Kong Sileah ou du FNLPK de Son Sann.

Pendant que je marchais au milieu de ce camp improvisé, des coups de feu éclatèrent. Vu les lieux, il s'agissait plutôt de heurts entre factions que de combats avec l'armée

1. Mon stage long de l'ENA se déroula de février à septembre 1978. Claude Arnaud était ambassadeur, Jean Soulier ministre conseiller n° 2.

2. Voir note 1, p. 266.

vietnamienne. Je m'accroupis très vite avec d'autres personnes dans un trou d'obus, et je pus parler en français avec des gens qui regrettaient l'époque de Sihanouk et espéraient le retour de ce « prince papa » pour mettre fin à ces années de désolation. Cela m'avait impressionné. Suivant un moment les populations qui fuyaient ces tirs, j'avais pu monter dans une jeep de la Croix-Rouge qui allait dans l'autre sens et qui m'avait ramené vers le premier camp, ce qui m'avait permis, le soir, de reprendre un bus pour Bangkok.

En rentrant en France, je racontai tout cela à Jean Leclerc du Sablon, journaliste au *Point*, que j'avais connu à Pékin, puis je fis un rapport à Lionel Jospin et écrivis un article dans *L'Unité*, l'organe du Parti socialiste[1].

Au début de l'année 1980, les Khmers rouges bâtirent un nouveau camp à la frontière thaïe pour le siège de leur gouvernement avec de belles maisons dans lesquelles ils invitèrent des journalistes étrangers. En fait, le vrai camp de la direction khmère rouge, baptisé « bureau 131 », était plus au sud-est, à environ 300 kilomètres[2]. Ils voulaient montrer ainsi à la presse internationale qu'ils avaient changé. Khieu Samphan déclara même : « Notre devoir majeur n'est pas d'édifier le socialisme, mais de chasser toutes les forces vietnamiennes du Cambodge. » Malgré l'alliance Chine-ASEAN-États-Unis en faveur des Khmers rouges, malgré les efforts de ces derniers pour améliorer leur image, Sihanouk campa sur ses positions pendant un an.

Il essaya d'obtenir des soutiens dans la diaspora cambodgienne et au niveau international, sans toutefois obtenir le succès escompté.

En 1980, il accepta des invitations de Khmers républicains en France, aux États-Unis, au Canada et en Australie. Mais, en

1. Joseph-Samuel Crégut (mon pseudonyme à l'époque), « Cambodge : la guerre inévitable », *L'Unité* n° 378, 11 avril 1980.
2. Philip Short, *op. cit.*, p. 531.

fait, le plus souvent, ces républicains khmers ne pensaient qu'à se venger de lui de différentes façons. Un jour, en Californie, certains d'entre eux, un peu plus corrects et tenant à une vraie réconciliation nationale, demandèrent à Norodom Sihanouk d'accepter de recevoir en audience le « maréchal président Lon Nol », comme ils disaient. Le prince leur donna son accord et ces derniers s'empressèrent d'en informer Lon Nol, qui leur répliqua : « Sihanouk n'est plus rien. Il fut déposé le 18 mars 1970. Moi, je suis toujours chef de l'État et président du Cambodge. En tant que tel, je n'ai pas à aller saluer Sihanouk. S'il veut me saluer, il peut venir chez moi[1]. » Naturellement, Sihanouk ne s'est pas rendu chez Lon Nol, qui lui devait tout et qui l'avait trahi.

Une autre fois, au Québec, des républicains khmers l'attendaient à l'aéroport et manifestaient leur hostilité à son égard en brandissant des pancartes. Certains avaient même réussi à faire d'une émission télévisée canadienne un véritable « tribunal » pour le juger et le condamner. Sihanouk quitta le plateau la tête haute au milieu de l'émission et dénonça cette chaîne de TV canadienne qui s'ingérait indûment dans les affaires cambodgiennes. Dans les jours qui suivirent, les autres chaînes de télévision lui donnèrent la vedette en remontrant la scène où on le voyait quitter le plateau. Des parlementaires canadiens francophones, à Montréal, l'invitèrent à déjeuner pour le féliciter[2].

Il prit aussi quelques contacts discrets avec le régime de Phnom Penh. Mais, à cette époque, ce dernier ne souhaitait absolument pas passer un accord séparé avec Sihanouk. Le régime de Phnom Penh était persuadé que, à la prochaine saison sèche, il allait venir définitivement à bout des quelques poches de

1. BMD du 25 au 29 août 2006.
2. BMD du 25 au 29 août 2006.

résistance des Khmers rouges. Les Américains, de leur côté, avaient soutenu la création par Son Sann, ancien Premier ministre républicain de droite de Lon Nol, d'un mouvement, le FNLPK, auquel ils livrèrent des armes pour constituer une force militaire. Les Chinois, quant à eux, gardaient leur soutien aux Khmers rouges.

Parallèlement, plusieurs groupes de combattants sihanoukistes s'étaient créés spontanément ici ou là. Kong Sileah était arrivé à les regrouper dans le Molinaka, et faisait pression sur Sihanouk pour qu'il les soutienne et leur procure les moyens de combattre les envahisseurs vietnamiens.

La nouvelle résistance s'organise

Les Chinois insistèrent de nouveau auprès de Sihanouk. Ils lui firent valoir qu'eux-mêmes et l'ASEAN ne pouvaient aider qu'une structure officielle, à savoir le Kampuchéa démocratique, ayant le siège officiel du Cambodge à l'ONU. L'ASEAN intervint dans le processus. La Thaïlande, et notamment Siddhi Savetsila, ministre des Affaires étrangères, prit l'initiative de recontacter Sihanouk, les Khmers rouges et la Chine, pour négocier le retour de ce dernier à la tête du Kampuchea démocratique.

Le prince va donc se laisser convaincre cette fois et accepter d'envisager, pour la deuxième fois de sa vie, de s'arranger avec les Khmers rouges. De Pyongyang, il va lancer le Funcinpec[1].

En février 1981, l'armée vietnamienne lança une nouvelle offensive à la saison sèche contre les forces khmères rouges près de la frontière thaïe, qu'elle fut impuissante à écraser.

C'est à cette période-là, en février 1981, que François Mitterrand, alors candidat à la présidence de la République,

1. Front uni national pour un Cambodge indépendant, neutre, pacifique et coopératif.

profitant d'un voyage en Chine, alla le rencontrer à Pyongyang en Corée du Nord. En tant que responsable des affaires asiatiques du Parti socialiste, j'avais préparé ce voyage, j'y avais participé et j'avais accompagné François Mitterrand à cette rencontre avec Norodom Sihanouk[1].

François Mitterrand avait été invité en Chine par Deng Xiaoping, du 9 au 18 février 1981. Cette invitation avait eu lieu par l'intermédiaire de Mário Soares, alors président du Portugal, car le Parti socialiste n'entretenait pas, à ce moment-là, de contacts officiels avec le Parti communiste chinois. Durant ce séjour, le futur président français avait accepté de faire un voyage discret à Pyongyang, les 16 et 17 février, à l'invitation de Kim Il Sung, alors président de la Corée du Nord.

Depuis longtemps, la délégation nord-coréenne à Paris voulait inviter François Mitterrand en Corée du Nord, le poursuivant jusqu'à sa résidence de Latche dans les Landes pour lui remettre des invitations. Pendant deux ans, j'avais esquivé et fait patienter les Nord-Coréens, arguant du manque de temps et de la distance. Mais François Mitterrand allant à Pékin, ces deux arguments tombaient.

J'avais suggéré à Lionel Jospin que François Mitterrand pourrait profiter du voyage en Chine pour se rendre à Pyongyang, d'autant plus que le prince Sihanouk y séjournait à ce moment-là et que l'on aurait certainement une chance de le rencontrer. François Mitterrand accepta, malgré le risque politique (on était en pleine campagne pour les élections présidentielles en France), mû surtout, je crois, par le désir de vivre une expérience hors norme en devenant le seul dirigeant politique occidental de ce niveau à pouvoir se rendre dans ce pays si fermé et à rencontrer Kim Il Sung.

1. Sur le plan professionnel, j'étais alors juge au tribunal administratif de Nice, poste que j'avais choisi à ma sortie de l'ENA l'année précédente.

Je me lançai donc dans ce voyage « à tiroirs » pour ne pas dire « poupées russes » : Chine, Pyongyang, rencontre avec Sihanouk. Au début de l'année, j'avais été averti de ce projet par Lionel Jospin, qui m'avait demandé si je pouvais préparer ce voyage et les accompagner. Conscient de l'importance de celui-ci à quelques semaines des élections présidentielles, je répondis « oui » aux deux questions sans trop savoir comment j'allais faire.

Pour préparer ce voyage, je repris quelques contacts « chinois » à Paris où je me rendis plusieurs fois entre mes audiences au tribunal administratif de Nice. L'ambassadeur de Chine à Paris, Yao Guang, m'ouvrit ses portes et me mit en contact avec un conseiller qui dépendait, non pas du ministère des Affaires étrangères chinois, le Waijiaobu, mais du département international du Comité central du PCC. C'est avec lui que je finalisai les derniers préparatifs du voyage sur les plans politique, protocolaire, matériel et culturel. Pour la Corée du Nord, j'arrangeai les modalités du voyage avec la délégation économique de Corée du Nord à Paris, qui se chargea aussi du contact avec Norodom Sihanouk pour fixer le rendez-vous avec lui à Pyongyang.

La délégation officielle pour la Chine était composée de François Mitterrand, Lionel Jospin, Gaston Defferre[1] et moi-même. En tant que membres de la délégation officielle, nous avons participé à tous les entretiens prévus. Nous avons rencontré Deng Xiaoping, Hu Yaobang, Ji Pengfei et Li Xiannian, puis nous nous sommes rendus à Qufu, la ville natale de Confucius dans le Shandong, avec les journalistes qui nous accompagnaient.

François Mitterrand aurait préféré aller à Xian visiter le mausolée de l'empereur Qin Shi Wan Ti où avaient été mis au

1. Gaston Defferre, président du groupe socialiste à l'Assemblée nationale et maire de Marseille.

jour des milliers de soldats en terre cuite, mais je lui fis remarquer que le président Giscard d'Estaing venait de s'y rendre en octobre 1980 et que cela ferait un peu « réchauffé » pour la trentaine de journalistes[1] présents à nos côtés. Il avait alors donné son feu vert pour une autre destination et, en dialoguant avec les organisateurs chinois, nous sommes tombés d'accord pour Qufu. C'était la première fois qu'un homme politique étranger de haut niveau allait dans cette ville historique entourée de remparts, où avait vécu Confucius au Ve siècle avant Jésus-Christ.

Lors de la rencontre avec Deng Xiaoping, la question du Cambodge fut bien sûr à l'ordre du jour. Le PS avait, en son temps, condamné le régime khmer rouge[2], mais aussi l'intervention militaire vietnamienne au Cambodge et le maintien des troupes étrangères dans ce pays[3]. Il avait aussi lancé un appel à une conférence internationale pour l'indépendance et la neutralité du pays, au retrait des troupes vietnamiennes, à la création d'un gouvernement d'union nationale sous l'autorité du prince Sihanouk, à l'organisation d'élections sous contrôle international et à l'attribution d'une aide massive au Cambodge dans tous les domaines[4].

Les Chinois, de leur côté, avaient soutenu le régime khmer rouge mais ils appelaient maintenant ses dirigeants à changer et, eux aussi, souhaitaient remettre Sihanouk sur le devant de la scène. Deng Xiaoping écouta François Mitterrand avec

1. Parmi lesquels Jean Daniel du *Nouvel Observateur*, Jean Favier de l'AFP, Jean-Marie Colombani du *Monde*, Danièle Breem d'Antenne 2, Jacqueline Chabridon de RMC, Bruno Masure de TFI, Richard Arzt d'Europe 1, Pascal Lebrun, photographe de *Combat socialiste*, ainsi que Serge Moati de l'équipe audiovisuelle du Parti socialiste. Claude Estier se trouvait également parmi eux en tant que directeur de *L'Unité*, l'organe du parti socialiste.

2. Articles de François Mitterrand dans *L'Unité* du 30 avril 1976 et de Lionel Jospin dans *Le Monde* du 3 août 1977 (projet rédigé par Philippe Richer, ancien diplomate, responsable du secteur Asie au Parti socialiste à cette époque).

3. Communiqué du 8 janvier 1979.

4. Article paru dans *Le Monde* du 11 août 1979, signé par Lionel Jospin et dont j'avais rédigé le projet.

intérêt évoquer les propositions sur le Cambodge. Il ne releva pas de grandes divergences, il précisa simplement que les exactions et les crimes dont étaient accusés les Khmers rouges n'étaient peut-être pas aussi importants que ce qu'avait pu en dire la propagande du camp soviétique et les médias occidentaux. Il ne fit pas de commentaire sur la proposition de conférence internationale, mais approuva la nécessité du retrait de l'armée vietnamienne du Cambodge et du rôle à nouveau central que devrait jouer le prince Sihanouk. « Je sais que vous allez le voir à Pyongyang », précisa-t-il pour bien montrer à François Mitterrand que la Chine avait été consultée pour cette rencontre. Concernant les autres points de la conversation, Deng Xiaoping se montra très préoccupé par l'expansionnisme soviétique dans le monde, dont l'invasion de l'Afghanistan était un nouvel exemple, comme l'avait été, dit-il, deux ans auparavant, celle du Cambodge par l'armée vietnamienne.

Le 18 février après-midi, très discrètement, un Iliouchine 62 de la compagnie Air Koryo atterrissait à Pékin pour prendre à son bord François Mitterrand et sa délégation restreinte, sans les journalistes. Nous étions seuls dans cet avion spécial, avec un responsable du département international du Parti du travail coréen, dénommé Kim Kyong Sin.

François Mitterrand avait modifié la composition de la délégation en y intégrant Claude Estier[1]. Les Nord-Coréens ne comprenaient pas comment un journaliste qui n'était pas dans la délégation officielle en Chine puisse s'y retrouver pour se rendre en Corée et passer devant moi dans l'ordre protocolaire. Profitant du temps du voyage entre Pékin et Pyongyang, j'expliquai à Kim Kyong Sin que François Mitterrand avait souhaité qu'en Corée du Nord, Claude Estier, membre du bureau exécutif

1. Claude Estier était alors directeur de *L'Unité*. François Mitterrand avait aussi demandé à Serge Moati de nous accompagner, non pas en tant que membre de la délégation, mais comme cinéaste du Parti socialiste pour immortaliser ce voyage.

du Parti socialiste, fasse partie de la délégation officielle, et il était normal alors qu'il passe devant moi dans l'ordre protocolaire[1]. Ce dernier a relaté avec humour cette discussion: « Les Coréens du Nord ayant compris, cela me valut une chambre plus grande que celle de Cambacérès dans la résidence des hôtes du Parti du travail coréen[2]. »

Pendant le trajet en avion, j'allai trouver François Mitterrand pour finaliser son discours, dont je lui avais donné un premier projet. Il était assis à côté de Gaston Defferre et me dit: « Cambacérès, est-ce que vous employez souvent ce vocabulaire à tonalité très particulière? – Non, bien sûr, monsieur le premier secrétaire, mais je pense que là, à Pyongyang, c'est le vocabulaire qui passera le mieux. »

Kim Kyong Sin, notre accompagnateur coréen, lui avait fait aussi quelques suggestions. Il modifia des détails, et ce discours, que j'ai gardé et dont j'avais préparé les thèmes avec Lionel Jospin, fut celui qu'il prononça devant le président nord-coréen et ses hôtes pendant le banquet officiel.

En arrivant à l'aéroport de Pyongyang et pendant que l'avion roulait encore, Kim Kyong Sin s'approcha de François Mitterrand et lui dit: « Camarade, les masses populaires sont là. » Je l'avais prévenu du type de vocabulaire employé dans ce pays, c'est pour cela que j'avais moi-même usé d'un style un peu identique pour le discours du banquet officiel offert le soir même par le président Kim Il Sung.

François Mitterrand garda son sérieux. Il se retourna vers nous et nous répéta avec une pointe d'humour: « Camarades, les masses populaires sont là. » En effet, par les hublots de l'avion, qui roulait maintenant vers notre point de stationnement, nous vîmes des milliers de personnes agitant des

1. À cette époque, j'étais membre de la commission nationale de contrôle et ne suis entré au comité directeur et au bureau exécutif qu'en 1986.

2. Claude Estier, *Mitterrand président: journal d'une victoire*, Stock, Paris, 1981.

bouquets de fleurs et nous attendant par une température de – 10 °C en cette fin d'après-midi de mi-février.

L'avion s'arrêta. François Mitterrand s'avança près de la porte de sortie, suivi de Gaston Defferre, de Lionel Jospin, de Claude Estier et de moi-même. Kim Kyong Sin nous remit à chacun un bouquet de fleurs et nous descendîmes tous la passerelle en agitant nos bouquets face aux masses populaires qui faisaient de même. Un film réalisé par les cinéastes du Parti du travail retrace ce moment inoubliable. Dès que nous fûmes installés dans les limousines noires qui nous attendaient, la foule s'évanouit immédiatement, chacun montant rapidement dans des camions collectifs garés non loin de là.

Nous voici roulant sur l'autoroute entre l'aéroport et la capitale. C'était la deuxième fois que j'y venais, la première était en 1978, et je connaissais donc un peu les lieux que j'avais pu décrire à François Mitterrand avant notre arrivée. Un passage rapide à la résidence du Parti où nous étions logés, et nous voilà au palais des congrès de Keumsousan, grandiose, bordé d'une rivière, avec de grandes salles en marbre, des jets d'eau, de grands lustres...

La salle du banquet officiel est une salle immense, plus vaste que la galerie des Glaces du château de Versailles, avec des lustres énormes. Près de 400 convives, regroupés autour de 37 tables rondes, se lèvent comme un seul homme et applaudissent à l'entrée du président Kim Il Sung, de François Mitterrand et de la délégation. Après le discours d'accueil du président nord-coréen, François Mitterrand se lève et prend la parole.

« Cher camarade président Kim Il Sung, chers camarades du Parti du travail, chers amis.

Je suis très heureux de me trouver à Pyongyang, et de répondre ainsi à l'invitation du président Kim Il Sung formulée déjà depuis longtemps... Les relations entre nos deux partis sont bien développées et se sont concrétisées par de nombreuses rencontres à Paris ainsi que par la présence de délégations à nos congrès respectifs. Nous avons beaucoup entendu parler de la situation interne de votre pays, notamment en matière de développement agricole et industriel. Ce développement, effectué sous la direction du camarade président Kim Il Sung, a permis en quelques années de faire progresser le bien-être économique de la population et de reconstruire votre pays détruit par la guerre... Mais nous nous sommes aussi surtout intéressés à votre activité et à vos positions en matière de politique internationale : depuis les propositions concrètes que vous avez formulées pour la résolution des problèmes dus à la division de votre pays, jusqu'à votre participation au Mouvement des pays non alignés, en passant par votre aide aux pays du tiers-monde... Pour toutes ces raisons, je suis persuadé que mon voyage en République populaire et démocratique de Corée contribuera à resserrer les liens entre nos deux partis, entre nos deux pays et entre nos deux peuples. Aussi, je tiens à formuler tous les vœux de santé au président Kim Il Sung et tous mes vœux de prospérité à votre peuple. »

Après un délai dû à la traduction de la dernière phrase, la salle se leva comme un seul homme et applaudit à tout rompre.

De retour dans la résidence du Parti, François Mitterrand voulut faire une partie de billard avec Claude Estier. Nos hôtes n'en revenaient pas de voir un « leader[1] » jouer ainsi avec un « camarade » de sa délégation. François Mitterrand s'assit un moment et écrivit quelques mots sur un bout de papier qu'il nous invita à lire : « Faites attention, il doit y avoir des micros partout, quand j'aurai des choses importantes à vous dire, nous irons marcher dans le jardin. » Dont acte. J'avais déjà été sensibilisé à ce problème par l'ENA au début de l'année 1978, avant

1. La presse francophone de Corée du Nord qualifiait François Mitterrand de « leader du PSF », *Les Nouvelles de Pyongyang*, 21 février 1981.

de partir en stage à l'ambassade de France en Chine, avec tous mes collègues qui se rendaient dans les pays de l'Est. On nous avait dit que beaucoup de bâtiments étaient truffés de micros. Certaines ambassades de France possédaient même un caisson antiécoutes dans lequel l'ambassadeur se rendait pour parler de certaines choses très sensibles.

Le lendemain matin, nous ne fûmes donc pas étonnés quand François Mitterrand nous demanda de mettre nos manteaux et d'aller prendre l'air avec lui. C'était en fait pour faire la dernière mise au point avant son entretien avec le président Kim Il Sung qui devait avoir lieu ce 15 février au matin, juste avant le rendez-vous avec Norodom Sihanouk.

L'entretien eut lieu au palais du président. Kim Il Sung nous accueillit. Chaleureux, il tendit les deux mains à François Mitterrand. Les cheveux bruns bien fournis, le visage rond avec des lunettes cerclées de noir, vêtu d'un costume Mao noir, Kim Il Sung s'exprimait calmement, clairement et d'une manière assez douce, qui forçait l'attention. La veille, nous avions été surpris de découvrir qu'il avait une grosse tumeur à la base droite de son cou. Les photos que nous avions vues de lui dans le passé étaient toujours prises du côté gauche, si bien que peu de personnes étaient au courant en Occident.

Il se révéla être un très fin connaisseur des questions internationales comme nous allions le voir pendant la longue réunion qui allait suivre. Il nous entraîna dans une grande salle de réunion décorée d'un grand tableau très coloré, représentant des montagnes coréennes.

Nous nous assîmes à une grande table rectangulaire. Kim Il Sung était accompagné de Kim Yeung Nam[1], Hyeun Djoun Keuk, directeur adjoint du Comité central du PDTC, chargé de

1. Kim Yeung Nam était alors directeur du département international et secrétaire du Comité central du PDTC. Il deviendra président du présidium de l'Assemblée populaire suprême plusieurs années plus tard.

l'Europe au département international, et Ryeum Kouk Ryeul, vice-président d'un étonnant Parti social démocrate de Corée.

Comme en Chine, j'étais le « preneur de notes ». Kim Il Sung parla d'abord de la situation interne de son pays, puis de celle dans la péninsule coréenne et en Asie, faisant porter la responsabilité des tensions sur l'attitude des États-Unis. Il s'attarda ensuite sur le différend sino-soviétique. « Les Chinois, dit-il, sont nos compagnons d'armes et les Soviétiques aussi. Nous avons de bonnes relations avec ces deux pays. Leurs différends nous accablent. Nous pensons qu'un jour ces deux pays se réconcilieront... Oui, demain, ils se réconcilieront. Nous nous efforçons de rapprocher leurs points de vue. C'est le subjectivisme de ces deux grands pays qui favorise leur hostilité réciproque. » Il parla ensuite de l'Europe, puis de la conférence des ministres des Affaires étrangères des pays non alignés qui venait d'avoir lieu à New Delhi.

Il arriva enfin au sujet relatif au Cambodge, sachant que François Mitterrand allait voir le prince Sihanouk après cette réunion : « Nous avons des relations de longue date avec le Cambodge et Norodom Sihanouk[1]. Nous n'approuvons pas l'invasion du Cambodge par le Viêt Nam, c'est une agression contre le pays de Norodom Sihanouk. Depuis le coup d'État de Lon Nol en 1970, nous connaissons bien le problème. Bien sûr, le Viêt Nam était proche de nous. Nous l'avons aidé dans sa guerre contre les États-Unis, alors même que notre pays était divisé en deux. Hô Chi Minh m'a écrit personnellement pour lui envoyer des pilotes et un régiment. Nous les avons envoyés. Je ne connais pas le nouveau président du Viêt Nam, mais j'ai bien connu Hô Chi Minh. Nous lui avons envoyé des troupes au début puis, chaque année, 15 millions de dollars. C'était normal pour moi.

1. La première visite officielle de Norodom Sihanouk à Pyongyang date de 1965.

Nous avons aussi aidé le FUNK présidé par Norodom Sihanouk. J'étais plus proche de lui que les communistes du Cambodge, précisa-t-il en riant. J'avais rencontré Sihanouk aux festivités du 10e anniversaire de Bandung. Depuis, nous avions établi des relations d'État entre les deux pays. En 1970, les États-Unis ont fait destituer Sihanouk pour le remplacer par Lon Nol. Sihanouk créa le FUNK qui lutta contre Lon Nol, jusqu'à la victoire en 1975.

Après la victoire, un conflit frontalier eut lieu pour le Bec de canard[1] entre le Cambodge et le Viêt Nam qui l'avait emprunté provisoirement à Sihanouk, il fallait le rendre. Les Français avaient déjà bien tracé la frontière. Pol Pot a fait beaucoup d'erreurs après la libération, il a commis des actes inhumains que nous n'approuverons jamais. Mais ce n'était pas une raison pour envahir le Cambodge.

L'ambassade du Kampuchéa démocratique existe toujours à Pyongyang. Il y a quelques jours, Sihanouk a rencontré l'ambassadeur et il est de nouveau disposé à s'unir avec les Khmers rouges. De son côté, Khieu Samphan, le Premier ministre, a envoyé un télégramme pour annoncer sa venue afin de discuter de cette union. En pensant aux intérêts de la nation, Sihanouk a présenté son nouveau projet, c'est une bonne position. Nous soutiendrons la lutte du Kampuchéa démocratique, non pas parce que nous sommes aux ordres d'une autre puissance, mais en partant de l'idée de défense de la notion d'indépendance. Nous sommes opposés à toute agression. »

Après le rendez-vous avec Kim Il Sung, nous devions rencontrer Norodom Sihanouk. François Mitterrand avait décidé

1. Le Bec de canard (actuelle province de Svay Rieng) est une bande de terre pointue pénétrant dans le sud du territoire vietnamien alors Cochinchine française. Une convention frontalière signée en 1873 par la France reconnaît au Cambodge la possession de cette longue terre, qui fut plusieurs fois occupée par le Viêt Nam au cours des nombreuses années de guerre dans cette région d'Asie.

d'y aller seul avec moi. Lionel Jospin et Claude Estier avaient parfaitement compris et accepté cette décision, mais Gaston Defferre rechigna quelque peu car il aurait sûrement aimé revoir Norodom Sihanouk, qu'il avait accueilli officiellement en avril 1946 à Marseille en tant que jeune ministre de l'Information lors de la première visite d'État du jeune roi.

Quoi qu'il en soit, il ne voulut pas rester à la résidence du Parti et demanda à visiter Pyongyang en voiture. On lui répondit que c'était impossible, car les routes étaient en réparation. Cet argument eut le don de l'énerver. Il décida donc de s'y rendre seul au volant d'une voiture diplomatique, ce qui faillit déclencher un incident, car les gardes, voyant cela, se précipitèrent vers lui pour l'en dissuader. Cette anecdote nous fut rapportée par Claude Estier à notre retour.

Pendant ce temps, nous roulions vers le palais Chang Sou Won, résidence de Norodom Sihanouk, à l'extérieur de Pyongyang. François Mitterrand, dans la voiture, me demanda de lui refaire brièvement le point des communiqués du PS concernant le Cambodge, de nos relations avec Sihanouk et de la situation dans ce pays, puis il contempla le paysage. Après avoir tourné sur la droite et quitté la route principale, nous commencions à rouler au milieu des plantations d'arbres fruitiers, puis à longer une rivière. Nous passâmes alors plusieurs *check points* étroitement surveillés par des sentinelles au garde-à-vous, avant de découvrir, enfin, le palais au bord d'un lac.

À notre arrivée, Khek Lerang[1] nous attendait et nous fit entrer. Norodom Sihanouk nous accueillit très chaleureusement. Avec sa voix haut perchée inoubliable, il nous dit : « Il est très gentil, le président Kim Il Sung, il a fait construire cette résidence uniquement pour moi et mon épouse. » En fait de « résidence », Chang Sou Won (lac de la longévité) était un

1. Chargé de mission de Norodom Sihanouk.

grand palais de marbre gris, édifié en 1974, avec une vue extraordinaire, au bord d'un lac entouré de montagnes[1]. Norodom Sihanouk convia François Mitterrand à s'asseoir et l'entretien officiel commença. Il le remercia de venir le voir à l'occasion de son voyage à Pyongyang et lui expliqua en détail l'histoire du Cambodge des dix dernières années et la situation actuelle de son pays occupé par l'armée vietnamienne depuis plus d'un an. Il précisa ensuite qu'il venait d'accepter de refaire alliance avec les Khmers rouges et les forces de Son Sann pour chasser l'occupant vietnamien de son pays, ce que nous avaient laissé entendre Kim Il Sung et Deng Xiaoping peu de temps avant.

« Mon esprit est déchiré entre le fait de lutter pour la libération de mon pays occupé par une armée étrangère, et celui d'être obligé de refaire alliance avec ceux qui ont tué plusieurs de mes enfants et petits-enfants.

Après la victoire en 1975 des forces de libération sur celles de Lon Nol et des Américains, puis la prise de Phnom Penh, Pol Pot est allé voir Mao Zedong sans que je le sache. Il lui a dit qu'il avait fait ses études en France et qu'il avait appris que, après 1789, les révolutionnaires avaient coupé la tête du roi Louis XVI et de la reine Marie-Antoinette et laissé mourir le Dauphin en prison, et que les bolcheviks, après avoir pris le pouvoir en Russie avec Lénine en 1917, avaient tué le tsar et sa famille en les fusillant à Ekaterinbourg. Il a donc demandé au président Mao la permission de faire la même chose avec moi et ma famille. Ce dernier lui répondit qu'il tenait personnellement à ce que je sois bien traité, ainsi que ma dernière épouse Monique et nos deux enfants, Narindrapong et Sihamoni. Par déduction, Pol Pot en conclut qu'il n'y aurait pas d'opposition

1. Kim Il Sung était venu lui-même avec Sihanouk superviser l'avancée des travaux en 1974. Une grande tente blanche avait été dressée ce jour-là au bord du lac pour abriter les deux « leaders ». J'y suis retourné en août 2009 avec ma fille Jayadévi pour le visiter plus longuement.

des Chinois à liquider les autres membres de ma famille. Le président Mao, fin août 1975, répéta à Khieu Samphan et à Mme Ieng Sary, en ma présence, de bien me traiter, ainsi que la princesse Monique et nos deux derniers enfants. Je m'en veux encore de n'avoir pas interdit à mes autres enfants et petits-enfants de revenir au Cambodge ou de ne pas avoir su les en dissuader. Je dors très mal la nuit car les esprits de mes enfants et petits-enfants liquidés par les Khmers rouges viennent hanter mes pensées.

Mais, malgré cela, je dois reprendre la lutte pour l'intégrité territoriale, l'indépendance nationale et la libération de mon pays, avec tous ceux qui le souhaitent et notamment les dirigeants du Kampuchéa démocratique, qui a le siège officiel du Cambodge à l'ONU reconnu par la communauté internationale. Je vais d'ailleurs bientôt rencontrer ici, à Pyongyang, le Premier ministre Khieu Samphan pour cela. »

Après l'évocation par le principal intéressé de cette situation digne des drames antiques, il était difficile de reprendre un dialogue plus politique et plus diplomatique. François Mitterrand le fit pourtant à merveille. De sa voix posée, il remercia le prince Sihanouk de toutes ces précisions, lui rappela les prises de position du Parti socialiste et le plan que nous avions pour le Cambodge : retrait des forces vietnamiennes, conférence internationale avec toutes les factions, élections sous l'égide de l'ONU et renaissance d'un Cambodge neutre. Il lui renouvela ensuite son soutien à sa personne ainsi qu'à son action.

Je suis sûr que cette rencontre en Corée du Nord fut importante pour le sort futur du Cambodge. D'une part, François Mitterrand avait entendu, de la part du principal protagoniste lui-même, toutes les informations qu'il avait lues dans les notes du secteur international du Parti socialiste. D'autre part, en expliquant personnellement le plan du PS pour le Cambodge, il se l'appropriait et, quand il fut président de la République et dès que les conditions le permirent, ce fut en gros cette politique qu'il demanda à Roland Dumas, ministre des Affaires étrangères, de mettre en place.

Ce jour-là, nous n'avons pas vu la princesse Monique, mais elle était dans le palais. De nombreuses années après, elle se souvenait très bien de notre visite, comme me l'écrivit de sa main Norodom Sihanouk: « S.M. la reine mère s'en souvient[1]. »

François Mitterrand prit congé, et nous revînmes à la résidence du parti où il fit un bref résumé politique de son entretien à Lionel Jospin, Gaston Defferre et Claude Estier. Nous repartîmes pour Pékin le soir même, après un banquet d'adieu offert par Kim Il Sung. Le 16 février, nous effectuâmes des visites touristiques en Chine – Grande Muraille, tombeaux des Ming – puis rentrâmes à Paris le soir.

Quelques semaines après notre visite, en mars, Khieu Samphan se rendit à Pyongyang pour rencontrer Sihanouk, comme cela nous avait été annoncé. Cette première entrevue rétablissait le dialogue entre Sihanouk et les Khmers rouges pour la poursuite de la lutte contre l'occupation vietnamienne. Suite à cette rencontre, Sihanouk créa, à Pyongyang fin mars, sa propre organisation, le Funcinpec. Il en était le président, alors que les postes de 1er vice-président et de 2e vice-président étaient attribués respectivement à Nhiek Tioulong et à In Tam (remplacé par la princesse Monique quand ce dernier quitta le Funcinpec).

Dans les statuts initiaux de la nouvelle organisation était prévue la création d'un comité central et d'un bureau politique, mais le prince Sihanouk s'aperçut très vite que chacun des Funcinpec « mis sur pied » dans les pays d'Europe, aux

1. Fax du 20 février 2008 de Pékin, écrit à la main par S.M. le roi père en réponse à mon e-mail du 18 février 2008.

États-Unis et en Australie, en Thaïlande et au Cambodge (peuple du site B et membres de l'ANS), souhaitait être en contact direct avec lui ou la princesse Monique. Il leur laissa donc une large autonomie. Les « clans » étaient indépendants les uns des autres, ce qui évita de graves crises internes. Il accepta aussi l'idée d'une coalition tripartite Khmers rouges, Funcinpec et FNLPK.

François Mitterrand fut élu président de la République le 10 mai 1981. Un des premiers télégrammes de félicitations qu'il reçut fut celui de Kim Il Sung, que les délégués de la Corée du Nord apportèrent rue de Bièvre[1] avec une gerbe de fleurs.

Durant l'été 1981, Norodom Sihanouk vint plusieurs semaines en France, à la fois pour des raisons personnelles, mais aussi pour des rendez-vous et des discussions politiques. Sur le plan personnel, il avait présidé, fin juin, les cérémonies et le repas de mariage d'une de ses petites-filles, Moni Kossoma, fille de la princesse Buppha Devi. Cette dernière avait épousé le frère de Nanou, la chef de cabinet de Sihanouk. Il avait donc deux raisons d'être là. Lors du banquet organisé pour cet événement, auquel j'avais été convié, je fus placé à la gauche immédiate de Norodom Sihanouk pendant le repas, ce qui était pour moi un grand honneur, et en face du général Tioulong. Je ne pouvais imaginer, à cette époque, que je me trouvais en compagnie des deux grands-pères de ma future épouse, Nanda-Devi. Cette dernière était d'ailleurs présente à ce mariage, mais c'était à l'époque une adolescente de 14 ans et, au milieu de ses cousins et cousines, je ne l'avais pas remarquée.

En juillet, Sihanouk fut reçu par Claude Cheysson, nouveau ministre des Affaires étrangères, puis par François Mitterrand à l'Élysée. Le 3 août, à Mougins, dans sa villa des Alpes-Maritimes,

1. Résidence parisienne de François Mitterrand.

Sihanouk rencontra Son Sann pour faire avancer les discussions relatives à l'organisation de la résistance.

Le même mois, Pol Pot se rendit à Pékin. Deng Xiaoping et Zhao Ziyang[1] lui expliquèrent que, pour conserver le soutien de l'ASEAN, il lui fallait régler le différend qui opposait les Khmers rouges à Sihanouk. Le 4 septembre 1981, Sihanouk, Son Sann et Khieu Samphan se retrouvèrent à Singapour et adoptèrent une déclaration précisant qu'ils allaient former un gouvernement de coalition et mener la lutte « pour libérer le Cambodge des agresseurs vietnamiens ». Après cette déclaration, des négociations ardues débutèrent entre les trois factions pour la répartition des postes, les méthodes de fonctionnement et les conditions matérielles de ce gouvernement de coalition.

C'est à cette époque que, fort de ses rencontres avec François Mitterrand à Pyongyang et à Paris, Norodom Sihanouk fut invité, en tant que président du Funcinpec, par le parti socialiste au congrès de Valence en novembre 1981[2], premier congrès du PS après la victoire de François Mitterrand. Sihanouk s'y rendit avec Khek Lerang, Khek Vandi et leur belle-sœur, Mme Khek Sisoda dite Nanou, et Yin Phalik, tous proches de lui à une époque où il était très seul et où il n'avait pas encore de fonctions officielles dans le nouveau gouvernement de coalition du Kampuchéa démocratique, encore en gestation. Venant à Valence en voiture de Paris, il s'était arrêté à Mâcon dans un hôtel à 100 francs[3] la chambre. En tant que responsable des affaires asiatiques, je l'accueillis et l'installai avec sa délégation, puis allai m'occuper des autres délégations asiatiques, notamment des Chinois. Étienne Huchet, chargé du Cambodge au secteur international du PS, resta avec lui.

1. Alors Premier ministre de la Chine.

2. Ce fut la seule fois que le prince Sihanouk participa à un congrès. Dix ans plus tard, en 1991, son fils, le prince Ranariddh, participera au congrès de l'Arche de la Défense.

3. Environ 15 euros.

C'est à ce moment-là qu'un incident se produisit. Une explosion retentit, pouvant laisser penser à un attentat à la bombe[1]. Sihanouk se jeta à plat ventre, comme beaucoup d'autres délégués. Khek Vandi et Yin Phalik se couchèrent sur lui pour le protéger. En se précipitant pour « couvrir » le prince Sihanouk, Yin Phalik fit tomber Khek Lerang de l'estrade. Sihanouk se retrouva nez à nez sous une table avec l'ambassadeur d'Union soviétique, plaqué au sol par son garde du corps, ce qui ne manquait pas de sel pour les observateurs avertis : Sihanouk dénonçant l'invasion de son pays par les Vietnamiens soutenus par l'Union soviétique et se retrouvant allongé sous une table avec l'ambassadeur de ce pays. Après cet épisode, Sihanouk évoquera son « équipe des Bruce Lee » en parlant de Khek Vandi et de Yin Phalik[2].

Entre Sihanouk, Son Sann et les Khmers rouges, les négociations durèrent encore neuf mois. Finalement, le 22 juin 1982 à Kuala Lumpur, un accord fut trouvé pour la création du Gouvernement de coalition du Kampuchéa démocratique (GCKD), entre le Funcinpec, le FNLPK et les Khmers rouges, avec Norodom Sihanouk comme chef d'État, Son Sann comme Premier ministre et Khieu Samphan comme vice-Premier ministre chargé des Affaires étrangères. La RPK réagira en comparant cette coalition à « une bulle de savon qui, pendant qu'on la gonfle, miroite de toutes ses couleurs mais qui éclatera inévitablement tôt au tard[3] ».

Ainsi, après trois ans en retrait et en coulisse, Sihanouk revenait sur le devant de la scène.

---

1. En fait, il ne s'agissait que d'un gros pétard lancé par un mauvais plaisantin.
2. Entretien avec Khek Vandi, Khek Lerang et Yin Phalik à Phnom Penh, le 13 mai 2010.
3. « La guerre non déclarée contre la République populaire du Kampuchéa », ministère des Affaires étrangères de la RPK, département de la presse, 1985, p. 36.

Poursuite de la résistance contre les Vietnamiens

À ce stade-là, la résistance unie voulait vraiment chasser les Vietnamiens du Cambodge et, par voie de conséquence, le gouvernement qu'ils avaient mis en place à Phnom Penh. Par ailleurs, ni les États-Unis ni la Chine ne souhaitaient vraiment la paix car, en maintenant la guerre, ils affaiblissaient le régime soviétique qui soutenait le Viêt Nam dans son occupation du Cambodge. Les États-Unis ont d'ailleurs ressuscité politiquement Pol Pot en plaidant sa cause auprès de leurs alliés et en maintenant le siège officiel du Kampuchéa démocratique à l'ONU.

La guerre de libération, doublée d'une deuxième guerre civile, allait forcément durer plusieurs années. En dix ans – de l'invasion du Cambodge par le Viêt Nam en 1979 au départ des dernières troupes vietnamiennes en 1989 –, la Chine a donné 1 milliard de dollars d'aide militaire aux Khmers rouges. Pendant ce temps, les États-Unis, la Malaisie, Singapour et la Thaïlande ont versé 245 millions de dollars aux deux autres mouvements, le FNLPK de Son Sann – 9000 hommes –, et l'Armée nationale sihanoukiste (ANS) – 5000 hommes –, alors que l'aide soviétique a été évaluée à 2 milliards de dollars par an.

Sihanouk se rendait de temps à autre sur le terrain par la Thaïlande visiter les camps de réfugiés et les bases militaires de la résistance. Un jour, lors d'une de ses visites d'inspection, il tomba sur Chhorn Hay, l'ancien *kammaphibal* khmer rouge chargé de sa surveillance au palais royal. Il ne l'avait pas revu depuis 1979. « Tiens, vous n'êtes pas mort, vous ? » lui dit-il "affectueusement". « Non, monseigneur, j'ai survécu à la tourmente ainsi que mon épouse. » S'étant bien comporté avec lui, Sihanouk demanda à Khieu Samphan de le remettre à son service. Ce qui fut fait[1].

1. Entretien avec Chhorn Hay et son épouse à Pyongyang en août 2009. À cette date, Chhorn Hay était ambassadeur du Cambodge en Corée du Nord.

De Pyongyang et de Pékin, le prince animait la résistance tripartite et parcourait le monde à la recherche de soutiens politiques et matériels, sans rencontrer toujours les succès escomptés. Par exemple, en 1982 et 1983, il se rendit au ministère des Affaires étrangères algérien, où de hauts responsables lui rappelèrent que leurs sentiments à son égard étaient restés et resteront les mêmes que du vivant de Houari Boumediene, mais que leur pays ne pouvait pas reconnaître le régime khmer rouge, même après son retour officiel à la tête du Kampuchéa démocratique depuis juin 1982.

Il assista également aux assemblées générales de l'ONU. Après la création du GCKD, il rencontra Lee Kuan Yew, Premier ministre de la République de Singapour, qui lui suggéra de fusionner le Funcinpec et le FNLPK. Sihanouk approuva cette idée, mais Son Sann et le FNLPK firent savoir qu'ils y étaient opposés.

En 1983, les opérations de la guérilla se firent de plus en plus nombreuses. En décembre 1984, les Vietnamiens et le gouvernement Heng Samrin décidèrent de la plus grande offensive de la saison sèche depuis 1979. En quelques semaines, les principales bases des KR, de l'ANS et du FNLPK furent détruites. Mais cette résistance permanente, politique, diplomatique et armée, empêcha la normalisation du pays et exerça une pression continue sur le Viêt Nam et sur l'URSS.

D'autant plus que les thèmes de la résistance trouvaient à présent un écho favorable auprès d'une population qui supportait de plus en plus mal l'occupation vietnamienne. En plus du détournement d'une partie de l'aide humanitaire et de la corruption latente des cadres du nouveau régime[1], la population tolérait mal la surveillance constante, les séances d'endoctrinement et d'autocritique, les contrôles permanents

1. William Shawcross, *Le Poids de la pitié*, Balland, Paris, 1985.

des chefs d'immeuble et de quartier et de la campagne des chefs des « groupes de solidarité ». Le travail obligatoire était aussi difficilement accepté. En effet, dès 1982, la population fut mise à contribution, dans le cadre du « travail socialiste », pour construire routes, digues, faire des terrassements, puis, très vite, ce furent des « travaux plus stratégiques » : défricher des forêts, construire des barrières de protection autour des centres d'habitation importants, des ponts ou des voies ferrées. Enfin, le plus absurde et le plus meurtrier fut l'opération K5, ou « travaux de défense de la patrie », qui devait consister, au début de l'année 1984, en la construction d'un mur de bambou de 800 kilomètres le long de la frontière thaïe. Il s'agissait d'un défrichage, sur une bande de 3 à 4 kilomètres de large, du percement de tranchées, de l'élévation de digues, puis de l'édification de palissades doublées de barbelés et de mines. Le projet fut suspendu en 1986 et seule la partie nord fut réalisée. Pendant deux ans environ, des centaines de milliers de personnes ont été déplacées pour ces travaux, désorganisant la vie économique et agricole qui repartait difficilement. Compte tenu du caractère très pénible de ces travaux obligatoires, du paludisme et des mines, ce furent entre 30000 et 50000 personnes qui périrent pour un projet complètement inutile[1].

En janvier 1985, Hun Sen, ancien ministre des Affaires étrangères, a 34 ans et devient Premier ministre de la République populaire du Kampuchéa (RPK[2]). Cette nomination est un compromis entre les différentes factions au pouvoir, notamment les anciens Khmers rouges de Heng Samrin et les anciens Issaraks de Pen Sovan. En mars 1985, Mikhaïl Gorbatchev prend le pouvoir à Moscou et, conscient de la situation

1. Esmeralda Luciolli, *Le Mur de bambou : le Cambodge après Pol Pot*, Régine Deforges, Paris, 1988.

2. Il remplace Chan Si, mort d'une crise cardiaque ou assassiné en 1985. Chan Si avait remplacé Pen Sovan mis sur la touche en 1981 pour avoir critiqué l'armée vietnamienne. Il fera dix ans de prison au Viêt Nam.

économique de l'URSS, veut réduire les engagements de son pays à l'étranger.

En 1985, comprenant que le soutien soviétique ne durera pas éternellement, Hun Sen se rend dans plusieurs pays de l'ASEAN pour adoucir l'image de la RPK à l'étranger. Cela n'empêche pas l'armée vietnamienne de lancer une offensive contre les camps de réfugiés à l'intérieur du Cambodge à la saison sèche, ce qui provoque encore le départ de dizaines de milliers de nouveaux réfugiés vers les camps en Thaïlande.

Cette année-là, Pol Pot a 60 ans[1], il se sait atteint d'un cancer, « la maladie de Hodgkin », et décide de se remarier pendant l'été avec une dénommée Meas, jeune paysanne de 22 ans qui travaillait dans l'un des bataillons féminins de transport et que lui avait présentée Son Sen. Pol Pot l'avait engagée à son service en 1984 comme cuisinière. Il aura une fille avec elle, dénommée Sitha, qui naîtra en 1986[2].

En septembre 1985, Sihanouk arrive en France et est reçu à l'Élysée par François Mitterrand. Le même mois, Pol Pot démissionne de son poste de commandant en chef de l'armée khmère rouge au profit de Son Sen. Khieu Samphan devient président de la partie civile de l'organisation khmère rouge. Sihanouk parle d'une « farce », mais Son Sann déclare qu'une des conditions du gouvernement Heng Samrin pour discuter est ainsi réalisée. Puis, peu après, Pol Pot se rend en Chine où il restera presque un an pour suivre un traitement anticancéreux.

L'année suivante, en mars 1986, les pays de l'ASEAN réunis à Pékin adoptent une résolution acceptant d'inclure la RPK dans le futur gouvernement cambodgien intérimaire. Au même moment, en France, le 16 mars 1986, la droite gagne

1. Philip Short, *op. cit.*, p. 30. Pol Pot serait né en mars 1925. Sa date de naissance officielle, mai 1928, est erronée.
2. Philip Short, *op. cit.*, p. 542 et 544.

les élections législatives[1] et le pays entre dans une période de cohabitation de 1986 à 1988. Je deviens, de mon côté, délégué général (directeur de cabinet) de Lionel Jospin, toujours premier secrétaire du Parti socialiste. À ce poste, je restais très attentif à tout ce qui concernait l'Asie et le Cambodge en particulier, et je veillais à ce que Lionel Jospin soit bien informé de ces sujets[2].

Du 16 au 19 juin, Hu Yaobang, secrétaire général du Parti communiste chinois, fut reçu en France en visite officielle. Lors du dîner à l'Élysée offert en son honneur le 16 juin, le président François Mitterrand fit allusion à la situation au Cambodge : « Parmi les grands principes qui devraient régir la vie internationale, dit-il, il doit y avoir, notamment, tout refus de l'ingérence dans les affaires d'autrui, tout refus de la politique du fait accompli, et l'on en connaît quelques exemples aujourd'hui vécus en Asie. » Lionel Jospin rencontra Hu Yaobang à l'hôtel Marigny le mardi 17. Je l'accompagnais pour cette rencontre[3]. Au cours de cet entretien, les sujets abordés furent la situation politique en France, la construction européenne et la situation au Cambodge. Sur ce dernier point, Lionel Jospin rappela nos positions, notamment le retrait des forces vietnamiennes du Cambodge et le soutien à l'action du prince Sihanouk. Ces deux points avaient l'accord des Chinois. À la fin de l'entretien, Hu Yaobang invita officiellement Lionel Jospin en Chine.

Bien qu'il ne soit pas très motivé sur cette question, Jacques Chirac, alors Premier ministre, ne pouvait pas faire moins dans ses entretiens avec Hu Yaobang. Le même jour, il rappela la position de la France (en fait celle de François Mitterrand) sur le

1. Pour la première fois sous la Ve République, le scrutin fut proportionnel à un seul tour avec des listes départementales.

2. Le secrétaire national aux questions internationales était Louis Le Pensec, ancien ministre, élu du Finistère, le responsable Asie, François Godement, et le responsable Cambodge, Étienne Huchet.

3. C'était la quatrième fois que je rencontrais Hu Yaobang. Je l'avais déjà vu à Pékin avec François Mitterrand en février 1981, avec Louis Mermaz en 1983 et en 1984 avec Danièle Mitterrand.

Cambodge. Il indiqua à son interlocuteur que la France approuvait les dernières propositions du prince Sihanouk prévoyant notamment la formation d'un gouvernement de coalition, avec la participation des composantes de la résistance khmère et des membres de l'administration de Phnom Penh[1].

Fort de l'invitation officielle reçue par Lionel Jospin de la part de Hu Yaobang, je m'efforçais, en liaison avec François Godement et l'ambassadeur de Chine, Cao Kegiang, de trouver une date pouvant convenir à tout le monde. Je souhaitais profiter de ce voyage en Chine pour organiser aussi une rencontre avec Norodom Sihanouk à Pékin. Finalement, les dates furent fixées du 27 décembre 1986 au 4 janvier 1987 en Chine, puis du 4 au 6 janvier à Hong Kong. Pierre Joxe, président du groupe socialiste à l'Assemblée nationale, serait également du voyage.

Ce voyage se mettait en place. J'avais bien sûr averti officieusement l'ambassadeur de France en Chine, Michel Combal[2], et Lionel Jospin avait écrit officiellement au ministre des Affaires étrangères de l'époque, Jean-Bernard Raimond. Ce dernier lui répondit qu'il avait « naturellement demandé à notre ambassadeur de faire le nécessaire pour que les facilités habituelles soient accordées à votre délégation par notre mission diplomatique pendant votre séjour à Pékin[3] ».

Avant de partir, Lionel Jospin rencontra le 9 décembre le nouvel ambassadeur de Chine, Zhou Jue, peu après son arrivée à Paris. Nous étions prêts.

Le 15 décembre, Igor Ligatchev, n° 2 du Kremlin, se rendit au congrès du Parti communiste vietnamien à Hanoi pour expliquer les nouvelles orientations de la politique soviétique

1. *Le Monde*, 19 juin 1986.
2. Michel Combal avait été notamment ambassadeur au Viêt Nam et directeur de l'Asie-Océanie au Quai d'Orsay. Il devint vice-président de l'association France-Asie que je créais en 1993, et ce jusqu'en 2004, date de son décès.
3. Lettre de Jean-Bernard Raimond du 9 décembre 1986.

à l'international. Désormais, le Viêt Nam savait que le soutien matériel et financier de Moscou allait s'arrêter, que les forces armées vietnamiennes n'auraient plus les moyens de rester au Cambodge. Le Viêt Nam allait commencer son retrait militaire.

Le lendemain de notre arrivée à Pékin, Hu Yaobang reçut Lionel Jospin et notre délégation[1] pour une réunion de travail, suivie d'un dîner avec lui, le 28 décembre. Quand la question concernant le Cambodge fut abordée, Hu Yaobang minimisa les atrocités commises par les Khmers rouges : « Ils ont sûrement fait des erreurs qui ont causé des morts, mais beaucoup moins que ce que dit la presse internationale. Ce sont en outre de bons patriotes qui luttent pour la libération de leur pays occupé par le Viêt Nam. »

En le quittant, nous ne pensions pas que nous étions les derniers Occidentaux à le voir à son poste. Il fut en effet limogé au début du mois de janvier 1987, la direction collective du Parti lui reprochant de n'avoir pas su arrêter les manifestations d'étudiants qui secouaient la Chine depuis plusieurs semaines et cela deux ans et demi avant les événements de la place Tian an men.

Le lendemain de ce dîner avec Hu Yaobang, nous fûmes reçus par le prince Sihanouk dans sa résidence à Pékin. En plus de notre délégation, nous nous retrouvâmes également avec l'ambassadeur Michel Combal, Jean-Paul Réau, le ministre conseiller, et, côté cambodgien, en plus du prince Sihanouk, avec la princesse Monique, Khek Lerang et Nanou. Ce fut un moment très agréable, Sihanouk commentant et vantant chaque plat. Mais ce fut aussi un dîner très instructif, où il nous donna les dernières informations sur la situation au Cambodge et ses dernières propositions. En plus de Lionel Jospin, qui

1. Outre Lionel Jospin, Pierre Joxe et moi-même, nous accompagnaient également la première épouse de Lionel Jospin, Élisabeth Dannenmuller, et la troisième épouse de Pierre Joxe.

connaissait déjà bien la situation, il était important que le président du groupe socialiste, Pierre Joxe, ait été sensibilisé personnellement à la question cambodgienne par le prince Sihanouk lui-même.

Quelques mois après, Sihanouk sentit une opportunité. Le 7 mai 1987, il démissionna de la présidence du Kampuchéa démocratique et devint ainsi libre de pouvoir contacter Hun Sen.

En « réponse », en août 1987, le gouvernement Eng Samrin-Hun Sen lança une offre de « réconciliation » nationale et proposa d'inclure toutes les factions de la résistance, sauf les Khmers rouges, dans la RPK.

Premiers contacts entre la résistance et le gouvernement provietnamien

Après plusieurs tractations et contacts discrets, la première rencontre entre Sihanouk et Hun Sen eut lieu les 2 et 3 décembre 1987 en France, à Fère-en-Tardenois (Picardie). Le prince Sihanouk était accompagné de son épouse et d'un de ses fils, le prince Ranariddh. Quant à Hun Sen, deux collaborateurs se trouvaient à ses côtés. La France était en pleine cohabitation et le gouvernement Chirac fit l'erreur de traiter Hun Sen comme un simple touriste. De nombreuses discussions eurent lieu pendant trois jours et, pour le banquet final, Sihanouk se mit personnellement aux fourneaux dans les cuisines de l'hôtel. Cette première rencontre se conclut par un communiqué commun et permit d'établir le contact et d'amorcer le dialogue entre ces deux personnalités clés. Hun Sen dira lui-même le 4 décembre : « Notre communiqué conjoint de ce matin marque une étape importante et historique de notre marche vers la résolution du problème du Kampuchéa. Il ne nous reste plus qu'à souhaiter que la faction de S.E. Khieu Samphan et celle de S.E. Son Sann acceptent le plus tôt possible de se joindre à nos deux partis, afin de résoudre le problème du Kampuchéa[1]. » Le processus de négociation était engagé. Quatre ans plus tard, cette première rencontre allait aboutir aux accords de Paris. Sihanouk me résumera lui-même tout cela par une phrase lapidaire : « J'ai pris unilatéralement contact avec Hun Sen. Je l'ai vu la première fois en 1987 à Fère-en-Tardenois. On m'a beaucoup critiqué pour cette initiative. Je l'ai revu plusieurs fois après, notamment à Saint-Germain-en-Laye en 1988. Tout cela a abouti aux accords de Paris en 1991, puis à la nouvelle Constitution rétablissant la monarchie en 1993[2]. »

Après cette entrevue, Norodom Sihanouk avait informé le PS qu'il souhaitait rencontrer Lionel Jospin. La date fut fixée au 17 décembre dans les locaux du Parti socialiste, rue de Solférino. La rencontre était importante. Norodom Sihanouk ne l'avait pas revu depuis le dîner à sa résidence royale à Pékin, en décembre 1986. À l'époque, il était encore président du Kampuchéa démocratique, formé de la coalition tripartite de la résistance. Maintenant, il avait démissionné de son poste de chef d'État et venait de rencontrer Hun Sen. Il n'avait pas senti le gouvernement français très motivé pour la question cambodgienne et souhaitait vérifier si le PS était toujours disposé à le soutenir dans son essai de rassembler les factions et à œuvrer pour organiser une conférence internationale sur ce sujet. Sihanouk était accompagné de la princesse Monique, de Khek Lerang et de Nanou[3]. Lionel Jospin de Louis Le Pensec, Étienne Huchet et moi-même.

1. Minute des conversations à Fère-en-Tardenois, Archives nationales EFEO 665AP/342, Clothilde Roullier, *Les Archives de Norodom Sihanouk, roi du Cambodge, 1970-2007*, Somogy, Paris, 2010.

2. Audience du 29 mai 2007.

3. Dans le bulletin du Funcinpec-France de janvier 1988, Mme Khek Sisoda (Nanou) est présentée comme ambassadeur du Kampuchéa démocratique (Funcinpec) et Khek Lerang comme directeur du cabinet du président, or Sihanouk n'exerçait plus cette fonction depuis mai 1987.

Répondant à la présentation et aux interrogations du prince Sihanouk, Lionel Jospin le félicita pour son action mais reconnut que le dossier cambodgien avancerait difficilement si les grandes puissances ne s'impliquaient pas plus. Il réaffirma la position du PS sur les conditions de règlement de ce conflit, mais constata que la situation internationale puis la cohabitation en France n'avaient pas permis de progresser autant qu'il eût été souhaitable. En revanche, il était sûr que si le PS revenait au gouvernement et si la situation internationale évoluait, la question cambodgienne serait reprise à bras-le-corps par les hautes autorités françaises. En janvier 1988, une autre réunion eut lieu entre Sihanouk et Hun Sen.

En avril 1988, François Mitterrand est réélu président de la République, et le Parti socialiste et ses alliés de gauche remportent les élections législatives[1]. Un nouveau gouvernement est nommé avec Michel Rocard comme Premier ministre et Roland Dumas en charge des Affaires étrangères. François Mitterrand invite ce dernier à s'investir sur le dossier cambodgien en reprenant les bases des solutions exposées à Norodom Sihanouk à Pyongyang en février 1981. Il lui demande d'insister sur l'internationalisation du processus de paix et de prendre contact avec les cinq membres du Conseil de sécurité de l'ONU.

Fin juin-début juillet 1988, Sihanouk visite le « site B » où était rassemblée une grande partie de ses partisans, ainsi que la base n° 1 de l'Armée nationale sihanoukienne (ANS), à l'ouest du Cambodge, près de la frontière thaïe. Vêtu d'un costume safari vert kaki à col ouvert, accompagné de la princesse Monique en ensemble khmer de soie bleu foncé, il reçoit les autorités du « site B ». Les garçons et les filles de la JNS (Jeunesse nationale sihanoukienne) défilent devant lui, et il assiste à une

1. De mon côté, je suis élu député du Gard dans la 2e circonscription et le groupe socialiste me désigne comme rapporteur spécial du budget des Affaires étrangères à la Commission des finances.

représentation du corps du ballet classique, avec notamment des scènes du Ramayana.

Le lendemain, accompagné des princes Ranariddh et Chakrapong, il remet des décorations aux soldats de l'ANS qui se sont illustrés dans les combats, et une présentation des dons (nourriture et matériel) envoyés par la Corée du Nord et d'autres puissances amies est organisée. De son côté, la princesse Monique fait état des sommes recueillies dans les différents Funcipec de France, des États-Unis ou autres, puis le couple princier visite une fabrique de nattes et une exposition de produits artisanaux traditionnels.

En septembre 1988, François Mitterrand s'exprima devant l'Assemblée générale des Nations unies. Il n'y avait pas pris la parole depuis 1983. Dans son discours, il avait prévu un passage sur le Cambodge inséré par Roland Dumas : « Mon pays, qui a facilité les premières rencontres entre partenaires cambodgiens, le fera plus encore et je l'espère prochainement. Il se tient prêt, si tel est leur souhait, à inviter les parties concernées à se rencontrer à Paris, le moment venu. » L'Assemblée générale applaudit cette proposition, et la délégation cambodgienne, conduite par le prince Sihanouk, aussi.

Il fallut encore près d'une année de préparation et de démarches avant de mettre sur pied la conférence de Paris, tant les blessures étaient profondes, les antagonismes inconciliables et les hésitations de la communauté internationale paralysantes. Les Soviétiques étaient acquis à la démarche, mais les choses n'étaient pas mûres côté chinois. En effet, au début de l'été 1988, Pol Pot était revenu de Chine où il avait subi un traitement efficace contre son cancer, et il avait trouvé que le processus de réconciliation allait trop vite. Il est vrai que celui-ci progressait rapidement. Les pays de l'ASEAN mandatèrent Ali Alatas, ministre des Affaires étrangères d'Indonésie, pour s'exprimer en leur nom. Sans s'engager sur le résultat final, les

Chinois firent cependant savoir qu'ils seraient présents si une conférence était organisée.

Sihanouk reprend espoir. C'est aussi à cette époque, avec l'encouragement de Kim Il Sung et de son fils Kim Jong Il, qu'il renoue avec le cinéma. Il tourne de nouveau, cette fois-ci avec l'aide des équipes des Studios cinématographiques de Pyongyang. *Je ne te reverrai plus, ô mon bien-aimé Kampuchéa* et *La Comtesse de Nokorom*[1] datent de cette période. Il fonde également une société de production, Khemara Pictures, qu'il confiera plus tard à son épouse et à son fils Sihamoni.

Vers les accords de Paris (1989-1991)

En juin 1989, Ali Alatas fut reçu par Roland Dumas et proposa à son pays la coprésidence de la conférence de Paris, obtenant ainsi la caution de l'ASEAN. Désormais, le processus de paix serait piloté par la France et l'Indonésie.

De leur côté, les directeurs Asie-Océanie du Quai d'Orsay, Claude Martin et Jean-David Levitte, que j'ai rencontrés souvent pendant cette période[2], furent en première ligne pour l'organisation de cet événement, et la France put ainsi annoncer la tenue de la première conférence pour le 30 juillet 1989.

Pour la préparer, Roland Dumas, qui recevra par ailleurs les quatre factions cambodgiennes concernées, organisa une rencontre entre Norodom Sihanouk et Hun Sen à La Celle-Saint-Cloud le 24 juillet. Sihanouk, qui avait progressé dans ses discussions avec Hun Sen lors de leurs rencontres précédentes, ne voulait cependant pas se couper de ses alliés de la résistance,

1. *La Comtesse de Nokorom* fut tourné dans le palais Chang Sou Won près de Pyongyang. Ironie de l'histoire, Sihanouk engagea, pour ce film, Mme Sar Saoroth, présente à ses côtés de 1975 à 1979 lorsqu'il était « prisonnier des Khmers rouges », et le *kammaphibal* khmer rouge, Chhorn Hay, son « geôlier ».

2. Claude Martin fut directeur de l'Asie-Océanie de 1986 à 1990 et Jean-David Levitte, de 1990 à 1993.

d'autant plus qu'il pressentait que les Chinois n'abandonneraient pas totalement les Khmers rouges. Cette rencontre entre les deux hommes se passa donc mal. Sihanouk, avec son désormais sourire légendaire, déclara à la presse: «On ne s'entend sur rien du tout, sauf sur la cuisine sino-cambodgienne dont M. Hun Sen a apprécié le menu, lequel menu a été composé par moi.» Hun Sen sera plus abrupt: «J'ai été trahi par Sihanouk, dit-il. Je m'étais mis d'accord avec lui, et, aujourd'hui, il me dit qu'il parle au nom des trois factions de la résistance. Je ne peux accepter ces deux casquettes. Sihanouk veut être à la fois joueur et arbitre. Nous ne pensons pas que la conférence puisse être un succès.»

Le lendemain, le 25 juillet 1989, Roland Dumas invita les quatre factions cambodgiennes à La Celle-Saint-Cloud, mais, malgré tout son talent et la complicité de Sihanouk, cette rencontre fut un échec. Les quatre délégations khmères, en entrant dans la salle de réunion, ne s'adressèrent pas la parole et refusèrent de se saluer. Elles étaient conduites par Khieu Samphan pour les Khmers rouges, Son Sann pour le FNLPK, Sihanouk pour le Funcinpec et Hun Sen pour le gouvernement provietnamien. La séance, présidée par Roland Dumas, eut lieu autour d'une table ronde, et les délégations n'acceptèrent de se parler que par l'intermédiaire du ministre. Ce dernier, qui voulait parvenir à un accord avant la conférence du 30, prononça un discours émouvant et de haut niveau, mais rien n'y fit. Il se souvient: «Les visages restaient impavides, à l'exception de celui du prince Sihanouk qui me prodiguait des encouragements par des signes de tête. La rupture intervint avant le déjeuner, suivie par des négociations de couloir, toujours de l'un à l'autre, mais par mon intermédiaire. Je réussis à faire reprendre les discussions, mais chaque partie restait sur sa position. Je réussis à grand-peine à obtenir qu'une photographie fût prise sur les marches du château. Mais rien de plus. À peine avais-je réussi à les détendre en leur racontant que ce château avait été construit par Louis XV pour sa favorite, la marquise de Pompadour, et qu'il existait un passage secret pour permettre au roi de lui rendre visite[1]. » À la sortie de cette rencontre, Sihanouk déclara : « Je suis très pessimiste, très pessimiste, mais le Quai d'Orsay vient de me demander de ne pas aller trop loin dans mon pessimisme. »

L'ouverture solennelle de la conférence eut lieu le 30 juillet à 15 heures. Étaient présents : James Baker pour les États-Unis, Edouard Chevardnadze pour l'URSS, Geoffrey Howe pour la Grande-Bretagne, Qian Qichen pour la Chine, Javier Pérez de Cuéllar pour l'ONU, et de nombreux autres ; en tout 19 pays. La conférence avança sur de nombreux points, mais ne parvint pas à un accord global. Heureusement, la mise en place de cinq commissions, l'énoncé des problèmes essentiels, la proclamation du non-ajournement de la conférence et le mandat donné aux deux coprésidents de poursuivre leur action, permirent au processus de paix de se poursuivre. C'était la première fois que les représentants de 19 pays, dont les cinq membres du Conseil de sécurité de l'ONU, le secrétaire général de l'ONU et les quatre factions cambodgiennes, se réunissaient sous la présidence conjointe de la France et de l'Indonésie. Mais il était encore trop tôt pour parvenir à un accord global : les Chinois, même s'ils s'éloignaient quelque peu des Khmers rouges, les soutenaient encore dans leurs dernières exigences. L'URSS et les États-Unis se trouvaient toujours dans un rapport de force consécutif à la guerre froide, même si James Baker et Edouard Chevardnadze s'étaient rencontrés la veille, et les factions cambodgiennes éprouvaient encore trop de haine entre elles. Mais le temps fera son œuvre.

En septembre de la même année, le Viêt Nam annonça le retrait total de ses troupes du Cambodge. Le 26 septembre 1989,

1. Roland Dumas, *Le Fil et la Pelote*, Plon, Paris, 1996, p. 442.

les dernières unités militaires vietnamiennes passèrent la frontière, ce qui signa la fin de l'occupation du Cambodge par le Viêt Nam. Sihanouk voyait se réaliser le premier but de son combat, il lui fallait maintenant réussir le second : l'union de toutes les factions cambodgiennes sous sa houlette.

En novembre, le mur de Berlin tombe. C'est la fin de la guerre froide. Moscou n'a plus les moyens, ni matériels ni politiques, de soutenir le Viêt Nam, et Washington n'a plus de justification à maintenir une guérilla au Cambodge. Les Chinois trouvent de plus en plus encombrants leurs alliés khmers rouges. Du point de vue des rapports de force internationaux, le conflit du Cambodge n'a plus de sens, mais il faudra encore près de deux ans de négociations pour permettre aux factions cambodgiennes, qui se massacrent entre elles depuis vingt ans, de parvenir à un accord.

Après le retrait des Vietnamiens du Cambodge, chaque camp accentue sa pression mais, parallèlement, les réunions de la résistance avec la République populaire du Cambodge vont s'intensifier. Un espoir de paix et de sortie de la guerre civile apparaît. La communauté internationale, sous la houlette de la France et de l'Indonésie, va s'impliquer davantage et soutenir ce processus, ce qui aboutira aux accords de Paris du 23 octobre 1991 et au retour de Sihanouk au Cambodge, le 15 novembre 1991, comme président du Conseil national suprême (CNS).

Les 15 et 16 janvier 1990, se tient une réunion exceptionnelle des cinq membres permanents du Conseil de sécurité de l'ONU sur le Cambodge.

Puis arrivent les Jakarta Informal Meetings (Jim 1, Jim 2 et Jim 3), en présence des quatre parties cambodgiennes, qui débouchent enfin, les 9 et 10 septembre, à la décision de créer le Conseil national suprême (CNS), comprenant 12 membres représentant les deux gouvernements de l'État du Cambodge et du Kampuchéa démocratique. Pour ce dernier, deux sièges sont attribués pour les Khmers rouges, deux pour le Funcinpec et deux également pour le FNLPK. Le CNS sera l'organe politique supérieur du Cambodge tant sur le plan intérieur qu'au niveau international.

Le 26 novembre 1990, ces projets d'accord entre les quatre factions sont approuvés par les deux coprésidents de la conférence de Paris et les cinq membres du Conseil de sécurité de l'ONU.

Les 24 et 25 juin 1991, les parties cambodgiennes se rencontrent de nouveau à Pattaya en Thaïlande. Un appel du CNS au cessez-le-feu immédiat est lancé et les Chinois lâchent les Khmers rouges. Un accord est trouvé pour les questions internationales mais d'autres réunions sont encore nécessaires pour régler les problèmes internes. Le pays sera placé sous l'Autorité provisoire des Nations unies au Cambodge (Apronuc), qui aura quatre missions: désarmer les quatre factions en présence, superviser les deux administrations opposées, assurer le retour des quelque 350000 réfugiés et préparer la tenue d'élections libres. L'Apronuc sera précédée de la Mission préparatoire des Nations unies au Cambodge (Miprenuc).

Le 17 juillet 1991, à Pékin, Norodom Sihanouk devient président du Conseil national suprême, élu par toutes les factions et avec l'appui des puissances internationales. Je le félicitai par lettre du 26 juillet à laquelle il répondit en anglais le 7 septembre de Pékin, m'expliquant que la personne qui devait être mise à sa disposition pour l'aider dans sa correspondance en français n'avait pas encore été nommée par le Quai d'Orsay. L'en-tête de cette lettre était au titre de «Norodom Sihanouk, President of the Supreme National Council of Cambodia». L'emblème, placé en haut à gauche, était un drapeau bleu clair avec la carte du Cambodge au milieu[1]. Le lendemain, il

1. Lettre de Pékin de Norodom Sihanouk du 7 septembre 1991.

m'informa qu'il me recevrait en audience le 3 octobre 1991 à 11 heures, à l'ambassade du Cambodge à Paris, au 11, avenue Charles-Floquet[1].

En septembre 1991, les membres permanents du Conseil de sécurité de l'ONU se réunirent avec le CNS et les deux coprésidents, comme ils l'avaient fait une première fois à Pattaya le mois précédent. Les États-Unis étaient encore un peu réticents mais, finalement, un accord se fit sur les derniers points et la date de la conférence de Paris fut fixée au 23 octobre.

Le prince Sihanouk arriva à Paris au début du mois d'octobre. Peu de temps après, il m'invita à déjeuner dans un restaurant français du 15e arrondissement, Les Senteurs de Provence[2]. À ce déjeuner, il y avait, outre le prince Sihanouk, la princesse Monique, Mme Khek Sisoda, son beau-frère Khek Lerang, Mme Ketty Tioulong[3] et ses deux filles, la princesse Nanda-Devi Norodom, âgée de 25 ans, et sa demi-sœur Charlotte Farras de 14 ans.

Ce déjeuner fut très important pour moi sur le plan personnel, puisque, grâce à cette invitation, j'ai pu rencontrer la petite-fille du prince Sihanouk, Nanda-Devi, qui allait devenir mon épouse l'année suivante. Nous n'avons pas évoqué la conférence de Paris, puisqu'une audience était prévue pour cela le lendemain, mais nous avons échangé sur la cuisine du restaurant dans lequel nous nous trouvions et parlé de questions personnelles.

En revanche, lors de l'audience officielle du 3 octobre que m'avait accordée Norodom Sihanouk en tant que nouveau chef

1. Télégramme de Pékin du 8 septembre 1991.

2. Au cours des dix dernières années, Norodom Sihanouk m'avait invité plusieurs fois lors de ses voyages en France (parfois à la Tour d'argent où il avait ses habitudes), car, à cette époque, j'étais un des rares à croire en son étoile future. Il s'en est toujours souvenu.

3. Ketty Tioulong, l'une des filles du général Tioulong, avait été mariée au prince Chakrapong, fils de Norodom Sihanouk et de la princesse Sisowath Pongsanmoni. Ils ont eu ensemble une fille unique, la princesse Nanda-Devi.

d'État du Cambodge, nous avons examiné dans le détail les accords de Paris. Au cours de cet entretien, il m'avait laissé entendre que le parti de Hun Sen gagnerait sûrement les élections organisées sous l'égide de l'Apronuc. Je m'empressai de communiquer cette réflexion du prince Sihanouk à Roland Dumas, qui me répondit que le prince lui avait dit la même chose. Mais, sur ce plan-là, Sihanouk se trompait.

La conférence de Paris approchait. Juste avant celle-ci, Norodom Sihanouk m'écrivit de nouveau une lettre[1] dans laquelle il tenait à préciser: «Vous m'avez toujours témoigné une fidélité d'une rare qualité... Votre compréhension des problèmes du Cambodge et vos interventions fiables et actives ont sans aucun doute contribué à l'évolution très positive que nous constatons actuellement.»

Depuis ma présence à l'Assemblée nationale en tant que député puis rapporteur spécial du budget des Affaires étrangères à la commission des Finances, de l'Économie générale et du Plan, je m'étais toujours fait un point d'honneur, chaque année, d'interroger le ministre des Affaires étrangères sur le Cambodge à l'occasion du débat sur le budget de son ministère[2].

J'y tenais pour quatre raisons: la première, c'est que, ayant suivi cette question au Parti socialiste, je voulais m'y intéresser à l'Assemblée nationale; la deuxième, pour servir d'aiguillon au gouvernement et montrer l'intérêt soutenu du groupe socialiste sur cette question; la troisième, montrer à Sihanouk qu'il avait toujours des amis vigilants; et, la quatrième, permettre au gouvernement de s'expliquer.

Roland Dumas me répondait toujours longuement, même quand cela était difficile, comme après le relatif échec de la

1. Lettre de Paris en date du 16 octobre.

2. *Journal officiel*, Assemblée nationale, séance du 26 octobre 1988, p. 1432; séance du 7 novembre 1989, p. 4675; séance du 8 novembre 1990, p. 4954.

1re conférence de Paris en juillet-août 1989 et la reprise des combats sur le terrain.

Le 17 octobre, l'Assemblée nationale de l'État du Cambodge avait officiellement abandonné le marxisme-léninisme comme référence, et le PRPC de Hun Sen s'était transformé en PPC (Parti populaire cambodgien).

La conférence de Paris sur le Cambodge – telle était l'appellation officielle – se tint comme prévu du 21 au 23 octobre 1991 au Centre de conférences internationales, avenue Kléber. Le ministère des Affaires étrangères m'avait obtenu un badge nominatif officiel me permettant d'entrer et de sortir du centre et d'assister à la conférence.

Étaient représentés 19 pays, plus le secrétaire général de l'ONU ainsi que les quatre factions cambodgiennes, et devaient être adoptés quatre textes et une annexe. Le président de la République, François Mitterrand, ouvrit la séance inaugurale à 15 heures. À la première interruption, j'en profitai pour aller saluer plusieurs personnalités, notamment, bien sûr, le prince Sihanouk qui m'avait si bien traité les jours précédents : invitation à déjeuner, audience, lettres, télégramme... Je ne sais pourquoi, à la dernière minute, je fis tout pour éviter de serrer la main au leader khmer rouge Khieu Samphan. Plus tard, je me dis que ce geste était un peu enfantin et très « occidental ». En effet, si Norodom Sihanouk puis Hun Sen, ayant eu des membres de leurs familles et des proches tués par les Khmers rouges, n'avaient pas fait l'effort de serrer la main à leurs chefs et de discuter avec eux, le Cambodge serait encore en état de guerre civile.

Après la conférence de Paris, Roland Dumas invita à dîner toute la délégation à l'hôtel Choiseul à Versailles. À la fin du repas, le prince Norodom Sihanouk invita celui-ci à se rendre au Cambodge : « Vous serez notre invité, mais laissez-moi le temps d'y arriver. Vous serez le premier ministre français et le Premier ministre occidental qui posera les pieds sur le sol de ma patrie. Vous l'avez bien mérité. »

Par ces paroles amicales à Roland Dumas, comme par celles qu'il m'avait écrites le 16 octobre, Norodom Sihanouk rendait en fait un hommage à François Mitterrand et au Parti socialiste. En effet, ces douze dernières années, seul parmi les forces politiques françaises, ce dernier avait soutenu l'action de Norodom Sihanouk, la droite l'ayant laissé tomber – Valéry Giscard d'Estaing avait refusé de l'accueillir en 1979 –, Jacques Chirac, bien qu'il se fût agi d'un admirateur du général de Gaulle, ne s'était pas vraiment intéressé à lui, et le PC soutenait le Viêt Nam.

Le 5 novembre 1991, en séance publique de l'Assemblée nationale, à l'occasion de la discussion sur le budget du ministère des Affaires étrangères, j'interrogeais de nouveau Roland Dumas sur le Cambodge. Après le succès de la 2e conférence de Paris et la signature des accords de Paris le 23 octobre, Roland Dumas fut heureux de pouvoir répondre longuement à ma question et d'annoncer officiellement son voyage à Phnom Penh. Il se leva du banc des ministres, se dirigea vers le micro en face de lui, passa la main dans ses cheveux blancs, et, face à l'hémicycle, se lança : « Au Cambodge, la France a vu ses efforts récompensés. Depuis trois ans et demi, j'ai compris les doutes et les déceptions de nos diplomates, j'ai partagé leur patience et leur détermination. La ténacité, mère nourricière de l'espérance, a fini par être récompensée. Au Cambodge, oui, monsieur Cambacérès... le cauchemar s'éloigne. La conférence de Paris s'est conclue sur un accord de paix le 23 octobre dernier. Cinquante années de guerre et de massacres dans l'ancienne Indochine et deux décennies de tragédie au Cambodge ont pris fin à Paris. Deux ans de difficiles et laborieuses négociations engagées à l'initiative de la France et conduites par elle auront été nécessaires pour parvenir à cet accord. L'accord politique signé à Paris donne aux Nations unies le mandat d'organiser et de superviser des élections libres au Cambodge.

Je tiens, devant la représentation nationale, à saluer tout particulièrement le rôle joué par le prince Sihanouk, sans qui la réconciliation eût été impossible... Les Cambodgiens vont prendre en main leur destin. La France les aidera... Je me rendrai le 22 novembre prochain à Phnom Penh. Ce sera le premier voyage d'un ministre du monde occidental au Cambodge... Je dis aux Cambodgiens : "La France sera présente à vos côtés, dans la paix et pour la reconstruction de votre pays." Je leur dis encore : "Renouons les fils de l'histoire..." Au-delà du Cambodge, monsieur Cambacérès, ma visite au Viêt Nam, la seconde en dix-huit mois, ainsi que ma visite au Laos, marqueront une nouvelle étape dans l'établissement avec les trois pays de l'ancienne Indochine de relations de coopération économique et culturelle[1]. »

Neuf jours plus tard, Sihanouk allait revenir triomphalement dans la capitale cambodgienne. Tout avait été soigneusement préparé pour ce retour. La Miprenuc était déjà en place. Le palais royal avait été restauré, le pavillon Napoléon III à l'intérieur de l'enceinte du palais également, et tout le décorum pour ce retour avait été minutieusement prévu.

1. *Journal officiel*, Assemblée Nationale, séance du 5 novembre 1991, p. 5474 et 5498.

Le retour de Sihanouk : Renouveau et reconstruction du pays 1991-2004

Le 14 novembre 1991, Sihanouk retournait dans son pays après douze ans d'exil. Il avait dû quitter Phnom Penh le 6 janvier 1979, par le dernier avion chinois, face à l'avancée des troupes vietnamiennes. Il atterrit à bord d'un Airbus d'Air France à l'aéroport de Pochentong qui avait été repeint pour l'occasion, et un immense portrait du prince aux cheveux noirs recouvrait une des façades de la tour de contrôle. Ce fut un retour triomphal. L'ensemble des autorités de tous bords l'attendait à l'aéroport et elles se sont prosternées ou mises à genoux, comme « au bon vieux temps », devant « Monseigneur Papa ». Des milliers de lycéennes et de lycéens en uniforme, jupe ou pantalon bleus, chemise blanche, ainsi que des citoyens cambodgiens brandissant des portraits de Sihanouk s'étaient massés le long de la route de l'aéroport au palais royal.

Ce fut à bord d'une Chevrolet décapotable blanche que Norodom Sihanouk franchit les quelques kilomètres entre l'aéroport et le palais royal, sous les acclamations d'une population enthousiaste et heureuse de le voir ou de le revoir.

Une Chevrolet décapotable de couleur blanche plutôt qu'une classique limousine noire, c'était inconsciemment tout un symbole pour la presse internationale et pour les Cambodgiens. Cela donnait à la fois un air de retour aux périodes fastes de l'âge d'or du Cambodge d'avant 1970, et l'idée d'un futur plus léger et plus heureux. Sihanouk retrouva le palais royal restauré au bord du Tonle Sap, dans lequel il avait été pendant quatre ans « prisonnier des Khmers rouges », dans lequel il avait côtoyé les souris, le délabrement progressif et le saccage du jardin par des enfants et des buffles. Il fut très heureux de redécouvrir le palais Khemarin, palais privé lui aussi restauré, à l'intérieur d'une enceinte spéciale du palais royal et dans lequel il allait à présent pouvoir recevoir toutes les personnalités, dans la salle d'audience à droite en entrant, et organiser de nouveau des dîners officiels dans la grande salle à manger, à gauche, où il avait reçu jadis le général de Gaulle.

L'Apronuc et le rétablissement de la monarchie (1991-1993)

Dès le lendemain de son retour triomphal au Cambodge, Sihanouk se lança immédiatement dans une offensive politique et médiatique en tenant une première conférence de presse, en déclarant que Hun Sen était son « nouveau fils » et en prônant une alliance entre le Funcinpec, présidé par un de ses fils, le prince Ranariddh, et le PPC, dirigé par Hun Sen.

Les premières missions officielles françaises

En tant que rapporteur spécial du budget des Affaires étrangères à la commission des Finances de l'Assemblée nationale[1],

1. À cette époque, j'étais député du Gard, maire de Sommières et conseiller régional du Languedoc-Roussillon.

et avec l'accord du président de cette commission, Henri Emmanuelli, je programmai une mission au Cambodge. Elle devait donner lieu à un rapport sur la situation dans ce pays et sur les conséquences budgétaires de notre engagement, notamment de la reconstruction de l'ambassade de France à Phnom Penh. Elle fut fixée du 15 au 24 novembre 1991[1]. Tout était bien programmé, j'allais être le premier homme politique français à me rendre en mission officielle dans le nouveau Cambodge, et également être présent lors de la visite officielle de Roland Dumas.

Après un vol Air France de douze heures et une escale à Hô Chi Minh-Ville, j'arrivai pour la première fois à l'aéroport de Phnom Penh le 15 novembre 1991. Je vis l'immense portrait de Sihanouk sur la tour de contrôle.

Je me rendis au ministère des Affaires étrangères de l'État du Cambodge, en face du théâtre Chatomukh. Dans des locaux sans climatisation, où les ventilateurs eux-mêmes ne marchaient pas, je rencontrai un fonctionnaire du protocole à qui j'expliquai le sens de ma mission, lui disant que je souhaitais être mis en contact avec un certain nombre de personnalités cambodgiennes, notamment le ministre des Affaires étrangères et le directeur de l'Europe de l'Ouest du même ministère. Ce fonctionnaire faisait semblant de noter, mais il avait l'air totalement perdu. Je commençai donc ma mission au travers de mes propres réseaux. Je rencontrai Xavier Roze, directeur de l'antenne culturelle française qui, pendant deux ans, avait fait office de correspondant officiel de la France, et Philippe Coste[2], nouvel ambassadeur fraîchement débarqué. L'ambassade de France avait élu résidence dans une villa qui accueillait le secrétariat et les deux ou trois premiers fonctionnaires. L'ambassadeur logeait dans une autre villa.

1. Elle se déroula en fait du 15 au 22 novembre. Je dus, en effet, rentrer deux jours plus tôt, suite au décès du conseiller général du canton de Sommières.
2. Philippe Coste fut ambassadeur de France au Cambodge de 1991 à 1994.

Le lendemain, avec Philippe Coste et un architecte de la direction de la construction du ministère des Affaires étrangères, nous sommes allés visiter les bâtiments de l'ancienne ambassade de France, au bout du boulevard Monivong. C'était, jadis, la plus belle de Phnom Penh, dans un parc de quatre hectares au cœur de la ville. Il n'y avait même plus le portail d'entrée, immortalisé plus tard par François Bizot[1], et qui avait vu tant de drames le jour de la prise de Phnom Penh par les Khmers rouges. Nous sommes entrés dans l'enceinte en décrochant un fil de fer.

Le parc était à l'abandon, envahi par des herbes, et les bâtiments, totalement délabrés, sans portes ni fenêtres, avec des hamacs fixés dans les murs. Ils étaient censés abriter un orphelinat de l'État du Cambodge mais, à part trois ou quatre jeunes personnes qui nous ont croisés sans nous parler, il n'y avait personne. Nous avons pris plusieurs photos, puis nous sommes entrés. Sur la droite, se tenait un bâtiment qui avait abrité la chancellerie, un grand édifice central dans lequel on pouvait encore distinguer la présence d'une salle de cinéma, puis, plus loin dans le fond du parc, une troisième bâtisse qui avait servi de résidence à l'ambassadeur de France. À ce stade, deux options étaient encore possibles : restaurer chaque bâtiment ou tout raser et reconstruire. De toute façon, selon l'architecte, la note serait « salée[2] ». Tout autour, la ville s'animait. Vélos, motos, pousse-pousse et voitures roulaient dans tous les sens. Les motos, surtout, portaient des chargements incroyables, parfois de cinq ou six personnes, parfois tirant des petites charrettes avec des chargements quatre ou cinq fois plus gros que la moto elle-même. Les gros 4 × 4 blancs

1. François Bizot, *Le Portail*, La Table ronde, Paris, 2000.

2. Après une autre mission, le Quai d'Orsay décida de reconstruire sur les trois blocs des bâtiments existants. Le budget nécessaire fut de 60 millions de francs à l'époque, soit environ 9 millions d'euros.

de l'Apronuc se frayaient un passage au milieu de tout cela. On sentait comme une joie, comme un dynamisme qui voulait rattraper le temps perdu. Au bord des routes, des petits commerçants vendaient de tout : ballons gonflables, glaces déjà fondues, fruits, cigarettes et même du gazole dans des bouteilles d'eau en plastique.

Mais l'autre vision de la ville, c'était la pauvreté et la saleté. Les rues défoncées, les belles villas de style français à l'abandon, certaines commençaient à être rénovées, des poubelles partout, des chiens errants et les nombreux mendiants et estropiés autour du Vat Phnom qui se précipitaient sur le premier étranger venu pour lui demander quelques dollars ou riels. Malgré les aides de la ville de Paris et de l'ordre de Malte, la remise en état des égouts de Phnom Penh laissait encore à désirer. Ils étaient bouchés dans de nombreux endroits, ce qui provoquait des inondations dans les rues lors des averses tropicales.

Nanda-Devi, petite-fille de Norodom Sihanouk, se trouvait également à Phnom Penh à ce moment-là, et elle put obtenir une audience avec moi auprès de son grand-père, redevenu chef de l'État, président du Conseil national suprême, au palais Khemarin. Notre voiture franchit la grande porte de la première enceinte du palais royal, au-dessus de laquelle était affiché un grand portrait du prince Sihanouk, puis celle du palais Khemarin et se gara enfin sur la gauche. Nous descendîmes de voiture et les gardes nord-coréens du palais[1] nous passèrent, ainsi que nos cadeaux, au détecteur de métaux. Les appareils n'ayant pas sonné, nous fûmes autorisés à nous rendre vers la porte d'entrée du palais par la rampe d'accès de gauche[2]. J'avais

1. Depuis son retour en 1991 au palais, les gardes du corps de Sihanouk étaient des Coréens du Nord, et ses médecins, des Chinois.

2. Dans l'avenir, tous les accès au palais Khemarin pour les audiences se feront le plus souvent par la rampe d'accès droite, les voitures se garant également à droite.

apporté au prince Sihanouk des pots de confiture de figues « faite maison » de ma propriété du mas Mathieu à Gailhan, petit village du Gard, et les numéros de la semaine du journal *Le Monde*. À notre arrivée, le protocole prit ces cadeaux et les rangea sur deux plateaux dorés, et le personnel les présenta à genoux au prince Sihanouk. Nous fîmes de même pour le saluer, puis il nous releva, embrassa Nanda-Devi et nous fit entrer dans la salle d'audience. Il m'installa immédiatement près de lui à sa gauche. Il nous remercia pour les cadeaux, félicita Nanda-Devi d'être revenue au Cambodge, se réjouit de me revoir et souhaita plein succès à ma mission. Il était très à l'aise, très souriant, vêtu d'une vareuse blanc cassé au col largement ouvert. Il se lança ensuite dans une explication très détaillée des accords de Paris, de la situation politique et économique du Cambodge et me remercia du soutien de la France et du Parti socialiste. En conclusion, il se réjouit de la venue dans quelques jours de Roland Dumas. Je lui remis officiellement une lettre que Pierre Mauroy, ancien Premier ministre et nouveau premier secrétaire du PS, m'avait remise pour lui. Nous engageâmes ensuite la conversation, tant sur le plan personnel que politique.

Nous fîmes quelques photos avec lui et, en sortant de la salle d'audience, nous croisâmes le prince Ranariddh, autre fils de Sihanouk, oncle de Nanda-Devi et président du Funcinpec.

Le lendemain, lors d'une conférence de presse avec les correspondants de la presse internationale et locale, le prince Sihanouk commença son exposé de la façon suivante : « J'ai reçu hier un député socialiste, Jean-Marie Cambacérès, il est très amoureux de ma petite-fille Nanda-Devi et il connaît bien ma gourmandise, car il m'a apporté des confitures qu'il avait faites lui-même, mais il m'a aussi apporté plusieurs numéros du journal français *Le Monde*, et j'ai lu ce que les journalistes écrivaient sur mon action depuis mon retour à Phnom Penh et sur la situation au Cambodge. Et là, je peux vous dire que je ne suis pas content, car il y a beaucoup de choses inexactes... » Et là, le Norodom Sihanouk chef d'État reprenait le dessus, se lançait dans un exposé politique et répondait aux questions des journalistes. Il déclara que Hun Sen était son « nouveau fils », se prononça pour une alliance entre le Funcinpec (présidé par un de ses fils, le prince Ranariddh) et le PPC (dirigé par Hun Sen). Mais lorsque certains journalistes, qui avaient gardé leurs vieux réflexes stéréotypés à son sujet, lui demandèrent s'il avait fait importer du foie gras de Paris, il rétorqua : « La presse ne devrait pas me critiquer à propos du foie gras de chez Fauchon. Ce n'est pas pour moi, je reçois des hôtes d'État, il faut bien les honorer. » Puis il poursuivit : « Le gouvernement Hun Sen a fait le maximum pour restaurer, rénover, redécorer le palais. Compte tenu de ces douze années de guerre, ils ont fait du bon travail. » Là était toute la subtilité de Sihanouk, car en mentionnant un sujet aussi futile – la restauration du palais –, il félicitait Hun Sen tout en rappelant que les douze dernières années avaient été des années de guerre, alors que la propagande du PPC vantait les mérites de l'occupation vietnamienne qui avait, selon ce parti, permis au pays de se redresser. Mais, chose étonnante, il avait commencé sa conférence de presse par les confitures et le député français amoureux de sa petite-fille. Je fus stupéfait quand plusieurs témoins me racontèrent la scène.

En quelques jours, j'avais senti le dynamisme potentiel de ce pays et la débrouillardise de ses habitants, dans une capitale sans eau courante, avec de nombreuses coupures d'électricité. On trouvait de tout au marché central ou « marché russe ». On pouvait se faire tailler des costumes de soie pour homme ou pour femme sur mesure en deux jours dans des magasins comme Ma Belle, où l'eau disponible était stockée dans deux grandes jarres de terre. On pouvait également déguster d'excellentes crêpes Suzette flambées « chez Lipp », petit restaurant à même la rue, non loin de l'ambassade de France.

Nanda-Devi me présenta, bien sûr, son père, le prince Chakrapong et, avec lui, nous nous rendîmes à Siem Reap pour visiter les temples d'Angkor. C'était pour nous une chance extraordinaire car peu de personnes depuis 1970 avaient pu s'y rendre. C'était aussi la première fois que le prince Chakrapong y retournait. Nous étions accompagnés de Mme Sin Song, l'épouse du ministre de la Sécurité et de la Police, et de Dounchan Charuvan, dite Ming Lek, l'épouse d'alors du prince Chakrapong.

Puis nous partîmes pour le centre de Tuol Sleng où des milliers de Cambodgiens et quelques étrangers avaient été torturés. C'était un lycée dont les classes avaient été transformées en salles de torture et le dortoir en cellules individuelles avec des murs à mi-hauteur, et dans lesquelles les prisonniers étaient fixés à même le sol par des anneaux et une barre de fer. Les Khmers rouges avaient pour habitude, avant de tuer leurs prisonniers, de les prendre en photo, d'extorquer leurs aveux et de les consigner. Une partie de ces photos a été conservée et exposée au moment de la transformation de ce centre en musée par les Vietnamiens. La vision de celles-ci, donnant une réalité à toutes ces vies brisées, était extrêmement poignante. Dans la dernière salle il y avait une carte du Cambodge réalisée avec les crânes des victimes[1]. Heureusement, nous avons pu assister à des choses plus agréables, comme la Fête des eaux, fête traditionnelle de nouveau organisée pour la première fois depuis 1970. Avant de partir, j'allai saluer Roland Dumas à son arrivée et, grâce à Khek Vandy[2], je pus rencontrer Chea Sim, le président du

1. J'y suis retourné en mai 2009 avec le général Gérin-Roze, président de la SEMLH. La carte du Cambodge avec les crânes avait disparu.

2. Khek Vandy, longtemps compagnon de la princesse Buppha Devi, frère de Lerang et Sisoda, tous trois fidèles de Norodom Sihanouk, allait devenir député du Funcinpec.

PPC, puis à l'aéroport, Hun Sen, le Premier ministre de l'État du Cambodge.

Lors du banquet officiel donné en l'honneur de Roland Dumas – dont la visite eut lieu du 22 au 25 novembre –, Norodom Sihanouk invita officiellement François Mitterrand au Cambodge. Le ministre français, lors de son séjour, inaugura le pavillon Napoléon III rénové par la France et le garage du tout nouveau concessionnaire Renault. La France semblait bien placée pour revenir au Cambodge : elle avait coprésidé des négociations avec l'Indonésie, organisé la conférence de Paris, le premier ministre étranger reçu officiellement dans ce nouveau Cambodge était français, etc. Pourtant, très vite, on s'aperçut que ce n'était pas le cas. La France rata la relance de la Francophonie et laissa le général australien Sanderson, commandant de l'Apronuc, installer une « conquête anglophone ». Elle rata aussi sa présence économique et fut vite cantonnée dans le rôle de deuxième pays donateur, après le Japon, dans des secteurs certes intéressants – droit, médecine –, mais qui ne passionnaient pas les futurs dirigeants, plutôt tournés vers les investissements industriels, le tourisme et l'immobilier. Pendant que nous « donnions », d'autres allaient « prendre ». Profitant de cette période charnière et du rôle qu'avait joué la France dans les accords de Paris, on aurait dû « mettre le paquet » dès le début : reprendre l'ancien lycée Descartes, aider Accor pour la reprise de l'Hôtel Royal, demander à nos grandes entreprises de venir s'impliquer dans la reconstruction du pays... Au lieu de cela, dans les années qui suivirent, du fait d'une approche uniquement comptable de la situation et de peur peut-être d'avoir une présence trop visible pouvant rappeler le protectorat, le lycée Descartes devint un institut de management privé américain très rentable, l'Hôtel Royal fut repris par le groupe Raffles, le Crédit agricole (présent au travers d'Indosuez) quitta le pays et peu de nos grandes entreprises s'intéressèrent au Cambodge, à l'exception notable de Dumez-GTM[1] (plus tard rachetée par Vinci) pour l'aéroport.

Dès le 8 novembre 1990, j'avais alerté le ministre des Affaires étrangères du haut de la tribune de l'Assemblée nationale: «Monsieur le ministre, compte tenu des moyens alloués, il est difficile, dans les conditions actuelles, d'agir vraiment dans le Sud-Est asiatique. Pourtant, je pense que la France a un rôle important à jouer dans cette zone francophone... Si, au Cambodge, la paix, comme on peut le souhaiter, est réalisée en 1991, il faudra vraiment que la France trouve de nouveaux moyens d'intervention et ne se laisse pas doubler à la dernière minute par d'autres pays dans cette zone[2].»

L'Apronuc s'installe pour épauler le CNS

Pendant ce temps, l'application des mesures votées lors des accords de Paris se poursuivait. Le Cambodge, placé sous tutelle de l'ONU, allait être dirigé par le CNS et l'Apronuc avec, à sa tête, le Japonais Yasushi Akashi. «Mon proconsul», dira Sihanouk en parlant de lui lorsque la situation se tendait entre l'Apronuc et le CNS. L'Apronuc (Autorité provisoire des Nations unies au Cambodge, UNTAC en anglais) était l'organisation civile et militaire de l'ONU au Cambodge. Elle allait être la plus grosse opération de maintien de la paix de l'ONU à l'étranger. Elle était chargée de désarmer les factions, de faire revenir les réfugiés, d'organiser les élections et de mettre en place la nouvelle organisation politico-administrative du Cambodge. Elle avait été prévue par les accords de Paris et créée le 28 février 1992 par la résolution 745 du Conseil de sécurité de l'ONU. L'Apronuc était formée d'une composante militaire

1. Dumez-GTM avait pris le relais de Dumez-Lyonnaise des eaux sur ce projet lancé par Jérôme Monod, alors PDG du groupe, et qui s'intéressait beaucoup au Cambodge.

2. *Journal officiel*, Assemblé nationale, 1re séance du 8 novembre 1990, compte rendu intégral, p. 4954.

sous l'autorité du général australien John Sanderson, et d'une composante civile dirigée par le juriste français Gérard Porcell[1].

Elle avait été précédée par la Miprenuc (Mission préparatoire des Nations unies au Cambodge), créée le 16 octobre 1991 par la résolution 717 du Conseil de sécurité, et chargée de la préparation de son installation. Elle comprenait 1000 militaires commandés par le général français Michel Loridon[2] et devait aider les quatre parties cambodgiennes à maintenir le cessez-le-feu et former la population au danger des mines.

Norodom Sihanouk n'oubliait pas les socialistes français. Le 10 décembre, il écrivit à Pierre Mauroy, nouveau premier secrétaire, « pour rendre hommage à votre grand parti, qui a noblement œuvré pour le retour de la paix et de la liberté au Cambodge, créant ainsi un environnement favorable à sa renaissance, à sa reconstruction et à son développement[3] ».

Avant même l'installation officielle de l'Apronuc, quelques unités militaires de celle-ci commencèrent à se déployer. Les Français étaient très impliqués, leur bataillon, fort de 900 hommes, était l'un des plus importants. Composé du 6e et du 8e RPIMA et du 1er RCP[4], il était commandé par le lieutenant-colonel Elrick Irastorza[5].

Parmi les forces mobilisées, il faut signaler notamment la présence d'observateurs de l'ONU (UNMOS), de militaires japonais pour le génie et de militaires allemands pour le secteur hospitalier et santé. C'était la première fois que des Japonais et des Allemands participaient à une opération militaire internationale.

1. Ancien de l'ENA, ancien conseiller du tribunal administratif de Marseille, je l'avais connu lors de mes fonctions au tribunal administratif de Nice. Je fus très heureux de le revoir au Cambodge.

2. Le général Michel Loridon devint ensuite l'adjoint du général Sanderson. Il fut ensuite remplacé à ce poste par le général Rideau.

3. Lettre de Norodom Sihanouk à Pierre Mauroy, envoyée de Phnom Penh le 10 décembre 1991.

4. RPIMA : régiment de parachutistes d'infanterie de marine ; RCP : régiment de chasseurs parachutistes.

5. Elrick Irastorza deviendra chef d'état-major de l'armée de terre en juillet 2008.

Le bataillon français était affecté dans la zone 6, allant de Sihanoukville, avec son port en eau profonde, jusqu'à la frontière vietnamienne.

La mission des militaires français était complexe, mais le lieutenant-colonel Irastorza l'avait résumée pour ses hommes en un sigle, EDRAD : expliquer, dissuader, rassurer, aider et désarmer.

Très vite, les Français se rendirent compte que les Khmers rouges n'étaient plus un réel danger et étaient même devenus des « coquilles vides » dans certaines provinces ou des bandits de grand chemin, comme à Kampot.

Les contacts avec les représentants locaux du Funcinpec (l'ancien parti de Sihanouk présidé par son fils, le prince Ranariddh) étaient bons, ce qui n'était visiblement pas le cas avec les KAPAF, les forces armées du PCC, ces dernières ne comprenant pas pourquoi les forces étrangères de l'Apronuc parlementaient avec les Khmers rouges[1].

À l'été 1992, en accord avec les Tunisiens[2], les Français démantelèrent les nombreux *check points* présents sur la route dite « américaine », entre Phnom Penh et Sihanoukville. Les KAPAF conservèrent des guérites d'observation mais ne contrôlèrent plus le trafic.

Dans le secteur de Stung Treng-Mondolkiri, au nord, le général Sanderson, suite au retard pris par les Uruguayens, avait demandé au bataillon français d'y installer la moitié de ses forces. En effet, une question politique est vite apparue dans cette zone : la présence de combattants proaméricains du FULRO, Front uni de lutte des races opprimées, certainement financé par la CIA. Dès que les autorités furent prévenues, les

---

1. Entretien avec le général Irastorza le 10 juin 2008, qui était, à cette date, major général de l'armée de terre. Participait également à l'entretien le colonel Vincent Guionie, qui, en 1992 au Cambodge, était capitaine et commandait une des cinq compagnies (la première) du bataillon français.

2. Les Tunisiens étaient en charge de la zone 9 ouest, entre la zone 6 des Français et Phnom Penh, confiée aux Ghanéens.

Américains les ont récupérés par avions-cargos. Les médias n'en ont jamais fait état[1].

L'arrivée du bataillon français à Sihanoukville fut très médiatisée, avec défilé dans les rues et sauts en parachute, et la population se déplaça en grand nombre. Quelle ne fut pas sa surprise de constater que l'un des parachutistes était cambodgien. Il répondait au nom de Nam et s'était enfui du Cambodge en 1975. Il avait pris la nationalité française puis s'était engagé aux côtés des parachutistes, avant de revenir dans son pays avec le bataillon français en tant qu'interprète du lieutenant-colonel Irastorza.

La France avait envoyé un navire de guerre à Sihanoukville, *Le Nivôse*, avec, à son bord, le capitaine de frégate O'Neill[2]. Après son accostage, le pacha organisa une visite du bateau pour les officiels cambodgiens et la population. Le succès fut tel que la frégate fut littéralement envahie, les enfants montant même à bord par les aussières d'amarrage.

Vers la fin de la visite, un Cambodgien assez âgé s'approcha du capitaine O'Neill et s'adressa à lui en le tutoyant[3] :

« C'est toi, le capitaine ?

– Oui.

– Je voudrais te faire voir quelque chose demain, pourras-tu venir à ma maison ?

– Oui.

– Très bien, je serai au pied de la passerelle demain à 10 heures. »

Le pacha fit part de cet échange à son second. Ils songèrent tous les deux à un canular, mais, à toutes fins utiles, ils décidèrent d'affecter deux gardes du corps en civil qui l'accompagneraient discrètement.

1. Entretien avec le général Irastorza le 10 juin 2008.
2. Ce dernier devint amiral en 2002.
3. Entretien avec l'amiral (2S) O'Neill en décembre 2008.

Le lendemain, à 10 heures précises, le vieil homme se présentait au pied de la passerelle et le capitaine le suivit. Après une dizaine de minutes de marche, ils arrivèrent en vue d'une maison en bois très simple, qui n'était pas sur pilotis. Ils entrèrent dans la cuisine dont le sol était en terre battue. Le vieux monsieur cambodgien demanda à l'amiral de s'asseoir. Il déplaça une vieille table en bois, prit une pelle et commença à creuser. Le capitaine, un peu inquiet, était de plus en plus intrigué. Au bout d'un moment, la pelle heurta une boîte métallique que le vieux monsieur sortit. C'était une boîte de Petit Lu rouillée. Il l'ouvrit et en retira d'abord des vieux journaux froissés. Puis il en sortit un, qu'il déplia avec précaution sur la table. Et le pacha s'aperçut, avec stupeur et émotion, qu'il contenait une médaille de la Légion d'honneur.

Le vieil homme expliqua qu'il l'avait obtenue il y avait très longtemps et que, à l'arrivée des Khmers rouges, il l'avait enterrée, la considérant comme son bien le plus précieux. Si ces derniers l'avaient découverte, il aurait été condamné à mort.

Devant l'importance symbolique de cette révélation, le capitaine O'Neill, les larmes aux yeux, lui proposa de le décorer une deuxième fois sur le pont du *Nivôse*. Le regard plein de reconnaissance, le vieux monsieur accepta.

Quelques jours plus tard, en toute illégalité (on ne remet pas deux fois une Légion d'honneur) mais avec raison, sur le pont du *Nivôse*, le capitaine de frégate O'Neill remit la première Légion d'honneur dans le nouveau Cambodge « au nom du président de la République ».

L'Apronuc se mettait en place. Elle était forte de 23 000 personnes originaires de 14 pays[1], dont 17 000 Casques bleus et 8 000 civils, et possédait des moyens importants (3 milliards de

1. Pays-Bas, Bangladesh, Pakistan, Uruguay, Inde, Indonésie, France, Malaisie, Bulgarie, Tunisie, Ghana, Allemagne, Japon et Chine.

dollars), mais c'était une administration lourde et complexe. Elle fut cependant assez rapidement opérationnelle.

Son QG était installé dans l'ancien palais du gouverneur français à l'époque du protectorat, près du Vat Phnom. Toutes les entrées étaient bloquées par des chicanes, des murs et des abris construits avec des sacs de sable, derrière lesquels se trouvaient des Casques bleus en armes.

L'une des missions de l'Apronuc était de désarmer les différentes factions en présence : forces des Khmers rouges, soldats du FNLPK, ANS de Sihanouk et militaires de l'État du Cambodge. Mais, dès le 6 mai 1992, les Khmers rouges interdirent à Yasushi Akashi, responsable de l'Apronuc, de circuler dans leur bastion de Pailin à l'ouest du Cambodge. Le 13 juin, ceux-ci s'opposèrent également au désarmement de leurs combattants. Les trois autres composantes ne voulant pas baisser la garde face aux Khmers rouges, l'Apronuc fut dans l'impossibilité de réaliser le désarmement et la démobilisation des quelque 140000 combattants des quatre parties. Elle se contenta de veiller à ce que les combats interfactions ne reprennent pas.

La deuxième mission de l'Apronuc était le rapatriement des quelque 350000 réfugiés qui vivaient, certains depuis plusieurs années, dans les camps de la frontière thaïlandaise et en Thaïlande. De 1975 à 1991, ce sont près de 700000 Cambodgiens qui s'y étaient réfugiés.

Globalement, ce travail fut mené à bien en temps voulu, même si tous n'ont pas reçu les terres promises. Le HCR (Haut-Commissariat des Nations unies pour les Réfugiés) s'était engagé à donner des terres à ceux qui rentreraient au pays. Les personnes n'ayant pu bénéficier de cette donation ont reçu un pécule en échange et sont venues s'agglutiner dans les squats et bidonvilles à la périphérie de Phnom Penh et autres grandes villes.

Quoi qu'il en soit, le 30 mars 1993, Mme Sadako Ogata, haut-commissaire aux réfugiés auprès des Nations unies, ferma le dernier camp. Le site 2 comptait quelque 218 000 réfugiés, ce qui représentait la plus grande communauté cambodgienne en dehors de Phnom Penh. Le succès de ces rapatriements est à mettre à l'actif de Sergio Vieira de Mello[1], chargé de ce secteur dans l'Apronuc.

La troisième mission de l'Apronuc était de superviser les deux administrations ennemies et de les faire travailler ensemble. Ce fut vite impossible pour les zones contrôlées par les Khmers rouges et cette mission devint rapidement symbolique pour le FNLPK. En revanche, l'Apronuc entretenait de nombreux contacts avec le Funcinpec et le PPC. Elle essayait dans la mesure du possible de les traiter d'une manière équitable pour les formations des cadres, les stages ou les envois à l'étranger pour des études, mais l'organisation contrôlait très peu les pratiques des uns et des autres et arriva difficilement à les mettre d'accord.

Dans sa quatrième mission, l'Apronuc devait débloquer les crédits pour reconstruire les écoles, le système d'irrigation, les routes, les ponts, les hôpitaux... Elle s'y attellera, sûrement pas assez, mais quand même de manière significative.

Enfin, tant bien que mal, l'Apronuc préparait sa cinquième mission, à savoir l'organisation et la tenue d'élections libres. Ce sont des milliers de jeunes gens, volontaires de l'ONU, relativement peu payés, qui ont quadrillé le terrain, dressé des listes d'électeurs et organisé le scrutin, parfois au péril de leur vie. Les Khmers rouges se retirèrent du processus électoral et tentèrent de s'opposer à la tenue des élections, mais ils les subirent plus ou moins passivement. Ce fut leur plus grande erreur, tactique

1. Sergio Vieira de Mello fut tué dans un attentat suicide contre le siège de l'ONU en Irak en 2003.

et stratégique, car s'ils avaient intégré le processus électoral et politique en cours, il aurait été ensuite plus difficile de les poursuivre devant des tribunaux.

La politique reprenait ses droits. De nombreux Cambodgiens de France, d'Australie ou des États-Unis revenaient au Cambodge, tout en gardant leurs titres de séjour ou nationalité ainsi que leurs comptes en banque, pour tenter de faire de la politique ou des affaires dans leurs pays d'origine.

Entre-temps, Nanda-Devi et moi-même avions décidé de nous marier et bien sûr j'en avais informé son grand-père, Norodom Sihanouk. Par lettre du 11 mai, il me répondait: «J'ai l'honneur de vous faire connaître que je vous donnerai, ainsi qu'à la princesse Norodom Nanda-Devi, ma bénédiction, lorsque vous vous marierez.» Le 8 juin, il m'écrivait: «Je formule à votre égard des souhaits fervents de bonheur personnel et de plein succès dans vos constants efforts pour soutenir et promouvoir l'amitié franco-cambodgienne.»

Nous nous mariâmes en France le 29 août 1992. La cérémonie civile eut lieu le matin à la mairie de Gailhan, puis le mariage religieux catholique dans la cathédrale de Nîmes l'après-midi. Mes témoins de mariage étaient l'écrivain Jean-Pierre George et Soraya na Champassak[1]. La couverture médiatique fut assez fournie en France[2], mais également en Asie[3]. Avec le prince Chakrapong, nous avions fixé la date du mariage au Cambodge le 29 novembre 1992, selon les rites traditionnels khmers et bouddhiques.

1. Jean-Pierre George parla de notre mariage dans *Naissance d'une princesse*, La Table ronde, Paris, 1995. Soraya na Champassak était la fille du prince Sisouk na Champassak du Laos et de Christiane Guida.

2. *L'Express* du 2 juillet 1992; *Le Bulletin quotidien* du 3 juillet 1992; *Libération* du 18 au 19 juillet 1992, *Midi libre* du 30 août 1992; reportage au journal télévisé de FR3 le 30 août 1992; *Voici* n°250 du 24 au 30 août 1992; *Le Figaro* du 8 septembre 1992, *Paris Match* du 10 septembre 1992; *Point de vue* n°2302 du 15 septembre 1992; *Ici Paris* n°2463 du 16 au 22 septembre 1992.

3. Notamment *The Nation* à Bangkok, le lundi 31 août 1992.

Le mercredi 9 septembre, je parcourais tranquillement *Le Monde* du 10 septembre en prenant un café dans un bar de la rue de Bourgogne, non loin de l'Assemblée nationale, quand je fus sidéré de lire que le prince Sihanouk avait de nouveau parlé de nous dans une conférence de presse à l'occasion de la visite officielle au Cambodge de Catherine Tasca, ministre de la Francophonie. En réponse à une question d'un journaliste qui lui demandait s'il se souvenait de sa participation au numéro de la revue *Esprit* de novembre 1992 sur « Le français, langue vivante », le prince Sihanouk répondait : « Si je m'en souviens, bien sûr, mais je ne veux plus assumer ce rôle de père de la Francophonie, car cette Francophonie m'a boudé dès lors que je n'étais pas dans ce palais royal. On m'a banni. On ne m'a pas invité, même comme personnalité indépendante, aux sommets francophones. J'étais pourtant chef de la résistance cambodgienne. Maintenant, on me courtise de nouveau. Je verrai si je décide d'aller ou non au sommet francophone à Maurice l'an prochain, je verrai. Je ne suis pas rancunier, mais quand même... » Il poursuivait : « La France doit nous aider pour redonner à la langue française son premier rang, ce rang que de Gaulle avait remarqué ici en 1966. » Sur ce point, il ne sera pas écouté car, déjà, des notes circulaient au Quai d'Orsay mentionnant que la Francophonie n'était plus d'actualité au Cambodge.

Le prince Sihanouk continuait : « Mais qui parle d'abandonner le français ? Pour le français, au Cambodge, il n'y a pas besoin de consensus officiel, il y a un consensus sentimental... » Là aussi, il dut être déçu plus tard en s'apercevant que la nouvelle classe politique cambodgienne, dont beaucoup de personnalités avaient fait leurs études aux États-Unis ou en Australie, n'avait pas cette culture francophone des élites d'avant 1970. Certains avaient même organisé en sous-main des manifestations d'étudiants contre la France, accusée de néocolonialisme, quand celle-ci décida de reprendre le financement de l'Institut de technologie, dont les cours allaient de nouveau se dérouler en langue française.

Puis j'arrivai à la fin de l'article: «Le récent mariage de ma petite-fille avec un député socialiste dissident[1], est-ce bon pour la Francophonie? En tout cas, le marié appartient à la famille de Cambacérès. C'est à tout le moins une union entre l'empire khmer et l'empire napoléonien[2].»

J'avais écrit au prince Sihanouk pour avoir sa bénédiction lors de notre mariage à Phnom Penh. Il m'avait donné son accord. Malheureusement, deux jours auparavant, il avait dû être hospitalisé d'urgence à Pékin. Le jour de notre mariage, la princesse Monique écrivit de sa main à Nanda-Devi depuis l'hôpital de Pékin où il était hospitalisé. Le fax[3] était adressé à «Princesse Nanda-Devi Cambacérès aux bons soins de M. Keo Puth Rasmey[4]». Elle lui disait: «Ma chère Nanda, comme tu le sais, Luong Ta[5] a été hospitalisé d'urgence le 27 novembre après qu'Il[6] a perdu la vision de l'œil droit. Il ne voyait plus. Depuis lors, Il est sous traitement intensif, perfusion et oxygène. Ce matin, Il a recommencé à voir les formes et les contours des objets, mais les médecins lui défendent de lire ou écrire, de peur d'une rechute. Il doit rester à l'hôpital pour deux semaines au moins. Luong Ta et moi, nous vous adressons, à tous les deux, notre bénédiction, nos vœux les plus fervents de Bonheur et

1. Pour des raisons à la fois nationales et locales, j'avais démissionné du Parti socialiste en janvier 1992. Tout en restant proche de lui, j'avais créé et animé le mouvement Agir pendant trois ans, adhéré six mois au MRG, puis j'étais revenu au Parti socialiste en 1996, où je devins délégué national à l'économie internationale au secrétariat international, animé alors par Pierre Guidoni puis par Henri Nallet, au moment où François Hollande occupait le poste de premier secrétaire.

2. *Le Monde* du jeudi 10 septembre 1992.

3. Fax de la princesse Monique en date du 29 novembre 1992 envoyé de l'hôpital de Pékin.

4. Diplomate, mari de la princesse Arun Rasmy.

5. Luong Ta veut dire «grand-père roi». Seuls les petits-enfants de Norodom Sihanouk pouvaient parler de lui et s'adresser à lui en ces termes.

6. La princesse Monique mettait déjà des majuscules sur les pronoms quand elle parlait de son mari, comme au temps de la monarchie d'avant 1970.

Prospérité. Nous sommes près de vous deux, en ce jour de votre mariage sur le sol de notre Patrie bien-aimée. Luong Ta et moi t'embrassons avec notre plus profonde affection. Nos pensées affectueuses à ton Papa et à ton mari. Nous regrettons réellement de ne pouvoir vous fêter à Phnom Penh ! »

Bien sûr, nous avons beaucoup regretté ce contretemps, qui nous privait, le jour de notre mariage, de la bénédiction de Norodom Sihanouk au palais Khemarin promise dans sa lettre du 11 mai. Mais nous savions que ce n'était que partie remise[1].

La cérémonie du mariage avait été préparée par le prince Chakrapong, père de Nanda-Devi, à l'époque vice-Premier ministre de Hun Sen, et son épouse Ming Lek. Les cérémonies ont eu lieu dans la grande résidence du général Sin Song, alors ministre de la Sécurité et de la Police, et le dîner pour les invités le 29 au soir, dans le parc de sa résidence.

La veille, celui-ci m'expliqua la signification des différentes étapes de la cérémonie. C'était le premier mariage d'un membre de la famille royale, une petite-fille de Norodom Sihanouk, depuis le retour du prince au Cambodge. Il fallait donc revenir au plus près des traditions. Nous avons été aidés en cela par Heng Kim Kun, l'achar en chef[2] du palais. Plusieurs dames de compagnie avaient préparé nos différents costumes traditionnels. La mariée devait changer sept fois de robe. Quant à moi, je n'avais « que » cinq tenues différentes à mettre dans la journée. Théoriquement, les cérémonies et festivités devaient durer trois jours, mais nous les avions réduites volontairement à un jour, de 4 heures du matin le 29 à 4 heures du matin le 30. Les médias qui avaient couvert notre mariage en France nous ont

1. Norodom Sihanouk et la princesse Monique organisèrent un déjeuner en l'honneur de notre mariage au palais Khemarin le jeudi 27 mai 1993.
2. Chef des cérémonies religieuses.

été fidèles dans l'ensemble, ayant publié des articles à l'occasion de la cérémonie au Cambodge[1].

Voyage de François Mitterrand

Au début de l'année 1993, François Mitterrand, étant informé du « flottement » du processus de paix au Cambodge, souhaita s'y rendre pour renforcer le dispositif mis en place par les accords de Paris. Il alla d'abord au Viêt Nam du 9 au 11 février[2], puis au Cambodge les 11 et 12.

L'aéroport de Phnom Penh était décoré de deux photos géantes de François Mitterrand et de Norodom Sihanouk. À la descente d'avion du président français, des dizaines de jeunes filles à genoux en costume traditionnel jetèrent des pétales de fleurs devant ses pieds sur le long tapis rouge. François Mitterrand salua les représentants des quatre factions, puis se rendit au palais royal dans une Mercedes décapotable noire aux côtés de Sihanouk. Sur le parcours, de quelques kilomètres, des milliers d'écoliers en uniforme l'acclamèrent en brandissant des drapeaux français et cambodgiens.

Ce voyage au Cambodge de François Mitterrand était très important. C'était le premier voyage d'un chef d'État français depuis le général de Gaulle en 1966[3].

De plus, François Mitterrand s'était beaucoup impliqué avec Roland Dumas pour aboutir aux accords de Paris. Par sa venue, la France essayait de renouer le fil de l'histoire sentimentale avec le Cambodge et avec Sihanouk, et de faire oublier les erreurs de Georges Pompidou, qui n'avait pas reconnu le

1. *VSD* n° 799 du 23 au 30 décembre 1992; deux pages dans *Voici* n° 269 du 4 au 10 janvier 1993; *Paris Match* du 31 décembre 1992; *Point de vue* n° 2319 du 12 janvier 1993; *Ici Paris* n° 2482 du 21 janvier au 2 février 1993; *La Lettre de Paul Wermus* n° 57 du 20 novembre 1992.

2. Il fut le premier président français et le premier chef d'État occidental à se rendre au Viêt Nam depuis la fin de la guerre d'Indochine.

3. Aucun autre président français ne s'est rendu au Cambodge depuis 1993.

GRUNK en 1970, et de Valéry Giscard d'Estaing, qui avait refusé l'asile politique à Sihanouk en 1979.

Après un tête-à-tête avec Norodom Sihanouk, François Mitterrand rencontra l'ensemble des membres du CNS. Il reçut également Yasushi Akashi, chef de l'Apronuc, et le général Rideau, commandant en second des forces militaires de cette organisation. À tous, il rappela le soutien de la France à Norodom Sihanouk et à l'Apronuc, ainsi que la nécessité de respecter leurs signatures et d'appliquer les accords de Paris.

Le 11 au soir, Norodom Sihanouk offrit un grand dîner en son honneur au palais Khemarin. Il ne manqua pas de rappeler, encore une fois, que ce dîner avait lieu dans la salle à manger dans laquelle il avait reçu le général de Gaulle. Au cours de cette soirée, François Mitterrand réaffirma, dans son discours, l'engagement de la France auprès de Norodom Sihanouk et de l'Apronuc, et appela de nouveau les différentes factions à leurs responsabilités. Il le fit avec humour, mais toujours avec autant de fermeté : « Nous avons été ravis, messieurs, de vous recevoir à Paris. Nous serions contents de vous y revoir. Mais je vous en prie, économisez-vous le voyage et réalisez dès maintenant l'accord qui vous engage. »

Le lendemain, il se rendit à Siem Reap pour visiter les temples d'Angkor. Cheminant à ses côtés, sur la grande avenue de pierre d'Angkor Vat, volubile, le prince Sihanouk lui racontait l'histoire de ces temples témoins d'un empire khmer puissant, aujourd'hui disparu. François Mitterrand, comme à son habitude, essaya de sortir du parcours balisé. Le protocole cambodgien et la sécurité, paniqués, ne savaient pas comment l'en empêcher. C'est Pierre Joxe, qui l'accompagnait en tant que ministre de la Défense, qui, un peu fermement, lui « interdit » de prendre des chemins de traverse[1].

1. Entretien le 29 avril 2009 avec Pierre Joxe (ancien ministre de l'Intérieur et ancien ministre de la Défense), alors membre du Conseil constitutionnel.

Des élections dans un contexte difficile

Au Cambodge, les six premiers mois de l'année 1993 ont été très politiques: préparation des élections, constitution des partis, campagne électorale. Au début du processus électoral, la situation s'est détériorée sur le terrain, car des bandes armées khmères rouges perpétraient des exactions, notamment contre les Vietnamiens. Les «structures administratives existantes[1]» ainsi que l'Apronuc étaient incapables de maintenir l'ordre. Sihanouk repart pour Pékin afin de montrer son mécontentement. Le 10 mars, 34 personnes, dont beaucoup de femmes et d'enfants d'origine vietnamienne, sont massacrées dans le village de Chong Kneas dans la province de Siem Reap. Immédiatement après, Yasushi Akashi, responsable de l'Apronuc, s'est exprimé publiquement: «Je dois, une fois de plus, parler de la série de meurtres de Vietnamiens innocents et sans défense. Ce massacre est le plus choquant jamais commis depuis le déploiement de l'Apronuc... La plupart des victimes de cette lâcheté et de cette stupide manifestation de violence ethnique étaient des femmes et des enfants, et leurs maris étaient de simples pêcheurs du Tonle Sap... La plupart, pour ne pas dire tous, sont nés au Cambodge, et ont toujours vécu ici. Quelques-uns font partie de la troisième génération de Cambodgiens.» Puis il a ajouté: «Je constate avec regret qu'une partie du Kampuchéa démocratique a activement incité à de tels agissements... En tant que représentant des Nations unies au Cambodge, je promets solennellement que l'Apronuc fera tout son possible pour traduire devant la justice ceux qui se sont rendus coupables du massacre de Chong Kneas... En cette période délicate qui précède les élections, la communauté internationale va poser son regard de plus en plus sur le Cambodge. Celle-ci s'attend à voir le retour

1. Formule diplomatique employée par l'Apronuc pour désigner surtout l'administration de l'État du Cambodge.

du Cambodge au sein de la communauté des nations et ce, au travers du scrutin et non pas par le retour des pratiques diaboliques du passé[1]. »

Malgré cela, d'autres incidents ou attaques délibérés au mortier, à la grenade, à la roquette ou à l'AK 47, font plusieurs dizaines de morts, dont 14 parmi les forces de paix de l'Apronuc.

Tous ces massacres, la plupart dirigés contre des Vietnamiens vivant au Cambodge, amènent cette communauté à fuir vers leur pays. Ce sont des centaines de bateaux transportant au moins 5 000 personnes qui tentent d'échapper aux violences. Fin avril, plus de 3 000 bateaux transportant plus de 17 000 personnes auront traversé la frontière du Viêt Nam. En ajoutant les départs par voie terrestre, ce sont 20 000 personnes qui sont parties. L'Apronuc suit ces mouvements et essaie, tant bien que mal, d'empêcher les attaques ou les extorsions de fonds contre cette population. Le porte-parole de l'Apronuc déclare : « Il est très regrettable que les Vietnamiens vivant au Cambodge aient à fuir sous le poids de telles pressions. Plusieurs d'entre eux vivent au Cambodge depuis des générations, et, de ce fait, ne peuvent être franchement considérés comme des étrangers[2]. »

Dans la tourmente, Yasushi Akashi, que beaucoup critiquent pour son manque de charisme et d'impulsion, continue son travail. Il réunit le CNS le 20 mars en l'absence de Sihanouk[3].

Il fait le point sur ses voyages récents en province, sur les massacres de Chong Kneas et autres incidents, sur la situation générale et indique que, dorénavant, les partis politiques

1. « Brève n° 25 », division de l'information de l'UNTAC, 1er avril 1993.
2. « Brève n° 25 », division de l'information de l'UNTAC, 1er avril 1993.
3. Étaient présents : Hor Namhong, Tea Banh, Dith Munti et Sin Sen pour le SoC (Parti de l'État du Cambodge), Sam Rainsy pour le Funcinpec et Son Sann pour le FNLPK. Il n'y avait aucun représentant des Khmers rouges.

seront tenus de notifier à l'Apronuc, au minimum cinq jours à l'avance, de leur intention de tenir des meetings publics, et cela pour assurer la sécurité et le maximum de liberté aux partis face à de tels événements.

Il rappelle ensuite les règles de la représentation proportionnelle pour élire l'Assemblée constituante dont l'élection doit avoir lieu du 23 au 28 mai. Elle aura 120 représentants. Chaque province détiendra un nombre de sièges en proportion du nombre d'électeurs dans la province, et un parti politique gagnera des sièges en proportion du nombre de votes reçus dans la province. L'Apronuc évaluant le nombre d'électeurs à 4,8 millions, en divisant par 120, on obtient le chiffre de 40000. Donc, un député de l'Assemblée constituante représentera en moyenne 40000 votants. Si une province a 400000 électeurs, elle aura 10 sièges à cette Assemblée. Quelques petites provinces pouvant ne pas atteindre le nombre de 40000 électeurs auront cependant au moins un siège. Sur les bulletins de vote, une liste mentionnera les noms, les abréviations et les symboles de tous les partis politiques. Chaque votant fera une marque sur le bulletin de vote en face du nom du parti de son choix. Les votes dans l'isoloir seront secrets.

Enfin, Yasushi Akashi s'est inquiété de la brutale dépréciation du riel, qui s'échangeait auparavant à 2600 riels pour 1 dollar et qui, depuis le 19 mars, s'échange entre 3700 et 4700 riels pour 1 dollar. Certains négociants de riz et commerçants commencent à dire qu'ils n'accepteraient que des dollars pour leurs produits ou des baths thaïlandais.

Le 1er avril, pour renforcer le développement économique et social du Cambodge, l'Apronuc annonce le déblocage de 7,8 millions de dollars pour des projets à impact rapide : la reconstruction et la réparation de 355 écoles, le creusement de 1362 puits et 11 étangs, la réparation de 220 kilomètres de routes et 22 ponts, la production agricole et la réparation de 32 hôpitaux et cliniques[1].

Les violences s'étant multipliées en mars, Sihanouk, de retour de Chine au début du mois d'avril, a réuni le CNS. Dans son discours d'ouverture, il a lu une déclaration contestant la violence armée d'une partie de ses compatriotes. Il a spécialement demandé que le personnel de l'Apronuc soit respecté. Le Funcinpec, le FNLPK et la partie du SoC ont soutenu sa déclaration. Yasushi Akashi a ensuite pris la parole: «Nous continuerons en dépit des violences. L'animosité existante entre les partis rivaux continuera, mais l'Apronuc pense que si les élections n'ont pas lieu en mai, elles n'auront jamais lieu.» Puis il a indiqué que, «le mois précédent, une centaine de personnes avaient été tuées... Si les attaquants reviennent, ils vont trouver nos troupes prêtes à les recevoir». Il a également demandé que le CNS confirme le riel en tant que monnaie du Cambodge. Par ailleurs, il a tenu à préciser: «Les conditions pour les élections ne sont pas parfaites, elles ne l'ont jamais été et ne le seront jamais. Mais l'Apronuc croit possible de donner aux Cambodgiens une élection que le reste du monde acceptera comme raisonnablement libre et équitable[2].» Khieu Samphan a réaffirmé que le PKD ne participerait ni à la campagne électorale ni aux élections.

Le 7 avril, Boutros Boutros-Ghali, secrétaire général de l'ONU, fait une visite officielle qui lance la campagne électorale. Le climat est tellement délétère que même de bons spécialistes en arrivent à se tromper, comme le journaliste James Burnet qui écrit: «La communauté internationale, représentée institutionnellement par les Nations unies, connaît en terre cambodgienne un de ses plus graves échecs depuis la Seconde

1. «Brève n° 26», division de l'information de l'UNTAC, 8 avril 1993.
2. «Brève n° 26», division de l'information de l'UNTAC, 8 avril 1993.

Guerre mondiale. Jamais elle n'avait eu de tels moyens pour mettre fin à un conflit. Jamais l'échec n'aura été à la mesure de l'ampleur de ces moyens[1]. » Mais le Conseil de sécurité et le secrétaire général de l'ONU assurent les personnels de l'Apronuc et les « volontaires » de leurs soutiens : « Les Nations unies sont déterminées à aller de l'avant et l'Apronuc ne se laissera pas intimider. »

Norodom Sihanouk a reçu Boutros Boutros-Ghali en audience et lui a confirmé qu'il continuerait à diriger le Conseil national suprême jusqu'à l'élection de l'Assemblée constituante, l'adoption de la Constitution et la formation du gouvernement et qu'il soutiendrait les élections et les résultats. Il a réaffirmé qu'il soutenait l'Apronuc et qu'il coopérerait pleinement avec elle avant, pendant et après les élections. Il mit ensuite le palais Khemarin à la disposition du secrétaire général pour qu'il puisse tenir une conférence de presse.

Après deux semaines de discussions, un accord a été trouvé entre la composante militaire, la police civile (CivPol) et trois des factions pour la coordination des mesures de sécurité pendant le processus électoral. Le PKD a été tenu informé du plan mais n'a pas répondu.

La campagne électorale peut commencer. Entre 10 et 20 réunions publiques se tiennent chaque jour dans tout le Cambodge. Elles sont surtout le fait du PPC, du Funcinpec et, dans une moindre mesure, du PLD. La sécurité est assurée conformément par la police de l'État et par la CivPol, avec parfois l'aide des bataillons de l'Apronuc en poste dans les secteurs.

Le jour de l'an khmer, le 13 avril, le premier après le retour de Sihanouk, a été fêté avec plus de ferveur. Dans toutes les pagodes, les « monts de sable » représentant le mont Meru, axe du monde, ont été édifiés par les fidèles. Le dernier jour de fête,

1. James Burnet dans *Le Mékong* n° 1 du mercredi 7 avril.

Norodom Sihanouk a aspergé d'eau parfumée les statues de Bouddha.

À l'initiative de la France et de l'Indonésie, coprésidents de la conférence de Paris sur le Cambodge, les pays signataires se sont réunis au siège de l'ONU à New York, le 2 avril, pour soutenir sans réserve les élections qui se dérouleraient du 23 au 27 mai. Ils ont également affirmé leur soutien et leur confiance au prince Norodom Sihanouk pour son rôle crucial dans le processus de paix et dans la promotion de la réconciliation nationale.

Mon épouse et moi-même étions revenus au Cambodge en avril et nous avions participé aux visites et meetings du prince Chakrapong, mon beau-père. Ce dernier était numéro 2 sur la liste du PPC dans la province de Kompong Cham mais, vu sa notoriété, il assistait, à travers tout le pays, aux meetings organisés par ce parti. Nous avons eu la chance de l'accompagner souvent en hélicoptère, car il était difficile de se rendre dans des provinces comme celle de Ratanakiri. En revanche, c'est par la route que nous nous sommes rendus au rassemblement de Sihanoukville. La veille, nous avions dormi dans l'ancienne résidence royale de cette ville sur une colline à deux pas de la mer. Elle était un peu à l'abandon, mais nous y avons séjourné deux nuits.

Le meeting était illégal, n'ayant pas été signalé à l'Apronuc cinq jours auparavant comme le stipulait le règlement, et son représentant légal demanda un rendez-vous au prince Chakrapong afin d'obtenir des explications. La situation était délicate, car le prince était à la fois vice-Premier ministre du pays et fils de Norodom Sihanouk. La réunion eut lieu à l'extérieur sur la terrasse couverte de la résidence. Bien sûr, le représentant de l'Apronuc n'envisagea pas une seule seconde d'interdire le meeting mais il avertit le prince qu'il enverrait des observateurs puis dresserait un procès-verbal, et que le PPC s'exposerait certainement à une amende. Le meeting se déroula normalement mais le Parti fut condamné. Le surlendemain, le prince Chakrapong, qui se posa en victime, organisa un dîner à Phnom Penh où des centaines de militants apportèrent des dons afin que ce dernier puisse s'acquitter de sa condamnation.

Depuis le 15 avril environ, la campagne se déroulait sans graves incidents, comme ce fut le cas le mois précédent. Le Funcinpec subissait bien sûr les tracasseries de l'administration du SoC, mais les choses s'arrangeaient entre Yasushi Akashi et Hun Sen. Au cours d'un meeting, le prince Ranariddh, autre fils de Sihanouk, président du Funcinpec, s'en était pris à son demi-frère, le prince Chakrapong, l'accusant d'avoir une vie dissolue avec plusieurs épouses et de ne pas être un exemple pour la jeunesse, sous-entendu : « Moi, j'en ai une seule, la princesse Marie, et je suis un dirigeant sérieux[1]. »

Le prince Chakrapong, devant des milliers de personnes réunies au cours d'un autre rassemblement, répliqua, sans se démonter : « Si mon père le prince Sihanouk n'avait eu dans sa vie qu'une seule épouse, le prince Ranariddh ne serait pas né. » Allusion au fait que celui-ci n'était pas né du mariage du prince Sihanouk avec la princesse Pongsanmoni, mais de son union à la même époque avec la favorite Neak Moneang Kanhol[2].

Au-delà de pratiques critiquables, qui ont souvent lieu dans toute campagne électorale, à savoir soit des pressions, soit des promesses personnelles aux électeurs que les candidats veulent séduire, les choses étaient assez claires. Le choix se ferait entre le PPC, qui disposait d'une infrastructure à travers tout le territoire,

1. Le prince Chakrapong avait eu en effet 13 enfants de 7 épouses ou Neak Moneang différentes. Il en aura deux autres plus tard. Il vivait avec la septième lors de la campagne électorale de 1993.

2. Beaucoup plus tard, le prince Ranariddh suivit les traces de son demi-frère. Il prit, en 2005, une Neak Moneang du nom de Ouk Phalla, ex-épouse du ministre du Tourisme puis de la Culture Veng Sereyvuth, ancienne danseuse étoile au Ballet royal. Il eut deux enfants avec elle.

mais qui avait l'inconvénient d'être le parti mis en place par l'ex-occupant vietnamien, et le Funcinpec, qui jouait de l'image extrêmement positive du prince Sihanouk, mais qui disposait de peu de relais sur le terrain. Les autres partis faisaient plus ou moins de la figuration.

La population était mobilisée et intéressée. Une vingtaine de partis étaient sur les rangs et 95 % des Cambodgiens en âge de voter étaient inscrits sur les listes électorales. Cette performance extraordinaire, que nul ne pouvait prévoir, est à mettre au crédit de l'Apronuc et de ses milliers de « volontaires » qui sont allés dans les zones et les villages les plus reculés, même en territoire khmer rouge, et ont permis l'établissement de ces listes.

Malgré cela, la presse internationale et ses « éminents spécialistes » prédisaient l'échec du processus électoral et l'inéluctable retour de la guerre. Par exemple, le journal *La Croix* du 22 mai titre : « L'ombre de la guerre sur le Cambodge », et François Ponchaud[1], dans ce même numéro, écrivait : « La guerre me paraît inévitable. Les élections devraient en effet profiter au régime de Phnom Penh, qui paraît le mieux placé pour l'emporter. » Or, quelques jours plus tard, les élections allaient donner la victoire au Funcinpec et la guerre ne fut pas de retour. Pendant la campagne électorale, le prince Sihanouk était resté volontairement au second plan. Il était allé à Pékin puis était revenu pour tenir une séance plénière du CNS le 6 mai.

Pendant la période des élections, Norodom Sihanouk prit l'initiative d'organiser un déjeuner en notre honneur, le 27 mai, et de nous recevoir au palais royal, ce qu'il n'avait pu faire le jour de notre mariage, étant hospitalisé à Pékin. Le carton d'invitation annonçait que le déjeuner était offert par « Samdech Preah Norodom Sihanouk, chef de l'État et président

1. Auteur notamment de *Cambodge, année zéro*.

du Conseil national suprême du Cambodge et Samdech Preah Cheayea Norodom Monique Sihanouk en l'honneur de S.A. la princesse Norodom Nanda-Devi et son époux M. Jean-Marie Cambacérès».

Le prince Sihanouk nous accueillit avec son épouse et nous confia sa joie de pouvoir fêter notre mariage, même avec quelques mois de retard.

Le menu, composé par le prince lui-même, était complexe, éclectique, à la fois local et international, en tout point succulent. Pour les entrées: pizza maison, tartelette de caviar, profiterole au fromage puis potage crème de volaille aux pointes d'asperges fraîches. Pour les plats: goujonnettes de poisson du Tonle Sap, langoustines en beignet, concombres au beurre et sauce brique de homard; puis, tournedos Rossini, légumes choisis et pommes chips. Pour les desserts: gâteau de mariage, pêches Melba, biscuits du Japon et chocolat. Les vins européens étaient à l'honneur puisque ont été servis un Soave Mazzini (Italie) 1989, un Château La Prévôté (France) 1990 et un Deinhard Lila (Allemagne).

Le prince était en pleine forme, visiblement très heureux que la situation au Cambodge se soit peu à peu apaisée, que les élections se passent bien et que le peuple cambodgien soit mobilisé. Celles-ci avaient débuté le 23 mai et les bureaux de vote devaient rester ouverts durant quatre jours. Il ne se prononça pas, bien sûr, sur les résultats mais je crus déceler, dans la tonalité de sa discussion avec le prince Chakrapong, qu'il envisageait toujours la victoire du PPC.

Puis, très en verve, il porta la conversation sur les femmes: «On dit que j'étais un play-boy, mais mon père l'était beaucoup plus. Je n'ai eu que quelques épouses et favorites officielles, et maintenant je suis monogame, car ma femme ne tolérerait pas qu'il en soit autrement.» La princesse Monique, toujours très belle, lui répondait d'un sourire tendre, sourire d'une femme sûre d'elle qui, petit à petit, s'était imposée auprès de lui. « C'était la tradition dans le passé. Mon père était bien plus play-boy que moi et mon arrière grand-père, Norodom Ier, avait plus de 200 femmes et concubines. J'espère, monsieur le député et très cher ami, vous qui êtes maintenant de la famille, que vous ne vous inspirerez pas de ces exemples khmers historiques. » « Bien sûr que non, Monseigneur, lui répondis-je, je n'en ai aucunement l'intention et votre petite-fille, la princesse Nanda-Devi, ne le permettrait pas. » Tout le monde sourit.

Au dessert, le prince Sihanouk se leva et nous en fîmes autant. Les serveurs apportèrent le « gâteau de mariage » sur une table à part. Il tint lui-même à découper les deux premiers morceaux pour Nanda-Devi et moi-même. Les serveurs s'occupèrent de la suite du service. Puis le protocole apporta les cadeaux que le prince Sihanouk et la princesse Monique avaient tenu à nous faire pour notre mariage, notamment un très beau « pot d'abondance[1] » en argent massif dans une grande boîte bleue capitonnée aux armoiries en argent du palais royal. Après le dessert, Norodom Sihanouk nous amena, Nanda-Devi et moi, visiter ses appartements privés où de très grands tableaux modernes, représentant des détails des temples d'Angkor, étaient accrochés.

Une Assemblée, un gouvernement bicéphale

Dès le 28 mai au soir, tout le monde put constater que ces élections législatives libres au Cambodge – les premières depuis 1966 –, organisées sous l'égide de l'Apronuc, s'étaient bien

1. Les « pots d'abondance » (*kalasha*, en sanscrit, *phtel prak*, en cambodgien), le plus souvent en argent, sont formés de trois pièces : un pied, une grande coupe et un couvercle surmonté d'un bouton de lotus. Ces « pots d'abondance » servaient traditionnellement (bien que beaucoup de gens l'aient oublié) à un rituel religieux d'origine hindouiste. On y mettait de l'eau, des grains de riz, des feuilles de bétel, des pièces de monnaie... Par des formules rituelles, on faisait entrer la divinité à l'intérieur du « pot d'abondance » et l'on refermait le couvercle. Cela nous a été expliqué par Mme Vasundhara Filliozat et M. Jean Filliozat, membre de l'Institut français d'indologie, tous deux spécialistes du sanscrit et de l'hindouisme.

déroulées et que les observateurs internationaux les jugeaient fiables. Le prince Sihanouk les qualifia d'« extraordinaire succès historique ».

Le lendemain, les résultats commençaient à être connus et constituaient une surprise : le Funcipec arrivait en tête avec plus de 45 % des voix, le PPC était deuxième avec 38 %, le PLDB de Son Sann récoltait près de 4 %, et le Moulinaka un peu plus de 1 %. Sur la vingtaine de partis en présence, seuls quatre avaient tiré leur épingle du jeu : cela clarifiait les choses.

Le Moulinaka n'obtint donc aucun siège. Son président Prum Neakaareach, militaire de carrière, avait vécu aux États-Unis de 1975 à 1986 puis avait combattu de 1986 à 1992 le long de la frontière thaïlandaise dans les rangs de l'ANKI. Il avait fondé son parti par opposition au Funcinpec qui, disait-il, avait « flanqué dehors les combattants qui l'avaient aidé depuis 1979 ». Il lui avait donné ce nom en souvenir du mouvement créé par Kong Sileas[1], qui avait rassemblé plusieurs groupes de combattants et avait été le noyau de l'Armée nationale sihanoukiste (ANS).

Le FNLPK, avec 10 députés, représentait normalement un courant républicain qui avait toujours existé dans la société cambodgienne. La vraie surprise venait du Funcinpec, présidé par le prince Ranariddh, avec 58 sièges, arrivant devant le PPC qui n'en obtenait que 51. Le premier se sentait pousser des ailes. Le peuple avait voté en sa faveur pour soutenir le prince Sihanouk, mais le jeu était plus subtil et le prince Ranariddh entendait jouer le sien. Mais ce parti n'avait aucune structure administrative dans les provinces lui permettant de diriger le pays, car ses membres, pour la plupart émigrés et faisant partie de la famille royale, étaient rentrés trop récemment.

1. Kong Sileas (ou Kong Sileah) avait rassemblé quelques milliers de combattants qui vivaient dans le camp 511, près de la frontière thaïe. Visage juvénile, cheveux longs, chapeau de broussard, il harcelait les troupes vietnamiennes par la méthode de la guérilla. Il parlait très bien français. Il est mort sûrement assassiné en 1980.

En revanche, ce fut un choc très dur pour le PPC, certain de remporter ces élections vu son quadrillage du pays. Il avait fait campagne avec des affiches sur lesquelles se trouvaient Chea Sim, Heng Samrin et Hun Sen. Malgré la présence du prince Chakrapong[1], le seul membre de la famille royale dans la campagne et bien qu'il se fût présenté comme le libérateur du Cambodge en 1979, le PPC, aux yeux de la population, était plutôt assimilé à l'occupation vietnamienne, ce qui l'a desservi pour cette première élection. Hun Sen fut contesté au sein du bureau politique, certains le rendant responsable de cette défaite. Il reprit rapidement le contrôle du Parti.

À cet instant, on ne savait pas quel serait le rôle de Norodom Sihanouk. Allait-il prendre la tête du gouvernement pour mettre tout le monde d'accord ? La nouvelle Constitution allait-elle en faire un président type « Ve République française » ou un roi type « reine d'Angleterre » ? La réponse se trouvait dans un long fax du prince Ranariddh envoyé de Thaïlande à son père. Ce dernier, en tant que président d'un parti qui venait de remporter les élections, souhaitait devenir le prochain Premier ministre, tout en laissant son parti décider de l'avenir constitutionnel du pays. Le peuple avait voté Funcinpec par fidélité à Norodom Sihanouk, et cette « appropriation » de la victoire indigna les fidèles de celui-ci dans tous les camps.

Par un raisonnement qui se tenait, le prince Chakrapong et le général Sin Song pensaient que la contestation des résultats des élections « redonnerait la main » au prince Sihanouk. Ils se rendirent donc au palais pour lui faire part de cette idée, je les accompagnai. La princesse Arun Rasmy discuta longuement avec eux, mais, prudent, le prince Sihanouk ne les reçut pas.

Le 10 juin, le prince Chakrapong se mit donc en tête de refuser les résultats des élections et de faire sécession avec les

1. Il était n° 2 sur la liste PPC à Kompong Cham et fut élu député.

six provinces proches du Viêt Nam : Prey Veng, Svay Rieng, Kompong Cham, Kratié, Mondolkiri et Ratanakiri.

Le lendemain, une grande manifestation fut organisée devant le palais royal. Des moines, des nones et une grande foule brandissaient des portraits de Norodom Sihanouk et scandaient son nom.

La communauté internationale commençait à s'émouvoir. Tous ses efforts n'avaient pas été faits pour que d'autres divisions apparaissent. Encore aujourd'hui, je ne sais pas si le prince Chakrapong avait agi seul, « la fleur au fusil », ou en connivence avec son père. Ce qui est sûr, c'est que cette initiative extrémiste obligea tous les partis à mettre de l'eau dans leur vin, et redonna toutes les cartes à Sihanouk, seul à pouvoir trouver une solution « à la khmère » contentant tout le monde. Le fait que le prince Ranariddh soit obligé de réduire ses prétentions face au risque d'un nouvel éclatement du Cambodge redonna le pouvoir à l'intérieur du PPC à ceux qui étaient prêts à négocier, notamment à Hun Sen.

Le 14 juin, l'Assemblée constituante se réunit pour la première fois et demanda à Sihanouk de trouver une solution pour sortir de l'impasse. Il eut l'idée de doubler tous les hauts postes de l'exécutif et de l'administration, pour permettre aux deux principaux partis de se connaître et de travailler ensemble. Il nomma donc Ranariddh « premier Premier ministre » et Hun Sen « second Premier ministre », qu'il considérait toujours comme ses « fils ». À chaque ministre était adjoint un coministre ou un vice-ministre du parti opposé.

L'accord ayant été conclu entre Hun Sen et Ranariddh, le joker de l'autre fils du roi, à savoir le prince Chakrapong, n'était plus un atout pour le PPC. De plus, ce dernier, membre de ce parti depuis peu de temps, avait commis l'erreur de s'opposer à Hun Sen. La sécession qu'il envisageait n'eut aucun écho au PPC, ce qui fut une bonne chose pour le Cambodge, et ce dernier lui demanda de démissionner de l'Assemblée nationale où il avait été élu. Cette aventure allait, plus tard, lui coûter très cher.

Pour la première fois depuis 1970, le Cambodge avait un gouvernement de large union, démocratiquement élu. Les ministres commençaient à apprendre à travailler ensemble et le gouvernement remplaçait le CNS. L'Apronuc restait encore sur place tant qu'une Constitution n'était pas adoptée, et le rôle de Sihanouk, dans l'élaboration de celle-ci, allait s'avérer capital.

Une nouvelle Constitution

Sihanouk aurait sûrement préféré une Constitution type « Ve République française » donnant des pouvoirs au chef de l'État mais, un jour, il me précisa : « Certaines grandes puissances ne voulaient pas donner des pouvoirs à un Sihanouk toujours imprévisible. » Il est très possible aussi que ses « fils », Ranariddh et Hun Sen, n'aient rien fait pour aller vers cette solution.

Finalement, le curseur, à l'unanimité, tomba sur le rétablissement de la monarchie. Cette monarchie constitutionnelle, type « Grande-Bretagne », stipulait que le roi, chef de l'État, « règne mais ne gouverne pas ».

Il fut aussi prévu dans la Constitution que l'élection du gouvernement, le budget et toute modification de la Constitution devraient être obtenus à une majorité des deux tiers (article 82). Les grandes puissances furent d'accord avec cet article afin d'obliger les factions cambodgiennes à travailler ensemble pour les décisions essentielles, et Hun Sen, pour ne pas être écarté du jeu politique, y était également favorable[1]. Le vote de mars 1970 destituant Sihanouk est annulé.

1. Il changera d'avis plusieurs années plus tard, quand il aura à lui seul la majorité de l'Assemblée.

Finalement, la nouvelle Constitution est votée le 23 septembre[1]. L'Assemblée constituante se transforme en Assemblée législative et, juridiquement, le mandat de l'Apronuc se termine. Le 24 septembre, Norodom Sihanouk allait remonter sur le trône et le « Votre Majesté » remplacerait le « Monseigneur » quand on s'adresserait à lui.

Le « deuxième royaume du Cambodge » allait se mettre en place. Le premier avait été interrompu par le coup d'État de Lon Nol et l'instauration de la « République » (1970-1975) par le régime khmer rouge (1975-1979), l'occupation vietnamienne (1979-1989), puis les discussions entre factions et la présence de l'Apronuc (1989-1993). C'est, à ma connaissance, la seule fois dans l'histoire qu'un monarque renversé retrouve son trône après vingt-trois ans d'exil. Norodom Sihanouk, tel un phénix, renaissait de ses cendres et se révélait insubmersible.

Pour le Cambodge, une autre période commençait. Seuls les Khmers rouges s'étaient eux-mêmes mis en marge du processus et avaient raté l'occasion de se racheter une virginité que personne n'aurait pu leur contester, puisqu'ils avaient signé les accords de Paris. Des élections législatives avaient été organisées, l'économie redémarrait tant bien que mal et le Cambodge était revenu dans le concert des nations. La communauté internationale allait l'aider d'une manière régulière. La monarchie était rétablie, le bouddhisme réhabilité, non seulement sur le plan organisationnel – il l'était depuis 1979 , mais dans sa pratique au plus haut niveau. Le peuple ne demandait qu'une chose, travailler en paix. La route s'avérait encore longue et Norodom Sihanouk allait devenir plusieurs fois le « recours » pour permettre au Cambodge de surmonter les nouvelles épreuves à venir. Le « père de la nation » avait encore du travail sur la planche.

1. 113 voix pour, 5 contre, 2 abstentions.

Un roi, deux copremiers ministres (1993-1998)

Le couronnement et les premières querelles politiques

Le 24 septembre 1993, Norodom Sihanouk remonte sur le trône du Cambodge. La cérémonie du couronnement a été grandiose mais sans ostentation, eu égard à la situation du Cambodge. Pas de défilés d'éléphant à l'extérieur du palais royal, mais procession à pied à l'intérieur de son enceinte. Sihanouk s'avance en tunique blanche et sampot traditionnel de soie, sous un parasol royal doré. L'esplanade intérieure du palais est noire de monde. À l'intérieur de la salle du trône, seule la cérémonie de prestation de serment est organisée, car Sihanouk a déjà reçu les attributs de la royauté en 1941. Puis, sous le regard des bustes dorés de ses augustes ancêtres, il reçoit les serments de fidélité des dignitaires du nouveau royaume.

Le roi sait qu'il a encore beaucoup de travail. Juridiquement, il règne mais ne gouverne pas, pourtant, il sait que tous les problèmes, toutes les doléances vont remonter jusqu'à lui. Conscient qu'une rude tâche l'attend, il part avec la reine, dès le mois d'octobre, à Pékin pour se refaire une santé pendant quelques jours.

Après son séjour médical à Pékin, Norodom Sihanouk revient à Phnom Penh pour se lancer dans l'action. Il sait qu'une élection et une nouvelle Constitution ne vont pas tout régler. Les 20000 hommes de l'Apronuc partis, comment vont se comporter les derniers Khmers rouges ? Les factions au pouvoir vont-elles pouvoir travailler ensemble ? La vie du peuple va-t-elle s'améliorer ? Comment éviter la déforestation illégale, la corruption, la destruction de l'environnement, le développement de la prostitution et du sida ?

Au-delà de ces problèmes économiques, sociaux et politiques, c'est tout le lien social, toute la culture, toutes les valeurs d'un peuple qu'il faut reconstituer après vingt-trois ans de divisions exacerbées et de massacres insensés. Comment s'y prendre ? Comment parler aux jeunes générations ? Plus de la moitié de la population du Cambodge a moins de 25 ans, donc née après 1970, et n'a jamais vraiment connu Sihanouk. Ces jeunes sont-ils sensibles à la restauration du bouddhisme et de la monarchie ? Comment concilier cela avec la mondialisation, l'influence du *way of life* américain et international ? Enfin, c'est la place du Cambodge dans le monde qu'il faut rebâtir. En tant que roi et chef d'État, ce rôle lui appartient constitutionnellement.

Le roi Norodom Sihanouk a dû songer à toutes ces questions. Mais, pour trouver des solutions, encore eût-il fallu que tous les décideurs du Cambodge veuillent s'y atteler de la même façon et collectivement, vu l'ampleur de la tâche. Or, ce ne sera pas le cas. Sihanouk, avec son intelligence et sa grande expérience politique, connaît trop « son Cambodge » pour ignorer que ce sera très difficile. De plus, des divergences dans la mise en place de ces solutions vont vite apparaître entre Ranariddh, premier Premier ministre et chef du Funcinpec, et Hun Sen, deuxième Premier ministre et responsable du PPC. Il faudra aussi compter avec la communauté internationale, les ONG, les médias... Bref, un travail de titan.

Le Cambodge s'est autodétruit pendant plus de vingt ans, il faudra sûrement autant de temps pour le reconstruire. Le roi va donc s'atteler aux domaines dans lesquels on ne peut le contester : le rayonnement du Cambodge à l'international, le renouveau culturel et religieux et l'aide au « petit peuple ».

Il sera, en revanche, toujours prêt à apporter son soutien pour résoudre les crises politiques apparemment inextricables, mais ce sera avec une extrême prudence, ne se mêlant jamais directement des divisions qui vont affecter l'un et l'autre camp, ni des grands sujets politiques d'actualité, sauf en cas de sollicitation conjointe des deux Premiers ministres. Il veillera aussi à ne pas les critiquer de front quand l'un et l'autre ou les deux prendront des décisions qui ne lui plairont pas. Il se contentera alors de commentaires, souvent au deuxième degré, dans le BMD, soit en rédigeant des articles lui-même, soit en faisant parler Ruom Ritt, soit en mettant ses commentaires en marge d'articles de la presse cambodgienne et internationale. Son principal souci sera de consolider la monarchie, dont le retour tient du miracle et à sa personnalité.

Au début, bien que le PPC et le Funcinpec s'observent en chiens de faïence, leur coopération se passe plutôt bien. Mais la machine est lourde, tous les postes étant doublés. Pour sortir de cette lourdeur administrative et de cette corruption latente dénoncée par certaines ONG et Sam Rainsy, le ministre des Finances, Son Sann, président du FNLPK, propose que « tous les pouvoirs nécessaires » soient transférés au roi, ce qui suscite les protestations des deux partis au pouvoir. Le Cambodge a changé, nous ne sommes plus au temps du SRN.

Ils sont aussi unis pour traiter le problème des Khmers rouges. Ces derniers occupent encore quelques bastions dans les forêts du nord et du nord-ouest du Cambodge avec le soutien, en sous-main, de la Thaïlande, dont plusieurs sociétés exploitent illégalement les forêts et les rubis de Pailin[1]. On dit même que Pol Pot était un actionnaire important de la Banque militaire thaïe. Les négociations pour un cessez-le-feu piétinant, l'Assemblée nationale vote, le 6 juillet 1994, une loi mettant les Khmers rouges « hors la loi ». Norodom Sihanouk refuse de signer le décret d'application, fidèle à sa voie de « réconciliation nationale » pour la paix, et les deux Premiers ministres demandent à l'ONU d'instaurer un tribunal spécial pour juger les chefs khmers rouges.

1. Selon François Ponchaud dans *Une brève histoire du Cambodge*, Éditions Siloë, Nantes, 2007, p. 120, les Khmers rouges auraient bénéficié, au travers de ce trafic, de 200 millions de dollars par an.

Les deux camps s'entendent également tacitement pour ne pas se gêner mutuellement dans le « ménage » qu'ils veulent faire dans leurs camps respectifs contre leurs contestataires internes.

Sam Rainsy, pourtant ministre des Finances et membre du Funcinpec, conteste le prince Ranariddh et le gêne. Le prince Chakrapong, ancien vice-Premier ministre et membre du bureau politique du PPC, a contesté Hun Sen. De ce fait, Sam Rainsy est exclu du Parlement le 19 juin ainsi que du gouvernement. Il part en exil en France. Quant au prince Chakrapong, il est accusé de préparer un coup d'État avec le général Sin Song contre les deux Premiers ministres. Il est arrêté début juillet, expulsé en Malaisie et sera condamné à vingt ans de prison par contumace le 28 octobre 1994 par la cour militaire de Phnom Penh, avec le général Sin Song, ancien ministre de la Sécurité et de la Police, et le général Sin Sen, ancien secrétaire d'État à l'Intérieur.

Ainsi, à peine quelques mois après le rétablissement de la monarchie et la victoire du Funcinpec aux premières élections de la nouvelle période, celui-ci commençait à se diviser et la famille royale aussi. La mise à l'écart de Sam Rainsy par le prince Ranariddh allait coûter cher au Funcinpec en termes de voix aux prochaines élections : celui-ci créera plus tard son propre parti. Quant au prince Chakrapong, il ne fut pas soutenu par le prince Ranariddh face à Hun Sen.

L'année 1994 fut aussi marquée par la prise d'otage et l'assassinat de trois étrangers, dont un Français, par un groupe khmer rouge du sud[1].

Au-delà de ces événements politiques qui, forcément, retenaient l'attention des médias, une machine lourde se mettait en place, celle des donateurs internationaux et des institutions

1. Plusieurs Khmers rouges de ce groupe furent arrêtés et condamnés. L'un d'eux, Sam Bith, mourut en février 2008.

qui allaient préparer, verser et suivre l'utilisation de pas moins de 500 à 600 millions de dollars par an, versés sous condition d'avancée des réformes. Cela représentait 40 à 50 % du budget de l'État et une douzaine de pays donateurs étaient concernés, mais également le FMI, la Banque mondiale, la BAD, l'Union européenne... Les grands pays ouvraient ou rouvraient peu à peu leurs ambassades, toutes les grandes institutions installaient leurs bureaux, louaient et restauraient les anciennes villas coloniales bâties par les Français en faisait flamber les prix de l'immobilier et recrutaient du personnel local. Tout cela prenait peu ou prou la place de l'Apronuc.

Les ONG (organisations non gouvernementales) prospéraient aussi et contribuaient à l'activité économique. Elles étaient arrivées en masse, principalement d'Amérique du Nord, d'Europe et du Japon, après les accords de Paris : plus de 250, diront certains, un record du monde par habitant[1].

Elles employaient également beaucoup d'expatriés, aux traitements souvent importants, louaient des locaux et utilisaient de grosses voitures avec chauffeurs arborant leurs logos, souvent accompagnés d'autocollants faisant la pub de leurs sponsors. Par l'ampleur de leurs programmes, par les moyens financiers dont elles disposaient, par leurs effectifs (expatriés et personnel local), les ONG américaines l'emportaient sur toutes les autres.

Dans la préface d'un livre très fouillé sur les ONG[2], François Ponchaud écrit : « Les ONG, surtout anglo-saxonnes, peuvent apparaître comme une agression néocolonialiste d'outre-Atlantique, pour imposer du prêt-à-porter, des projets élaborés à l'étranger sans tenir suffisamment compte de la culture du peuple khmer. »

---

1. Jean de La Guérivière, *Indochine, l'envoûtement*, Seuil, Paris, 2006, p. 338.
2. Sabine Trannin, *Les ONG occidentales au Cambodge, la réalité derrière le mythe*, L'Harmattan, Paris, 2005.

Tous les six mois, les ambassadeurs des pays donateurs et les directeurs des grandes institutions se réunissaient avec les deux Premiers ministres pour faire le point et débloquer les crédits au regard de l'avancée des réformes et des projets. Le vrai gouvernement du Cambodge était là. Et autant dire que la tâche était immense car inutile de préciser que le pays n'allait pas bien à l'époque.

Bien sûr, aucun de ces ambassadeurs ne négligeait d'informer le palais, d'autant plus que, constitutionnellement, c'était le roi Norodom Sihanouk qui recevait les lettres de créance. Les directeurs des bureaux locaux des grandes structures, Unesco, FMI, BAD, Banque mondiale, etc., demandaient aussi régulièrement des audiences auprès du roi. Mais ce n'était pas Norodom Sihanouk qui présidait le Comité des donateurs.

Le roi aurait pu s'impliquer davantage. La Constitution lui donnait le droit de convoquer directement chaque semaine les principaux membres du gouvernement au palais, pour que ces derniers l'informent de la situation du royaume. Il ne le fit jamais, sans que je comprenne très bien pourquoi. Il ne convoqua pas non plus le Conseil suprême de la magistrature comme il aurait dû le faire. Bien que son rôle de « pompier politique » lui ait pris beaucoup plus de temps que prévu, Norodom Sihanouk s'attela aux autres tâches qu'il s'était fixées.

Le retour du sacré

Une de celles-ci fut de restaurer, au palais royal, les pratiques religieuses et les traditions ancestrales à la fois hindouistes et bouddhistes. Aucun commentateur ne l'a alors relevé, mais je voyais dans cela le retour aux fondamentaux khmers de la tradition du roi Chakravartin qui avait reçu la légitimité du ciel et transmettait la paix à son royaume par le caractère harmonieux de sa propre vie. Bien sûr, le roi tenait aujourd'hui son mandat du peuple, la monarchie était constitutionnelle, mais ce dernier savait que les Cambodgiens avaient besoin d'associer, comme toujours, le sacré et le roi. Une des raisons pour lesquelles Lon Nol avait perdu le soutien du peuple était la suppression de la monarchie. Comment les saisons n'allaient-elles pas être perturbées ? Comment les récoltes allaient-elles pouvoir être belles, sans le monarque pour ordonner tout cela et sans la cérémonie du Sillon sacré ? Or, depuis le coup d'État de Lon Nol, puis les Khmers rouges et l'occupation vietnamienne, le palais royal avait perdu son caractère sacré. Sous Lon Nol, des soldats avaient même profané le stupa où se trouvaient les cendres de la princesse Kantha Bopha dans une urne d'or. Ils avaient volé l'urne et jeté les cendres. L'épée sacrée transmise de roi en roi depuis des générations avait également été volée et les bakous avaient été dispersés. Sous l'occupation vietnamienne, le palais royal avait été transformé en musée...

Sihanouk allait réintroduire le sacré dans le palais royal. En accord avec Hun Sen et le prince Ranariddh, il rétablit des pratiques traditionnelles.

Lui-même était profondément bouddhiste, tenant cette foi de son arrière-grand-mère maternelle, « grand-mère Pat », qui l'amenait toujours avec elle à la pagode prier avec les bonzes quand il était enfant. Dès son plus jeune âge, il avait baigné dans une ambiance bouddhiste puis avait fait une retraite à la pagode d'argent en devenant bhikkhu pendant trois mois en 1947. Il avait même qualifié la doctrine du SRN de « socialisme bouddhique ». Enfin et surtout, avec l'âge et la maladie, il avait besoin d'un environnement plus spirituel.

En plus du bouddhisme, il subsistait dans le pays des vestiges de l'hindouisme. La tradition de la présence permanente d'une vingtaine de bakous[1] à l'intérieur du palais remonte

1. Bakous : prêtres hindouistes du palais, appelés aussi brahmanes du palais.

à la nuit des temps, à une époque où la religion dominante au Cambodge était l'hindouisme, et où les temples d'Angkor avaient été consacrés à Indra, Shiva et Brahmâ ou à Vishnu et non à Bouddha. Quand le Cambodge bascula dans le bouddhisme, les rois gardèrent toujours des prêtres hindouistes au palais pour ne pas se mettre à dos les dieux hindous un peu délaissés par le peuple.

Les bakous étaient les gardiens des objets sacrés du palais, mais surtout des pratiques et prières ésotériques complexes. Ils avaient des cheveux très longs, toujours tirés en queue-de-cheval puis noués en un petit chignon sur la tête. Ils étaient vêtus de longues chasubles blanches en soie avec des broderies dorées aux extrémités. Le soir des cérémonies, à la pleine lune ou lors d'événements importants, ils soufflaient dans des conques. Ce son transportait ceux qui l'entendaient dans un autre monde, dans une autre époque. Ils se transmettaient leurs charges de père en fils. Lon Nol les avait supprimés. Ceux-ci avaient quitté le palais en 1970 et étaient retournés dans leurs familles. Paradoxalement, c'est ce qui leur sauva la vie à l'arrivée des Khmers rouges en 1975, ces derniers souhaitant éradiquer toutes les superstitions.

À son retour, Sihanouk demanda à des membres de son cabinet de faire des recherches systématiques pour essayer de retrouver des survivants parmi les bakous présents au palais avant 1970. On en retrouva deux très âgés qui avaient survécu ainsi que plusieurs jeunes parmi les descendants de ceux qui avaient disparu. Le palais royal leur fit part du projet du roi de reconstituer en permanence le corps des bakous du palais. S'ils acceptaient, il fallait qu'ils entrent au palais, reprennent l'enseignement théorique et musical, les pratiques et les costumes des anciens bakous. Plusieurs acceptèrent, convainquirent même leurs frères et signalèrent d'autres descendants d'anciens bakous. Petit à petit, un nouveau corps d'une dizaine de prêtres fut reconstitué. La reine me confia[1] que cette décision de recréer le corps des bakous en septembre 1993 avait été prise en liaison avec Ranariddh et Hun Sen.

Des copies des objets volés ou disparus, comme l'épée royale sacrée, furent réalisées. Ainsi l'on put, peu à peu, rétablir complètement ces pratiques traditionnelles. Les bakous officient de nouveau au palais, et très peu d'étrangers ou de Cambodgiens ont pu les apercevoir, ceux-ci sortant très peu en costume traditionnel, sauf pour la cérémonie du Sillon sacré et pour la Fête des eaux, où ils accompagnent brièvement le roi sous le pavillon royal construit au bord du Mékong, juste en face du palais royal. Je considère que cette reconstitution du corps des bakous, que l'on doit à Norodom Sihanouk, fut très importante pour la préservation du patrimoine culturel et religieux du Cambodge.

Pour le bouddhisme, le problème était complètement différent. Le bouddhisme cambodgien est une religion populaire plus qu'une philosophie complexe, intégrant les esprits locaux avec beaucoup de pragmatisme voire de syncrétisme, mais bien ancré dans l'esprit khmer.

Le bouddhisme cambodgien était un bouddhisme harmonieux, pacifique, rythmant la vie traditionnelle par ses fêtes religieuses. Les laïcs faisaient des dons aux pagodes pour réaliser de bonnes actions et améliorer leur karma. Les samanes (novices) et les bhikkhus (bonzes) vivaient dans ces pagodes. Ils méditaient, priaient pour les laïcs et étudiaient le sanscrit, le pali, les textes sacrés mais aussi les matières scolaires classiques. Entrer comme samane à la pagode était une formidable chance de promotion sociale pour des jeunes de la campagne. Ils étaient pris en charge par la communauté, pouvaient poursuivre des études, sans être obligés de rester toute leur vie dans les ordres.

1. Entretien du 20 novembre 2008.

Les bonzes vivant dans les pagodes avaient le crâne et les sourcils rasés et étaient vêtus de la « robe safran », rectangle de tissu d'une seule pièce savamment drapée autour d'eux[1].

Deux ordres se partageaient et se partagent toujours le bouddhisme local, comme en Thaïlande : le Mohanikay, le plus populaire et le plus nombreux, et le Thomayut (ou Thammayut), plus élitiste, plus rigoureux et plus proche de la famille royale.

Les plus hauts dignitaires de chacun des deux ordres étaient membres du Conseil du trône et avaient leurs entrées régulières au palais royal pour les cérémonies bouddhiques assez nombreuses. Le roi est le chef temporel de tout le Sangha[2] et nomme les chefs (Sangha rajah) des deux ordres.

Tout cela avait commencé à se déliter de 1970 à 1975. Lon Nol avait un bonze comme conseiller politique spécial qui lui avait prédit que sa République allait durer mille ans et qu'il devait tuer les « communistes athées vietnamiens ». Il lui donnait des amulettes qui étaient censées protéger ses soldats des balles. Des bonzes avaient même été nommés généraux. Ce système fut systématiquement détruit par les Khmers rouges de 1975 à 1979 qui avaient décrété le bouddhisme hors la loi, lors d'un Conseil des ministres en février 1976. Les bonzes les plus en vue, les plus instruits avaient été défroqués, et les chefs de pagode tués, des milliers de pagodes détruites, et un nombre incalculable de documents bouddhiques brûlés.

En 1979, quand les Vietnamiens occupèrent le Cambodge, ils eurent l'intelligence politique de permettre au bouddhisme de se reconstituer et à la population de pratiquer. Les principaux dignitaires de l'ordre Thomayut étant en exil avec Sihanouk, les responsables du gouvernement provietnamien

1. Cela était valable seulement pour les garçons, car les filles n'étaient pas admises dans les pagodes.

2. Communauté bouddhique.

s'occupèrent surtout de reconstituer le Mohanikay, qui touchait plus la population, en mettant à sa tête des hommes à eux.

Dans un Cambodge exsangue, des jeunes commencèrent à revenir dans les pagodes, seuls endroits où ils pouvaient manger, dormir et s'instruire. Mais il n'y avait plus de formateurs, même parmi les cadres. Et ce n'est ni une insulte ni une critique pour personne que de constater qu'en 1993 les samanes (moinillons) et bonzes étaient largement incultes, ignorant pratiquement tout de la doctrine bouddhiste, sans éducation et psalmodiant des paroles en pali[1], dont peu connaissaient le sens. Là aussi, la tâche était immense mais d'un autre ordre.

Le 15 novembre, Sihanouk, à son retour de Pékin, était accompagné de S.S. Bourkry, qu'il avait nommé chef du Thomayut pendant son exil, alors que le gouvernement de l'État du Cambodge avait désigné S.S. Tep Vong à la tête du Mohanikay. Ce dernier[2] fut député du PRPC dans les années 1980 et la « légende » raconte que, lorsqu'il se prosternait devant la statue de Bouddha, son revolver, caché sous sa robe safran, tombait parfois sur le pavé de la pagode au milieu des bâtons d'encens et des fleurs de lotus déposées par les fidèles.

L'organisation générale du bouddhisme et la formation des bonzes (collège, lycée, université et institut bouddhiques) sont de la responsabilité du ministère des Cultes qui agit en fonction de ses budgets et de ses ressources humaines. En revanche, la discipline de chaque ordre appartient à ses propres responsables. Chaque pagode a cependant beaucoup d'autonomie.

À son retour au Cambodge, S.S. Bourkry, qui était fondateur et responsable de la pagode de Créteil en France, n'avait pas

1. Langue de l'Inde ancienne utilisée pour écrire le Tripitaka et dont se servent encore tous les bhikkhus du bouddhisme theravadin d'Asie du Sud-Est, un peu comme le latin au Moyen Âge en Europe.

2. Quinze ans plus tard, S.S. Tep Vong sera nommé « vénérable chef suprême général » des deux ordres par décret du 29 avril 2006 du nouveau roi Norodom Sihamoni.

de Vat[1] en responsabilité propre à Phnom Penh. Il essaya de récupérer le Vat Botum qui était la pagode principale de l'ordre Thomayut avant les Khmers rouges, mais qui avait été annexé par le Mohanikay pendant l'occupation vietnamienne. Il n'y parvint pas mais obtint cependant un bout de terrain dans un angle du Vat Botum, sur lequel il construisit un édifice moderne de trois niveaux sans beaucoup de charme, sauf le toit dans le style khmer, mais fonctionnel, qu'il appela aussi Vat Botum. Le prince Chakrapong, à l'époque vice-Premier ministre de Hun Sen, me confia un jour qu'il aurait pu faire mettre la pagode Svay Pope directement sous la responsabilité de S.S. Bourkry, mais ce dernier avait refusé pour rester au Vat Botum et montrer symboliquement que les Thomayuts maintenaient leur revendication sur l'ensemble de ce temple[2].

La mission de Sihanouk dans ce domaine était autre. Il souhaitait que le bouddhisme et Bouddha soient de nouveau respectés, que le patrimoine matériel et intellectuel soit restauré et que la vie au palais royal soit de nouveau rythmée par la pratique des cérémonies bouddhistes.

Il s'intéressa personnellement au retour de l'École française d'Extrême-Orient au Cambodge, dont il hébergea les bureaux pendant plusieurs années au palais royal pour montrer à quel point il attachait de l'importance aux programmes proposés : d'une part, la restauration du temple Baphuon à Siem Reap et de son grand bouddha couché, et, d'autre part, la recherche de documents bouddhistes ayant échappé aux destructions des Khmers rouges et à plus de vingt ans de conflits, puis leur restauration et leur conservation. Beaucoup furent retrouvés dans les plafonds de vieilles pagodes. Des fidèles les avaient cachés là avant d'être emportés dans la tourmente khmère rouge.

1. Vat (ou Wat) en cambodgien veut dire « temple » ou « pagode ».
2. S.S. Bourkry s'est maintenant installé à la pagode Svay Pope et s'y est même fait construire une résidence, bien trop luxueuse pour un bonze aux yeux de certains.

Olivier de Bernon, représentant de l'EFEO, un des meilleurs spécialistes, avec François Bizot, du bouddhisme theravadin (Hinayana ou encore Petit Véhicule) cambodgien, parlant et écrivant le khmer et le pali, s'attela à cette immense tâche pendant plusieurs années. Tous ces sutras, écrits sur des feuilles de palmier reliées par des cordes, sont à présent restaurés, classés et conservés dans la pagode Saravoan Dechor ou, pour certains, à la pagode d'argent dans le palais royal. Les microfilms de tous ces documents sont entreposés, quant à eux, dans une salle spéciale à température et hygrométrie constantes de la pagode Unalom.

Enfin, le roi et la reine « pratiquent » régulièrement. Chaque matin, ils font, chacun leur tour, leurs prières bouddhiques devant les statues de Bouddha dans une chapelle privée du palais Khemarin à Phnom Penh, mais également dans la résidence royale à Siem Reap ou encore dans celle de Pékin.

Tous les matins, donc, le roi allume bougies et baguettes d'encens, et dépose des fleurs devant les statues de Bouddha avant de prier, puis la reine entre à son tour dans la chapelle.

Le couple royal observe aussi les huit préceptes d'abstinence du Bouddha chaque semaine pendant les jours saints bouddhiques. Ces jours-là, à tour de rôle, ils invitent au palais royal des dignitaires bouddhistes, des responsables de pagodes, des nonnes. Ils libèrent parfois des oiseaux comme le veut la tradition.

Le roi a également relancé la célébration des grandes fêtes religieuses bouddhiques : l'anniversaire de la naissance de Bouddha, le grand jour saint bouddhique, Visakh Bauchera, celle de son accès au Nirvana, la fin de la retraite des bonzes, la fête des « monts », Pchumben ou fête des morts (en septembre) et les cérémonies du nouvel an (vers les 13 et 14 avril[1]).

---

1. Certaines fêtes comme Pchumben ou les cérémonies du nouvel an avaient recommencé à être fêtées dans les familles et dans les pagodes après 1979.

Cette réhabilitation du bouddhisme au plus haut niveau était très importante au moment où des prêcheurs, soit islamistes[1] du Soudan et d'Arabie saoudite, soit appartenant à des sectes évangélistes américaines et autres témoins de Jéhovah, devenaient très actifs au Cambodge, profitant du traumatisme de la population consécutif à tant d'années de violence. Seule l'Église catholique était étonnamment discrète dans ce nouvel activisme religieux.

Enfin, peu à peu, il rétablit aussi les cérémonies traditionnelles typiquement cambodgiennes, comme : l'hommage à tous les monarques passés et celui à la reine Kossamak (9 avril), l'ondoiement, la cérémonie de salutation à la Lune, le culte des Tevodas[2] dont la déesse du nouvel an khmer, le Sillon sacré et, bien sûr, la Fête des eaux.

Une autre de ses préoccupations fut de remettre sur pied le Ballet royal, considéré comme mythique par les Cambodgiens. Pour ce faire, il fit nommer la princesse Buppha Devi vice-ministre puis ministre de la Culture et celle-ci s'attela à cette tâche avec son soutien personnel. L'Académie royale de danse fut rouverte et de jeunes danseuses commencèrent à s'entraîner le soir aux durs exercices d'assouplissement des articulations[3], puis aux pas de danse et à la chorégraphie complexes des œuvres de ce ballet. Petit à petit, ce dernier reprit vie et se produisit de nouveau au Cambodge avant de partir en tournée à l'étranger, comme à Paris en 2000. Dans les années 1990, il accueillit sa danseuse étoile, la belle Phôla, puis, le 7 novembre 2003, il fut reconnu par l'Unesco et inscrit sur la liste du patrimoine oral

1. Le nombre de mosquées au Cambodge passa de 35 en 1991 à 210 en 2005, la plupart diffusant un islam dur et sectaire, contrairement à l'islam modéré des chams cambodgiens.

2. Divinités cambodgiennes.

3. Les danseuses khmères du Ballet royal sont capables de courber leurs doigts en arrière au point de toucher leurs avant-bras, et aussi de plier leur bras vers l'arrière dans le sens contraire de celui du commun des mortels.

et immatériel de l'humanité. Le prince Sihamoni, ambassadeur du Cambodge à l'Unesco depuis 1993, joua un rôle primordial dans cette inscription[1].

Pour parfaire le tableau de la « restauration », Norodom Sihanouk relança aussi son activité cinématographique, une de ses grandes passions. Dès 1992, il était allé lui-même tourner un nouveau film à Angkor, mais les soucis politiques avec ses partenaires, l'Apronuc et la préparation des élections, ne lui avaient pas laissé le temps nécessaire. Dès 1994, il réalisa *Un paysan et une paysanne en détresse*, puis *Un apôtre de la non-violence*. En 1996, après les films de fiction romantiques des années 1960, le « roi cinéaste », comme le qualifiait Frédéric Mitterrand[2], s'attaquait maintenant à des films d'un réalisme froid montrant le Cambodge actuel ou s'inscrivant dans l'histoire tragique de son pays, et distillant toujours son regard politique personnel. En 1995, il tourna *Bouddha, Dharma, Sangha, le seul refuge*, qui raconte l'histoire d'un jeune Cambodgien, Kem, à qui il arrive des tas de malheurs : prisonnier d'un commando khmer rouge, ce dernier assiste à un repas spécial où les combattants mangent le foie de leurs ennemis éventrés. Désespéré du monde extérieur, il voit son seul salut dans la religion et entre comme bonze bouddhique dans une pagode. Le scénario de ce film m'a fait penser au *Candide* de Voltaire, qui, après avoir subi tous les malheurs et erré à travers le monde, voulait simplement « cultiver son jardin ». Durant des décennies, bien que controversé, il fut le seul cinéaste professionnel cambodgien, et il entendait bien réaliser encore beaucoup de films.

À la fin du mois d'août 1994, le prince Chakrapong, toujours en exil en France, décida de contacter son père pour lui demander de régler sa situation afin qu'il puisse retourner au

1. Le prince Sihamoni, lui-même danseur, deviendra roi du Cambodge en octobre 2004.
2. Frédéric Mitterrand, *Norodom Sihanouk, roi cinéaste*, documentaire, 2001.

Cambodge. Il me sollicita pour que j'appuie sa demande, ce que je fis avec plaisir. Sihanouk nous répondit en ces termes[1] :

« Mon bien-aimé Fils, Très chers Nanda et Jean-Marie,

Il est vrai que notre Pays se porte très mal, mais certaines hautes personnalités khmères m'assurent que le Cambodge et son Peuple se portent très bien. On dit que je donne trop d'importance aux articles de presse qui noircissent injustement le tableau rose de notre nation. Quoi qu'il en soit, ni la Constitution, ni le GRC, ni l'Assemblée nationale, ni mon âge, ni ma grave maladie ne me permettent d'intervenir. Je limite donc mes activités au plan humanitaire et je continue à servir et aider, selon mes modestes moyens, la classe des plus pauvres citoyens et citoyennes de chez nous.

Je me permets enfin de dire à Sdech Krom Khun Chakrapong que les vrais amis sont ceux qui vous ouvrent les bras en temps de malheur. La France est pour lui la seule AMIE Vraie, tandis que le Pays qui vous expulse à son tour quand vous avez dû quitter votre Patrie n'est pas de vos amis[2].

Moi, je ne peux vivre avec honneur et ma dignité intacte qu'en Chine populaire et en RPD de Corée, car ces deux Pays et leurs Leaders et gouvernements respectifs ne m'ont pas abandonné – bien au contraire – quand j'étais condamné à mort et privé de ma nationalité (sans parler de tous mes biens) par le "gouvernement" et le "parlement" de mon Pays, en 1970. »

Au premier degré, le roi nous indiquait donc son impuissance, mais, au second, en faisant un parallèle avec sa situation qui avait été encore plus désespérée, il signifiait à son fils d'être

1. Lettre du 2 septembre 1994 de Pékin. Au bas de celle-ci, Norodom Sihanouk ajoute de sa main pour le cabinet : « 1) Envoyer par fax ; 2) Envoyer l'original by Air Mail ; 3) Envoyer le dernier BMD. »

2. Norodom Sihanouk critique ici implicitement la Malaisie qui, après avoir accueilli le prince Chakrapong, l'a expulsé pour permettre une visite de son frère Ranariddh, le premier Premier ministre.

patient dans un pays ami jusqu'à ce que l'évolution de la situation lui permette de saisir une opportunité favorable, comme cela avait été le cas pour lui dans le passé. C'est effectivement ce qui se passera quelques années plus tard. En attendant, le prince Chakrapong décida donc de rester en exil en France, à Créteil, où il avait acheté un appartement lors d'un séjour précédent.

Nanda-Devi accoucha comme prévu fin octobre d'une jolie petite fille, exactement le 28 octobre à 6 heures du matin à la clinique du Belvédère de Boulogne-Billancourt[1]. Après consultation des bonzes du palais royal comme le veut la tradition, nous lui avons donné comme prénom Jayadévi Julia Soreath-Methi (prononcer Sorit-Méti[2]).

Le même jour, ce 28 octobre 1994 mémorable, le prince Chakrapong fut condamné par contumace par le tribunal militaire de Phnom Penh à vingt ans de prison, au motif d'avoir participé à une tentative de coup d'État contre le gouvernement au début du mois de juillet de la même année. Le général Sin Song[3], en fuite, subit la même peine, et le général Sin Sen fut condamné à dix-huit ans de prison. Avec eux, quatorze autres Cambodgiens et neuf Thaïlandais qui furent d'ailleurs expulsés dans leur pays peu après le verdict. Je n'ai jamais très bien cerné le degré de réalité de cette histoire de projet de coup d'État, ni l'explication de la présence de Thaïlandais dans le lot des condamnés. Le prince Chakrapong se contenta de faire un communiqué, s'estimant « victime d'un coup de force du

1. Je ne m'en rendis pas compte sur le moment, mais, dans l'avenir, le mois d'octobre allait être chargé pour les anniversaires : le prince Chakrapong était né un 21 octobre, mon père Jacques un 27 octobre, notre fille un 28 octobre et le roi Norodom Sihanouk un 31 octobre.

2. Jayadévi veut dire « déesse de la Gloire », et Soreath-Methi, « grande intellectuelle charitable et royale ».

3. C'est chez lui que nous nous étions mariés en octobre 1993.

gouvernement cambodgien à son encontre et à l'encontre de ses amis[1] ». Depuis la lettre de son royal père du 2 septembre, il s'était préparé à ce verdict et avait commencé à s'organiser pour vivre en France, ne sachant pas combien de temps cette situation allait durer.

Heureusement, ni Nanda-Devi ni moi-même ne furent mis au courant de cette condamnation au moment de l'accouchement. Nous n'avons appris le verdict du tribunal militaire à l'encontre de son père que plusieurs semaines plus tard.

Comme 1994, l'année 1995 se déroula en demi-teinte, avec un début de développement économique, notamment grâce à l'aide internationale, mais avec une poursuite des combats, de manière sporadique, avec les derniers bastions khmers rouges. En sous-main, le Funcinpec[2] et le PPC, chacun de leur côté, en secret et pour leur propre compte, négociaient avec la faction khmère rouge basée à Pailin et dirigée par Ieng Sary, beau-frère de Pol Pot.

En novembre 1995, Sam Rainsy, souhaitant préparer les élections de 1998 et se trouvant à présent dans l'opposition, fonde le Parti de la nation khmère (PNK), dont il devra changer l'appellation en Parti Sam Rainsy (PSR).

Plus grave encore, et ce qui dénote un durcissement du PPC, le prince Norodom Sirivudh, demi-frère de Sihanouk, alors coministre des Affaires étrangères, est accusé de préparer un attentat contre Hun Sen, sur la base de l'écoute et de l'interprétation d'une conversation téléphonique ambiguë. Tout le monde est indigné car nul n'imaginait ce joueur émérite de saxophone dans l'orchestre royal en train de projeter l'assassinat de Hun Sen.

1. *L'Humanité*, 29 octobre 1994.
2. Spécialement le général Nhiek Bunchhay.

Visite d'État en France

Du 24 au 27 avril 1996, Norodom Sihanouk est invité avec la reine Monineath pour un voyage d'État en France par le président Jacques Chirac. La République déroule ses fastes comme elle sait le faire quand elle accueille un chef d'État ami. Le roi fut reçu par le président de la République, Jacques Chirac, par le Premier ministre, Alain Juppé, par le président de l'Assemblée nationale, Philippe Séguin, et par le président du Sénat, René Monory. Pendant les moments trop rares que lui laissait son emploi du temps officiel, le roi Norodom Sihanouk m'accorda une audience privée dans la résidence de l'ambassadeur du Cambodge, avenue Charles-Floquet, près du Champ-de-Mars dans le 7e arrondissement. Je m'y rendis avec Nanda-Devi et notre fille Jayadévi, qui venait d'avoir 18 mois. Avant de repartir pour le Cambodge, Norodom Sihanouk trouva encore un moment pour rencontrer un groupe d'amis français et cambodgiens, toujours à « Charles Floquet ».

Ils sont là, ses invités, serrés autour de lui ce 27 avril 1996, et lui se tient debout, droit et majestueux. Il commence à parler : « Aujourd'hui, je règne mais ne gouverne pas. Mais j'ai gouverné dans le passé. Après cinquante-cinq ans de vie politique, je vais probablement mourir dans la peau d'un roi constitutionnel. » Pendant deux heures, l'immense comédien qu'il est se met en scène, monologue, parle de lui et du Cambodge, puis du Cambodge et de lui. Il joue tantôt de l'humour ravageur, tantôt de la flatterie puis, avec un ton grave, il évoque de nouveau sa situation : « Oui, j'ai gouverné pendant longtemps le Cambodge mais, aujourd'hui, je suis un roi sans pouvoir et les dirigeants cambodgiens ne m'écoutent pas. Je suis enfermé dans une cage constitutionnelle[1]... »

1. Jean-François Tain, RFI, 14 octobre 2004.

Coup de force de Hun Sen

Dès son retour à Phnom Penh, la politique politicienne cambodgienne le rattrape. Le 8 août 1996, Ieng Sary annonce qu'il rompt avec Pol Pot et qu'il se rallie à Hun Sen avec 3 000 hommes. Ses combattants sont réintégrés dans l'armée nationale et ce dernier demandera et obtiendra son amnistie du roi[1]. Sihanouk a résisté, pensant que c'était une erreur au regard de l'histoire du Cambodge, et de plus, il n'appréciait pas Ieng Sary. Mais il n'était pas en position de force pour refuser quelque chose à Hun Sen. Il l'amnistiera donc, mais dira et écrira partout que c'était parce que le deuxième Premier ministre lui en avait fait la demande et, pour bien marquer son opposition, il déclarera parallèlement : « Je continuerai à soutenir, à titre personnel, ceux qui proposent de mettre sur pied un tribunal international chargé de juger les Khmers rouges ayant commis des crimes contre ce peuple cambodgien[2]. » Il ajouta même dans une autre déclaration : « Je serai prêt à me présenter devant ce tribunal, si c'est nécessaire. »

Le Funcinpec a perdu la première manche dans ces contacts avec les Khmers rouges, mais le général Nhiek Bunchhay ne se considère pas vaincu pour autant et entreprend des discussions avec la seconde faction khmère rouge fidèle à Pol Pot, basée à Anlong Veng et dirigée par Tamok et Khieu Samphan.

L'année 1997 voit le durcissement des positions des deux grands partis. Des accrochages sporadiques entre les forces fidèles au PPC et celles fidèles au Funcinpec ont lieu.

Le 30 mars, des grenades sont lancées sur un cortège du Syndicat indépendant des ouvriers du royaume du Cambodge (SIORC), créé en novembre 1996. Sam Rainsy, qui conduisait le cortège, échappe de peu à la mort grâce au sacrifice de son

1. En 1979, Hun Sen, Heng Samrin et Chea Sim, installés par l'armée vietnamienne, avaient fait condamner à mort Pol Pot et Ieng Sary.
2. BMD du 25 août 1996.

garde du corps. Dix-sept personnes sont tuées et des dizaines d'autres blessées. À ce jour, aucun auteur de cet attentat n'a été arrêté. Sam Rainsy est l'époux de Saumura Tioulong, elle-même fille du général Tioulong et sœur de Ketty Tioulong, la première femme du prince Chakrapong et mère de mon épouse. Pendant les années d'exil, Nanda-Devi a été élevée en France surtout par sa grand-mère maternelle, l'épouse du général Tioulong. Elle est donc très proche d'eux sentimentalement et cet attentat et les commentaires apocalyptiques, compréhensibles, qui sont faits en France sur la situation au Cambodge par la famille Tioulong, l'affectent beaucoup.

En avril, certains leaders du parti Funcinpec, visiblement manipulés par Hun Sen, font sécession et critiquent le prince Ranariddh. Le Funcinpec et Nhiek Bunchhay continuent de parlementer avec Khieu Samphan. Hun Sen reproche vivement à Ranariddh de tenir des négociations « illégales » avec les Khmers rouges et le somme de choisir entre Khieu Samphan et lui-même.

Le mouvement khmer rouge, ou plutôt ce qu'il en reste, est en proie à de graves dissensions nouvelles. Le 10 juin, Pol Pot fait tuer Son Sen, son fidèle depuis le début et chef de son armée, ainsi que son épouse, leur fils et neuf gardes du corps. Il le soupçonnait de défection. À la suite de cet assassinat, les partisans de Ta Mok arrêtent Pol Pot et le jugent. Il est condamné à la détention dans un « procès populaire ».

La tension est extrême. Sans que l'on sache encore avec exactitude qui a pris l'initiative des combats, le 5 juillet, les commandos de la garde personnelle de Hun Sen attaquent la base de Taing Krasaing, à l'ouest de Phnom Penh, où des soldats khmers rouges auraient été amenés par le Funcinpec. Les commandos de Hun Sen encerclent la maison de Ranariddh – ce dernier se trouvait en France – et celles des principaux dirigeants du Funcinpec. Plusieurs responsables civils et militaires de ce parti sont arrêtés, certains sont torturés et exécutés. Ho Sok, chef de la police pour le Funcinpec, est froidement abattu dans les locaux du ministère de l'Intérieur.

Dès lors, de nombreux dirigeants cambodgiens ayant la double nationalité et la plupart des responsables des ONG quittent le pays. On voit de nouveau des cadavres dans les rues de Phnom Penh, des hommes en armes sillonnant les rues de la capitale dans des véhicules blindés, des pousse-pousse transportant des personnes ensanglantées. Aux yeux du monde, le Cambodge était revenu des années en arrière, en proie à une nouvelle guerre civile. Sihanouk, en traitement médical à Pékin, ne peut qu'assister de loin à l'attaque armée contre les positions et les partisans de son fils Ranariddh, formellement premier Premier ministre mais ayant perdu peu à peu le pouvoir réel.

Au Cambodge, Hun Sen sortit victorieux dans sa lutte pour le pouvoir, mais la communauté internationale le montra du doigt en le désignant comme responsable de la nouvelle détérioration de la situation au Cambodge. Les investissements étrangers chutèrent d'une manière importante et les États-Unis, suivis par un certain nombre d'autres pays, suspendirent immédiatement toute aide au Cambodge.

Il y avait eu certes un « coup de force » évident, mais Hun Sen refusait le terme « coup d'État » alors employé par beaucoup de médias occidentaux : « La Constitution n'est pas abolie, disait-il, la monarchie et le roi sont toujours là, la structure du gouvernement n'est pas modifiée, le Funcinpec y garde partout ses coministres, et garde aussi son poste de premier Premier ministre. Je reste toujours deuxième Premier ministre et je demande au Funcinpec de désigner une nouvelle personnalité pour remplacer le prince Ranariddh. Notre action était simplement dirigée contre lui et ceux qui préparaient un coup d'État en voulant s'allier avec les Khmers rouges, pourtant déclarés hors la loi unanimement par l'Assemblée nationale. »

Pour montrer sa bonne foi et la pertinence de ses arguments, Hun Sen fit tout pour régulariser la situation comme il l'avait annoncé. Il demanda au Funcinpec de désigner en son sein la personne susceptible d'occuper la place de premier Premier ministre. Après de longues négociations[1], Ung Huot, ministre des Affaires étrangères, accepta ce poste. De Paris, Ranariddh, furieux, cria à la trahison.

Dans la crise entre Hun Sen et Ranariddh, le roi n'a rien pu faire. Lors d'une audience qu'il m'accorda quelques mois après, je lui en fis prudemment la remarque et il m'expliqua alors que, s'il avait tenté une réaction sérieuse contre Hun Sen, celui-ci aurait pu prendre ce prétexte pour le renverser. Or, sa tactique dans l'histoire avait toujours été de «durer» et d'attendre d'autres moments plus propices pour rebondir.

C'est ce qui n'allait pas tarder à se produire.

Nouvelles élections législatives

Selon la Constitution, cinq ans après le premier scrutin de 1993, de nouvelles élections législatives doivent se tenir pour désigner une nouvelle Assemblée qui choisira un Premier ministre. Le 4 mars 1998, plusieurs pays, dont les États-Unis, posent comme préalable à la reconnaissance internationale d'élections «libres et équitables» le retour de Ranariddh et de tous les dirigeants réfugiés à l'étranger, et l'engagement qu'ils ne seront pas inquiétés.

Sihanouk va s'appuyer sur cette exigence des pays étrangers, dont l'aide conditionnée est indispensable pour la reconstruction du Cambodge. Père de la nation, il souhaite le retour de tous les Cambodgiens dans leur pays ainsi que la libre parole des dirigeants dans le cadre de la campagne électorale.

---

1. Le général Toan Chhay, ancien ministre de l'Intérieur du Funcinpec en 1993, fut un instant pressenti.

Hun Sen sent qu'il ne pourra pas résister à la pression, mais il exige que Ranariddh soit d'abord jugé pour atteinte à la sécurité de l'État, puis amnistié par le roi.

La négociation se poursuit entre toutes les parties prenantes : les grandes puissances, le palais royal et Hun Sen. Finalement, un accord est trouvé pour le cas Ranariddh et, dans la foulée, pour Chakrapong et Sirivudh. Sin Song, Sin Sen et les autres sont de retour quelques mois plus tard.

Ranariddh est condamné en tout à trente-cinq ans de prison et à une forte amende pour importation illégale d'armes et pour collusion avec les Khmers rouges hors la loi. Le 21 mars, Sihanouk l'amnistie et ce dernier rentre au Cambodge le 30, suivi bientôt par les autres dirigeants condamnés et exilés.

Pendant que se joue cette pièce, non pas d'un théâtre à l'italienne, mais d'un théâtre politique à la cambodgienne, le mouvement khmer rouge agonise dans les forêts de Samlaut et d'Anlong Veng. Le 29 mars, l'armée royale annonce la prise d'Anlong Veng, quartier général des Khmers rouges depuis 1994. Le 15 avril, Pol Pot meurt d'une crise cardiaque ou d'une maladie tropicale à quelques centaines de mètres de la frontière thaïlandaise dans l'ancien bastion communiste d'Anlong Veng, au pied des monts Dangrek. Son corps fait l'objet d'une crémation sur un tas de vieux pneus. Ta Mok, Khieu Samphan et Nuon Chea se réfugient en Thaïlande, ce que contestent officiellement les Thaïs.

Après les soubresauts de 1997, le pays a retrouvé toutes les conditions pour organiser les élections législatives avec le contrôle de milliers d'observateurs étrangers. Celles-ci semblent même meilleures qu'en 1993, car les Khmers rouges ne contrôlent plus aucune zone du territoire. Mais une dernière passe d'armes a lieu, en mars, entre Sam Rainsy et Hun Sen. Ce dernier ayant provoqué une scission du PNK, Sam Rainsy se voit contraint de changer le nom de son parti, qui devient, tout simplement, le PSR (Parti de Sam Rainsy). Les élections sont fixées au 26 juillet 1998. La campagne électorale se déroule dans un calme relatif, bien qu'on dût déplorer encore quelques cas d'intimidation, des violences et des meurtres, mais beaucoup moins qu'en 1993.

Pendant l'été 1998, je réussis à persuader Nanda-Devi de retourner au Cambodge. Depuis quelques mois, il y avait de plus en plus d'incompréhension entre nous, et je pensais qu'un voyage au Cambodge permettrait d'améliorer la situation. Pendant ce séjour, j'accompagnai Sam Rainsy au cours d'une de ses tournées électorales dans la province de Prey Veng[1]. Je l'avais fait par amitié personnelle, mais je ne partageais pas certains thèmes de sa campagne, notamment la dénonciation incessante de la corruption et de l'influence des Vietnamiens dans la vie cambodgienne. Ces thèmes, paradoxalement, avaient été à la fois ceux de l'extrême droite lonnolienne et des Khmers rouges. Je pensais que le Cambodge, engagé dans une reconstruction économique et politique encore fragile, n'avait pas besoin de thèmes extrémistes, mais au contraire de beaucoup de pragmatisme dans les affaires, de paix intérieure entre toutes les ethnies et de paix à l'extérieur avec les grands pays voisins. Sur le plan personnel, ce voyage n'eut pas l'effet escompté sur Nanda-Devi. À notre retour à Paris, elle m'annonça qu'elle voulait divorcer. Je ne le souhaitais pas mais, finalement, je dus m'y résoudre.

Au Cambodge, le scrutin, comme la campagne électorale, se passa globalement bien, malgré quelques fraudes. Sam Rainsy déposa quelques plaintes mais la communauté internationale valida les résultats du scrutin. Le PPC gagna les élections en arrivant en tête du scrutin avec 41,42 % des voix et remporta

1. En 1993, j'avais beaucoup suivi le prince Chakrapong dans ses tournées et meetings en province. Il faisait alors campagne pour le PPC.

64 sièges sur les 120 que compte l'Assemblée nationale – contre 38,2 % et 51 sièges en 1993. Le Funcinpec paya chèrement sa division avec Sam Rainsy et arriva en deuxième position avec 31,7 % des voix et 43 sièges – contre 45,71 % et 58 sièges en 1993. Le PSR obtint 14,75 % des voix et 15 sièges. Quant au FNLPK, il disparut et aucun autre petit parti n'entra dans la nouvelle Assemblée nationale.

Face à la forte baisse du Funcinpec, les médias locaux et internationaux parlèrent de « la baisse du Parti royaliste » ou de « l'échec du Parti royaliste ». Le roi rectifia chaque fois qu'il le put, dans ses audiences ou par ses commentaires dans le BMD : « On parle, dit-il ou écrit-il, de l'échec ou de la baisse du Parti royaliste, mais le Funcinpec n'est pas le Parti royaliste. Il y a d'ailleurs des républicains en son sein. C'est le parti des princes, ce qui n'est pas pareil. Tous les partis sont royalistes car ils ont voté le rétablissement de la monarchie. Lon Nol et les "républicains" avaient supprimé la monarchie, mais le PPC et ses dirigeants, Hun Sen, Chea Sim et Heng Samrin, ont permis le rétablissement de la monarchie. En ce qui concerne le Funcinpec, bien sûr, c'est moi qui l'avais créé pendant la résistance, mais je ne m'en occupe plus depuis longtemps. Alors je vous assure, non, vraiment non, on ne doit pas parler d'échec du Parti royaliste en parlant de l'échec du Funcinpec. La monarchie est au-dessus des partis. »

Au-delà de cette baisse importante du Funcinpec, due surtout au départ de Sam Rainsy, je ne pouvais m'empêcher de penser que le prince Ranariddh avait effectué un sérieux retour politique, et que, grâce à lui, le Funcinpec rassemblait encore 32 % des voix. En effet, après le coup de force de 1997, sa condamnation à trente-cinq ans de prison et son exil, le prince avait montré qu'il avait encore du ressort politique et qu'il pouvait encore surprendre.

La deuxième législature (1998-2003)

Selon la Constitution de 1993, le gouvernement doit être élu par les deux tiers des députés. Hun Sen, ne disposant « que » de 64 sièges, a donc besoin des autres partis. Il est bien sûr candidat au poste de Premier ministre mais, vu les rapports de force réels dans le pays et le résultat des élections, il souhaite également qu'il n'y en ait plus qu'un seul.

Difficultés politiques, Sihanouk : le recours

Mais les autres partis ne digèrent pas leur défaite et font de l'obstruction. Certains médias commencent à parler de « partis d'opposition », ce qui n'est pas tout à fait exact car ils étaient tous au gouvernement, Sam Rainsy étant même ministre des Finances. De plus, pour qu'il y ait une opposition, il faut qu'elle le soit à un gouvernement, or, avant les élections, les chefs de cette « opposition » étaient eux aussi au gouvernement.

Pour le moment, et quoi qu'il en soit, le Funcinpec et le PSR n'entendent pas aider le PPC à trouver une solution et bloquent le processus. « Ils boudent », dit Sihanouk. Pendant ce temps, le gouvernement précédent « expédie les affaires courantes » et les pays donateurs ne souhaitent pas lancer les financements des nouveaux grands projets. La situation s'éternise. Des contacts discrets de tous les partis, en direction du palais royal, vont dans le même sens : ils demandent au roi de s'impliquer pour trouver une solution.

Celui-ci invite les députés à venir prêter serment à Siem Reap, siège des temples d'Angkor, dans l'espoir de débloquer la situation. Mais, en s'y rendant, Hun Sen échappe à un curieux attentat à la roquette. Les auteurs ne seront jamais retrouvés. Certains opposants ont avancé l'idée de son implication directe dans cet attentat. Ce serait « l'affaire de l'Observatoire[1] » en terre cambodgienne.

Ce genre d'incident, juste avant la réunion des députés, n'avait pas contribué à créer les conditions nécessaires à la solution complète de la crise politique. Mais, en coulisses, les discussions progressaient. Le roi avait opportunément sorti de son chapeau une solution, à savoir la création d'un Sénat, qui permettrait de régler quelques problèmes d'ego et quelques attributions de places. Mais les pourparlers traînaient en longueur sur la constitution du gouvernement.

Le blocage politique s'éternisait depuis la fin du mois de juillet. Sihanouk avait programmé de se rendre à Pékin le 14 novembre pour raison médicale. Il fit savoir que, de toute façon, il ne repousserait pas son voyage et a menacé les leaders politiques de les laisser se débrouiller seuls. Chacun mit donc de l'eau dans son vin et un accord fut trouvé le 13 novembre, la veille du départ du roi et de la reine à Pékin : Hun Sen est nommé seul Premier ministre, Ranariddh devient président de l'Assemblée nationale, Chea Sim, secrétaire général du PPC et président de l'Assemblée nationale sortante, sera président du futur Sénat, et seuls deux ou trois postes du gouvernement, comme la Défense ou la Police, seront encore en double. Le Funcinpec devient *de facto* l'allié du PPC et seul le PSR reste en dehors de cet accord et représente l'opposition. Ce sera « le trouble-fête », comme l'a surnommé Sihanouk. Par deux fois en quelques mois, Sihanouk a réussi à débloquer des situations difficiles.

Au début du mois de décembre, il m'écrivit[2] : « Les grands problèmes politiques, au Cambodge, sont en principe résolus. Mais la question est de savoir si le nouveau GRC[3] et le nouveau

1. En 1956, François Mitterrand avait échappé à un attentat en sautant derrière la haie de l'Observatoire à Paris. L'opposition l'avait accusé d'avoir organisé lui-même un faux attentat.

2. Lettre du 4 décembre de Pékin.

3. Gouvernement royal du Cambodge.

Parlement cambodgien voudront bien s'attaquer aux dramatiques problèmes de la pauvreté, de la famine dans un nombre croissant de nos villages, de la déforestation, de la (non) reconstruction du Pays, sans parler de ces terribles maladies que sont le sida, la corruption, le banditisme, etc. Je suis soulagé d'avoir pu mettre fin à notre crise politique et constitutionnelle, mais cette fin de ma vie n'est et ne sera pas heureuse car l'avenir de mon Pays et de mon peuple est très sombre.» Malgré la solution de la crise politique, le roi n'a pas, c'est le moins qu'on puisse dire, une vision très optimiste de la situation au Cambodge.

À la fin de ce même mois, Nuon Chea, ancien «frère n° 2» du Kampuchéa démocratique, et Khieu Samphan, ancien chef de l'État, sont livrés par les militaires thaïlandais aux autorités cambodgiennes. Fort de son pouvoir, Hun Sen ne les fait pas emprisonner mais, au contraire, parle de réconciliation. Ces deux derniers se retirent dans leur ancien fief de Pailin[1], que le gouvernement royal a volontairement et tacitement laissé aux Khmers rouges repentis et à leurs troupes intégrées sur place dans l'armée nationale. Cette ville de Pailin, proche de la frontière thaïe, se développera d'une manière très spéciale avec l'implantation de plusieurs casinos de luxe, certains avec hôtel intégré et golf.

Sur le plan personnel, en ce début d'année 1999, Nanda et moi, nous lançons la procédure d'un divorce à l'amiable.

Au Cambodge, la mise en place du Sénat, qui était un des points clés de l'accord entre le PPC et le Funcinpec, se préparait. Sa création fut effective par la loi du 8 mars 1999. Il sera composé de 61 sénateurs, dont 59 seront nommés par les partis politiques sur la base des résultats des élections législatives – en

1. Ta Mok sera également livré plus tard par les militaires thaïlandais, en mars 1999. Directement incarcéré, il finira sa vie en prison et mourra en juillet 2006. En mai 1999, c'est Douch, ancien directeur du centre de torture de Tuol Sleng, qui sera arrêté et lui aussi incarcéré.

attendant une loi électorale spécifique après la mise en place des communes elle aussi prévue dans l'avenir – et 2 par le roi. Ses pouvoirs, un peu comme en France, sont le vote conjoint des lois avec l'Assemblée nationale, la possibilité d'amendements et la saisine du Conseil constitutionnel. Mais, dans tous les cas, le dernier mot revenait à l'Assemblée nationale. Détail important, le président du Sénat, en l'occurrence Chea Sim, assurait l'intérim du chef de l'État en cas de nécessité, alors que ce rôle était auparavant dévolu au président de l'Assemblée nationale. Les sénateurs, nommés en 1999, devaient l'être pour cinq ans, mais leur mandat sera prolongé à deux reprises en 2004 et 2005 pour attendre la nouvelle loi électorale qui, finalement, fut votée le 20 juin 2005. Elle prévoira un scrutin proportionnel indirect pour 57 d'entre eux, basé sur un collège électoral d'élus locaux et de députés, et d'un découpage du territoire en huit circonscriptions. Deux sénateurs resteront désignés par le roi et deux par l'Assemblée nationale.

La dernière crise politique n'avait donc pas été inutile, elle avait permis, en urgence, d'accélérer la mise en place des institutions cambodgiennes en instituant le Sénat et en inscrivant, dans les projets, la réforme des élections communales.

L'évolution de la vie politique cambodgienne s'est ainsi opérée de façon très rapide, mais largement artificielle. L'installation d'un système politique de facture très libérale dans un pays sortant d'une longue période de violence ne pouvait aller sans de graves dysfonctionnements. Mais la coexistence d'institutions formellement démocratiques et d'un parti dominant, disposant du monopole du pouvoir, ou au moins d'une emprise déterminante sur ce dernier, n'est pas sans rappeler... bien des régimes de la région[1].

1. Xavier Roze, *Géopolitique de l'Indochine: la péninsule éclatée*, Economica, Paris, 2000, p. 35.

La normalité reprend ses droits

Le roi resta de longs mois à Pékin. Le Cambodge fut admis au sein de l'ASEAN, le 30 avril 1999, et cette décision, inévitable, porta un rude coup à la langue française au Cambodge. En effet, les rares fonctionnaires parlant encore français durent très vite, par des stages intensifs, se mettre à l'anglais, seule langue officielle de l'ASEAN. De Pékin, le roi père fit part de ses réserves car il aurait aimé que le Cambodge reste neutre et non affilié.

Le prince Ranariddh avait l'air très heureux de sa situation. Il disait, à qui voulait l'entendre: «Finalement, je travaille plus avec Hun Sen maintenant que quand nous étions tous les deux Premiers ministres. Il m'appelle souvent et nous préparons les grands projets ensemble.»

Pendant l'été 1999, j'avais fait savoir discrètement à Norodom Sihanouk que, à la demande de sa petite-fille Nanda-Devi, nous étions en train de divorcer. En septembre, de Paris, je lui demandai une audience. Il me répondit le soir même. Je me rendis à Phnom Penh le 25 octobre pour le rencontrer au palais en présence, comme toujours, de Nanou. Après lui avoir expliqué brièvement la situation et voyant que j'étais affecté, il me dit avec compassion: «Je sais, je sais, Nanou m'a tout raconté. Courage. Divorcez. Ne vous en faites pas. Revenez comme avant. Vous resterez toujours notre fils. Divorcez, répéta-t-il, et revenez vite au Cambodge avec votre charmante fille Jayadévi.» Je remerciai le roi de ses paroles réconfortantes et chaleureuses à mon égard, et de ses pensées pour Jayadévi. Je l'entretins ensuite d'un projet que j'avais depuis longtemps, à savoir faire une retraite bouddhique comme bonze dans une pagode.

Norodom Sihanouk fut très intéressé par cette idée: «Ce projet vous honore grandement. J'ai moi-même fait, dans ma jeunesse, une longue retraite dans la pagode d'argent pour trouver force et sérénité auprès du Seigneur Bouddha et de son enseignement. Il y a une tradition dans la famille royale, les princes doivent, à un moment donné de leur vie, faire une retraite comme bonze dans une pagode, mais certains ne font que deux ou trois jours, car c'est très dur, dit-il en riant et en se tournant vers Nanou avec un air entendu. Je vous conseille de la faire sous la direction de Sa Sainteté Bourkry car il est très compétent en matière de bouddhisme et, en plus, il parle français. Nous allons déjà lui en parler, contactez-le de votre côté au Vat Botum à Phnom Penh ou à Créteil en France. Nanou vous donnera ses coordonnées. Quand vous aurez avancé un peu plus dans ce projet, confirmez-le-moi par fax, et je vous soutiendrai. »

Comme convenu lors de ma dernière audience avec le roi, je lui écrivis pour l'avertir de la concrétisation de mon projet de retraite. Il me répondit : « La reine Norodom Monineath Sihanouk s'associe à moi pour vous adresser nos souhaits de bonheur pour vous-même et votre charmante fille Jayadévi, et de réussite dans vos nobles activités au service du Royaume du Cambodge et de son Peuple. Vous serez toujours le très bienvenu à Phnom Penh. La retraite bouddhique que vous envisagez d'effectuer selon le vœu que vous avez bien voulu m'exprimer vous honore grandement. Puissiez-vous trouver auprès du Seigneur Bouddha et dans le dharma, la paix et la sérénité de l'âme et la force de conviction pour vos engagements futurs[1]... »

En juillet 2000, je retournai au Cambodge avec Jayadévi. Pendant ce séjour, elle prit des cours de danse classique khmère presque chaque jour avec Ouk Phalla, ancienne danseuse étoile du Ballet royal, sur les conseils de la princesse Buppha Devi. Je ramenai Jayadévi en France puis revins au mois d'août pour faire la retraite bouddhique que j'avais envisagée. Elle s'effectua au Vat Botum sous la conduite de S.S. Bourkry.

Les deux années qui suivirent furent relativement calmes au Cambodge. Dix ans après les accords de Paris, l'économie

1. Lettre de Phnom Penh, le 23 juin 2000.

démarrait, de grands projets se réalisaient, routes, universités, hôpitaux, hôtels, industrie textile, agrandissement et rénovation de l'aéroport international de Phnom Penh-Pochentong...

L'année 2000 fut cependant marquée par une tentative de coup d'État rocambolesque des CFF[1], combattant pour la liberté du Cambodge.

Pendant ces deux ans, le roi put se consacrer aux activités qui lui tenaient à cœur, notamment en direction des plus pauvres.

Sur le budget du palais royal, en liaison avec Kong Sam Ol, ministre auprès du palais, il rénovait des canaux d'irrigation, creusait des bassins, construisait des écoles et des dispensaires dans les provinces et les villages les plus reculés. Il organisait aussi des distributions collectives de riz et de sarongs. Tant qu'il le put, il alla lui-même inaugurer ses réalisations ou faire ses distributions. Ensuite, il les fit « sur photos » au palais royal ou à sa résidence à Pékin, où les délégations de « ses enfants les plus pauvres » étaient invitées à ses frais. Il put aussi réaliser quelques nouveaux films.

Quant à l'année 2002, elle démarrait plutôt bien et le Cambodge semblait s'avancer tranquillement vers les élections communales. Mais une flambée de violence antithaïlandaise secoua la capitale du Cambodge et mis gravement à mal les relations économiques et diplomatiques entre les deux pays. Tout démarra par une interview d'une vedette thaïlandaise citant les temples d'Angkor comme appartenant à la Thaïlande. Cette interview, passée inaperçue au Cambodge, fut grandement critiquée par le Premier ministre Hun Sen lorsqu'il en prit connaissance. Ce dernier, en prévision de la campagne électorale des législatives, voulait certainement montrer par là qu'il était un bon patriote et défendait les intérêts de son pays.

1. Groupe de Khmers américains. Leur chef, Chhun Yasith, fut condamné aux États-Unis en avril 2008.

Au cours de l'histoire, les questions de frontières territoriales avec ses deux grands voisins ont toujours été très sensibles pour le Cambodge et, en général, ont souvent engendré des drames lorsque ces conflits n'étaient pas maîtrisés.

Les propos du Premier ministre enflammèrent les esprits de quelques-uns, qui, téléguidés ou non, se crurent autorisés à « casser du Thaï ». Le 21 janvier 2003, une bande de Cambodgiens à moto attaqua l'ambassade de Thaïlande, la dévasta puis y mit le feu. L'ambassadeur ne dut son salut qu'en s'enfuyant sur une barque, sur le Tonle Sap. La bande se dirigea ensuite vers d'autres lieux symboliques d'intérêts thaïs dans le royaume : le siège de Shinawatra Telecom, la société de télécommunication du Premier ministre thaïlandais Thaksin Shinawatra, ainsi que le Royal Phnom Penh Hotel, furent également incendiés et un Thaïlandais fut tué au cours de cette journée. Un de mes amis vietnamiens qui tenait un restaurant à Phnom Penh, voyant qu'une bande allait casser sa vitrine en criant : « À bas les Thaïs », sortit en hurlant : « Je suis vietnamien, je suis vietnamien ! » Quand je le revis deux mois plus tard, une fois le danger passé, il me raconta en riant : « C'était un comble, c'est la première fois que l'on sauvait sa peau au Cambodge en criant que l'on est vietnamien. D'habitude, c'est plutôt le contraire. »

Dès ces premières attaques, la nouvelle se répandit vite. J'étais, ce jour-là, à Phnom Penh. Du haut de mon hôtel, je vis clairement trois colonnes de fumée s'élevant dans le ciel qui correspondaient aux principaux incendies provoqués par les émeutiers. La réaction de la Thaïlande ne se fit pas attendre : la frontière fut fermée, tous les vols de Bangkok Airways et Thai Airways à destination du Cambodge supprimés, et 700 Cambodgiens en situation irrégulière arrêtés et expulsés. Tous les projets d'investissement furent bloqués et Thaksin Shinawatra menaça le Cambodge d'envoyer des commandos pour protéger ses diplomates.

Le Premier ministre Hun Sen assura à la Thaïlande que toute la clarté serait faite sur ces pillages[1] et que tous les intérêts touchés seraient intégralement compensés. La situation mit plusieurs semaines pour revenir à la normale[2]. Cette explosion de violence et cette crise avec la Thaïlande, que rien ne laissait prévoir, montrent que la question nationale et les relations avec les deux grands pays voisins sont des questions à manier avec prudence par les hommes politiques, car leurs déclarations peuvent avoir des conséquences irrémédiables.

Ces émeutes n'ont pas empêché la tenue des élections communales. Elles eurent lieu, comme prévu, le 3 février et concernèrent 1 621 communes. Le PSR dénoncera plusieurs fraudes, mais les résultats ne seront pas contestés par la communauté internationale et seront validés. Le PPC obtient plus de 61 % des voix et la présidence de 1 597 communes ; le Funcinpec connaît une forte baisse par rapport aux législatives et obtient 22 % des voix et la présidence de 10 communes ; le PSR maintient à peu près son score des législatives, soit 16 % et la présidence de 13 communes. Sur 11 260 conseillers communaux élus, 951 sont des femmes.

Le 8 mars 2003, là aussi sans que rien ne le laisse prévoir, Norodom Sihanouk parle pour la première fois de son éventuelle abdication. En fait, c'était la deuxième fois car, mi-1996, il avait dit, suite à des critiques formulées par certains députés : « Si on me demande gentiment et poliment de démissionner, je le ferai sans rechigner et sans la moindre réticence. » Cette fois-ci, il insiste un peu plus et demande au gouvernement de définir clairement la composition du Conseil du trône prévue par la Constitution et son mode de fonctionnement. Le gouvernement n'en tient pas vraiment compte, davantage préoccupé

1. L'enquête n'a jamais rien donné.
2. Une nouvelle crise khméro-thaïe, plus longue, éclatera en juillet 2008 à propos du temple de Preah Vihear.

par la préparation des troisièmes élections législatives depuis les accords de Paris.

Le 28 mai, une opération de la police cambodgienne démantela un groupe islamiste lié à la Jemaah Islamiyah[1] et à al-Qaïda. Deux Thaïlandais, un Égyptien et sept Cambodgiens furent arrêtés et une cinquantaine d'étrangers expulsés, originaires du Soudan, du Yémen, du Nigeria, d'Égypte, du Pakistan et d'Arabie saoudite. Le groupe avait pour base une école coranique, gérée par l'ONG Umm al-Qura financée par l'Arabie saoudite. Après les attentats de New York du 11 septembre, les réseaux islamistes avaient dû déceler que le Cambodge était un des maillons faibles du dispositif global de sécurité lancé contre eux et avaient intensifié leur présence dans ce pays. Le nombre des mosquées était passé de 35 en 1991 à 201 en 2003. Les chams, musulmans cambodgiens, avaient toujours pratiqué un islam tolérant teinté d'animisme khmer. Les « prêcheurs » des nouvelles mosquées financées par l'Arabie saoudite prônaient un islam beaucoup plus radical et obligeaient les Khmers chams à s'y convertir s'ils voulaient bénéficier des services sociaux mis en place à côté des nouvelles mosquées. On pouvait rencontrer à présent, dans la banlieue de Phnom Penh, des Cambodgiennes voilées, ce qui alerta les autorités sur certains phénomènes souterrains.

1. Ce groupe actif en Asie du Sud-Est veut établir un émirat englobant l'Indonésie, la Malaisie, le sultanat de Brunei, le sud de la Thaïlande et le sud des Philippines.

Une note confidentielle de la direction Asie du Quai d'Orsay décrivait dans le détail la pénétration des réseaux islamistes au Cambodge. Les autorités cambodgiennes en ont sûrement eu une copie. Les Américains réalisaient des études identiques et leur conclusion était la même. On ne pouvait pas continuer ainsi sans réagir, d'autant plus que Colin Powell, secrétaire d'État sous le premier mandat de George W. Bush, devait se rendre mi-juin au Cambodge. Cette opération de démantèlement fut accueillie avec soulagement par les initiés.

Un tribunal international pour les Khmers rouges

Le 6 juin, le gouvernement cambodgien arriva à un accord avec le secrétariat général de l'ONU pour la création d'un tribunal spécial à participation internationale afin de juger les Khmers rouges. Cet accord avait été signé neuf ans après que les deux coPremiers ministres Hun Sen et Ranariddh en avaient fait la demande en juillet 1994 à l'ONU. La raison en est que Hun Sen, entre-temps, avait changé de position et fait traîner les discussions avec l'ONU. Sihanouk déclara alors que « ce type de tribunal est inutile, et que l'on ferait mieux d'utiliser l'argent de son fonctionnement à soulager la misère du peuple ». Lui aussi avait changé d'avis car, en 1996, il avait indiqué qu'il soutiendrait tous ceux qui en demanderaient sa création. Les changements de position des hauts dirigeants sur l'attitude à tenir vis-à-vis des Khmers rouges reflétèrent bien le débat entre justice et paix sociale.

Doit-on juger les derniers Khmers rouges, et lesquels, pour que justice soit rendue avec le risque, bien entendu, de diviser une nouvelle fois la société cambodgienne, ou doit-on, au contraire, ne pas les juger pour préserver la paix sociale, mais ce qui maintiendrait leur impunité ?

J'avais aussi hésité sur cette question. Finalement, je fus plutôt « pour », afin que les jeunes générations soient vraiment au courant de ce qui s'était passé, et pour que les hommes politiques actuels et les groupes d'activistes étudiants fassent attention aux arguments employés, eu égard aux excès auxquels ils peuvent conduire dans la pratique. Je pensais aussi que, par ce tribunal, l'enfer des victimes et la douleur de leurs familles et amis seraient reconnus.

Nouvelles élections législatives

Pendant ce temps, la campagne électorale battait son plein : 21 partis avaient été autorisés à participer à ces élections, fixées au 27 juillet 2003. Le déroulement du scrutin ne fit pas l'objet de contestations majeures auprès des observateurs étrangers toujours présents. Le PPC en sortit de nouveau vainqueur et progressait même avec 47,35 % des voix et 73 députés sur 121. Le Funcinpec connut une nouvelle baisse avec 20,75 % et 26 sièges (contre 31,7 % et 43 sièges en 1998), et, enfin, le PSR, avec 21,87 % des voix et 24 sièges vit son score augmenter par rapport à 1998 où il avait obtenu 14,75 % et 15 sièges. Aucun des autres partis ne parvint à décrocher un poste de député. Pour cette élection, le prince Chakrapong, qui avait dit il y a quelques années qu'il ne ferait plus de politique, avait « replongé » en créant le parti Prolung khmer avec Pen Sovan[1], le général Toan Chhay[2] et quelques fidèles. Il rassembla des foules importantes dans ses meetings pendant la campagne électorale mais n'eut aucun élu. Il avait alors envisagé une alliance électorale avec le PSR et avait fait une conférence de presse commune avec Sam Rainsy, mais ce dernier en avait tiré plus d'avantages que lui. Sam Rainsy, comme à l'habitude, fit quelques recours auprès de la commission nationale des élections, le Funcinpec également, mais tous les résultats furent validés.

L'article 82 de la Constitution existait toujours : les deux tiers des députés étaient nécessaires pour élire le gouvernement. Bien qu'ayant progressé, le PPC n'atteignait pas les 80 sièges exigés pour gouverner seul.

1. Ancien Premier ministre du premier gouvernement provietnamien de Heng Samrin en 1979.

2. Ancien ministre de l'Intérieur du Funcinpec en 1993 puis gouverneur de Siem Reap de 1994 à 1998. Opposé à Ranariddh, il avait créé le Parti de l'unité nationale cambodgienne pour les élections de 1998 mais n'avait eu aucun élu. Atteint d'un cancer, il décéda le 10 octobre 2004.

Vers la deuxième abdication de Sihanouk (2003-2004)

Hun Sen chercha donc à reprendre langue avec le Funcinpec, mais Ranariddh répondit aux abonnés absents. Il avait été très affecté par son échec, encore plus grand qu'en 1998. De plus, certaines voix dans le Funcinpec s'élevaient pour qu'une discussion s'engage avec le PSR. Pendant la campagne électorale, les deux partis s'étaient copieusement insultés et s'étaient mutuellement reproché des débauchages de militants. La prise de contacts s'annonçait difficile.

Beaucoup de déclarations intempestives étaient prononcées ici ou là, qui auraient pu entraîner des conséquences graves si elles avaient été suivies d'effets. Un jour, le roi me confia: « Il y a deux "Calamity Jane" de la politique cambodgienne, ma demi-sœur Vichara du Funcinpec[1] et Saumura Tioulong-Sam du PSR[2]. Heureusement, elles ne sont que deux, car, si elles étaient trois, le Cambodge serait de nouveau à feu et à sang. »

L'impasse politique

Tout le monde pensait à une crise classique comme celle qu'avait connue le pays lors des dernières élections législatives, et qu'il suffirait de l'intervention bienveillante du roi pour que tout se règle. En fait, sans que personne ne l'imagine, on entrait dans la plus longue crise politique du nouveau royaume du Cambodge. Elle allait durer plus d'un an et avoir des conséquences très importantes, inimaginables en ce mois d'août 2003, à savoir l'abdication de Norodom Sihanouk l'année

1. Sœur du prince Sirivudh, vivant entre Paris et Phnom Penh, elle avait épousé, en deuxièmes noces, Yves Dumont, alors PDG des champagnes Laurent Perrier. Elle s'était intéressée à la vie politique cambodgienne à partir de 1993. Elle fut élue députée en 2003.

2. Épouse de Sam Rainsy. Ancienne directrice générale de la Banque centrale, elle fut élue députée en 2003.

suivante. En septembre, rien n'avait bougé dans les contacts entre le PPC et le Funcinpec. En revanche, le dialogue avait repris entre ce dernier et le PSR, et l'on parlait d'une Alliance des démocrates en constitution. La famille royale fut endeuillée à ce moment même par le décès du prince Narindrapong, le 8 octobre à Paris, d'une crise cardiaque. Il avait été pro-Khmers rouges et avait torturé moralement son père pendant ses années d'« emprisonnement ». Même à Paris, des années plus tard, il avait continué à être très critique envers lui, mais, quelque temps avant sa mort, il s'était rapproché du palais royal et avait écrit des articles favorables sur la période du SRN.

C'était peut-être le projet de cette Alliance des démocrates qui expliquait la présence de Sam Rainsy cette année-là aux festivités familiales à l'intérieur du palais royal pour l'anniversaire du roi, le 31 octobre 2003.

La crise s'éternisant, le roi décida de s'impliquer davantage pour dénouer la situation. Après quelques contacts discrets avec les uns et les autres, Norodom Sihanouk crut pouvoir proposer un gouvernement d'union tripartite pouvant avoir l'assentiment de tous. Il réunit les trois partis au palais royal le 5 novembre et leur fit signer une déclaration dans ce sens. Mais, dès le lendemain, le PSR remettait en cause cette déclaration, entraînant le Funcinpec à faire de même. Sam Rainsy venait de rater une occasion de montrer que son parti pouvait être un parti de gouvernement. Et, surtout, il fit perdre la face au roi, ainsi qu'à Ranariddh. L'homme était courageux, mais ses prises de position et sa pratique politique s'apparentaient plutôt à celles d'un agitateur que celles d'un responsable gouvernemental.

Ce fut le premier échec politique de Norodom Sihanouk, qui n'a pas su trouver « la » solution pour résoudre cette nouvelle crise.

Le prince Ranariddh partit en France, ce qui ne facilita pas les discussions entre leaders de l'Alliance des démocrates.

Le PSR avait l'air de croire dur comme fer au rapprochement avec le Funcinpec dans l'Alliance des démocrates. Ces deux partis s'étaient entendus sur 73 points importants, après des mois de négociations, et « l'Alliance » avait commencé à négocier tous ces points avec le PPC, condition *sine qua non* pour accorder ses voix à la création du nouveau gouvernement. Des commissions très sérieuses étaient créées, la liste des points d'accord et des points en discussion était établie chaque semaine. On amusait bien la galerie. Pendant ce temps, des bruits commençaient à circuler sur un rapprochement entre Hun Sen et Ranariddh par le biais d'un autre canal.

En janvier 2004, la crise politique s'éternisait, et l'assassinat le 23 janvier de Chea Vichea, président du principal syndicat du textile, proche de Sam Rainsy, alourdit le climat politique[1].

Les pays donateurs rechignaient à financer et à lancer de nouveaux projets, et commençaient à s'impatienter devant les « enfantillages » des dirigeants cambodgiens.

Rétrospectivement, je pense que c'est après la réunion inutile du 5 novembre que le roi prit la décision d'abdiquer. En ce début d'année 2004, marri et déçu, il n'essaya même plus d'intervenir pour résoudre cette crise politique. Il partit pour Pékin puis pour Pyongyang, en déclarant qu'il voulait y rester.

Le 25 juin 2004, Ranariddh accepte subitement de former un gouvernement de coalition avec Hun Sen, abandonnant brutalement le PSR, l'Alliance des démocrates et les résultats de toutes négociations.

Un gouvernement de 332 membres (ministres, secrétaires d'État et sous-secrétaires d'État) est formé, et Ranariddh, malgré ses tractations politiques et avec à peine 22 % des voix, obtient

1. Dans un tout autre domaine, le 24 janvier, la FAO signale le premier cas de grippe aviaire dans un élevage de poulets de Phnom Penh, nouvelle que le gouvernement intérimaire a tardé à confirmer.

40 % de ministres du Funcinpec dans le gouvernement et reste ainsi président de l'Assemblée nationale[1].

En juillet, de Pyongyang, Sihanouk annonça son intention d'abdiquer, puis, le 3 août, il partit pour Pékin où il restera quelques mois. Il reçut alors la visite de S.S. Tep Vong qui tenta de l'en dissuader. À Phnom Penh, la classe politique s'agita de manière contradictoire, mais ni le gouvernement ni l'Assemblée nationale n'entamèrent les démarches qu'avait souhaitées le roi pour mettre en place le Conseil du trône. Le roi déclara alors qu'il souhaitait prendre sa retraite mais, au fond de lui, il restait déterminé à abdiquer. Je n'avais, de mon côté, pas cru à ses paroles et je pensais qu'il utilisait cet argument à d'autres fins.

En fait, Sihanouk avait compris qu'il avait perdu l'ascendant sur les hauts dirigeants du pays et sur les partis politiques. Il entendait de toutes parts des projets d'abolition de la monarchie, et il était donc déterminé à forcer le destin pour régler la succession de son vivant, en mettant sur le trône le prince Sihamoni, fils chéri de la reine Monique, auquel tous deux pensaient depuis longtemps.

Le 5 octobre, l'Assemblée nationale ratifia l'accord signé le 6 juin 2003 entre le gouvernement cambodgien et le secrétariat général de l'ONU pour la création des chambres extraordinaires du tribunal qui allait juger les Khmers rouges.

L'abdication de Sihanouk

Le 8 octobre, Sihanouk, toujours à Pékin, annonça qu'il abdiquait définitivement. Les choses se précipitèrent alors. Chea Sim, président du Sénat, devint, pour quelques jours, chef de l'État. En urgence, l'Assemblée nationale mit en place la composition et les règles de fonctionnement du Conseil du trône.

1. Sam Rainsy n'oubliera pas cette « trahison » de Ranariddh. Et les amis de Ranariddh, qui ont pourtant obtenu des postes de ministres grâce à lui, ne lui en seront pas reconnaissants et le laisseront tomber dès que le vent tournera.

Sihanouk fit venir son fils à Pékin, le prince Sihamoni, pour lui demander d'être candidat à sa succession. Celui-ci me racontera plus tard: «Je n'avais rien demandé, j'avais peur de manquer d'expérience, mais je donnai mon accord à mon père et à ma mère puisqu'ils me le demandaient dans l'intérêt du royaume.» Le prince Ranariddh fut également convoqué à Pékin, et, bien qu'il eût pensé dans le passé prendre la succession de son père, il savait que les conditions n'étaient pas réunies pour cela et apporta son soutien à son frère. Hun Sen avait aussi donné son accord à Sihanouk pour Sihamoni. Il ne voyait pas en lui ni un concurrent ni un rival, d'ailleurs il le connaissait mal, et le voyait comme un diplomate très bien élevé, s'intéressant aux arts, notamment à la danse. Ce dernier avait en effet suivi des études supérieures de danse, musique et théâtre, de 1971 à 1975, à l'Académie d'art musical de Prague, puis avait été professeur de danse classique à Paris, de 1981 à 2000, notamment au conservatoire de danse Marius Petipa. Dans cet établissement, Benoît Duteurtre était son pianiste[1]. Ensuite, il fut directeur général et artistique du groupe Ballet Déva, puis ambassadeur du royaume du Cambodge à l'Unesco de 1993 à 2003. Dans ces conditions, les autres membres du Conseil du trône donnèrent également leur d'accord.

1. Benoît Duteurtre devint plus tard un écrivain renommé qui publia de nombreux essais et une vingtaine de romans, notamment *Le Voyage en France* (prix Médicis), *Chemin de fer* ou *Les Pieds dans l'eau*.

Roi père
2004-2012

Sihanouk, Sihamoni : le passage du relais

Le 15 octobre, le prince Norodom Sihamoni fut élu à l'unanimité roi du Cambodge par le Conseil du trône. La date du couronnement fut fixée au 29 octobre[1], avant-veille de l'anniversaire de Norodom Sihanouk.

À ce moment-là, j'étais en mission à Tokyo. J'écrivis immédiatement à Norodom Sihanouk et au nouveau roi. Comme en 1991, au moment du retour de Sihanouk au Cambodge après les accords de Paris, je pensais qu'il fallait absolument que je sois présent à cet événement historique que représentait ce couronnement. D'autant plus qu'avec Jayadévi, nous devions être tous les deux à Phnom Penh cette semaine-là, ayant prévu de nous y rendre pour l'anniversaire de Norodom Sihanouk.

Dans mes lettres, je demandai immédiatement à l'ancien roi et au nouveau d'avoir l'insigne honneur et le grand plaisir d'être invité le 29 octobre, avec Jayadévi, à la cérémonie du couronnement, en plus des festivités pour l'anniversaire, le surlendemain.

1. Norodom Sihanouk avait été couronné le 28 octobre 1941.

Connaissant bien aussi le nouveau roi, je pouvais donc me permettre, dans mes lettres, quelques allusions personnelles, notamment à son surnom « Tokyo », mais avec déférence car il était maintenant le roi. Par retour de fax, le roi père et le nouveau roi me répondirent pour me remercier de mes lettres de félicitations et m'inviter aux cérémonies du couronnement avec Jayadévi. Je leur fus infiniment reconnaissant de leurs réponses immédiates et de leurs invitations écrites, car j'avais entendu dire qu'il y aurait peu d'invités à ces cérémonies historiques. Grâce aux lettres des deux rois, Jayadévi fut la seule des arrière-petits-enfants présente. Le nouveau roi, conscient de la situation de son pays, voulait en effet une cérémonie à la hauteur de l'événement mais sans dépenses excessives et sans les défilés dans la ville à dos d'éléphants comme dans le passé.

Les cérémonies du couronnement

Phnom Penh attend son nouveau roi. Un immense portrait de Norodom Sihamoni a été dressé au-dessus de la grande porte d'honneur du palais royal, juste en dessous de la tribune du pavillon Chan Chaya. Sur la grande place, sur les établissements publics, aux grands carrefours, dans les rues et jusque sur les rives du Bassac et du Mékong, partout en sont fixés d'autres, tandis que, accrochés aux luminaires, une multitude de drapeaux et d'oriflammes du Cambodge ou aux armes de la monarchie flottent au gré du vent.

Les cérémonies d'essence brahmanique ont commencé le 28 octobre au matin. Dès le lever du soleil, les bakous, vêtus de blanc, ont débuté la cérémonie en procédant à des offrandes aux quatre points cardinaux du palais. Puis, avec de l'eau versée d'une conque, ils ont ensuite ondoyé les insignes de la monarchie.

L'après-midi, dans la salle du trône, des rites bouddhistes ont eu lieu avec des offrandes du roi à ses prédécesseurs, en présence des dignitaires bouddhistes. Puis, la bougie de la Victoire a été allumée et se consumera jusqu'au samedi matin dans la salle du trône.

Le 29 au matin, on procéda à l'ondoiement du roi auquel participait un nombre très restreint de membres de la famille royale et de dignitaires bouddhistes, autour du roi, du roi père et de la reine mère. L'après-midi, vers 15 heures, eurent lieu les célébrations traditionnelles religieuses en présence de la famille royale, des officiels cambodgiens, des membres du cabinet du palais royal et de quelques invités particuliers en *kben* de soie bleue[1] – pas plus de 200 personnes – dans la salle du trône. Puis, vers 17 heures, ce fut le tour d'une cérémonie officielle où le nouveau roi prêta fidélité à la Constitution et où les hautes autorités cambodgiennes lui firent allégeance devant les mêmes invités plus les diplomates étrangers.

Le lendemain, 30 octobre, très tôt le matin, le roi se rendit à la pagode d'argent pour honorer le bouddha d'émeraude, puis ce fut l'extinction de la bougie de la Victoire dans la salle du trône. Il se dirigea ensuite vers le pavillon Chan Chaya et, du haut du balcon, s'adressa à la population venue l'acclamer. Près de 40 000 personnes étaient présentes. Tous les soirs, pendant ces trois jours, les feux d'artifice concluaient les cérémonies de la journée.

Voilà un demi-siècle qu'un roi n'avait pas été intronisé au Cambodge. La dernière fois qu'un sacre avait eu lieu, c'était le 5 mars 1955, pour l'accession au trône du roi Suramarit, deux jours après l'abdication de son fils, Norodom Sihanouk. Quand celui-ci redevint roi, le 24 septembre 1993, n'avait été organisée que la prestation de serment, car la tradition veut que le roi ne reçoive qu'une seule fois les attributs de la royauté, devenant

1. Sorte de long tissu de soie enroulé d'une manière spéciale autour de la taille et des jambes et faisant une sorte de pantalon bouffant.

ainsi le Devaraja, le Dieu roi, et Sihanouk les avait déjà reçus en 1941.

Le dimanche 31 octobre, nous sommes revenus au palais pour l'anniversaire du roi père. Tout se déroula comme les années précédentes, à ce « détail » près que, pour les prières le matin et pour le long défilé des dons aux bonzes, le nouveau roi était toujours assis à côté du roi père et de la reine mère. Lors du déjeuner, la table sur l'estrade, dressée traditionnellement pour le roi père, avait cette année trois couverts. Lui-même au milieu, la reine mère à sa gauche et le nouveau roi à sa droite. Autre nouveauté, le roi père, la reine mère et tous les invités étaient vêtus d'un *kben*, alors que le roi Norodom Sihamoni portait un pantalon. Ce détail vestimentaire me sauta aux yeux et m'amena immédiatement à penser que le souverain aurait la volonté, très vite, de ne pas être prisonnier du passé, d'imposer sa marque et de projeter le Cambodge dans le XXIe siècle, comme son père lui avait fait traverser le XXe siècle.

Ainsi donc, Sihanouk était devenu « roi père » par sa volonté et avait assuré sa succession d'une main de maître, sans à-coup. Certes, Hun Sen avait mis en avant son gouvernement, qui, disait-il, avait assuré le changement de monarque dans le calme. C'était de bonne guerre, mais le principal mérite en revenait à Sihanouk qui, par sa détermination, avait forcé le destin. Les années précédentes, quand il avait demandé que l'on précise les règles de fonctionnement du Conseil du trône, le gouvernement et l'Assemblée nationale n'avaient rien fait. Là, il était allé jusqu'au bout en abdiquant de son vivant, et les avait ainsi contraints à s'y atteler. Sortant de onze mois de crise politique, le PPC, si tant est qu'il l'ait voulu, devant une communauté internationale inquiète, ne pouvait pas se permettre de provoquer une autre crise. Les hauts dirigeants de ces institutions ont dû prendre position en faveur du candidat du roi père et de la reine mère, le prince Sihamoni.

Après sa défaite et sa négociation avec Hun Sen pendant onze mois, le prince Ranariddh, qui se préparait pourtant depuis de nombreuses années à monter sur le trône, n'a pas été en mesure de s'opposer à son demi-frère. Il lui aurait fallu pour cela le soutien du PPC.

Sihanouk réalisa un double coup génial en abdiquant de son vivant : il permit la continuation de la monarchie et évita une division de la famille royale. Sihamoni, seul candidat, fut élu à l'unanimité.

Désormais, comment faudrait-il appeler Sihanouk et de quelle manière allait-il falloir s'adresser à lui ? Il avait pris les devants en publiant un communiqué de Pékin. Les étrangers pourraient l'appeler « Sir » ou « Monsieur », et les Cambodgiens du « petit peuple » reprendre son ancienne appellation « Samdech Euv », « Monseigneur Papa ». Il précisait également que l'on pouvait parler de lui et de la reine Monique comme du « roi père » et de la « reine mère ».

De plus, il continuait d'intervenir sur tous les sujets d'actualité par des communiqués ou des commentaires dans le BMD, ce qui suscitait parfois des réponses fermes du gouvernement. Le roi Sihamoni en était gêné dans son action, car il ne pouvait ni critiquer son père publiquement s'il était d'accord avec le gouvernement, ni contrer de front le gouvernement s'il était d'accord avec son père.

Le roi s'en sortit en fin diplomate par une grande intelligence des situations.

Concrètement, il fit comprendre qu'il allait appliquer la Constitution, rien que la Constitution mais toute la Constitution. Pour ce faire, il allait réellement réunir et présider le Conseil supérieur de la magistrature ; c'était prévu dans l'article 134 mais son père ne l'avait jamais fait. L'indépendance de ce Conseil sera d'ailleurs un enjeu majeur des prochaines années, à la fois pour l'ensemble des citoyens mais aussi pour assurer un développement économique durable de haut niveau et garantir aux investisseurs étrangers et locaux l'application stricte des lois et de leur contrôle d'une manière indépendante. Le Conseil supérieur de la magistrature allait avoir du pain sur la planche, car un rapport de la Banque mondiale faisait état, en novembre 2004, d'une corruption « élevée et endémique[1] ».

Il allait également recevoir, tous les quinze jours en audience, le Premier ministre Hun Sen et les principaux membres du gouvernement venant lui faire un rapport hebdomadaire sur le point des principaux dossiers ; c'était prévu dans l'article 20 mais son père ne l'avait jamais fait non plus.

Ses visites dans les provinces – chaque fois qu'il le pouvait – étaient aussi très importantes pour se faire connaître et aimer par le peuple. Il les fit en allégeant au maximum les règles du protocole.

Dans ses voyages à l'étranger, l'urbanité et l'intelligence diplomatique du nouveau roi ont été partout appréciées.

L'examen des premiers mois a donc été passé avec succès pour Sihamoni. Partout, dans les ONG, les chancelleries et dans le peuple, tout le monde se félicitait du nouveau roi qui représentait très dignement le royaume. Seuls quelques esprits chagrins, sur Internet, se sont désolés à l'idée que le roi soit « célibataire », « célibataire à la manière de Jean-Claude Brialy », *dixit* un internaute citant une parole du roi père[2]. Ce dernier, du temps où il était roi, n'a jamais employé devant moi cette périphrase. Il m'a simplement précisé un jour : « Mon fils Sihamoni aime les femmes comme des sœurs. Il n'est pas comme son père ou son grand-père. » J'ai trouvé la formule charmante. Norodom Sihanouk ajouta également qu'une « gentille

1. « *Cambodia at the crossroads* », rapport de la Banque mondiale, 15 novembre 2004, p. 3.

2. Cette formule fut reprise dans un article de l'hebdomadaire français *L'Express* du 11 mars 2010, p. 66.

dame khmère» aurait souhaité «que Sa Majesté le roi ait une épouse pour avoir un héritier et un successeur». Il est bon de rappeler que, effectivement, si les derniers monarques depuis Ang Duong avaient été très prolifiques, plusieurs grands rois n'ont pas eu d'enfants, comme Jayavarman Ier ou Jayavarman II[1]. De plus, maintenant, la monarchie cambodgienne est constitutionnellement élective et pas héréditaire.

Le 3 février 2005, une nouvelle affaire concernant le PSR attendait le prince Sihamoni et allait lui servir de test: l'Assemblée nationale leva l'immunité parlementaire de trois députés PSR, dont Sam Rainsy qui, titulaire d'un passeport français, partit vivre en France[2] au motif que le PSR avait créé une «armée de l'ombre». Le roi ne réagit pas, préférant attendre un moment plus propice pour régler ce problème.

La question frontalière avec le Viêt Nam

Quelques semaines plus tard, alors que le roi père se trouvait à Pékin pour un séjour médical, une nouvelle affaire concernant la «convention additionnelle» au traité frontalier passé avec le Viêt Nam en 1985 – appellation diplomatique qui masquait en fait le projet de signature du vrai traité de fixation définitive de la frontière entre le Cambodge et le Viêt Nam – éclata. En droit international, le traité de 1985 entre un gouvernement non reconnu par la communauté internationale – le gouvernement Heng Samrin de l'État du Cambodge – et son occupant, à savoir le Viêt Nam, n'avait en effet aucune valeur et il fallait en adopter un autre.

Immédiatement, des critiques s'élevèrent des rangs du PSR mais aussi de forces ultranationalistes, accusant le gouvernement

1. Madeleine Giteau, *Histoire du Cambodge*, Éditions Didier, Paris, 1954, p. 65.
2. Le deuxième député, Chea Poch, réussit aussi à sortir du Cambodge. Quant au troisième, Cheam Channy, il fut incarcéré le jour même et condamné en août à sept ans de prison.

Hun Sen de brader le territoire national à l'un des deux ennemis héréditaires du Cambodge, à savoir le Viêt Nam, l'autre étant la Thaïlande. Mais c'est le roi, en tant que chef d'État, qui devait signer ce traité pour qu'il soit valable. Hun Sen le lui demanda officiellement.

Le roi père, de Pékin, sembla le lui déconseiller et s'empara de cette affaire. Il demanda à l'État français de lui fournir les cartes de l'époque du protectorat. Cette question des frontières ne passionnait pas vraiment les jeunes générations, à part quelques nostalgiques boutefeux, et ce que souhaitaient les Cambodgiens, c'était de vivre en paix dans leur pays. Le roi père proposa de prendre la tête d'une commission de sages prête à aller sur le terrain pour redéfinir, dans le détail, la frontière avec le Viêt Nam. Prudemment, au début, tout le monde dit que c'était une bonne idée et le roi Sihamoni mit en place cette commission par décret du 10 mai. D'aucuns imaginaient déjà l'ancien monarque, vêtu d'un chapeau de brousse, s'appuyant sur un bâton de marche, contemplant du haut d'un promontoire cambodgien les basses plaines vietnamiennes. Mais cette assemblée de sages était-elle vraiment nécessaire après toutes les démarches entreprises depuis 1993 entre les deux pays ? Finalement, Sihanouk, comprenant les positions des uns et des autres, finit par démissionner de cette commission le 25 août.

Le document était prêt, il avait l'accord des deux gouvernements, on demandait simplement au chef de l'État de le signer ou non, conformément à l'article 26 de la Constitution.

Le roi père entre Pékin et Phnom Penh

Le roi père resta à Pékin et publia quelques communiqués alarmants sur sa santé. Je décidai alors de lui envoyer un fax l'avertissant de ma présence à Pékin autour du 20 septembre. Khek Lerang, nommé ambassadeur du Cambodge à Pékin et faisant de fait office de directeur de protocole du roi père, me téléphona à l'hôtel : « Sa Majesté est très heureuse de t'accorder une audience le jeudi 22 septembre à 10 h 30. » Celle-ci aurait lieu dans sa résidence royale à Pékin, rue Dong Jiao Min Xiang. J'aimais cette rue qui se trouvait non loin de la place Tian an men, de l'hôtel de Pékin et de Wangfujing. Elle n'était pas très large, ombragée, avec des rangées d'arbres de chaque côté et des bâtiments anciens. Les plus récents dataient des années 1970. Elle avait donc un petit look rétro. C'était l'ancien quartier des légations étrangères au XIXe siècle, immortalisé par le film *Les 55 jours de Pékin*, avec Charlton Heston et Ava Gardner.

La résidence royale de Sihanouk, au n° 15, était d'ailleurs l'ancienne légation française – ambassade de France – de l'époque que Chou Enlai avait fait entièrement rénover en créant une salle de réception, une salle de cinéma privée, une piscine couverte et tout le confort moderne, le tout avec un beau jardin au milieu. Mais j'aimais imaginer que l'entrée, avec ses deux gros lions de pierre menaçants et son énorme portail rouge clouté en bois, était la même qu'au temps des légations. Un garde immobile de l'APL, impeccable en costume vert, gardait lui aussi l'entrée, baïonnette au canon.

Khek Lerang m'introduisit dans le salon d'audience où se trouvait le roi père[1]. Il m'accueillit très chaleureusement. J'exécutai bien sûr un *sampeach*, et il me releva, me prit dans ses bras et m'embrassa. Il avait l'air en pleine forme.

Je commençai par lui demander des nouvelles de sa santé, me permettant de lui dire que je le trouvais en forme : « Ça va, ça va, me répondit-il, mais ne dites pas que vous m'avez vu en forme, car tout le monde me croit très malade. Je fais courir ce bruit pour pouvoir me reposer tranquillement à Pékin, et ne pas

1. Nanou était absente car elle avait gardé ses fonctions de directeur du protocole auprès du roi Sihamoni.

avoir beaucoup de visiteurs. Mais c'est aujourd'hui la journée de la France dans ma résidence pékinoise, car je viens de recevoir l'ambassadeur de France avec son conseiller, et, maintenant, je vous reçois vous, mon grand ami. Mais, cet après-midi, je n'aurai pas d'audience, car la reine mère m'interdit de travailler toute la journée. » Je lui demandai ensuite des nouvelles de la santé de son épouse. Il me répondit : « C'est elle qui a des problèmes aux jambes, elle est allée d'ailleurs ce matin à l'hôpital et c'est pour cela qu'elle n'est pas là pour vous saluer. » Je lui donnai ensuite des nouvelles de Jayadévi. Puis, je lui fis beaucoup de compliments sur les débuts de Sihamoni dans ses nouvelles fonctions royales. « Oui, oui, je suis très fier des débuts de mon fils, Sa Majesté le roi Sihamoni, sur le trône. Après son couronnement et avant mon départ pour Pékin, je lui ai donné un seul conseil : surtout ne pas s'opposer frontalement au *"strong man"* du Cambodge, Samdech Hun Sen, Premier ministre du GRC, et signer tous les documents qu'il lui demandera de signer. » Puis la conversation vint sur les titres khmers des princes et des princesses.

Je me décidai, à ce moment-là, de lui parler d'une question qui me tenait à cœur depuis longtemps. « Votre Majesté, puisque nous parlons des titres des princesses, je souhaiterais savoir quel est le titre exact de ma fille Jayadévi ? » Le roi père fit mine de réfléchir, en s'interrogeant à haute voix et en échangeant avec Khek Lerang : « Voyons, Excellence, Jayadévi est la fille de la princesse Nanda-Devi et d'un non-prince, notre grand ami ici présent, c'est donc une "Kèv". Oui, très cher ami, votre fille est "Kèv", c'est-à-dire "princesse dont la mère princesse a épousé un non-prince". Je vais d'ailleurs vous faire un tableau des titres princiers sur une feuille blanche. » Khek Lerang se leva, sortit de la salle, et revint avec des feuilles blanches et un stylo.

Le roi père commença à écrire en parlant : « Voilà, en simplifiant : les fils et les filles de roi sont des princes et des princesses de premier rang, et leur titre, en cambodgien, est Preah Ang Mchas. On doit s'adresser à eux en disant "Altesse Royale". Les enfants des princes de premier rang sont des princes et des princesses de deuxième rang avec le titre de Neak Ang Mchas. On doit s'adresser à eux en disant "Altesse". Les enfants des princesses de premier rang sont aussi des Neak Ang Mchas, si leur mère est mariée à un prince. Les enfants des princes de deuxième rang sont des princes et des princesses de troisième rang avec le titre de Neak Angk. Ceux des princesses de deuxième rang sont aussi des Neak Ang, si leur mère est mariée à un prince. Le protectorat a malencontreusement traduit Neak Ang Mchas par comte et comtesse, et Neak Ang par vicomte et vicomtesse, mais ce sont des princes et des princesses[1]. »

Je remerciai donc le roi père pour ses explications et passai à la suite de ma question : « Votre Majesté, je ne vous ai jamais rien demandé pour moi-même, mais ce serait un très grand honneur et une très grande joie si, par décret royal, Jayadévi pouvait obtenir un titre de princesse comme si son père était un prince, ce qui remplacerait son titre de "Kèv". » Il n'hésita pas une seconde : « C'est une excellente idée, je vais demander à Sa Majesté le roi, mon auguste fils, de prendre un décret dans ce sens. » Après discussion avec la reine mère, il demanda à son royal fils de bien vouloir donner le titre de Neak Angk à Jayadévi. À peine un mois plus tard, le *kret*[2] élevant Jayadévi au rang de Neak Ang fut signé par le roi Norodom Sihamoni, le 20 octobre 2005.

1. La traduction du protectorat ne correspondait pas à la réalité du Cambodge, car comte, comtesse, vicomte et vicomtesse sont des titres de noblesse français qui n'ont rien à voir avec l'appartenance à la famille royale, dont tous les enfants, petits-enfants et arrière-petits-enfants de roi sont des princes et des princesses.

2. *Kret* (décret royal) NS/KRT/1005/439.

Nouvelle vie pour Sihanouk, débuts de Sihamoni

Le nouveau roi signa « le traité additionnel » sur les frontières le 10 octobre 2005. Il eut raison. En effet, le Kampuchéa Krom, qui avait été intégré dans la Cochinchine par les Français à la fin du XIXe siècle, n'avait jamais été rendu au Cambodge. Le roi n'a pas dû vraiment apprécier les débats qu'on lui imposa pour l'influencer, et il me confia plus tard : « Mon père m'a donné un conseil avant de partir, il faut toujours signer les textes que te demandera de signer Samdech Hun Sen. » Par là, en signant la « convention additionnelle », Sihamoni, tout en respectant énormément son père et sa mère, était en train de couper le cordon ombilical.

Dans cette affaire, plusieurs personnes attaquèrent Hun Sen, l'accusant pratiquement de trahison nationale, coupable de livrer des bouts de territoire au Viêt Nam. Celui-ci réagit brutalement en faisant lancer des mandats d'arrêt contre ceux qui l'avaient critiqué : responsables syndicaux, ONG et personnalités, tel Thomico Sisowath, neveu de Sihanouk, qui échappa à l'arrestation en partant pour Pékin.

La communauté internationale, et notamment plusieurs membres du groupe consultatif donateur d'aides au Cambodge, fit part de ses protestations et de son mécontentement. Thomico rejoignit Sihanouk à Pékin, mais ce dernier ne voulait plus s'immiscer dans ces jeux de politique politicienne.

Sam Rainsy aide Hun Sen

Par un revirement à 180 degrés, comme en est riche la vie politique cambodgienne, Hun Sen décide unilatéralement de libérer ces militants des droits de l'homme. Sam Rainsy, suite à des tractations souterraines, lui écrit le 3 février pour s'excuser et demander pardon de l'avoir accusé à tort dans le passé. Le 6 février, le roi Sihamoni le gracie, lui qui avait été condamné le 22 décembre 2005 pour diffamation envers Ranariddh et Hun Sen qu'il avait accusés d'être impliqués dans l'attentat à la grenade contre lui et ses amis en mars 1997. Sam Rainsy rentre au Cambodge et donne son accord pour modifier l'article de la Constitution nécessitant l'approbation de la majorité des deux tiers des députés pour élire le gouvernement, voter le budget et pour atteindre le quorum. Ce sera désormais avec une majorité absolue simple. L'Assemblée nationale vote cet amendement fondamental le 2 mars 2006. Bien sûr, le PPC tire son épingle du jeu, ayant à présent à lui seul la majorité. Sam Rainsy prête main-forte à Hun Sen, pensant ainsi « tuer » le Funcinpec et Ranariddh, mais, en s'associant à ce vote, il fait une erreur stratégique pour lui-même et le PSR, car il ne pourra plus négocier dans l'avenir les voix obtenues contre des sièges pour son parti. Bientôt, il n'intéressera plus personne. Pour l'heure, il obtient des places dans les commissions de l'Assemblée et deux présidences de commission, dont celle des Affaires étrangères. Son parti devient partenaire du PPC sans participer au gouvernement. Ranariddh comprend qu'il est « foutu » et, plutôt que de se faire « débarquer » de la présidence de l'Assemblée nationale, il préfère en démissionner le 3 mars 2006 au prétexte d'avoir besoin de plus de temps pour s'occuper du Funcinpec. Il sera remplacé par Heng Samrin, l'ancien chef de l'État du gouvernement provietnamien. Ainsi, tout à fait démocratiquement, seize ans après les accords de Paris et quatorze ans après la victoire du Funcinpec aux élections législatives de 1993, le PPC a reconstitué son triumvirat : Hun Sen, Premier ministre, Chea Sim, président du Sénat, et Heng Samrin, président de l'Assemblée nationale. Quant au Funcinpec, en proie aux divisions, il se retrouve proche de l'éclatement et de la marginalisation. Au final, Hun Sen s'était révélé être le meilleur sur le plan politique. Doté d'une grande intelligence des situations, très pragmatique, il avait su bien s'entourer et avait bénéficié de l'esprit collectif et discipliné du PPC (même si des dissensions existaient en son sein) et de son organisation efficace. Dans le Cambodge réunifié et en paix, Hun Sen est Premier ministre de plein exercice depuis novembre 1998.

Sans vouloir passer pour devin mais simplement par expérience de la vie politique française, c'est ce fonctionnement particulier du PPC que j'avais tenté d'expliquer au prince Chakrapong en 1993. En effet, ce parti a une culture de l'unité et de la discipline, apprise à l'école du grand frère vietnamien. Cette cohérence est d'ailleurs un gage de stabilité pour le Cambodge. Alors que le Funcinpec est un rassemblement de politiciens venant d'horizons très divers, souvent de pays étrangers et n'ayant aucune culture de discipline, mais, au contraire, un comportement d'hommes politiques cambodgiens traditionnels dont le grand sport est la division. C'est ce qui avait miné le SRN à la fin des années 1960, puis la «République» de Lon Nol, et enfin le Funcinpec dès le lendemain de sa victoire de 1993.

Dès 1987, Norodom Sihanouk ne disait pas autre chose, quand il expliquait pourquoi l'organisation du Funcinpec était fondée sur «l'autonomie» des Funcinpec locaux: «Nous avions eu tort, écrit-il en 1987, de sous-estimer la propension incorrigible des Khmers et Khmères – c'est, hélas, un défaut de ma race – à sauvegarder, même dans un cadre plus vaste, d'ailleurs non rejeté par eux, leur indépendance individuelle vis-à-vis des autres, même camarades de parti, et leur indépendance de clan vis-à-vis d'autres clans, même appartenant à un même "front" ou parti ou "organisation". Ils et elles sont patriotes mais tiennent à leur indépendance individuelle et de clan[1].»

Le 8 avril 2006, Wen Jiabao, le Premier ministre chinois, fut accueilli en visite officielle au Cambodge où il rencontra

1. Lettre à l'éditeur d'«*Indochina Report*», avril 1987, BMD du 14 au 28 octobre 2006.

bien sûr le roi Sihamoni, lui rappelant les liens indélébiles qui unissent les dirigeants chinois à Norodom Sihanouk. Mais, au-delà, l'importance de ce voyage tenait surtout au resserrement des liens de la Chine avec le gouvernement cambodgien. Sur une base très pragmatique, la Chine prit acte du fait que le PPC dirigeait maintenant le Cambodge et elle souhaita être très présente dans ce pays pour pouvoir, d'une part, contourner le Viêt Nam et, d'autre part, faire pièce à l'influence américaine dans la région. Hun Sen, quant à lui, ne voulait pas dépendre que du Viêt Nam, et souhaitait un maximum d'aides. Sur ce plan-là, il fut comblé. En partant, Wen Jiabao promit plus de 300 millions de dollars de financement sans conditions, plus de la moitié à lui seul que ce que donnaient les douze autres pays donateurs qui, eux, posaient beaucoup de conditions.

Nouvelles priorités pour le roi père

Le 26 mai, le roi père et la reine mère sont de retour au Cambodge après plusieurs mois passés à Pékin. Norodom Sihanouk semble maintenant avoir trouvé sa place et son régime de croisière dans son nouveau rôle de roi père afin de laisser son fils régner seul. Il va organiser ses activités autour de quatre pôles :

– des réalisations « propeuple », et les dons aux « compatriotes pauvres » ;

– l'organisation de soirées culturelles et festives pour les institutions et corps constitués ;

– la relance de son activité cinématographique, musicale et lyrique ;

– et, bien sûr, ses commentaires dans le BMD.

Le couple réside toujours dans ses appartements privés de Khemarin mais reçoit désormais dans la résidence royale Screi Mongkol. Ce bâtiment avait été la dernière résidence de la reine Kossamak, après avoir été le « cercle des officiers du palais ». Elle se trouve dans l'enceinte du palais royal, mais ce qui s'y passe relève du domaine privé du roi père et de la reine mère, ce qui n'est, bien sûr, pas le cas des salons officiels du palais Khemarin qui relèvent, eux, de la sphère publique et officielle. Norodom Sihanouk se rend également dans la résidence royale de Siem Reap en face du Grand Hôtel. Il partagera son temps entre le Cambodge et la Chine pour traitement médical et repos.

Quand il est à Phnom Penh, il reçoit une ou deux fois par semaine des habitants des provinces, soit pour des inaugurations sur photos des réalisations « propeuple » dans toutes les provinces, soit pour des journées de dons aux compatriotes pauvres. Le BMD signale régulièrement les réalisations « propeuple » : Kompong Chhnang, Kandal, Banteay Mean Chey, Kompong Speu, Kompong Cham, etc., pour la construction de mares d'eau, bassins d'irrigation, canaux d'arrosage, dispensaires, écoles, etc. Des photos de ces réalisations sont collées sur des panneaux, dans un endroit du parc du palais, et le roi père coupe un ruban rouge conduisant à ces photos. C'est une trouvaille intéressante en matière de communication.

Le BMD précise aussi en quoi consiste l'invitation de « compatriotes pauvres ». Le palais royal prend en charge les frais de transport et d'hébergement. Les personnes arrivent par groupes de 50 ou plus. Tous ont droit à un examen médical, à une visite de la pagode d'argent et du palais royal, à un tour dans la capitale, puis aux dons tant attendus. Chacun reçoit 50 kg de riz, du sel iodé, des boîtes de sardines, des sachets de vermicelle, une moustiquaire, une couverture, un sarong, un tee-shirt, une chemise, un pantalon ou une robe et, au minimum, 50000 riels. Quand on fera le bilan de ces réalisations et de ces dons au bout de plusieurs années, on s'apercevra de l'importance considérable qu'a jouée cette initiative auprès du « petit peuple ».

Le 29 juillet, Sihanouk donna un dîner de gala pour le corps diplomatique, le gouvernement, les députés et les sénateurs pour la première mondiale de deux de ses films : *Le Commandeur de l'ordre royal de Koh Deung* et *Avoir quatre épouses, ce n'est pas si gai que ça.* À cette occasion, il prononça un discours dans lequel il tenta de faire la synthèse de sa production cinématographique depuis ses débuts, ce qui montrait un réel souci de mise en perspective et d'explication de la cohérence de son œuvre passée avec sa nouvelle production. Il rappela que, avant les années 1960, il n'avait réalisé que des films en 16 mm qui avaient tous disparu.

Il sera plus explicite en m'écrivant deux mois plus tard[1]: « Très cher ami... Dans les années 1940 et 1950, je n'ai produit que de petits films en 16 mm qui ont tous disparu entre le 18 mars 1970 et la fin du règne de Pol Pot. Ma cinématographie date de 1965 avec, au départ, le film *Apsara.* »

Poursuivant son discours lors de cette soirée de gala, il précisa que, dans les années 1960, il avait tourné en 35 mm *Apsara* (avec Buppha Devi), *La Forêt enchantée* (avec Norodom Monique), *Le Petit Prince du peuple* (avec Norodom Sihamoni), *Ombre sur Angkor, Tragique destin, Rose de Bokor* et *Crépuscule* (avec Norodom Monique), puis revint sur ceux tournés en couleurs dans les années 1980 et 1990: *Un paysan et une paysanne en détresse, Je ne te reverrai plus, ô mon bien-aimé Kampuchéa, Les Derniers Jours du colonel Savath, Adieu, mon amour, Mon village au coucher du soleil* (avec Norodom Sihamoni), *Une ambition réduite en cendres* et *Un avocat de la non-violence.* Certains d'entre eux ont été distribués par une compagnie américaine, Meridian Video Corporation, de Los Angeles, et sous-titrés en anglais[2].

Enfin, il rappela que, depuis 2000, il avait arrêté de tourner en 35 mm, ne réalisant plus que des films courts en DVD à l'intention du « bien-aimé peuple » des villages du Cambodge et de ses amis à l'étranger. Parmi ces œuvres, il cita *Le Cid khmer,*

1. Lettre du 17 octobre 2006 envoyée de Pékin.
2. BMD du 26 juillet au 5 août 2006.

inspiré de la fameuse pièce de Pierre Corneille, et *La Châtelaine de Banareath* emprunté à *La Châtelaine du Liban* de Pierre Benoit, romancier populaire français (1886-1962). Il montrait ainsi sa grande culture française à un parterre d'invités, la plupart asiatiques et anglo-saxons, qui entendaient parler pour la première fois, à coup sûr, de Pierre Benoit et peut-être même de Pierre Corneille. Le premier inspirera de nouveau Norodom Sihanouk, qui écrira le scénario de *Koh Antay* dans le BMD, inspiré du roman *Erromango*[1], puis il rédigera le scénario et les dialogues d'un nouveau film, *Ruy Blas khmer*, inspiré du *Ruy Blas* de Victor Hugo[2].

Après ce mois de juillet intense au regard du rythme des soirées organisées à Screi Mongkol, Norodom Sihanouk partit pour Siem Reap avec la reine mère, par hélicoptère des FARK, dans la résidence royale, sise en face du Grand Hôtel. Là, le couple royal continuera à recevoir des compatriotes pauvres des différents *sroks*[3] de la province de Siem Reap. Tous les deux jours, ils organisèrent des projections en plein air, pour le « bien-aimé peuple ». Les « Royal Singing » eurent beaucoup de succès, mais également *Le Ciel khmer, Tu as une nièce, j'ai un neveu, Lon Nol, lonnoliens, Pour notre roi*... ou encore un documentaire intitulé *Cambodge 1965*.

À Phnom Penh comme à Siem Reap, le couple royal observe chaque semaine les jours saints bouddhiques, à savoir Obosothsel, Sanghateam, Theammatesna.

Autre activité du roi père : les commentaires dans le BMD et le BMD lui-même. Le BMD est une institution qu'il a créée il y a plus de trente ans. Le « Bulletin mensuel de documentation » a toujours eu pour fonction de faire connaître les activités et les positions de Norodom Sihanouk sur les sujets d'actualité.

1. BMD du 25 au 29 août 2006.
2. BMD du 16 au 25 juillet 2006.
3. Districts.

Il s'est enrichi de documents historiques, de la cinématographie de Sihanouk, de la réédition de certains de ses livres, etc. Depuis son abdication, la rubrique « Correspondances d'État » a disparu, mais les numéros se sont faits plus épais et plus nombreux, sortant normalement tous les quinze jours mais parfois toutes les semaines. Les communiqués et le BMD sont aussi répertoriés sur un site Internet, Norodom Sihanouk Web Site, qui, depuis sa création, a reçu plusieurs centaines de milliers de visiteurs.

Il donne son avis sur tout, depuis les « mariages gays », dont il est « pour », jusqu'au coup de tête de Zidane lors de la Coupe du monde de football : « M. Zinédine Zidane, chose très étrange et incompréhensible, a complètement omis de sauvegarder son incomparable gloire de sportif, son extrême popularité, en décidant de donner ce "coup de tête" à M. Marco Materazzi. Mais, ce qui est pire encore pour les "fans" de l'équipe de France, M. Zidane, en "se coulant", a très fortement contribué à "couler" l'équipe de France. Chassé avec un carton rouge de la phase finale et décisive de la Coupe du monde, M. Zidane jette le trouble dans le cœur et l'esprit de ses coéquipiers qui se trouvent subitement privés de son irremplaçable et génial leader. La présence de M. Zidane à la séance de tirs au but aurait probablement changé la face de cette World Cup. Et M. Trezeguet, en la présence de M. Zidane, n'aurait pas shooté comme un débutant. La France aurait gagné cette Coupe du monde. »

Après ce séjour bien rempli au Cambodge, Sihanouk repart à Pékin pour ses traditionnels « examens médicaux » et pour se reposer.

L'élimination de Ranariddh

La crise politique qui couvait au Cambodge explose. Au début du mois d'octobre, on annonce que l'Assemblée nationale décide de limoger une dizaine de responsables gouvernementaux membres du Funcinpec, dont le prince Sirivudh, demi-frère du roi père, vice-Premier ministre et coministre de l'Intérieur. Le prince Ranariddh[1], toujours président du Funcinpec, en voyage en France, demande aux députés de boycotter ce vote, au motif de sa non-présence. En fait, en sous-main, Hun Sen a négocié cela avec Nhiek Bunchhay, secrétaire général du Funcinpec.

Hun Sen indique que le PPC est majoritaire à lui seul et peut donc voter seul, selon les nouvelles modalités constitutionnelles. Il met cependant en garde les députés du Funcinpec : « Si vous ne venez pas, l'accord prévoyant de donner les postes à une autre équipe du Funcinpec serait caduc. » En fait, une grosse majorité des députés du Funcinpec (19 sur 24) étaient présents pour ce vote. Et ils ont voté avec le PPC la destitution de dix de leurs « amis » et leur remplacement par d'autres membres du même parti.

Le 18 octobre, un congrès extraordinaire, convoqué par le secrétaire général Nhiek Bunchhay et contesté par les partisans de Ranariddh, décide de destituer le prince Ranariddh de la présidence du Funcinpec. Keo Puth Rasmey, ambassadeur en Allemagne, est élu président, et Sirirath Sisowath, ancien coministre de la Défense, second vice-président. Dans son premier discours, Keo Puth Rasmey précise que les principes du Funcinpec doivent s'inspirer de ceux du Sangkum.

Il faut noter que ce dernier est le deuxième époux de la princesse Arun Rasmy, fille de Norodom Sihanouk et de Manivan Phanivong, et que Sirirath Sisowath n'est autre que le premier époux de la même princesse Arun Rasmy et le fils de Sirik Matak Sisowath, à l'origine du coup d'État contre Sihanouk avec Lon Nol en 1970.

Du 23 au 27 octobre 2006, Sa Majesté Sihamoni est invité en visite d'État en France.

1. Au début du mois d'octobre également, le prince Ranariddh a été démis de ses fonctions de président du Comité national olympique du Cambodge. *Cambodge soir*, 10 octobre 2006.

Pendant ce temps, le roi père est toujours à Pékin en traitement médical et ne fêtera pas son anniversaire à Phnom Penh. Il poursuit ses commentaires sur la vie cambodgienne dans le BMD. Il s'en prend ainsi plusieurs fois à son neveu, le prince Thomico Sisowath[1], qui a créé le parti du Front Sangkum Cheat Niyum et qui propose de s'allier avec le prince Ranariddh[2]. En effet, le roi père ne veut pas que l'on croie que les positions de son neveu sont les siennes et n'apprécie pas que Thomico utilise le nom du Sangkum. Il se rappela que ce dernier avait rallié Lon Nol après le coup d'État de 1970 et avait été un temps officier dans l'armée républicaine[3]. Il décide donc de republier les lettres adressées en mars et avril 1987 à l'éditeur d'*« Indochina Report »*, dans lesquelles il dénonçait les « accusations, contrevérités historiques ou politiques », qui se trouvaient dans un article rédigé par Hrom Thomico Sisowath et publié comme tribune dans cette revue[4]. Quelles que soient les raisons du roi père, je trouvais la charge contre Thomico un peu forte, car j'avais connu ce dernier à Paris, vers la fin des années 1970 et je l'avais trouvé proche des idées socialistes et plutôt pro-Sihanouk. Je ne comprenais pas pourquoi il se lançait en politique, et j'espérais vraiment qu'il se rapproche à nouveau du roi père.

En décembre, mécontent de quelques commentaires sur certains de ses derniers films, Norodom Sihanouk déclara et écrivit : « Je cesserai à partir de ce mois de décembre, et cela jusqu'à ma mort, de réaliser des films. » Décision qu'il se hâta de transgresser quelques mois après.

1. Thomico Sisowath est le fils aîné du prince Sisowath Methavi et de Nanette Izzi, sœur aînée de la reine mère, tous deux tués par les Khmers rouges.

2. *Cambodge soir*, 2 novembre 2006.

3. Thomico m'a précisé lors d'un entretien le 24 mai 2010 que, à cette époque, il était très jeune, façon de dire que sa responsabilité était moins engagée.

4. BMD du 5 au 13 octobre 2006 et BMD du 29 octobre au 10 novembre 2006.

Rumeurs de révolution de palais

En janvier 2007, je prévoyais d'aller au Cambodge et demandais à Sa Majesté le roi Sihamoni une audience. D'habitude, depuis 1993, quand je demandais une telle audience, Nanou me rappelait pour me dire oui ou non, et, si oui, me donnait la date et l'heure. Là, pour la première fois, je reçus une lettre très formelle du palais royal: « Le ministre du palais royal présente ses compliments à l'association France-Asie et a l'honneur de l'informer que Sa Majesté Preah Bat Samdech Preah Boromneath Norodom Sihamoni, roi du Cambodge, daignera recevoir en audience M. Jean-Marie Cambacérès, président de l'association France-Asie le 27 janvier 2007 à 11 heures au palais royal. Le ministre du palais royal saisit cette occasion pour renouveler à l'association France-Asie les assurances de sa haute considération[1]. »

Le 27 à 11 heures, je me rendis donc au palais Khemarin en apportant un énorme bouquet de fleurs jaunes dans un panier, le roi appréciant beaucoup cette couleur. Il m'attendait, me remercia de ce présent, m'accueillit très chaleureusement en m'embrassant, puis me conduisit à la salle des audiences. Je le remerciai de m'avoir accordé une audience, lui demandai des nouvelles de sa santé, de celle du roi père, et surtout de celle de la reine mère qui était hospitalisée à Pékin depuis quelques jours. Le roi me demanda ensuite de mes nouvelles et de celles de Jayadévi. Je le remerciai de nouveau de vive voix du décret royal élevant cette dernière au titre de princesse Neak Ang.

Je lui fis remarquer que c'était la première fois que j'étais seul pour une audience avec le roi du Cambodge. Avec son père, Nanou était toujours présente et, au début du règne de Sihamoni, c'était pareil. Le roi me répondit qu'il avait changé les habitudes et qu'il décidait en fonction des visiteurs de

1. Lettre du palais royal, 11 janvier 2007.

la présence ou non de membres du protocole à l'audience. « Quand je souhaite que l'audience soit plus personnelle ou plus confidentielle, je préfère être seul avec mon visiteur. » Il me donna ensuite beaucoup d'informations étonnantes sur la vie politique de ces dernières semaines.

Il me raconta la chose suivante : « Au début de l'année, quelqu'un est venu me prévenir qu'une "révolution de palais" se préparait, qu'il y avait un "plan" pour me déposer et me remplacer par un prince Sisowath. Je répondis à mon interlocuteur que, si l'on n'était pas satisfait de moi, j'étais prêt à laisser le trône sans problème. Je n'avais rien sollicité en 2004 et l'on m'avait fait venir à Pékin pour me demander d'accepter le trône. Le Conseil du trône m'a élu à l'unanimité. Je demande simplement à ceux qui voudraient me déposer de me laisser quinze jours pour que je puisse ranger tous mes livres que j'ai rapportés de France. Puis je retournerai très tranquillement dans mon petit appartement à Paris. »

Le roi poursuivit son récit : « J'ai téléphoné à mon auguste père à Pékin pour l'informer de cette rumeur, en lui disant surtout de ne pas en parler. Mais, vous savez comment il est, il a fait un communiqué en se demandant "à haute voix" si ce plan existait. Puis j'ai commencé à ranger mes livres pour être prêt, "au cas où". D'autant plus qu'un autre incident s'est produit le 19 janvier. J'avais souhaité réunir au palais toutes les tendances des deux branches de la famille royale pour une soirée festive. Je souhaitais cela pour essayer un peu d'aplanir les tensions qu'il y avait eues après l'éviction du prince Ranariddh de la présidence du Funcinpec. D'ailleurs, le prince Chakrapong n'est pas venu : il m'a dit qu'il avait un rendez-vous médical à Bangkok prévu depuis longtemps[1]. À la fin de la soirée,

1. Le prince Chakrapong à qui j'en ai parlé le lendemain, et qui avait soutenu son frère Ranariddh, m'a dit que c'était vrai, qu'il avait bien eu un rendez-vous médical à Bangkok.

Khek Vandy[1], que vous connaissez bien, m'a pris à partie en me disant: "Les hauts dirigeants du PPC ne sont pas contents de toi actuellement, car tu écoutes trop les conseils de ton père." Je lui répondis que je ne comprenais pas, depuis mon accession au trône je signe tout ce que me présente à signer Samdech Hun Sen et je respecte scrupuleusement la Constitution. Khek Vandy continua: "Tu risques ta peau, si tu continues comme ça." Je suis resté interloqué. Ma sœur, la princesse Buppha Devi, s'est interposée en lui disant: "Vandy, ne parle pas comme ça à mon frère." »

Le roi continua: «J'ai aussi signalé au téléphone cet incident à mon auguste père, qui rédigea aussi un communiqué sur cette question. Du coup, ces deux affaires ont enflé et rempli la chronique politique et médiatique de ces quinze derniers jours. Le Premier ministre Samdech Hun Sen a démenti publiquement ces deux rumeurs. Il m'a écrit ainsi qu'au roi père à Pékin pour faire le point sur ces deux questions sensibles. Il a dit qu'il respecterait la Constitution, tant que le roi la respecterait. Or, je la respecte scrupuleusement. Après les précisions de Samdech Hun Sen, je suis maintenant rassuré et j'ai commencé à déballer mes livres et à les remettre dans ma bibliothèque.»

Norodom Sihamoni m'avait raconté tout cela avec calme et diplomatie. Je discernais aussi une pointe d'humour quand il me parlait de ses livres. Mais je sentais qu'il avait été choqué de la façon dont lui avait parlé Khek Vandy. J'en étais moi-même étonné, connaissant ce dernier depuis environ trente ans. Khek Vandy me raconta d'ailleurs avoir donné sa propre version devant le bureau du Funcinpec, qui, après son audition, avait envoyé une lettre à Hun Sen[2].

1. Député du Funcinpec, longtemps compagnon de la princesse Buppha Devi.
2. Entretien avec Khek Vandy le 13 mai 2010.

En admettant que ces deux rumeurs aient une base de vérité, tout est rentré dans l'ordre avec la visite de Chea Sim au roi le 22 janvier et le démenti public de Hun Sen le 24 janvier, lors de la clôture d'une réunion au CDC (Centre de développement du Cambodge).

L'audience se poursuivit sur des sujets plus futiles puis le roi me raccompagna, non sans avoir demandé au photographe du palais d'immortaliser le souvenir de cette audience, comme le faisait le roi père. Cette fois, je n'eus pas à saluer les gardes du corps nord-coréens, car ces derniers n'assumaient plus ces fonctions auprès du nouveau roi.

Dehors, réfléchissant à cet entretien, je ne pus m'empêcher de penser que le roi père avait bien joué. En effet, même si la menace était non identifiée, elle courait les rédactions et les cénacles prétendument bien informés, et, comme on dit en France: « Il n'y a pas de fumée sans feu. » En mettant cette histoire sur la place publique avec ses deux communiqués, Sihanouk obligea tous ceux qui étaient plus ou moins concernés par la rumeur à démentir. Il s'était éloigné des querelles politiciennes, mais il était toujours là pour défendre le trône de son fils, comme il le sera encore pour défendre l'intégrité territoriale lors de l'affaire du temple de Preah Vihear.

La campagne électorale pour les élections municipales se déroula sans graves incidents. Elles eurent lieu le 1er avril 2007 avec 12 partis en présence. La victoire du PPC fut encore plus importante que lors du précédent scrutin en 2002. Il obtint 70 % des voix et gagna 1 591 communes (contre 61 % et 1 598 communes en 2002), le PSR remporta 23 % des voix et 28 communes (contre 17 % et 13 communes en 2002). En revanche, le Funcinpec, sans le prince Ranariddh, passa de 22 % des voix et 10 communes en 2002 à 2,5 % des voix et 2 communes en 2007, et le Parti de Norodom Ranariddh (PNR) fit 3,7 % des voix mais ne gagna aucune commune.

Le 8 avril, Sihanouk et la reine mère rentrèrent à Phnom Penh après les sept mois de traitement et de repos du roi père à Pékin. Devant me rendre au Cambodge à la fin du mois de mai, je lui écrivis pour demander une audience. Je l'informai que j'étais en train d'écrire un livre sur lui et que je souhaitais avoir des informations et des précisions personnelles. Il me fixa une audience au 29 mai. Le jour dit, à l'heure dite, j'arrivai au palais. Il me reçut pendant une heure trente, me fit part de nombreux souvenirs et me permit de prendre des notes pour mon projet de livre. Je sentis que le roi père avait éprouvé du plaisir à l'évocation de sa vie passée. À la fin de l'audience, je lui remis un synopsis. Le soir même, il me le fit rapporter à mon hôtel avec une annotation de sa main. « Vu, avec mes très profonds et affectueux remerciements à M. le président Jean-Marie Cambacérès. Haute considération. N. Sihanouk. PP, le 29 mai 2007. »

Le 31 octobre 2007 au matin, Sihanouk fait savoir qu'il annule définitivement les festivités prévues pour son anniversaire le même jour et ce, officiellement, pour protester contre des déclarations de républicains cambodgiens résidant à Hong Kong et offensantes pour lui. La veille, le prince Buddhapong m'avait annoncé qu'il n'y aurait sûrement pas les festivités traditionnelles pour la famille au palais cette année.

Le 12 novembre, Ieng Sary, ancien ministre des Affaires étrangères des Khmers rouges, et son épouse Khieu Thirith, sont arrêtés sur ordre du tribunal spécial pour les Khmers rouges (TKR). Cette arrestation fait suite à celle de Nuon Chea (82 ans), ancien n° 2 des Khmers rouges vivant librement à Pailin, et à celles de Douch (Kaing Guek Eav) et de Khieu Samphan.

La fin de l'année sera marquée au Cambodge par les péripéties des affaires concernant le prince Ranariddh, ses démêlés avec son épouse délaissée, la princesse Marie, et avec la justice à propos de la vente du terrain du Funcinpec. Le roi père en fera parfois des commentaires dans le BMD.

L'année 2008 commençait bien pour moi, j'avais été promu au grade d'officier de la Légion d'honneur par décret du président de la République en date du 30 janvier 2008. La remise de la croix avait été fixée au 20 mars à l'occasion d'une prise d'armes dans la cour d'honneur des Invalides en présence du général Cuche, chef d'état-major de l'armée de terre et du général Irastorza, major général de l'armée de terre. La croix me fut remise par le général Gérin-Roze, président de la SEMLH[1]. Khek Lerang, conseiller spécial de Sa Majesté le roi du Cambodge[2], et son frère Khek Sisoda, ambassadeur du Cambodge auprès de l'Unesco, étaient présents.

J'en avais informé le roi père par fax du 6 mai. Dès son arrivée à Phnom Penh, il me répondit par une lettre qui se terminait ainsi : « Avec ma plus profonde affection et mes très chaleureuses félicitations pour votre haut grade dans la Légion d'honneur[3]. »

Dernières interventions politiques

La nouvelle affaire du temple de Preah Vihear : conflit avec la Thaïlande

Pendant ce temps, les élections législatives se préparaient, et elles furent fixées au 27 juillet. Parallèlement, le Cambodge défendait son dossier d'inscription du temple de Preah Vihear au patrimoine mondial de l'Unesco, sans savoir que cela allait déclencher une nouvelle crise grave entre la Thaïlande et le Cambodge, crise qui, de nouveau, interférerait dans les élections législatives. Sok An, vice-Premier ministre et ministre auprès du Conseil des ministres, suivit personnellement ce dossier.

1. Le cocktail amical qui suivit le soir fut donné à la rotonde Gabriel de l'École militaire.
2. Ancien ambassadeur du Cambodge en Chine.
3. Lettre du 7 mai 2008.

Le comité du patrimoine mondial de l'Unesco, qui tenait sa trente-deuxième session au Québec du 2 au 10 juillet, inscrivit, le 7 juillet[1], le temple de Preah Vihear, Cambodge, sur la liste du patrimoine mondial[2]. Ce temple avait souvent fait l'objet de conflits dans le passé entre le Cambodge et la Thaïlande. Il fut définitivement attribué au Cambodge par la Cour internationale de Justice de La Haye en 1962. Le 8 juillet, le roi père rappela qu'au XIe siècle, le Cambodge s'étendait à des centaines de kilomètres à l'intérieur de la Thaïlande actuelle et que le temple de Preah Vihear, à l'époque, s'ouvrait sur le Cambodge[3].

Cette décision a entraîné une crise grave entre la Thaïlande et le Cambodge et la rupture des relations diplomatiques entre les deux pays. L'histoire semblait se répéter. La décision du comité du patrimoine mondial de l'Unesco du 7 juillet 2008 a relancé une flambée de nationalisme en Thaïlande sur fond de querelles politiques internes. Le gouvernement thaïlandais avait en effet donné son accord à l'inscription du temple par l'Unesco. L'opposition l'accusa d'avoir favorisé les intérêts cambodgiens. Le ministre des Affaires étrangères thaïlandais, Noppadon Pattama, dut démissionner et le gouvernement envoya des militaires près du temple. L'armée thaïlandaise commença à réhabiliter des casemates utilisées il y a vingt ans contre les bombardements de l'armée vietnamienne, qui occupait alors le Cambodge. Ce dernier renforça aussi sa présence militaire et déposa une plainte auprès du Conseil de sécurité de l'ONU, qui, ironie de l'histoire, était alors présidé par le Viêt Nam. Les grandes puissances, qui étaient encore garantes de la paix revenue au Cambodge grâce aux accords de Paris, ne voulaient en aucun cas l'aggravation de cette querelle.

1. Décision 32 com 8B, 102.
2. Les temples d'Angkor avaient été inscrits le 14 décembre 1992 à la requête de Norodom Sihanouk, président du CNS.
3. *Mekong Times* et *Cambodia Daily* des 11, 12 et 13 juillet 2008.

Les deux parties se sont rencontrées pour apaiser les tensions. Le roi père avait su anticiper cette crise et avait distribué ses archives de 1962 à la presse et à plusieurs personnalités, dont Hor Namhong, ministre des Affaires étrangères du Cambodge, pour renforcer la position actuelle des négociateurs cambodgiens. Les deux parties ont accepté de retirer par étapes leurs troupes pour éviter tout affrontement, et le Cambodge retira sa plainte du Conseil de sécurité. Loin de toutes ces tensions, les professionnels du tourisme pensent que l'inscription de Preah Vihear sur la liste du patrimoine mondial et la récente crise frontalière vont rendre ce site plus attractif. Je me suis rendu au temple de Preah Vihear le 26 mai 2010. Les deux armées thaïe et khmère se font toujours face, de part et d'autre d'une vallée. Les soldats cambodgiens ont fortifié toute la ligne de crête et sont installés dans des abris protégés de sacs de sable, et circulent par des tranchées identiques à celles de la guerre 14-18 en France. Il y avait moins de tension qu'en 2008, mais le dispositif était toujours en place.

Hun Sen sut parfaitement utiliser cette querelle de frontière à son profit et le sursaut nationaliste qui en résulta. Le PPC sortit largement vainqueur des élections législatives du 27 juillet en gagnant 91 sièges des 123 de l'Assemblée nationale (il en comptait 73 dans la précédente législature). Le PSR (Parti de Sam Rainsy), qui fit une campagne virulente d'opposition accusant le gouvernement de corruption, ne gagna que 2 députés (26 contre 24 en 2003). Divisé, le Funcinpec ne sauva que 2 des 26 sièges qu'il détenait[1], et le PNR (Parti de Norodom Ranariddh) obtint également seulement 2 sièges. Le nouveau Parti des droits de l'homme remporta 1 siège et le nouveau Parti républicain du fils de Lon Nol, avec moins de 1 % des voix, aucun. Le PSR déposa quelques recours comme après chaque élection, mais sans succès.

1. Exactement ce qu'avait prédit le prince Chakrapong.

Hun Sen se retrouva donc, pour cinq ans de plus, à la tête du gouvernement cambodgien.

Le roi père s'était invité dans la campagne électorale sur un dossier qu'il affectionnait particulièrement, l'intégrité territoriale de la nation. Celui-ci reçut des échos favorables, car il surfait sur l'actualité. Puis, sur sa lancée, il proposa un deuxième thème, la défense de la monarchie, qui ne rencontra pas, malheureusement, le succès escompté. Sihanouk comprit alors qu'il ne pourrait plus intervenir directement et fortement dans la vie politique cambodgienne comme dans le passé. Une époque s'achevait.

Le roi père comprit que, pour rester une autorité morale respectée par la grande majorité des leaders et du peuple cambodgien, il ne devait plus se mêler de la politique interne du Cambodge. Par extension, il pensait définitivement aussi que les membres de la famille royale ne devraient plus faire de politique mais que, en contrepartie, ils aient une sorte de « liste civile », comme la famille royale d'Angleterre.

Dans le passé, quand il avait déjà lancé cette idée, le prince Ranariddh, le prince Sirivudh, la princesse Vichara et le prince Chakrapong n'y avaient pas été favorables. Le roi père me racontera même l'anecdote suivante : « Mon fils, le prince Chakrapong, me dit que jamais il n'accepterait de recevoir une rémunération qui viendrait des impôts prélevés sur le sang du peuple. Le sang du peuple ! Ne trouvez-vous pas, cher grand ami, que cette expression était un peu exagérée pour qualifier une modeste indemnité qui serait prise sur le budget du palais royal ? »

L'idée était maintenant mûre, les principaux membres de la famille royale n'ayant plus de mandats politiques. Seule la princesse Buppha Devi était encore sénateur. Plusieurs d'entre eux avaient été nommés hauts conseillers du roi, y compris le prince Chakrapong, qui avait créé et présidait la fondation Norodom Racvivong. Il anime toujours cette fondation avec sa nouvelle épouse Kachanipha, une femme d'affaires thaïlandaise, pour le bien-être du peuple et en mémoire de son frère Racvivong. Le prince Racvivong, né en 1944, était passionné d'archéologie. Il avait obtenu une licence d'archéologie dans la première promotion cambodgienne de cette discipline. Il avait rejoint la résistance après le coup d'État contre son père, et il est mort en 1973, suite à un bombardement américain. C'était un « enfant bleu » atteint d'une cardiopathie cyanogène, et il devait se faire opérer en France[1].

En octobre, le roi Sihamoni prit une série de décrets royaux, nommant le prince Ranariddh président du Haut Conseil consultatif du roi, avec rang de Premier ministre, et nommant aussi plusieurs princes et princesses, de la branche Norodom et de la branche Sisowath, au cabinet et au secrétariat du roi, avec rang de ministre, secrétaire d'État et sous-secrétaire d'État. Cela allait dans le sens de la création d'un statut officiel des membres de la famille royale.

Sihanouk, toujours en traitement pour un cancer de l'estomac à l'hôpital militaire de Pékin, se réjouit de cette évolution et décida de se consacrer plus activement à sa production cinématographique et musicale.

Le roi père se retire peu à peu

C'est à cette époque-là qu'il me parut important de le revoir. Mon livre étant bien avancé, il me restait une liste d'une cinquantaine de points à éclaircir auxquels il était le seul à pouvoir répondre. Devant me rendre à Pékin au mois de novembre, je lui demandai officiellement une audience. Il me fit savoir qu'il me recevrait le 20 novembre 2008 à 11 heures avec la reine mère et que, à l'issue de cette audience, ils m'inviteraient à déjeuner.

1. Entretien avec le prince Chakrapong en avril 2009.

Le jour dit à l'heure dite, je me rendis donc à la résidence royale de Sihanouk à Pékin. Le roi père et la reine mère m'attendaient au premier étage. Je montai donc le grand escalier. Après les *sampeach*, embrassades et échanges de cadeaux, le roi père et la reine mère me prièrent de m'asseoir dans le salon et ils firent servir du champagne. Le roi père me dit ensuite d'une manière très directe: «Cher grand ami, je sais que vous vouliez nous voir surtout pour nous poser beaucoup de questions pour votre livre. La reine mère et moi sommes à votre entière disposition pour répondre à vos questions, même aux plus délicates.» Je sortis de ma poche la liste des questions que j'avais préparées et je me lançai. Ils n'en éludèrent aucune, même les plus sensibles sur certains domaines de leur vie privée ou de la vie politique cambodgienne. Au bout d'une heure et demie de travail, la reine mère proposa que nous passions à table dans la salle à manger pour continuer la discussion pendant le repas[1].

Toutes mes notes allaient me servir pour compléter plusieurs points de ce livre dans lequel les références à ce long entretien seront souvent citées. Je rappelai au roi père qu'il m'avait déjà invité dans cette salle à manger pour un anniversaire de Mme Tioulong, plusieurs années auparavant, en présence du général Tioulong, mais que Sa Majesté la reine n'était pas là. Il me précisa que, si elle n'était pas là, c'est qu'elle était en traitement à l'hôpital.

Enfin, au moment du café, je dis à Leurs Majestés que cela me ferait très plaisir et que ce serait un grand honneur pour moi si je pouvais recevoir l'Ordre royal du Cambodge. «Comment, cher grand ami, me dit le roi père, vous qui m'avez soutenu depuis trente ans, vous qui avez beaucoup aidé le Cambodge

---

1. Au menu: terrine de foie gras d'oie et sa compote d'oignons rouges servie avec son petit pain grillé, soupe de poisson, mignons de veau poêlés et galettes de maïs sauce aux girolles, trio de sorbet du jour, poulet de Bresse en fricassée à la crème aux morilles des plateaux du Lijiang et son riz sauvage, tarte Tatin à l'ananas et sa glace vanille. Tous les vins (blanc, rouge et champagne) étaient de Chine.

et le peuple cambodgien et qui les aidez encore, vous n'avez pas encore l'Ordre royal du Cambodge ? » Et, se tournant vers la reine mère, il poursuivit : « Nous allons demander à notre fils Sa Majesté le roi de remédier à cette situation. » Je me confondis en remerciements et pris congé de Leurs Majestés, en esquissant un *sampeach* à reculons.

En quittant Pékin, je me rendis à Phnom Penh jusqu'au 24 novembre. Le lendemain de mon arrivée, la réception de l'hôtel Cambodiana m'indiqua qu'un membre du cabinet du palais royal m'attendait dans le lobby. Je descendis immédiatement. Ce conseiller me salua très respectueusement, puis me présenta un très beau décret royal daté du 21 novembre, me nommant directement commandeur de l'Ordre royal du Cambodge. Je signai le reçu comme quoi le décret m'avait bien été remis et m'empressai d'écrire au roi père et à la reine mère pour les remercier et louer leurs extrêmes réactivité et efficacité. Je remerciai aussi le roi.

L'année 2008 avait été faste pour moi. Elle avait commencé par un décret du 30 janvier au président de la République française me nommant officier de la Légion d'honneur, elle se terminait par un décret du 21 novembre du roi du Cambodge me nommant commandeur de l'Ordre royal du Cambodge.

Dès janvier 2009, je retournai au Cambodge du 12 au 20 et fus reçu en audience le 13 par Sa Majesté le roi Norodom Sihamoni.

L'actualité cambodgienne allait revenir sur le procès des Khmers rouges, qui reprit formellement le 30 mars avec la lecture de l'ordonnance des coprocureurs du renvoi de l'affaire « Douch » vers l'instance de jugement[1].

1. Rappelons que « Douch », de son vrai nom Kaing Guek Eav, dirigea le centre de torture 21 ou Tuol Sleng, de 1976 à 1979. Il est accusé d'être responsable de la mort de plusieurs milliers de personnes.

De retour au Cambodge du 30 mars au 2 avril[1], j'ai pu, grâce à Jean-François Desmazières, alors ambassadeur de France, assister à l'une des toutes premières séances du tribunal spécial, le 1er avril, où j'ai pu m'entretenir avec maître François Roux, l'avocat français de « Douch » à ce moment-là.

Pendant le deuxième semestre, le roi père publia un communiqué indiquant que son troisième cancer était pratiquement guéri. Ses médecins chinois lui permirent de rentrer au Cambodge en juin et il y resta pendant tout l'été. Fin août, j'avais décidé d'amener Jayadévi quelques jours en vacances à Pékin et en Corée du Nord. Nous n'avons pas vu le roi père et la reine mère qui étaient au Cambodge, mais nous avons déjeuné avec Nanou qui avait été nommée ambassadeur en Chine.

À son retour en Chine, à l'automne, le roi père reprit son programme quotidien « pékinois » : examens médicaux, quelques audiences, rédaction du BMD et activités musicales ou cinématographiques, selon son inspiration.

Deux grands événements avant son retrait définitif

Un premier événement allait pourtant sortir Sihanouk de cette routine pékinoise bien rodée : celui du 60e anniversaire de la création de la République populaire de Chine et du défilé monstre que les autorités chinoises avaient prévu d'organiser sur la place Tian an men, ce 1er octobre 2009. Norodom Sihanouk et la reine mère furent invités et assistèrent à la cérémonie depuis les tribunes officielles adossées à la Cité interdite dominant la place.

Le jour J, les spécialistes, diplomates ou journalistes virent arriver les plus hauts dirigeants chinois sur cette grande terrasse historique, et découvrirent Norodom Sihanouk parmi les hôtes de

1. J'étais avec le général Gérin-Roze, président de la SEMLH (Société d'entraide des membres de la Légion d'honneur).

marque étrangers. Le défilé militaire et civil avec des centaines de milliers de participants, qui dura près de deux heures, impressionna le monde entier. Le soir, lors du dîner officiel, Norodom Sihanouk fut placé à la table d'honneur, immédiatement à la droite du président Hu Jintao.

Pendant ce défilé, Sihanouk se revoyait près de quarante ans en arrière, en 1970. Cette année-là, il avait eu l'insigne honneur d'être le seul étranger aux côtés de Mao Zedong et de Chou Enlai à pouvoir prononcer un discours au peuple chinois et au monde, pour lancer la résistance contre Lon Nol et les Américains... Près de quarante ans après, il était de nouveau là, aux côtés des nouveaux dirigeants chinois.

Il ferma les yeux : il ne voyait plus ce défilé militaire impeccable déployant une technologie moderne ou ces organisations de masse ayant envoyé leurs membres très bien vêtus de costumes de couleur... À la place, il voyait une foule immense, vêtue de vareuses bleues, qui, en 1970, avait acclamé Mao levant le poing comme tous les révolutionnaires du monde, puis qui l'avait acclamé, lui.

Il vit ensuite sa vie défiler avec les hauts et les bas : la résistance après le coup d'État de Lon Nol, la victoire des Khmers rouges et leur mainmise sur le Cambodge, l'invasion et l'occupation vietnamiennes, la nouvelle résistance contre les Vietnamiens, les accords de Paris, le rétablissement de la monarchie, la reconstruction du Cambodge...

Il rouvrit les yeux, la Chine puissante était là. Ce grand pays, qui, au moment de son exil, l'avait soutenu et ne lui avait jamais fait défaut. Âgé à présent et n'ayant que le statut de «*Retired King*», la Chine puissante lui restait fidèle, fidèle à la parole de Mao et de Chou Enlai, elle lui conservait sa résidence royale à Pékin, un suivi médical de haut niveau et la sollicitude de ses dirigeants.

Sihanouk se dit que sa vie avait été bien remplie. Le Cambodge est de nouveau indépendant et unifié, son fils, Norodom Sihamoni, lui succède sur le trône, le gouvernement est devenu plus stable. Globalement, le Cambodge progresse sur le plan économique et social, le bouddhisme est de retour et l'âme khmère a été préservée.

Bien qu'heureux d'être là, Sihanouk ne put s'empêcher de penser que son temps était accompli, qu'il souhaitait rejoindre ses ancêtres et quitter cette terre. Le lendemain de cette grande manifestation, il publia un communiqué dans lequel il demandait au Seigneur Bouddha de mettre fin à sa vie sur terre[1]. Mais un devin indien lui avait prédit qu'il vivrait jusqu'à 100 ans.

Ensuite, en juin 2010, le roi père Norodom Sihanouk fit un voyage symbolique très important au Viêt Nam. Il s'y rendit du 22 au 26 juin, accompagné de la reine mère et du roi Norodom Sihamoni. C'était la première fois que le roi père retournait au Viêt Nam depuis son abdication en 2004. L'annonce de ce voyage avait entraîné un début de polémique à Phnom Penh, le Parti de Sam Rainsy ayant demandé au roi père de profiter de ce voyage pour reparler de la question des frontières. Le prince Thomico, secrétaire particulier du roi père, avait qualifié d'« inacceptable » la démarche des parlementaires d'opposition. Pour couper court, le roi père avait indiqué que son voyage était d'ordre strictement privé mais qu'il n'en revêtait pas moins un caractère indéniablement historique pour les deux parties. En effet, s'il est vrai que, avant 1975, Norodom Sihanouk avait été proche de la RDVN (République démocratique du Viêt Nam) et du GRP (Gouvernement révolutionnaire provisoire), il n'en

1. Le roi père a plusieurs fois évoqué sa mort dans des communiqués passés. Une fois, il souhaita être enterré dans la propriété du palais Chang Sum On en Corée du Nord. Une autre fois, il avait émis le désir d'être incinéré et précisa même la liste des personnes qui pourraient assister à cette cérémonie. Il avait, par ailleurs, fait ériger un grand chaddey à Oudong sur la colline où reposent ses ancêtres.

était pas moins vrai aussi que, par patriotisme, il avait lutté de 1979 à 1989 contre les Vietnamiens, dont les forces armées avaient occupé le Cambodge pendant dix ans. Sihanouk avait aussi été très critique sur la signature du traité frontalier avec le Viêt Nam en 2005. À l'orée de sa vie, il avait voulu montrer que tout cela était du passé et qu'il fallait privilégier la paix et la bonne entente avec ce grand voisin du Cambodge, pour une mutuelle prospérité. Les plus hautes autorités du Viêt Nam, notamment le président de la République, Nguyen Minh Triet, et le secrétaire général du PCV, Nong Duc Manh, l'ont bien compris également et lui réservèrent un accueil très chaleureux.

L'année 2011 se partagea encore entre Pékin et Phnom Penh. Les audiences personnelles se faisaient plus rares pour S.M. le roi père, et S.M. la reine mère prenait le relais de temps en temps. Ses actions « propeuple », à savoir les dons d'argent, de nourriture ou de vêtements, ou les constructions d'habitations ou de réservoirs d'eau, étaient faites souvent « sur photos » par S.E. Kong Sam Ol, vice-Premier ministre, ministre du palais.

Au début de l'année 2012, étant encore à Phnom Penh, Norodom Sihanouk reçut avec la reine mère quelques membres de la famille ou amis et inaugura trois réalisations « propeuple ». Le 19 janvier, le couple royal partit pour Pékin. Le 20, ils reçurent à la résidence royale le Premier ministre chinois, Wen Jiabao, venu leur présenter les vœux du gouvernement chinois à l'occasion du nouvel an, puis, le 16 avril, le conseiller d'État chinois Dai Binguo se rendit lui aussi à la résidence royale pour leur faire un compte rendu sur la récente visite d'État du président Hu Jintao au Cambodge.

Les derniers BMD de l'été 2012, en revanche, faisaient exclusivement état d'examens médicaux à la rubrique « Emploi du temps » de Norodom Sihanouk.

Décès le 15 octobre 2012

Le lundi 15 octobre 2012 Norodom Sihanouk décéda d'une crise cardiaque à l'hôpital de Pékin.

Dès le retour du corps au Cambodge, une semaine de deuil national allait être instaurée, puis le cercueil serait exposé au palais royal pour les dévotions du peuple pendant trois mois. À l'issue de cette période aurait lieu la crémation près du palais royal, crémation traditionnelle pour les rois khmers qui a toujours été organisée pour ses ancêtres, et ce, afin de respecter les « dernières recommandations » de Norodom Sihanouk. En effet, le 6 janvier 2012, alors qu'il était encore à Phnom Penh, il écrivit de sa main le texte suivant : « Dernières recommandations. 1) Annulation des avant-dernières recommandations selon lesquelles mon corps ne serait pas incinéré. 2) Une fois mort : mon cadavre sera incinéré au Veal Preah Mahru (Preah Man) (près du palais royal de Phnom Penh). 3) Le lendemain de cette incinération, mes ossements seront lavés et mis dans une urne (or ou non) et déposés dans le stupa (à la pagode d'argent de Phnom Penh) qui s'appelle "Kantha Bopha". NB : il en sera ainsi une fois que mon épouse sera morte[1]. »

Le président chinois, Hu Jintao, le Premier ministre, Wen Jiabao, le futur président chinois, Xi Jinping, ainsi que d'autres dignitaires de ce pays étaient présents lors de la levée du corps à l'hôpital de Pékin. La reine mère Monineath donna un dernier baiser à son époux défunt dans le cercueil et le roi Sihamoni s'effondra en sanglots devant le corps de son père, avant de recouvrir, avec la reine mère, son visage avec un tissu blanc. Aux pieds du défunt, le Premier ministre Hun Sen jura devant les autorités chinoises qu'il défendrait la reine mère, le roi et la monarchie cambodgienne.

1. BMD du 24 décembre 2011 au 23 janvier 2012.

Au Cambodge, quand le cercueil dressé sur un char doré roula au milieu du cortège royal, précédé d'une voiture portant un immense portrait de Sihanouk, entre l'aéroport de Phnom Penh et le palais royal, des dizaines de milliers de Cambodgiens, dont beaucoup de jeunes, se pressèrent en blanc sur les bords de la route pour rendre un dernier hommage à leur ancien roi.

Pendant les jours suivants, des hauts dignitaires étrangers défilèrent au palais royal, ainsi que tous les corps constitués du royaume. Toutes ces cérémonies à l'intérieur du palais furent retransmises en direct par un grand écran numérique installé sur la façade extérieure du palais.

Des télégrammes arrivèrent du monde entier, notamment des chefs d'État et de gouvernement. Dans ses messages à la reine mère et au roi, le président français François Hollande rappelait que la France avait toujours été aux côtés de Norodom Sihanouk pour rétablir la paix, et qu'il voulait retenir de lui ses contributions à l'indépendance et à l'intégrité nationale de son pays, et sur le plan international ses contributions au lancement du mouvement des non alignés et de la francophonie.

Une cérémonie religieuse impressionnante avec 10000 bonzes eut lieu sur la grande place entre le Mékong et la façade du palais royal. Dans toutes les rues, sur toutes les façades des bâtiments officiels, des grands portraits de Sihanouk entourés de crêpe noir ou blanc étaient accrochés.

Dans ce contexte, étant en liaison permanente avec le prince Chakrapong, j'appris que deux journées de cérémonies plus particulièrement réservées à la famille seraient organisées le 30 et le 31 octobre, jour où le roi père défunt aurait dû fêter son 90e anniversaire. Selon les consignes, tout le monde devait être vêtu de blanc : les femmes en chemisier, jupe et écharpe blancs avec un petit ruban noir sur le chemisier, et les hommes en vareuse traditionnelle avec boutons blancs, pantalon et chaussettes blancs, et un brassard noir.

Je me devais d'y être avec Jayadévi, pour rendre un dernier hommage à Norodom Sihanouk, au milieu de toute la famille. Jayadévi arriva de Londres le 28 octobre pour fêter ses 18 ans puis, le 29, nous partîmes pour Phnom Penh.

Le 30 après-midi, les cérémonies religieuses débutèrent à 17 heures. Les membres de la famille royale, Norodom et Sisowath rassemblés, étaient présents, ainsi que les membres du cabinet royal. S.M. la reine mère, S.M. le roi Norodom Sihamoni et, exceptionnellement, Samdech Hun Sen, le Premier ministre, étaient là, ainsi qu'aux cérémonies du 31 au matin.

Le cercueil, doré et blanc, dont la forme rappelait le toit de la salle du trône, était posé sur un catafalque majestueux. Il était exposé dans une grande salle derrière la salle du trône, dite Preah Maha Monti. On y accédait par un grand escalier recouvert d'un tapis. Les trois drapeaux (du Cambodge, du bouddhisme et de la famille royale) ornaient les quatre piliers d'entrée de la grande salle, gardée par des militaires en uniforme blanc, casque blanc et sabre à la ceinture. La base du catafalque était entourée de fleurs blanches.

Derrière le cercueil, se trouvaient le grand parasol blanc royal à sept étages, fait de soie blanche et brodé de fil d'or, ainsi qu'un grand portrait de Norodom Sihanouk, entouré de crêpe noir.

Sur le devant du cercueil, la reine mère et le roi s'installèrent assis à même le sol recouvert de tapis, les jambes repliées sous eux. À la droite du roi, le Premier ministre Hun Sen et son épouse. Autour, les « grands princes » et les « grandes princesses ». Derrière les uns et les autres, les petits-enfants, arrière-petits-enfants et autres membres de la famille royale des deux branches avec leurs conjoints, ainsi que quelques très proches collaborateurs du palais royal.

À la gauche de la reine et du cercueil, 92 bonzes[1], le crâne et les sourcils rasés, en robe safran, psalmodièrent pendant des heures des prières bouddhiques.

À la droite du cercueil, les deux Sangha rajah, les plus hauts dignitaires des deux ordres bouddhistes cambodgiens, tenaient dans leurs mains un long tissu relié au cercueil. Dans le coin droit au fond de la salle, un petit autel avec une statue de Bouddha. Enfin, à la droite des « grands princes » se tenaient les « maîtres des cérémonies » (l'achar du palais et S.E. Kong Sam Ol) et les bakous, ces fameux brahmanes du palais qui prenaient le relais des bonzes pour certains chants religieux, et qui souffleront dans leurs conques quand la cérémonie se terminera et que le roi sortira. Ils étaient là avec leurs longs cheveux noués en un chignon sur la tête et leurs longues chasubles de soie blanche brodée d'or.

À la fin de la cérémonie, le roi et la reine mère vinrent nous parler, nous remercier d'être là, et nous pleurâmes tous ensemble. Après le départ du roi, de la reine mère et du Premier ministre, nous pûmes nous approcher et nous incliner trois fois à genoux devant le cercueil.

Le lendemain matin, en plus de la cérémonie religieuse, fut organisée la traditionnelle distribution d'offrandes aux 92 bonzes. Nous étions effectivement le 31, date de l'anniversaire du roi père défunt.

Levés dès l'aube avec Jayadévi, nous nous rendîmes au palais royal dès 7 heures. Les employés étaient encore en train d'installer les tapis, les tables et tous les présents pour les bonzes. Les membres de la famille royale arrivaient peu à peu, dans une ambiance moins protocolaire que la veille, en attendant l'arrivée de la reine mère, du roi et du Premier ministre.

1. Le roi père aurait eu 90 ans. Il y a toujours 1 bonze de plus que l'âge du roi aux cérémonies religieuses royales, mais les 2 chiffres du nombre 91 additionnés donnent 10, qui est un chiffre pair défavorable. Il y avait donc 92 bonzes.

Le prince Chakrapong me rappela, les larmes aux yeux, qu'il y a quelques semaines il se préparait à aller en famille fêter le 90e anniversaire de son père à Pékin, quand la terrible nouvelle les avait privés de cette joie. « Quand mon père était en difficulté, j'ai toujours été là pour le soutenir, puis quand les choses allaient mieux, je me retirais du devant de la scène », me précisa-t-il.

À ce moment-là, le protocole nous indiqua que Leurs Majestés allaient arriver. Les princes Ranariddh et Chakrapong se dirigèrent de l'autre côté de l'allée en face de nous et se mirent à côté du Premier ministre Hun Sen. Nous vîmes arriver du fond du parc une voiture électrique qui avançait doucement, entourée d'employés en blanc marchant à côté. À l'intérieur se trouvaient la reine mère et le roi. Ils s'arrêtèrent à une cinquantaine de mètres de l'escalier de la salle où se trouvait le cercueil. Deux cages avec des oiseaux avaient été posées sur deux tables, recouvertes d'un tissu vert. Le roi et la reine mère devaient libérer les oiseaux, selon une tradition bouddhiste. Le roi s'installa derrière une cage. La reine mère alla d'abord saluer et dire quelques mots au Premier ministre, au prince Chakrapong et au prince Ranariddh, puis elle se mit derrière la deuxième cage. Ils ouvrirent en même temps les deux cages et les oiseaux s'envolèrent dans le parc. Puis ils se dirigèrent, comme la veille, devant le cercueil de Norodom Sihanouk. Toutes les autres personnes les suivirent, tout en se déchaussant avant d'entrer dans la salle. Pendant deux heures, la cérémonie religieuse se déroula à l'identique de celle de la veille.

Ensuite, tout le monde ressortit derrière la reine mère et le roi, et une deuxième cérémonie put commencer, celle des offrandes aux 92 bonzes.

Le roi et la reine mère s'installèrent devant deux tables et sous deux parasols royaux, suivis par les membres de la famille royale, à commencer par les grands princes. Cette cérémonie durant plus de deux heures au soleil, tous les membres présents étaient conviés à se relayer pour la distribution des offrandes. À notre tour, avec Jayadévi, nous fûmes appelés à distribuer riz et autres cadeaux dans le bol à aumône des bonzes qui passaient devant nous. Le dernier bonze ayant reçu tous ses présents, la reine mère vint nous saluer. En partant, la princesse Buppha Devi nous convia tous à de nouvelles prières à 17 heures, qu'elle présiderait.

Ainsi, pendant trois mois, les princes et princesses, les gens du peuple, des chefs d'État et de gouvernement, de nombreuses délégations allaient se relayer pour veiller, prier pour l'accès au Nirvana du roi père ou simplement saluer sa mémoire. Des centaines de milliers de cambodgiens se sont aussi pressés pendant cette période devant le palais royal pour lui rendre un dernier hommage.

Le 1er février 2013 un grand défilé à travers Phnom Penh amena le cercueil royal à l'endroit où aurait lieu la crémation. Un immense palais provisoire en bois avec un haut édifice central symbolisant le mont Méru (ou Mahru), illuminé la nuit, a été construit sur le grand terrain devant le Musée National. C'est là que fut déposé le cercueil pour la crémation.

Le 4 février au soir eut lieu la crémation en présence d'une foule immense dans les rues et de milliers d'invités dans ce palais éphémère. La France était représentée à très haut niveau par le Premier ministre Jean-Marc Ayrault. J'étais l'« invité personnel » du Premier ministre pour ce voyage officiel. Je l'ai accompagné à la cérémonie de crémation, comme je l'avais accompagné aussi le 3 au matin à l'audience de Sa Majesté la Reine mère et Sa Majesté le Roi[1]. Au moment où la fumée s'éleva vers les cieux, des coups de canons furent tirés, suivis par un feu d'artifice grandiose.

1. Yamina Benguigui, ministre déléguée à la Francophonie accompagnait aussi le Premier ministre.

Le 7 février les cendres royales furent divisées en quatre parties : l'une fut dispersée dans le Mékong au lieu dit des « quatre bras », les trois autres furent mis dans trois urnes : une urne ira dans le stupa dit « Kantha Bopha », la deuxième sera déposée dans le « Pavillon des Augustes Reliques » dans la salle du trône, et une troisième sera déposée à Oudong sur la colline où se trouvent les stupa des anciens rois.

Épilogue

Sihanouk n'est plus. Mais, le « phénix khmer » entame une nouvelle vie auprès des jeunes générations. En effet, après sa mort, celles-ci découvrent avec stupéfaction son œuvre immense.

En plus de son action politique, décrite tout au long de ce livre, il fut aussi écrivain, cinéaste, musicien et chanteur[1]. Dans les années 1980-2010, il a écrit, écrit et écrit dans les BMD, totalisant, en trente ans, plus de 70000 pages et plus de 700 volumes, et dans lesquels il s'est exprimé en tant qu'exilé, en tant que chef de la résistance, en tant que roi, en tant que roi père... Il a livré au moins 12000 informations sur ses programmes quotidiens, les personnalités qu'il rencontrait... Il a diffusé plus de 60000 photos, de l'époque actuelle ou des réalisations passées (avant 1970). Dans ses BMD, il a aussi reproduit quelques-uns de ses livres, plus de 10000 articles de presse et des milliers de lettres de personnalités ou simples particuliers lui ayant écrit. Tous ces BMD peuvent être consultés à la Bibliothèque nationale de Phnom Penh ou au cabinet royal à Phnom Penh.

Il a également écrit plusieurs livres, notamment *Souvenirs doux et amers*, *Le Calice jusqu'à la lie*, *Prisonnier des Khmers rouges* et *Chroniques de guerre et d'espoir*...

1. Il était aussi Grande Croix de la Légion d'Honneur.

Tout cela constitue une source énorme de renseignements, et jamais aucun chef d'État n'a produit une telle quantité de documents aussi divers à ma connaissance. Les historiens, les politologues, les sociologues ont dans cette œuvre colossale une source infinie d'informations de toutes sortes sur le Cambodge et sur les guerres d'Indochine et du Viêt Nam.

S'ajoutent à cela les dizaines et dizaines de caisses de manuscrits, albums photos et autres documents personnels que Sihanouk a légués à l'École française d'Extrême-Orient, et dont il a chargé Olivier de Bernon, assisté d'Alain Daniel[1], de trier, classer et conserver. Ces archives personnelles ont été traitées dans une salle spéciale de la Bibliothèque nationale de Paris[2].

De plus, Sihanouk, ces dernières années, a utilisé les technologies modernes en créant un site Internet dans lequel il donnait son avis sur tout.

Du côté des réalisations cinématographiques, son œuvre est très importante. Ainsi, plus d'une trentaine de longs-métrages sont à mettre à son actif depuis *Apsara* en 1966 jusqu'à *Un apôtre de la non-violence* en 1997 ou encore, plus récemment, *Adieu Bokor* en 2007. Norodom Sihanouk a produit un ou plusieurs longs-métrages presque chaque année, sauf entre 1970 et 1979. Il ne reprit vraiment le chemin de la réalisation qu'à partir de son deuxième exil à Pyongyang où le maréchal Kim Il Sung, qui trouvait que Sihanouk avait un grand talent de réalisateur, lui avait proposé de faire deux films par an[3] et promis que son fils Kim Jong Il, passionné de

1. Ancien conseiller du roi et ancien titulaire de la chaire de khmer à l'INALCO.
2. J'ai visité ces locaux pour la première fois en mars 2007, grâce à Olivier de Bernon, et y ai travaillé deux autres fois pour rechercher documents et photos qui ont été triés par Clothilde Roullier. Le classement a donné lieu à un document relié, intitulé *Les Archives de Norodom Sihanouk, roi du Cambodge, 1970-2007*, et publié chez Somogy en 2010. Ces archives sont à présent conservées sous la cote « Archives privées 665 » aux Archives nationales.
3. Article du 5 mai 1991 par Norodom Sihamoni sur la cinématographie de son père, BMD du 23 avril au 11 mai 2010.

cinéma, lui fournirait tout ce dont il aurait besoin. Sihanouk, ne voulant pas abuser de la situation, s'en tint à un film de fiction long-métrage par an avec le concours des Studios cinématographiques de la RPDC.

J'ai eu la chance de visiter, en septembre 2008, ces studios de la RPDC à Pyongyang, grâce au département international du Parti du travail. En plus des salles de projection, des studios de montage et d'enregistrement, on a du mal à imaginer les hectares et les hectares aménagés pour tourner des films avec des décors reconstitués et construits en grandeur nature : le Shanghai des années 1930, des villes du nord de la Chine, un village traditionnel coréen, un palais royal coréen et même le quartier d'une ville occidentale avec une église. Le responsable des studios me montra les endroits où Sihanouk avait tourné des séquences et la salle de projection où il visionnait ses films.

À Pyongyang, Sihanouk tourna notamment *La Cité mystérieuse*, film inspiré du roman *L'Atlantide* de Pierre Benoit, *Adieu, mon amour, Je ne te reverrai plus, ô mon bien-aimé Kampuchéa, Le Cid khmer, Mon village au coucher du soleil* et *La Comtesse de Nokorom*.

Depuis quelques années, il s'était mis au numérique et avait produit des courts-métrages en DVD évoquant le passé comme *Bérénice khmère loeu*, ou relatant les mœurs du Cambodge actuel comme *Avoir quatre épouses n'est pas de tout repos*, ou encore mettant en scène de courtes adaptations de classiques français, comme *Philemon et Baucis khmers*.

Ses films ont en général un scénario simple et clair. Sihanouk leur appliquait les règles du théâtre classique, dites des « 3 unités », qu'il avait apprises au lycée Chasseloup-Laubat : unité de lieu, unité de temps et unité d'action. « Qu'en un lieu, en un temps, un seul acte accompli, tienne jusqu'à la fin le théâtre rempli. » C'est cette simplicité, cette clarté d'une action se déroulant au Cambodge qui plaisaient aux spectateurs cambodgiens.

De plus, le héros des films de Sihanouk n'est pas tel ou tel personnage, c'est le Cambodge lui-même, et c'est aussi le peuple cambodgien avec son patriotisme, sa morale et sa culture.

Quels que soient les jugements des uns et des autres sur ces œuvres, il est vrai inégales, la somme représente et représentera un témoignage extraordinaire sur le Cambodge d'avant 1970 : *Apsara* (1966), *Ombre sur Angkor* (1968) ; sur la période d'exil : *Je ne te reverrai plus, ô mon bien-aimé Kampuchéa* (1990) ; sur l'histoire : *Les Derniers Jours du colonel Savath* (1995), *Bouddha, Dharma, Sangha, le seul refuge* (1995) ; et, enfin, sur les mœurs nouvelles du Cambodge moderne : *Je suis homo* (2002)[1].

La musique et le chant sont aussi des passions de Norodom Sihanouk, moins connues mais étonnantes quant à leur foisonnement : il a enregistré des centaines de chansons, regroupées dans des DVD « Royal Singing ». Beaucoup ont été composées par lui, tant la musique que les paroles, comme la plus connue « Monica », mais aussi « Chérie », « Amour sans espoir » ou « Phnom Koulen ». Il chantait bien sûr en cambodgien et en français « Les feuilles mortes », mais également en anglais *« I left my heart in San Francisco »* et en espagnol *« Te quiero mucho[2] »*. Il jouait aussi de l'accordéon.

Une ou deux fois par an, jusqu'en 2010, il organisait des soirées « Royal Singing » pour le corps diplomatique ou d'autres personnalités, durant lesquelles il interprétait plusieurs chansons de sa composition ou du répertoire mondial. La dernière soirée de ce genre à laquelle j'ai assisté avait été organisée le 14 mai 2010 pour « L'Auguste Anniversaire de S.M. Preah

1. Par le communiqué du 3 février 2010 de Pékin, Norodom Sihanouk annonce (de nouveau) qu'il met fin à ses activités filmographiques. Mais cette fois ce fut réel.
2. Il avait commencé à apprendre l'espagnol quand il était « prisonnier des Khmers rouges ».

Norodom Sihamoni». Le roi père avait rédigé de sa main la liste des 45 chansons qu'il a chantées jusqu'à 3 heures du matin. Parmi celles-ci, quelques-unes de sa composition comme «Monica», «J'ai rêvé de vous», «Fleur de Vientiane», «Le soir où je t'ai rencontrée», «Charmante Apsara», mais également beaucoup de chansons françaises: «La vie en rose», «J'attendrai», «Et pourtant», «La mer», «J'ai deux amours». Le dernier enregistrement d'un DVD «Royal Singing» fut réalisé en mai 2010.

L'histoire du Cambodge depuis 1941 est liée à celle de Sihanouk. Personnage controversé, disent certains. Pourquoi pas, mais qui ne l'aurait pas été avec tout ce qu'il a vécu? La plupart de ces détracteurs ont disparu sans vraiment laisser de traces importantes dans l'histoire, d'autres, bon gré mal gré, se sont ralliés à lui ou ont composé avec lui. Car Sihanouk savait toujours rebondir après avoir été au plus bas.

Je crois profondément que, à l'origine de ce phénomène, il y a eu l'amour physique de son peuple, puis une grande intelligence des rapports de force et une grande habileté politique et diplomatique, le tout allié à une grande estime de soi et l'intime conviction d'incarner son pays plus que tout autre.

Il restera dans l'histoire comme celui ayant rétabli et maintenu l'intégralité territoriale du Cambodge, obtenu l'indépendance de son pays, lutté contre toutes les agressions territoriales et invasions, et restauré l'union nationale et la paix. Certains lui reprocheront toujours et de manière contradictoire sa fermeté face à ses opposants dans les années 1960, son alliance par deux fois avec les Khmers rouges, ses rapprochements avec Hun Sen, ses nombreuses femmes dans sa jeunesse, et que sais-je encore?

Mais tout se comprend et s'explique dans ses comportements, pour qui veut bien chaque fois se remettre dans le contexte à l'époque de chacun de ces événements. Il ne faut pas juger avec les critères et la situation mondiale que nous connaissons aujourd'hui. Personnellement, sur le plan politique, je me suis le plus souvent trouvé en phase avec lui. De retour en 1991 dans un Cambodge unifié, après la signature des accords de Paris, redevenu roi constitutionnel en 1993, Sihanouk a accompagné du mieux possible la renaissance de son pays sur le plan interne et international. Un autre homme peut, à juste titre, partager le bilan du renouveau du Cambodge depuis 1998, c'est le Premier ministre Hun Sen, nouvel homme fort qui, avec la discipline et l'organisation du PPC, a pu éviter les divisions classiques ayant trop souvent rendu l'Assemblée nationale et les gouvernements cambodgiens inefficaces dans le passé. Ce dernier s'appuie depuis longtemps sur une poignée de personnalités de haut niveau et efficaces, notamment Sok An, Sar Kheng, Hor Namhong et Keat Chhon[1].

Conscient de cela et compte tenu de son âge, Sihanouk a eu la grande sagesse de transmettre de son vivant le flambeau royal à son fils Norodom Sihamoni en 2004, assurant ainsi, sans heurt, la continuité de la monarchie à laquelle le peuple est très attaché.

Le rétablissement de l'intégrité nationale, l'obtention de l'indépendance, le rétablissement de la paix, la continuation de la monarchie, ce n'est pas rien pour un seul homme, et, pourtant, ce n'est pas tout. Consciemment ou non, je pense que Sihanouk a fait encore plus pour le Cambodge : il a rétabli les traditions, le bouddhisme, la culture khmère (par son exemple) et surtout ce lien familial entre le « petit peuple » et le roi, qui est une donnée forte de la réalité cambodgienne au-delà des luttes politiques.

Sihanouk possédait un extraordinaire mélange de talents : visionnaire, homme d'État, stratège politique, cavalier, cinéaste, musicien, chanteur. Sa vie a ressemblé, à plusieurs reprises, à

1. Respectivement chargés de la coordination et du Conseil des ministres, de l'Intérieur, des Affaires étrangères et de l'Économie et des Finances.

une tragédie, et pourtant, curieusement, ses apparitions médiatiques semblaient relever de la comédie.

Il a créé sa propre vie, faisant plusieurs fois des choix douloureux, mais restant fidèle à son patriotisme et à l'amour de son peuple.

Ces derniers temps, son âge et sa santé ne lui autorisaient plus les mêmes activités qu'avant, mais ses « inaugurations sur photos » lui permettaient toujours d'aider le « petit peuple ». Il tenait beaucoup à poursuivre ses œuvres humanitaires, et c'est ce qu'il me dira dans une lettre dictée à Srey Nory, directeur du secrétariat royal[1] : « Quant à ma vie privée : je n'ai pas d'aventures féminines, je me consacre aux œuvres sociales et humanitaires et à la construction d'écoles, de canaux, de digues, de petits centres de santé, de pistes intervillages pour le "petit peuple", au creusement de puits ; utilisation des engins mécaniques offerts par la Chine par l'équipe de Samdech Euv : labourage des rizières sans bœufs (buffles), etc. »

Ses écrits dans le BMD, sa pratique quotidienne du bouddhisme et son influence morale lui ont permis de poursuivre son œuvre jusqu'à la fin.

Son fils Sihamoni, qui lui succède depuis 2004, a compris la leçon de l'histoire et l'exemple de son père : il parcourt les provinces pour, avant tout, se faire aimer de son peuple, et a exprimé son désir de vouloir s'occuper du social et du bouddhisme en priorité, tout en s'acquittant scrupuleusement de ses prérogatives constitutionnelles.

Je souhaiterais que le monde et le Cambodge se souviennent de Sihanouk, roi du Cambodge aux multiples infortunes, renaissant de ses cendres tel un phénix khmer. J'ai voulu aussi montrer qu'il aimait son pays et était aimé de son peuple, que c'était un épicurien, mais qu'il était fidèle depuis plus de

1. Lettre de Phnom Penh du 24 juillet 2008.

cinquante ans à la princesse Monique, devenue reine. Véritable héritier des bâtisseurs d'Angkor, héros à la fois shakespearien et cornélien, profondément bouddhiste, Sihanouk est un des derniers hommes de légende.

Après lui, il n'y aura pas de nouveau roi mythique, les dirigeants actuels et futurs du Cambodge ne sont et ne seront ni meilleurs ni pires que dans les autres pays. Mais, ce qui est sûr, c'est que, après des années et des années de désarroi, le Cambodge a pris un nouveau départ.

J'ai eu la chance de connaître physiquement le Cambodge seulement depuis 1991 et ne suis donc pas nostalgique de la période d'avant 1970 que je n'ai pas connue. J'ai suivi avec attention l'évolution de ce pays depuis plus de vingt ans. Elle est énorme, globalement positive (même s'il faudra toujours faire des efforts en matière de lutte contre la pauvreté, de droits de l'homme et de gouvernance), mais les germes des divisions et des démons du passé sont toujours là, car tel est le Cambodge, à la fois pays du sourire et prêt à tout déchaînement de violence.

L'équilibre est instable, il n'y aura pas un deuxième Sihanouk pour le Cambodge capable de retisser un lien cohérent entre le passé et le présent en sautant l'abîme des vingt et un ans de guerre civile qui auraient pu voir disparaître l'âme du Cambodge et le Cambodge lui-même. Les jeunes générations doivent apprendre leur propre histoire dans toute sa complexité et non dans ses présentations déformées. Elles doivent se libérer du complexe d'Angkor, se débarrasser du nationalisme ombrageux, appréhender de nouveau le bouddhisme et sa nécessaire tolérance, s'ouvrir au monde. Enfin, elles devront se forger un modèle propre de développement, intégrant aussi les influences de la longue présence française, penser à l'ensemble du peuple, être respectueux de la nature. L'avenir du Cambodge ne réside ni dans des gratte-ciel singeant Singapour, Hong Kong ou Shanghai, ni dans les McDonald's, la langue anglaise et le dollar. Il n'est pas non plus de devenir une province chinoise.

Le Cambodge ne doit pas scier la branche sur laquelle il est assis. Sa spécificité et sa richesse ne viennent pas seulement des ruines d'Angkor mais aussi de l'existence de la monarchie, du souvenir de la présence française, des moines en robe safran, de la beauté de sa nature et de ses paysages, de son peuple... Les nouveaux dirigeants devront construire le Cambodge de demain en s'appuyant sur cette richesse pour forger un futur bien à eux et non calqué sur de faux modernismes qui ne leur apporteront que désillusion et acculturation.

Sihanouk avait compris tout cela. J'ai essayé de le montrer au travers de ce livre, qui, je l'espère, sera utile à tous ceux qui voudront mieux connaître et comprendre ce « roi insubmersible », et, à travers lui, mieux connaître et comprendre le Cambodge.

Remerciements à :
Feue Sa Majesté le roi père Norodom Sihanouk, Sa Majesté la reine mère Monineath Sihanouk, Sa Majesté le roi Norodom Sihamoni, Mme Nhiek Tioulong, le prince Norodom Chakrapong, la princesse Norodom Nanda-Devi, le prince Norodom Buddhapong, le prince Norodom Ravichak, le prince Thomico Sisowath, Khek Lerang, feu Khek Vandy, Mme Khek Sisoda dite Nanou, Chhorn Hay, Blaise Kilian, le général Irastorza, l'amiral O'Neill, le colonel Guionie, Étienne Huchet, feu Gérard Brissé, Michel Lux, le capitaine Béneytou, Joël Velasque... qui m'ont donné beaucoup d'informations inédites, et à tous ceux qui m'ont aidé à retrouver des dates, des noms de personnes ou des photos.

Remerciements particuliers à Olivier de Bernon, qui a relu mon manuscrit pour vérifier les points d'histoire et l'orthographe des noms khmers, et à Sylvie Rogalska, mon assistante, pour la frappe du texte à partir d'un manuscrit souvent changeant.

Bibliographie

BECKER Elizabeth, *Les Larmes du Cambodge*, Presses de la Cité, Paris, 1988.

BIZOT François, *Le Portail*, La Table ronde, Paris, 2000.

CHANDA Nayan, *Brother Enemy, The War After The War*, MacMillan, New York, 1986.

CHARLES-ROUX Edmonde, *L'Homme de Marseille*, Grasset, Paris, 2001.

CIXOUS Hélène, *L'histoire terrible mais inachevée de Norodom Sihanouk, roi du Cambodge*, Théâtre du Soleil, Paris, 1987.

DAUPHIN-MEUNIER Achille, *Le Cambodge*, Nouvelles Éditions latines, Paris, 1965.

DECOUX Jean, *À la barre de l'Indochine*, Plon, Paris, 1950.

DELAPORTE Louis, *Voyage au Cambodge : l'architecture khmer*, Delagrave, Paris, 1880.

DERON Francis, *Le procès des Khmers rouges : trente ans d'enquête sur le génocide cambodgien*, Gallimard, Paris, 2009.

DREYFUS Paul, *Pol Pot, le bourreau du Cambodge*, Stock, Paris, 2000.

DUMAS Roland, *Le Fil et la Pelote*, Plon, Paris, 1996.

DURAS Marguerite, *L'Amant*, Éditions de Minuit, Paris, 1984.

ESTIER Claude, *Mitterrand président : journal d'une victoire*, Stock, Paris, 1981.

FOREST Alain, *Le Cambodge et la colonisation française : l'histoire d'une colonisation sans heurts (1897-1920)*, L'Harmattan, Paris, 1980.

GAILLARD Maurice, *Démocratie cambodgienne : la Constitution du 24 septembre 1993*, L'Harmattan, Paris, 1994.

GÉNÉRAL DUROSOY, *Saumur, historique de l'École d'application de l'armée blindée et de la cavalerie*, éd. Lavauzelles, 1978.

GEORGE Jean-Pierre, *Naissance d'une princesse*, La Table ronde, Paris, 1995.

GITEAU Madeleine, *Histoire du Cambodge*, Éditions Didier, Paris, 1954.

GUÉRET Danielle et Dominique-Pierre, *Cambodge*, Imprimerie nationale, Paris, 2009.

GUÉRET Danielle, *Le Cambodge : une introduction à la connaissance du pays khmer*, Kailash, Paris, 1998.

HAMEL Bernard, *De sang et de larmes : la grande déportation du Cambodge*, Albin Michel, Paris, 1977.

HAMEL Bernard, *Sihanouk et le drame cambodgien*, L'Harmattan, Paris, 1993.

HUDSON Christopher, *La Déchirure : Cambodge 1973-1979*, Presses de la Cité, Paris, 1985.

JENNAR Raoul Marc, *Les Clés du Cambodge*, Maisonneuve et Larose, Paris, 1995.

JELDRES Julio A. et DAYDÉ-LATHAN Béatrix, *Le Palais du roi du Cambodge*, Les Éditions du Mékong, juillet 2012.

LACOUTURE Jean, *Hô Chi Minh*, Seuil, Paris, 1965.

LA GUÉRIVIÈRE Jean de, *Indochine, l'envoûtement*, Seuil, Paris, 2006.

LUCIOLLI Esmeralda, *Le Mur de bambou : le Cambodge après Pol Pot*, Régine Deforges, Paris, 1988.

MANAC'H Étienne, *Mémoires d'Extrême-Asie*, Fayard, Paris, 1983.

MARSTON John et GUTHRIE Elizabeth, *History, Buddhism, and New Religious Movements in Cambodia*, University of Hawaii, 2004.

MARTIN Marie-Alexandrine, *Le Mal cambodgien : histoire d'une société traditionnelle face à ses leaders politiques, 1946-1987*, Hachette, Paris, 1988.

Ministère des Affaires étrangères de la RPK, *La guerre non déclarée contre la République populaire du Kampuchea*, département de la presse, 1985.

Monique SIHANOUK, *Voyage historique au Cambodge en 1973*, non publié, avril 1973.

MOUHOT Henri, *Voyages dans les royaumes de Siam, de Cambodge et de Laos*, Olizane, Genève, 1989.

PENFOLD Helen, *N'oubliez pas le Cambodge*, Éditions des groupes missionnaires, La Côte-aux-Fées (Suisse), 1981.

PONCHAUD François, *Cambodge, année zéro*, Kailash, Paris, 1998.

PONCHAUD François, *La Cathédrale de la rizière, 450 ans d'histoire de l'Église au Cambodge*, Fayard, Paris, 1990.

PONCHAUD François, *Une brève histoire du Cambodge*, Éditions Siloë, Nantes, 2007.

POMONTI Jean-Claude, *Des courtisans aux partisans : essai sur la crise cambodgienne*, Gallimard, Paris, 1971.

PORÉE Guy et MASPERO Éveline, *Mœurs et coutumes des Khmers*, Payot, Paris, 1938.

RAINSY Sam, *Des racines dans la pierre : mon combat pour la renaissance du Cambodge*, Calmann Lévy, Paris, 2008.

ROULLIER Clothilde, *Les Archives de Norodom Sihanouk, roi du Cambodge, 1970-2007*, Somogy, Paris, 2010.

ROZE Xavier, *Géopolitique de l'Indochine : la péninsule éclatée*, Economica, Paris, 2000.

SHAWCROSS William, *Le Poids de la pitié*, Balland, Paris, 1985.

SHORT Philip, *Pol Pot : anatomie d'un cauchemar*, Denoël, Paris, 2007.

SIHANOUK Norodom, *Prisonnier des Khmers rouges*, Hachette, Paris, 1986.

SIHANOUK Norodom, *Souvenirs doux et amers*, Hachette, Paris, 1981.

SIHANOUK Norodom, avec la collaboration de Wilfred Burchett, *La CIA contre le Cambodge*, Les Cahiers libres, Paris, 1973.

SIHANOUK Norodom, *My War With The CIA*, entretiens avec Wilfred Burchett, Penguin, Londres, 1973.

SIHANOUK Norodom, *L'Indochine vue de Pékin*, entretiens avec Jean Lacouture, Seuil, Paris, 1972.

SIHANOUK Norodom, *Le Calice jusqu'à la lie*, s.n., vers 1982.

STEINBACH Jérôme et Jocelyne, *Phnom Penh libérée*, Éditions sociales, Paris, 1976.

TIOULONG Nhiek, *Chroniques Khmères*, non publié, non daté.

TONG André, *Sihanouk, la fin des illusions*, La Table ronde, Paris, 1972.

UNG Bunhaeng et STUART FOX Martin, *The Murderous Revolution*, Orchid Press, Hong Kong, 2006.

XUAN Phuong et MAZINGARBE Danièle, *Ao Dai*, Plon, Paris, 2001.

YATHAY Pin, *L'Utopie meurtrière : un rescapé du génocide cambodgien témoigne*, Robert Laffont, Paris, 1980.

ZÉPHIR Thierry, *L'Empire des rois khmers*, Gallimard, Paris, 1997.

Table

Mis en pages par DV Arts Graphiques à La Rochelle
Imprimé en France par Dupliprint
Dépôt légal : février 2013
N° d'édition : 3144 – N° d'impression : 2714968J
ISBN 978-2-7491-3144-3